21世纪经济管理专业应用型本科系列教材

中国旅游文化

徐新林 ◎ 主　编
刘亚轩　张永奇　许心宏 ◎ 副主编

清华大学出版社
北　京

图书在版编目(CIP)数据

中国旅游文化 / 徐新林主编. --北京：清华大学出版社，2016（2024.8重印）

（21世纪经济管理专业应用型本科系列教材）

ISBN 978-7-302-42769-8

Ⅰ.①中… Ⅱ.①徐… Ⅲ.①旅游文化－中国－高等学校－教材 Ⅳ.①F592

中国版本图书馆 CIP 数据核字（2016）第 019535 号

责任编辑：梁云慈
封面设计：汉风唐韵
责任校对：王荣静
责任印制：宋　林

出版发行：清华大学出版社

网　　　址：https://www.tup.com.cn, https://www.wqxuetang.com
地　　　址：北京清华大学学研大厦 A 座　　　邮　　编：100084
社　总　机：010-83470000　　　邮　　购：010-62786544
投稿与读者服务：010-62776969, c-service@tup.tsinghua.edu.cn
质量反馈：010-62772015, zhiliang@tup.tsinghua.edu.cn
课件下载：https://www.tup.com.cn, 010-62770175 转 4506

印　装　者：三河市科茂嘉荣印务有限公司
经　　　销：全国新华书店
开　　　本：185mm×260mm　　　印　张：15.75　　　字　数：353 千字
版　　　次：2016 年 3 月第 1 版　　　印　次：2024 年 8 月第 6 次印刷
定　　　价：45.00 元

产品编号：067491-02

21世纪经济管理专业应用型本科系列教材

编　委　会

主　　　编：刘进宝

编委会成员：潘　力　　刘建铭　　乔颖丽

李红艳　　李海舰　　张思光

秦树文

总 序

教材建设是高校的基本任务之一,是学科建设的主要组成部分。教材作为体现教学内容和教学方法的知识载体,无疑是承载教学改革思路并传导至教学对象的主导媒介。

本系列教材编委会成员 1998 年开始对高等职业教育经济管理类专业教材体系进行系统研究。2000 年 7 月与清华大学出版社合作,开始了本系列教材的编写工作。2002 年 3 月本系列教材第一版由清华大学出版社正式出版。2008 年,由清华大学出版社对修订后的系列教材进行了再版发行,并配了相应的教学课件。2014 年 8 月,受清华大学出版社委托,教材编委会在吉林省吉林市召开了教材修订编写会议,决定对原有教材进行重新修订和编写。

本次教材修订主要以满足应用型本科教育经济管理类专业的教学需求为目的,同时兼顾高等职业教育、实际工作技能培训的需求。教材编写以先进性、实用性、针对性为主导原则,突出培育应用型人才的需求特色。教材体系简明精练,理论选择深浅适度、范围明确,不求面面俱到;内容削枝强干,强化应用性、实践性、可操作性,削减抽象的纯概念性阐述和繁复的模型推演。在此基础上,教材具有如下特色:

(1) 以建立新型课程体系为立足点,以教育教学改革新趋势为理论基础,明确应用型本科教育经济管理类系列教材编写的总体思路。

教材编委会基于经济全球化大背景,以近年来我国应用型本科教育教学改革主要成果所提出的理论与数据为依据,对本系列教材的编写宗旨进行前瞻性研究。本系列教材以建立新型课程体系为立足点,坚持“三用”(理论管用、知识够用、内容实用)和“三性”(创新性、普适性、典型性)的基本原则,重点融合国内外应用型本科教育改革新思想,以更宽阔的视野,融入国内外经济体系,从而赋予本系列教材新的内涵与定位:坚持理论与实践相结合,加强教学改革,提高教学质量,适应社会需求,努力打造国内应用型本科教育经济管理类优秀教材体系。

(2) 从应用型本科教育经济管理类人才总体培养目标出发,设计教材模块结构,构建完整、系统的应用型本科教育经济管理类教材体系。根据应用型本科教育经济管理类人才能力和素质培养的需要,建立基本素质模块教材、行业基础模块教材和职业定向模块教材的框架结构,分别编写公共专业基础类教材、专业必修类教材、选修类教材以及职业定向类教材等。使用者可根据学生职业定向,灵活选择组合各类教材,构建基于职业定向的完整、系统的高等职业教育经济管理类教材体系。这一模式突出了各专业人才培养特点,满足了社会对各专业人才的需求,能够有效提高毕业生就业率。

（3）适应应用型本科教育经济管理类课程教学改革,服务"案例牵引、项目驱动"的教学方法,形成适合工学结合、"零距离"培养的教材风格和内涵。教材的编写突破了多年来教材的编写框架,抛弃了传统的以内容为纲目的编写体例,转向以案例为牵引,以工作任务或项目为纲目的编写体例,力求把专业理论教学与技能训练一体化,直观地把课堂教学引导到理论与实际密切结合的轨道上来。

在本系列教材的出版过程中,清华大学出版社的编辑人员给予了很大支持,教材编委会全体同仁及教材全体编写人员在此表示衷心感谢。

前　言

2014年8月出台的《国务院关于促进旅游业改革发展的若干意见》，从关注民生、提升民众幸福感的角度，顺应经济社会发展的客观规律与趋势，把促进旅游业改革与发展提到了重要议事日程。大力发展旅游业离不开人才的支撑。目前全国旅游直接从业人员980万，约有85%没有经过系统培训，普遍存在学历低、知识结构不合理，尤其人文知识和人文情怀欠缺等问题，无法满足"使旅游业成为人民群众更加满意的现代服务业"的要求。《中国旅游文化》就是在这样的背景下，本着向全社会普及中国旅游文化，提高旅游从业人员素质的目的而编写的。

中国旅游文化属于区域文化和旅游的交叉学科，重点反映中国地域范围内与旅游活动密切相关的文化类型和文化事象。本书并不涵盖所有关于旅游文化或旅游文化学的内容，而是有重点地选择那些在旅游活动中可能会经常碰到、用到的文化类型、文化元素进行阐述，如山水文化、建筑文化、园林文化、宗教文化、民俗文化、文学艺术、民间工艺等方面。而对于旅游业内自身（人和组织）的文化或旅游业态文化，则很少涉及，或只在旅游文化概述中作出简要说明。

本书特点有四：

（1）着重中国旅游文化的深度挖掘，从导读，到章节标题以及内容的叙述，力求凸显文化韵味，突出理论色彩。凡与文化相去甚远，或表层的文化均忍痛删去。

（2）在阐述文化资源的基础上，侧重文化与旅游关系的论述。防止单纯罗列文化资源，造成与其他相关课程的简单重复。

（3）引用资料尽量新颖，体现时代特点。如"舌尖上的中国""美丽中国""中国梦"等具有鲜明时代特色的内容均有涉及。

（4）在分类论述中国旅游文化之后，增加"推陈出新：中国旅游文化的创意开发及保护"一章，并首次对中国旅游文化的创意开发类型进行归纳盘点，这是本书的独创。

本书既可供应用型本科、高职院校旅游管理专业大学生作为教材使用，也可供中外旅游爱好者阅读。

本书编写过程中参阅了大量旅游专家、学者的成果，书后附了主要的参考书目。谨代表本书全体作者向他们表示衷心的感谢！

《中国旅游文化》具体撰写分工如下：

第一章　博大精深：中国旅游文化概述　　张永奇

第二章　东方舌尖:中国饮食旅游文化　徐新林

第三章　无声音乐:中国古建筑旅游文化　徐新林

第四章　情寄自然:中国山水旅游文化　刘亚轩

第五章　魂兮归来:中国宗教旅游文化　张永奇

第六章　画中山水:中国古典园林旅游文化　许心宏

第七章　国之瑰宝:中国文物旅游文化　刘亚轩

第八章　千姿百态:中国民俗旅游文化　徐新林

第九章　气象万千:中国曲艺歌舞旅游文化　刘亚轩

第十章　异彩纷呈:中国书画雕刻旅游文化　刘亚轩

第十一章　推陈出新:中国旅游文化的创意开发及保护　徐新林

本书由徐新林担任主编并拟定写作大纲,集体讨论,分工撰写,徐新林统稿。

由于编写时间仓促,同时限于水平,本书存在着种种不足和缺点,渴望得到同行的批评指正,以期再版时做进一步修订。

徐新林

2015 年 10 月 6 日于郑州龙子湖高校园区

目 录

博大精深：中国旅游文化概述

本章导读

一位痴迷中国文化的法国总统

中国的"秦陵兵马俑"被誉为"世界第八大奇迹"，而最先提出这一倡议的竟是法国前总统希拉克！时间是在中国改革开放之初的 1978 年 9 月。希拉克那时的身份是巴黎市市长，他参观"秦陵兵马俑"后断言："不看秦俑，不算到过中国。"消息一出，立即引起西方媒体的极大关注，并迅速传播到了世界各地，"秦陵兵马俑"一跃成为古城西安的一张文化名片。

希拉克是一位中国文化的痴迷者、一位政治家身份的"中国通"，他为中法文化交流发挥了极大作用。2003 年 10 月至 2004 年 7 月在巴黎等多个法国城市举办"中国文化年"，以"古老、多彩和现代的中国"为主题，向法国公众展演了 370 多个文化项目，希拉克借助"中法文化年"在法国掀起一波又一波中国文化的巨浪。作为总统的希拉克成为这场活动的发起人、参与人之一，对活动的成功发挥了巨大作用，并在中法两国激发起一股强大的中国文化旅游热。来华访问期间，希拉克先后多次参观访问了位于西安的陕西博物馆、秦陵兵马俑、阳陵遗址博物馆等文物古迹，为了延长参观时间，竟然免去了午餐的时间，对中国文化的痴迷程度真正达到废寝忘食的地步……这让人们认识到一位总统的文化风采，也昭示了中国文化在世界的魅力！

（资料来源：王明星.文化旅游：经营·体验·方式[M].天津：南开大学出版社.）

第一节　旅游文化概述

一、文化的概念

"文化"是一个既古老又年轻的词汇，在中国古典文献中是由"文"和"化"两个字合成的。先秦典籍的"文"是指色彩交错，纹理、花纹。《周易·系辞》曰："物相杂，故曰文。"《礼记·乐记》曰："五色成文而不乱。"《论语·雍也》曰："质胜文则野，文胜质则史。文质彬彬，然后君子。""化"，《说文解字》作"教行也。教行于上，则化成于下"。《周易·咸卦》:"天地感而万物化生。"《周易·恒卦》:"圣人久于其道而天下化成。"《老子》:"我无为而民自化。"《管子·心术》:"化育万物谓之德。"而将"文""化"联系起来的是《周易·贲卦》:"观乎天文,以察时变,观乎人文,以化成天下。"而将"文化"作为一个固定词汇加以使用,大致是从西汉时开始的。西汉刘向《说苑·指武》中说:"圣人之治天下,先文德而后武力。凡武之兴,为不服也。文化不改,然后加诛。"这里的"文化"一词内涵丰富,解读为文治教化(名词)、促进文明的方式(制度)、过程(动词)和结果(名词)。此后《文选》所收晋代束皙《补亡诗·由仪》有"文化内辑,武功外悠",而到了唐代经学注家孔颖达将"文化"解释为"诗书礼乐",也就是教化层面的文史艺术和社会风俗。将"文""武"对举,是中国古代对文化、文明解释的基本做法。到了近代,随着中日、中外文化交流,"文化"一词才具有更加全面、多样、包容的内涵,且随着不同的语境而有所侧重。

近代以来,"文化"概念广泛应用于人文社会科学的许多领域,除文化学科本身以外,人类学、社会学、民族学、民俗学、考古学、历史学等学科都有各自对文化概念的理解和侧重。近代西方学界如英国、法国,所使用的"文化"词汇"Culture"来源于拉丁文"Cultura",本意指动植物的种植、培育、驯化,并隐喻为人类从事各类生产活动而建立起来的一整套系统,比如生产者、生产技能、生产工具、生产资料、劳动成果、分工分配等,接近于广义的文化概念。而在许多情况下人们往往采取狭义的文化概念,且多指精神层面、意识形态层面的现象和成果。

梁漱溟先生认为,所谓文化不过是一个民族生活的种种方面,总括起来包括精神生活方面、社会生活方面、物质生活方面。当代文化学者余秋雨先生在《何谓文化》一书中分别从学理、生命、大地、古典四个角度回答了"何谓文化",认为从学理上讲,"文化是一种包含精神价值和生活方式的生态共同体,它通过积累和引导,创建集体人格"。

《辞源》将"文化"定义为"人类社会历史发展过程中所创造的全部物质和精神财富,也特指社会意识形态"。这个定义表明,文化是人类特有的创造事物,它来自于自然,超越于自然。其中"旅游文化"就是文化体系中的一部分。通常"文化"具有价值功能、认知功能、教化功能、规范功能、审美功能、传播功能等。

二、文化的类型与构成

划分文化的类型是研究文化构成的基础,文化类型、亚类型及其组合模式同时也是对一定区域文化构成的反映。

1. 按文化的存在方式分,文化可以分为物质文化、非物质文化、制度文化等。

2. 按时间分,文化可以分为原始文化、古代文化、近代文化、当代文化等。

3. 按区域分,文化可以分为世界文化、国别文化、乡土文化等,中国的地域文化又可分为燕赵文化、齐鲁文化、中原文化、吴越文化、荆楚文化、巴蜀文化等。

4. 按创造文化的主体分为皇家文化(或官方文化)、民间文化、精英文化、大众文化、各民族各群体文化等,任何时代的任何人群都可以创造各自的文化。

5. 按文化的格调可以分为高雅文化、民俗文化、混合文化等。

6. 按约束程度可以将文化分为法制文化、道德文化、礼制文化等。

7. 按文化产业的运作流程,文化分为创意文化、生产文化、流通文化、消费文化等。

三、旅游文化的概念、范畴与存在方式

（一）旅游文化的概念与范畴

关于"旅游文化"的概念，随着旅游业的发展和文化研究的深入，不断被引进、甄别、整理、消化、吸收，用于旅游学科建设和旅游实践活动中。据有关考证，"旅游文化"一词在 1977 年最早出现于美国学者罗伯特·麦金托什和夏希肯特·格波特合著出版的《旅游学——要素·实践·基本原理》一书中，书中的"旅游文化"是指旅游活动过程中各类参与要素如游客、设施、接待团体的相互影响所产生的现象与关系总和。显然，这是对"旅游文化"概念的狭义理解。1984 年出版的《中国大百科全书》有"旅游文化"词条，认为旅游与文化有密不可分的关系，旅游本身就是一种大规模的文化交流，从原始文化到现代文化都可以成为吸引游客的因素。这是"旅游文化"概念比较综合的认识。

目前，从已出版的有关旅游文化书籍和文献来看，不同学者对"旅游文化"概念认识的深度、广度、角度各有不同。有的是把旅游文化看作一个狭义的"文化类型"，突出"旅游"区别于其他文化的形态特质或文化成果（如谢彦君、贾祥春、马勇等人的定义）；有的将"旅游文化"看成是旅游过程创造的观念及其表征的文化（如马波等人的定义）；有的突出旅游活动空间，认为旅游文化是一种旅游场景文化或氛围文化（如张国洪的定义）；有的突出旅游的主体文化现象（如沈祖祥等人的定义）；有的突出旅游涉及范畴的构成板块，将旅游文化归结为旅游主体文化、旅游客体文化、旅游介体文化的"三位一体"集合体（如曹诗图等人的定义）；等等。

本书认为，所谓"旅游文化"，就是整个旅游大系统中所蕴含的，与旅游活动密切相关的以及旅游活动自身创造的文化总和。但对旅游文化范畴的选择可以根据研究目的的不同而有所侧重。

对"旅游文化"概念的内涵与外延可作如下辨析：

第一，关于"旅游"的概念与本质，有上百种的表达，也争论了几十年，似乎还在争论之中，难以尘埃落定。我们这里借用沈祖祥、马勇等人的概括，并做简要的发挥与整合，将旅游的现象和本质归结为社会交往论、休闲消遣论、空间移动论、生活方式论、访问探究论、文化现象论、消费经济论、心理渴求论、行为方式论、从众模仿论、遗传返祖论、环境厌倦选择论、素质教育与文化创造论等内在属性，需结合具体的旅游语境加以细致的品评和论证，也可以作为一种社会生活的常识对"旅游"的概念不做细致的考究，或者带着浪漫主义的色彩去尽情地对"旅游"的概念进行自由地发挥，都是允许的。似乎在每一个人的心目中都有自己对"旅游事物"的主观印象，并不会从根本上妨碍人们对"旅游"的热情或偏见，更不会被人横加指责，因为任何人都有权利提出自己对"旅游"概念的认识。这就是"旅游"概念的包容性、广泛性。

第二，"旅游文化"是在旅游范畴内的文化，不应是漫无边际的。它应该与旅游有关，要能为旅游所利用，具有一定的现实旅游价值或潜在旅游价值，与此同时，在旅游系统中存在、发生、积淀、衍生的文化，也都应属于"旅游文化"的范畴。相反，如果某种文化与旅游关系不大，或风马牛不相及，那么，这样的文化不应归于"旅游文化"的范畴。显然，"旅

游文化"不是人类文化的全部,只能是"人类文化"的一个部分,主要是与旅游活动密切相关的那部分文化成分和因素。

第三,"旅游文化"的范畴不是固定不变的,就其广度和深度而言,将随着旅游业的拓展而不断有所扩大和调整。旅游文化是从人类大文化体系中不断进行提取、剥离出来的文化成分和文化因素。由于旅游活动的广泛性、发展性,决定了旅游文化范畴的广泛性和动态变化性。

第四,"旅游"与"文化"的关系,是一种相互交叉、相互渗透的关系。"旅游"与"文化"二者不能等同,而是各自独立存在的客观事物。在没有旅游或旅游不够发达的情况下,文化就早已存在,并不断积累、发展、传播、扩散;与此同时,"旅游"自身虽然具有"文化"性质,但"文化性"不是旅游的唯一性质,旅游还同时具有政治性、经济性、民生性、科普性等属性。

第五,"旅游文化"与"文化"的关系是一种包含与被包含的关系。"旅游文化"是从众多"文化"或"文化整体"中分离或剥离出来的一部分文化,主要是指那些与旅游活动密切相关、能够利用得上的文化。由于旅游活动的边界和内涵弹性和波动很大,所以旅游文化的范畴(广度与深度)的弹性和波动也很大。旅游文化在内容的选择上,优先选择那些使用频率较高、旅游吸引强度较大的内容。主要是那些在旅游过程中与食、宿、行、游、购、娱随时随地密切关联的文化,以及与国家和地方重点旅游景区频繁接触的文化,同时也包括了旅游行业自身的业态文化。

(二)旅游文化的存在方式和获取途径

既然"旅游文化"和"文化"是相互关联的一种客观存在,那么,旅游文化就会有其特定的存在方式和获取途径,这就要通过区分文化的类型和源流,分门别类加以审视、甄别和发掘。从事旅游文化的发现和开发,需对不同的文化存在方式加以明确,这里提出"文化(包括旅游文化)"若干种存在方式。

如果是具有某种实用功能、不可移动的物质文化遗产(如建筑文化、园林文化),则主要存在于一定的地理空间中,与各个区域的地理特征相联系,附着或叠加在相关的地物上,应根据不同的建筑功能类型,结合旅游地理的知识来寻找,它是中国文化旅游的最直接、最突出的部分,如中国各个区域的建筑文化,存在着明显的区域差异性,形成中国的建筑文化地理。

如果是传承性、阶段性、过程性、演化性或衍生性的文化遗产(如历史文物),则应结合具体的历史资料、文化史学或考古文化层来研究发掘,形成中国的文化发展史。

如果属于制度、规则、习惯、信仰、群体心理或生活方式形态的文化(如民间文化、部落文化),则往往存在于特定的某些族群、聚落、社区、团队之中,应深入实地进行融入式的考察了解。

如果属于知识、信息、符号(如名称、语言、仪式、刻画等)形态的非物质文化、精神文化,则重点存在于图书馆、书店、互联网和知识层文化人的集体记忆中,可以通过发达的现代资讯、互联网络来获得,进一步深入的理解则需进行实地考察。

如果属于外来文化、土著文化、尚未完全融合同化的异质(移植)文化,如客家文化、屯堡文化、土司文化、殖民文化、外来宗教文化,或者属于流动播迁形态的文化,如丝路贸易文化、信使文化、驿馆文化等,可以从传播源头沿着传播线路,顺藤摸瓜寻得。

如果属于纯粹的非物质外来文化,如历史上的外来物产、姓氏寻根文化、外来宗教信仰,则可根据某种文化符号、痕迹或文化"活化石"来寻觅,如历史上西域物产传播到中国后,成为中国文化的一部分,在中国文化体系中多使用"胡"字冠名,如胡桃、胡瓜、胡琴等;大量佛教用语流行,如时间、空间、世界、一刹那、观音菩萨、前世姻缘等词汇,与佛教传播历史密切相关;近代外来文化在民间往往以"洋"字冠名,如洋装、洋房、洋车、西洋乐器等。

姓氏寻根文化主要存在于族谱、家谱、方志、人口统计资料及姓氏起源地、播迁路线等载体中,需要进行实地的踏勘,收集整理,构成"姓氏寻根之旅"文化旅游产品。

以技艺方式存在的专业文化、职业文化集中存在于传统行业中,如商圣范蠡、建筑祖师鲁班、梨园戏曲、杏坛医学、武术门派等,都有其业内的传播流变过程,留下大量文化遗产,成为开展职业寻根旅游的去处。以中医药文化为例,就有神农、黄帝、扁鹊、张仲景、华佗、皇甫谧、孙思邈、李时珍等大批中医药文化名人,构成一道非常可观的中医药旅游文化风景线。

博物馆、文化主题公园是大量可移动"文物"旅游的重地。以博物馆、展览会馆、文化公园为代表的文化集结地,已成为展示、保护、储藏的文化重地。现在,某一国家和地区是否拥有高质量的博物馆体系、会展体系,已成为现代文明水平的重要标志,博物馆旅游、主题公园旅游将成为旅游领域长盛不衰的热点地带。

同时还应当看到,文化的产生、发展、传播都是分布不均,有重点、节点和线索的,其中古代的都邑、要塞、关隘、古道等都是文化的集中地,是开展文化旅游活动的重点地带,如大遗址保护区、秦岭古道、太行八陉、黄河古渡口等。另有大批珍贵文物流失海外,对中外游客都具有很强的吸引力,是不容忽视的文化旅游资源。

总之,各样的旅游文化都有自身独特的存在方式和存在领域,从事旅游文化的开发、旅游线路的设计和导游讲解、推介,应根据具体的文化要素和文脉线索,找到正宗的主流见解,防止顾此失彼,不着边际。

(三)本书对旅游文化内容的选择

如上所述,在旅游文化内容选择上可以根据侧重点的不同而有所不同,中国旅游文化属于区域文化和区域旅游的交叉学科,重点反映中国地域范围内与旅游活动密切相关,与景区开发、线路设计、导游讲解、旅游演艺等密切相关的文化类型和文化事象。本书并不涵盖所有关于旅游文化或旅游文化学的全部范畴,而是有重点地选择那些在旅游活动中可能会经常碰到、用到、不宜回避,或者属于国家重点旅游目的地,必须进行一番了解、认知的文化类型、文化元素,如山水文化、建筑文化、园林文化、宗教文化、民俗文化、文学艺术、民间工艺等方面。着重反映这些文化类型的主流性、典型性、历史性、文化性等特征,并对旅游文化的开发利用作了专章论述。而对于旅游业内自身(人和组织)的文化或旅游业态文化,则很少涉及,或只在旅游文化概述中作出简要说明。在内容表达上,侧重于讲明文化与旅游的密切关系,强调文化对多数一线旅游职业者从事旅游活动的服务性、实用性,同时兼顾教学的便利性。

四、中国旅游文化的特征

中国旅游文化是中国文化体系的一个部分,主要是指各地突出表现出来的传统历史文化遗产,它既有普通文化的一般特征,也有旅游文化的特殊性质。概括起来,中国旅游文化有以下基本特征。

(一) 旅游文化存量的丰富性、多样性

一定区域的文化都有构成上的类型性、流量上的变化性和存量上的积累性。中国旅游文化类型多样,是因为中国历史上的社会关系复杂、人事变动显著,地理条件复杂多样,孕育和造就了丰富多彩的中国旅游文化。历史悠久,地域辽阔,分合治乱变化多端,使得中国旅游文化总量积淀丰厚,为旅游景区开发和解说服务提供了大量可供选择的文化素材。比如中国拥有大量不同历史阶段、不同地理环境的风格各异的建筑遗产、园林文化遗产,拥有不同民族、群体、阶层传承下来的各种各样的民俗文化和非物质文化遗产,拥有大批历史悠久的文化名城和遗址遗迹,拥有浩如烟海的文史艺术遗产、宗教文化遗产,各个行业群体都创造了有独特价值的绝活技艺等,在许多文化领域为世界所独有或独创,是开展文化旅游的重要资源。

根据旅游活动的构成,也可以将旅游文化划分为饮食文化、住宿文化、旅行文化、游览文化、购物文化、娱乐文化等。它们在中国都有突出的发育和表现。如饮食文化与各地的物产、饮食习惯密切相关,各类旅游景区的文化格调千差万别,各地区、各民族的娱乐方式、民族技艺更是异彩纷呈。

(二) 旅游文化格调的高素质、高品质性

中国旅游文化的品质总体上是高尚和优秀的。高尚的文化品格需要由高尚的群体、利用高尚的原料、适应于高尚的文化消费群体。中国先民们曾经创造过无数个"世界之最"或尖端成果,如商周时期的青铜器系列,优美绝伦的国画书法艺术,出神入化的"中国功夫",刚柔相济的戏曲艺术,令人赞不绝口的餐饮艺术,充满玄机的宗教艺术,情趣雅致的园林艺术,气势雄伟的宫殿建筑群,神秘莫测的帝王陵寝;中国历史孕育过千千万万品格高尚的历史人物,分布在各个领域,如杰出的政治家、思想家、军事家、文学家、科学家、艺术家、宗教家等,几乎每一个领域都有杰出的圣贤人物,薪火相传,不绝如缕,群星灿烂。而对于那些糟粕性的对立面,则往往被中国人民唾弃,如所谓"春秋笔法"就是扬善惩恶的一种态度。中国的旅游文化遗产具有实用性与艺术性、夸张性与简约性相统一的特征。文化遗产的数量之多,规格之高,特色之鲜明,受到世界文化界和各国游客的青睐。到 2013 年,中国列入世界遗产名录的项目达到 45 项,列入人类口头和非物质文化遗产项目 29 项,总数居世界首位。

与此同时,也应当注意到"旅游文化"对"文化"成分的吸收利用是不拘一格的,不一定都是高雅文化或古典文化,而是以是否适宜于旅游、能否为旅游服务,并创造良好的旅游审美效果为前提的,如一些乡土文化、民间文化、趣味文化,都是旅游活动常见常用的

文化类型。因此，"旅游文化"学科内容的选择和体系的建立，不能简单地照抄照搬"整体文化体系"的内涵，而是根据旅游活动的规律，按照一定的标准进行一番遴选、梳理，使文化与旅游能够更加紧密地结合在一起。

延伸阅读

中国的世界文化遗产与非物质文化遗产

1972 年 11 月在法国巴黎举行的联合国教科文组织第十七届会议通过了《保护世界文化和自然遗产公约》，对"文化遗产"的范畴作出规定，包括文物、建筑物和遗址，其中"文物"是从历史、艺术或科学角度看具有突出的普遍价值的建筑物、碑雕和碑画、具有考古性质的成分或结构、铭文、窟洞以及联合体；"建筑群"是从历史、艺术或科学角度看在建筑式样、分布均匀或与环境景色结合方面具有突出的普遍价值的单立或连接的建筑群；"遗址"是从历史、审美、人种学或人类学角度看具有突出的普遍价值的人类工程或自然与人联合工程以及考古地址等。非物质文化遗产又称人类口述与非物质文化遗产、无形遗产，是指各民族人民世代相承的、与群众生活密切相关的各种传统文化代表形式（如民俗活动、表演艺术、传统知识和技能，以及与之相关的器具、实物、手工制品等）和文化空间。另有文化景观和现代文化景观等项目。截止到 2013 年，中国列入《世界遗产名录》的项目共有 45 项，其中文化遗产 28 项，自然与文化双遗产 4 项，文化景观 3 项；已列入《世界非物质文化遗产名录》的有 29 项，列入《急需保护的非物质文化遗产名录》的 7 项，中国成为世界遗产（包括非物质文化遗产）项目最多的国家。为更好地保护文化遗产，国务院 2005 年下发了《国务院关于加强文化遗产保护的通知》（国发〔2005〕42 号）和《国务院办公厅关于加强我国非物质文化遗产保护工作的意见》（国办发〔2005〕18 号）。

（资料来源：彭顺生《世界遗产旅游概论》等）

（三）旅游文化分布的地域性和区域差异性

中国地域辽阔，地形地貌和气候类型复杂多样，居住和生产生活环境差异显著，自上古以来政治、经济、民族、文化就有所不同，加之采取分封和治理上的政策差别，形成了大大小小各具特色的文化区域和亚文化区域，为进行文化旅游产品比较、旅游景区开发、旅游线路设计提供宽松的余地。根据各地的地域单元、文化传统和有关学者的整合，可将中国的地域旅游文化分为以下文化区域：燕赵旅游文化区、齐鲁旅游文化区、中原旅游文化区、荆楚旅游文化区、吴越旅游文化区、巴蜀旅游文化区、两淮旅游文化区、鄱阳旅游文化区、闽台旅游文化区、岭南旅游文化区、云贵旅游文化区、关东旅游文化区、草原旅游文化区、西域旅游文化区、青藏旅游文化区等。当然，中国旅游文化的分区可以有不同的级别和划分方案，在上述划分的基础上还可以分出若干特色鲜明的次级旅游文化区（亚旅游文化区），如京津沪可以单独划出京派文化（燕京文化、京华文化）、津门文化、海派文化（沪上文化），东南沿海可以独立划出客家文化、潮汕文化、广府文化、闽南文化、徽州文化，以及港澳台各自的文化单元、海外华侨华人文化，西部地区的康巴文化、汉中文化、西凉文化等，至于少数民族地区每一个民族更是可以分出单独的民族民俗旅游文化区域。

对于每一个(或多个)文化区域,都要研究他们的文化主体、文化特色、文化典范、文化成因、文化关系、文化传承与走向等命题,为旅游开发利用提供基本的素材。

延伸阅读

中国的"文化之乡"

中国的"文化之乡"是在特定的历史、地理条件下,由特定的群体采用特定的理念和技艺创造或改造出来的,具有某种显著特色的地方性、标志性、典型性、品牌性的文化产品,包括物质性的文化产品、非物质文化产品、"人化"了的自然物等,富集在相对集中的地域,经过权威部门的验收、认证、发布,都可以赋予"文化之乡"的称号。"乡"是一个文化地域单元概念,可以是一个乡镇单元、村落单元,也可以是一个县级单元,也可以是一个跨行政的文化地带。作为人与自然相互作用而形成的地方性作物品种、土特产品,长期被人类开发,造福于人类的自然物(如温泉、古树等),也都带有"文化之乡"的性质。"文化之乡"是经过权威部门认定的一种文化标识符号,在一定范围内通常受到知识产权的保护。一个地方可以有多项"文化之乡"的授牌,一项"文化之乡"也可以授予多个地方。如长寿文化之乡、杂技文化之乡、温泉文化之乡、武术文化之乡、太极文化之乡、魔术文化之乡、举重文化之乡、龙舟文化之乡、曲艺之乡、玉雕文化之乡、风筝文化之乡、青铜器之乡、某种瓜果之乡、化石之乡(如恐龙化石之乡)、茶叶之乡、兰花之乡、牡丹之乡、盘古文化之乡、大禹文化之乡、梁祝文化之乡、木兰文化之乡、孝道文化之乡、民间文化之乡、八卦文化之乡、古树名木之乡……这些文化之乡正是特色文化的密集地,是开发旅游项目的重要文化资源。

(资料来源:中国民俗文化网、河南民俗网等网站)

(四)旅游文化关系上的多元一体性和内在关联性

中国的文化和旅游文化都不是孤立存在的,而是各种文化类型、文化形态之间文脉交错、多元一体的,都统一在中华民族文化的庞大体系中。中国文化和旅游文化的结构和关系十分复杂,包罗万象而又相互作用、相互影响,其中各民族、各地域的文化关系,各朝代的文化关系,各个群体之间的相互斗争和相互影响,意识形态(上层建筑)与各类实体文化的相互作用和影响,各专业、职业、行业之间的文化关系,"三教九流"之间的文化关系,中外之间的文化关系等,构成中国文化相互作用、相互影响的有机整体,使中国文化和旅游文化的各个部分既有相对独立的一面,又有相互关联、相得益彰的一面。比如各朝代上层建筑和文化建设之间,既有否定前代的现象,也有继承和发展的密切联系。在政治思想上儒家封建礼教占主导意识形态,几乎贯穿整个中国封建时代,长达 2000 多年;选贤任能的科举制度也持续了 1500 多年;中国的文学艺术在各个朝代更是一脉相承,又各具特色,构成一个不可分割的整体。这是中国文化相互斗争、相互学习、相互融合的结果。再比如中外文化、各民族之间存在相互交流、吸收借鉴和利用的关系,魏晋南北朝、隋唐时期和近代新文化运动时期曾分别从印度和日本等国家和地区吸收大量的佛教文化和近代科学语汇。总之,中国文化和旅游文化博大精深,复杂多样,灿若星河,并然有序。

（五）旅游文化属性上的独特性、持续性

中国文化和旅游文化具有鲜明的特质，可以与西方文化、印度文化以及世界各民族文化进行比较、交流和学习。中国文化的特质表现在哲学思想、器物技艺、思维方式、活动模式、演化传承、流变机制等各个方面，有它的强项，也有弱项，甚至糟粕，需要辩证地看待。近代以来，对于中国文化的属性与特征的研究名家辈出，成为一道独特的文化景观。近现代以来的中外文化学者或多或少地都涉及这一命题，得出的结论逐渐接近一致。比如中国文化的连续性、完整性，儒家思想（尤其是中庸思想）占主导，道家、佛家等深入社会生活的方方面面，形成中国传统文化的一整套思想、伦理、道德、信仰、民俗、物产、发明创造、对外关系模式，有许多方面居于世界领先地位，占有一席之地，具有顽强的生命力和先进文化的创造力。比如儒家所倡导的"刚健有为""自强不息""厚德载物""见贤思齐""天下兴亡匹夫有责""尊师重教""以孝治天下"，道家提倡的"道法自然""无为而治""见素抱朴"，墨家提倡的"兼爱""非攻""尚贤""节用"，佛家提倡的"禅定智慧""诸善奉行""弃恶从善"，医家提倡的"阴阳调和""救死扶伤""大医精诚"等，都深深地扎根于中国人的心灵深处，反映在积淀深厚的文化遗产中，富有独特的审美意蕴和广博的旅游文化价值。关于"中国文化"同其他民族相比较而言最为鲜明的"特性"，文化学者余秋雨先生认为，在社会模式上的"礼仪之道"，人格模式上的"君子之道"，行为模式上的"中庸之道"，构成了中国大文化的"三足鼎立"。

（六）旅游文化开发利用上的适宜性、实用性

旅游开发是以旅游资源为基础的，文化资源是旅游开发的重点。据有关统计，外国游客来中国从事旅游活动，最核心的动机和目的在于"文化"，对于中国民俗、文物、遗址的兴趣度都在80%以上。中国游客对文化旅游的热情也将随着经济发展、文化素质的提高而不断增强，文化旅游将成为最持久、最终极的旅游。中国文化遗产为发展中国旅游提供了丰厚的资源基础，数量、存量体系庞大，类型齐全，特色鲜明，时空差异显著，不仅能够满足各类游客对文化旅游的需要，而且也完全能够满足和适应各类旅游开发商对文化旅游项目的投资需要，面对林林总总的中国文化旅游资源宝库，设计家、规划师、企业家可以尽情地施展想象的空间，评价文化旅游资源，规划文化旅游景区，开辟旅游线路，创造旅游财富。至于如何做得更好，才能无愧于先民的文化创造，无愧于游客的文化旅游期待，才是值得思考的问题。显然，中国的文化旅游事业还只是刚刚开始，大量的工作还在后面。

旅游文化不仅具有适宜各种旅游开发模式的特性，而且多数旅游文化资源具有显著的实用性，旅游文化大多数是活态文化，并未泯灭或僵化，仍然以不同方式在发挥重要的文化功能，比如博物馆、园林建筑、宗教建筑、民间建筑、桥梁建筑、许多古代的传统器物今天仍然在使用或收藏，仿古器物与当代社会生活很好地结合在一起，如大型水利工程都江堰使用了2000多年，继续在造福人类，而且经过整修、管理效果更加显著；多数民俗文化都在现实社会生产生活使用或以不同方式发挥作用，如所谓"古法酿制"、传统工艺

发挥着技术优势;有的虽然不再使用,但往往以某种概念、符号、纪念、装饰等形式发挥"老字号"的品牌效应。各种非物质形态的思想、文化、技艺也在通过一定的保护、传承机制在为现实生活服务,如诸子百家的思想,历代传承下来的文学艺术、雕刻、戏曲、游戏方式等,都在为当代人类服务,渗透到人们的思想、行动中,生生不息,薪火相传。

第二节　中国旅游文化形成的基本因素

一、中国旅游文化形成的地理环境因素

人是自然的产物,也是自然的一部分,人类活动须臾离不开自然环境,所谓"人文"或"文化",不过是"自然的人化"与"人化的自然"的统一。因此,人类的各种活动及其结果都烙上了自然环境的印记。尤其是人类社会的早期,对自然环境的依赖更为显著,人类文化(包括旅游文化)都是在与自然环境和人文环境打交道的过程中建立、发展起来的。在西方学术界曾经一直存在一个"环境学派",其核心思想就是"地理环境决定论"。这种思想虽然有失偏颇,但却不失为一种分析问题的思路和线索,尤其是对文化发生学的研究,更具说服力和参考意义。中国是公认的世界文明古国,而且是世界上唯一没有明显中断的文明古国,形成了博大精深的东方文明体系和文化特色,这是与中国独特的地理环境密不可分的。

中国早期的文明诞生在黄河中下游地区,后来逐渐扩展到目前的中国版图,它的文化腹地辽阔,物产丰富,并有较为发达的水系沟通,在与洪水猛兽、天灾人祸做斗争的过程中,锻炼了民族坚忍不拔的性格,确立了自身的思维方式和行为模式,形成了自己的物质文明和价值观念,如都邑聚落体系、生产生活器物、图腾祭祀仪式、社会交往策略、军事斗争、阶级斗争经验。

与此同时,中国文化与外来文化长期以来都在进行着各种形式的碰撞与交流,典型的有丝绸之路(汉唐为主)、茶马古道(主要在西南地区)、陶瓷之路(海上丝路)、"七下西洋"、西行取经(主要是佛经)等,大量的物质、思想、技术、知识得以交换、引进、消化、吸收、创新,其中"夷夏之争""西学东渐"与"东学西渐"长期存在。所以,中国文化有原创、有输出,也有输入、交流和沉淀,不能一概而论,但或多或少,或远或近,都与中国独特的地理环境有一定关系。在一定意义上,地理环境孕育、保护或影响了中国文化的生成、传承和走向,也造就了大量的旅游文化资源,形成了中国特色的旅游文化地理学,包括整体的文化地理、物产地理、人物地理、方域地理、业态地理、民俗地理、旅游地理等人文旅游地理体系,是旅游开发、线路设计的基础和前提。

二、中国旅游文化形成的历史赓续因素

"一朝天子一朝臣,你方唱罢我登场","长江后浪推前浪,一代更比一代强","一代有一代的历史,一代有一代的文化","天下大势分久必合,合久必分",这些俗语、谚语、民谣,或小说家言,基本上可以成为中国古代历史赓续特征的写照。那就是漫长久远,一治一乱,纷繁复杂,但又有斑驳曲折的线索。中国历史有着充实的价值内蕴和文化含量,是

一代又一代先民用血汗乃至生命铸就的一座丰碑。而中国的文化（包括旅游文化），就是在这样一个时间轴线上形成和延续的。沈祖祥《旅游文化概论》曾将中国旅游文化分为形成期（先秦两汉）、勃兴期（魏晋南北朝）、鼎盛期（隋唐宋）、发展期（元明清）、转型期（近现代）五个阶段；马勇等编撰的《中国旅游文化史纲》曾对中国旅游文化史、旅游发展史进行过一番梳理，把中国古代旅游文化史划分为滥觞时期（先秦两汉）、勃兴时期（魏晋南北朝）、隆盛时期（隋唐）、新变时期（宋元）、穴结时期（明清）、转型时期（近代）六个阶段，每个阶段都有自己的旅游文化表现方式和文化内涵。旅游文化史伴随着整部的中国史，没有中国史就没有中国旅游史，也没有中国旅游文化史。而王侯将相、文人士大夫是这部旅游文化史的主角，历史上的旅游总体上是某种特权或文人采风活动的象征。必须看到，旅游史、旅游文化史是在与复杂的历史关系的相互作用过程中形成的，没有历史关系就没有旅游关系。中国历史上曾经出现过成康之治、文景之治、光武中兴、贞观之治、开元之治、康乾盛世等温和阶段。但当利益集团之间的矛盾和斗争达到不可调和时，就会爆发激烈的社会冲突，甚至战争与杀戮，要么改朝换代，要么苟延残喘，生灵涂炭。中国古代的历史就是在这样复杂的社会关系、社会矛盾中演化的。所以说，中国历史既有阳光灿烂，和风细雨，也有暮霭沉沉，灾难深重的一面，既造就了中国独特的旅游史、旅游文化史，也造就了形形色色、纷繁复杂的旅游文化资源。在一定程度上，都是历史性的，中国传统的旅游文化资源无一不是历史上的人、历史上的物、历史上的事，离开具体的历史元素，就不会有旅游文化。挖掘和研究中国的旅游文化资源必须结合中国的具体历史事实来展开，必须参考借鉴历史学、考古学的成果或史料，脱离历史谈文化必将如梦幻泡影，无所依托。可见，历史造就了旅游史，也造就了旅游文化。

三、中国旅游文化形成的哲学思想和宗教信仰基础

思想理念从社会实践中产生，又指导或影响社会实践。哲学思想又是最根本的思想，它起源于人们对基本问题尤其是天人关系、社会关系的观察与思考，形成人们的世界观、价值观、人生观和方法论。中国人的哲学观念自古就存在，但随着历史延续而不断在争论和碰撞中丰富、发展，形成中国特色的传统价值观体系。一般认为，夏商时期及其之前主要是天命观占主导，原始图腾、巫术、占卜盛行。西周时期在天命思想基础上增加了王道、德政、民本思想，一方面要"敬天法祖"，一方面又认为"天命靡常"，"唯德是辅"，"溥天之下莫非王土"，建立起宗法礼乐制度。而进入东周春秋战国时期，关于天人关系、国家关系、社会关系的观念和学说纷纷出台，形成道家、儒家、法家、墨家、纵横家、阴阳家、名家、兵家、医家、农家等"诸子百家"，学派林立，反映了生产力初步开启、王政体制发生动摇、社会矛盾冲突激烈、诸侯割据状态的社会实情。但经历了秦代法家的失败、汉初道家利弊参半的实践后，到汉武帝时期确立了儒家思想一统天下的局面。但"独尊儒术"的局面在以后的历史中并非"一以贯之"，尤其是佛家、道家等思想仍然发挥重要作用，只是由于封建王朝以儒家治天下，佛家、道家转向以宗教、学术等形式对社会和人生发挥重要影响。

在中国的文化史上，许多文化成果来源于宗教实践。宗教活动有自己的组织架构、学说理论（基本教义）、信仰模式，宗教本身带有显著的文化性质、审美艺术，同时宗教又

通过各种渠道直接和间接地影响和作用于社会实践。而在社会职业和生存方式上形成了所谓"四民"(即士农工商)、"九流"(九种社会职业或角色)的社会主体和职业模式。中国古代的意识形态思想体系的特征往往是"一家主导、多家并存"的局面,甚至还有"三家归一""万道归一"的认识论,也反映了中国传统文化在思想上、群体中的相互包容、相互影响的折中一面。这种状态贯穿中国文化的始终,如在处理天人关系上,中国人采取的是"天人感应""天尊地卑""天人合一""存天理灭人欲""阴阳平衡""五行生克"的思想,在人际关系、行为举止上采取"中庸之道""修齐治平""三纲五常""男尊女卑""三从四德""重农抑商""身体力行"的理念和策略。

当然,中国传统思想文化自始至终都充满着辩证的对立统一,甚至激烈的思想斗争和军事斗争。如陈胜曾发出"王侯将相宁有种乎"的挑战,王充以质疑的精神提出《论衡》思想,"黄巾起义"等多数农民起义提出"均贫富"的幻想,曹操发出"对酒当歌,人生几何"的慨叹,陶渊明发出"不为五斗米折腰"、范缜发出《神灭论》宣言,李白发出"安能摧眉折腰事权贵"的豪言壮语,韩愈指出"迎取佛骨"的荒谬,如此等等,建立起具有浓郁东方特色的古代中国的思想体系、制度和行为导向,以及与之相适应的物质文化体系。中国的旅游文化行为和旅游文化遗产不可能超然于中国传统文化总体导向之外,中国旅游文化的子系统包含在中国文化大系统之中,发掘中国旅游文化要随时随地从中国文化的大系统中寻觅采撷、游猎淘宝。

延伸阅读

中国古代的思想家和文人群体

中国的思想哲学和意识形态并非一时一人完成的,也并非一家之言,中国的政治家、思想家、哲学家、经学家、史学家、文学家、艺术家、教育家、军事家、社会实践家等名人大家,也往往是难以截然分开的。东周先秦时期,出现以孔孟为代表的儒家,以老庄为代表的道家,以墨子为代表的墨家,以孙子为代表的兵家,以韩非子为代表的法家,以商鞅为代表的改革家,以屈原为代表的文学家;汉代出现以董仲舒、扬雄为代表的经学家,以司马迁、班固为代表的史学家,以司马相如为代表的汉赋家,以诸葛亮为代表的军事家,以张衡为代表的科学家,以张仲景为代表的医学家;魏晋六朝出现以"竹林七贤"为代表的玄学家,以"建安七子""竟陵八友"为代表的文学家,以王羲之、吴道子为代表的书画艺术家,以刘勰、钟嵘为代表的文艺评论家;唐宋出现李白杜甫为代表的诗人群体,以"八大家"为代表的散文家,以辛弃疾、李清照为代表的词家,以司马光为代表的史学家,以玄奘、慧能为代表的佛学家,以程朱为代表的理学家,以陆九渊为代表的教育家,以宋慈为代表的法学家,以李诫为代表的建筑家,以岳飞、文天祥为代表的民族英雄;明清则出现以王阳明、王艮为代表的心学家,以王夫之、黄宗羲、顾炎武等为代表的儒学大家,以"前后七子"、四大名著、桐城派为代表的文学家、小说家,以计成为代表的园林家,以徐霞客为代表的旅行家,以"吴门四家""扬州八怪"为代表的诗书画才子群体,等等,可谓洋洋大观,是创造中国古代精神文化的杰出代表,也是旅游活动频繁接触的文化资源。

(根据郭双成《史记人物传记论稿》、程俊嵩等《中华民族七十二伟人》改写)

四、中国旅游文化形成的民族人口因素

中国的旅游文化分布在广袤大地上,构成一个以华夏文明为主体、多民族共同创造的文化综合体。中华民族大家庭的形成不是一时一地完成的,而是经过了一个漫长的融合过程,到目前这种多元一体的局面仍在继续。华夏文明起源于黄河中下游地区,并不断与周边民族、部落相同化、相交融,形成了横跨大江南北,播迁东北、西南、西北以至海外各地的汉民族百家大姓。与此同时,集中在西南、西北、东北的少数民族,交错杂居,相互学习,互通有无,建立起各具特色的民族民俗文化。

民族是文化的创造者,不同民族创造不同特色的文化,汉民族是华夏文明的主体,经过数千年的发展传承,形成博大精深的传统文化体系。发展文化旅游应当依托这个基础,使之与旅游活动紧密联系在一起,发挥对中国文化旅游的支撑和核心作用。本书所要阐述的旅游文化的主要部分就是以汉民族为主体所形成的旅游文化基础知识,尽管还只是一个概况,甚至于有所偏颇,但可以为读者了解和学习中国旅游文化提供一种概括性的框架,起到一定的激发、引导、启示作用。同时也会涉及相应的少数民族旅游文化,因为少数民族文化是中华文化不可分割的组成部分。根据 2000 年全国第 5 次人口普查的结果,我国大陆少数民族的人口总数占全国人口的 8.41%,但少数民族数量就有 55个,还有数量众多的支系民族,少数民族分布面积占到国土面积的一半以上,是发展文化旅游,尤其是民俗风情旅游极为重要的资源。

我国百万人口以上的少数民族依次有壮族、满族、回族、苗族、维吾尔族、土家族、彝族、蒙古族、藏族、布依族、侗族、瑶族、朝鲜族、白族、哈尼族、哈萨克族、黎族、傣族等,10万~100 万人的有 17 个,10 万人以下的 20 个(其中的绝大多数少于 5 万人),台湾的少数民族高山族有十几个族群,分布在山地丘陵地区。可以说,每一个民族不论大小都创造了属于自己特色的文化生态系统,包括物质系统、非物质形态、制度习俗形态等多种模式,如聚落建筑模式、土司族群制度、生产贸易方式、社会交往模式、宗教信仰模式、休闲娱乐模式等,他们中的大多数都是热情好客、富有民族文化传统,能够彼此之间建立良好的旅游关系。

五、中国旅游文化形成的政治经济基础

政治制度是国家和社会运行体制和机制的总称,又称为经济基础和上层建筑,生产力和生产关系。马克思政治经济学和唯物史观揭示了经济基础决定上层建筑、生产力决定生产关系的社会运行规律。中国历史上漫长的封建社会时期,总体上处在生产力水平较为低下,生产关系又不尽合理的状态,社会矛盾十分尖锐,如遇自然灾害或社会动荡,就会带来灾难性的破坏和打击。加上中国的古代建筑多数以土木材料为主,出现了中国物质文化上屡建屡毁、循环往复的现象。以古都西安、洛阳为例,大的古城遗址都有六七处之多,开封古城则出现世界罕见的"城摞城"现象,仅地下就有六座古城,埋藏在泥沙之下。

中国古代社会各个朝代具有诸多相似的政治架构,一是"君主专制""学而优则仕"的封建等级制度;二是郡县制与分封制相结合的行政管理体制;三是宗法伦理制度、宗教祭祀制度、官吏司法审判制度等。但各政治派别和政治势力的斗争并无间断,有时达到你

死我活的境地,甚至父子、兄弟相残。在朝廷上下,君臣、宦官、外戚、王侯之间的势力角逐影响巨大,一旦失衡就会造成严重后果;在民间,各阶级、各职业、各教派之间的矛盾和冲突,尤其是农民起义、割据势力此起彼伏,对中国文化和旅游文化的影响十分巨大。

集中体现生产力水平的经济基础对于旅游文化的形成至关重要,一般认为,中国古代生产力发展水平一直领先于世界,甚至到康乾时期生产总值仍然占据世界总量的40%以上,但随着西方社会进入近代化以来,中国经济的地位便迅速下降,以致被抛到世界经济的边缘。主要原因在于中国传统的生产方式是以实用技术、手工艺生产为主导,而西方资本主义生产方式是以近现代科技为核心的大机器生产,不在同一个水平层次上,在东西方科技、经济、军事、文化的较量中难免就要败下阵来,而当中国社会经历艰难曲折的社会转型以后,则可以后来居上,重建华夏文明的新体系,迎接全球化的新挑战。可见,中国文化、中国旅游是与中外政治、经济、外交、军事关系密切联系在一起的,必须看清这样一个事实。

六、中国旅游文化形成的对外关系因素

中国文化向来不是一个故步自封、抱残守缺的文化,而是一个坚忍不拔、兼容并包的文化。中国历史上的文化输出和输入有不同的方式和过程,民族矛盾、地区矛盾和战争是一种非常残酷的斗争方式,以牺牲人口、破坏生产力、民族和阶级压迫为代价,但在一定意义上也是一种激烈的文化碰撞、文化冲击现象,一般在时间上不会太久,过后就会进入缓和、融合状态。中国进入秦汉以来有几次大规模的民族迁徙,对外交流活动,一是西汉时期丝绸之路的开通,断续持续到隋唐几百年的时光;二是东汉魏晋隋唐时期的佛教东传和本土化;三是西晋"永嘉之乱"以来的五次民族大迁徙;四是宋元以来的海上丝绸之路的开通和对南洋、西洋航路的探索,以及近代东西方列强的入侵和学习西方文化的热潮等。这些或激烈或平和的文化交往与融合,大大丰富和发展了中国的文化和文明程度。包括物种的大量引进,学术思想和技艺的大量交流,佛教、伊斯兰教、基督教等宗教文化的传播等,在文化形态、文化关系、地理分布上都留下了对外交流的文物古迹,成就了大批外向型的文化遗迹、历史古城,如西北地区的丝绸之路、西南地区的茶马古道、东南沿海的海上丝绸之路,交通要道上的关隘、渡口、要塞等,都是中国文化对外、对内交往的依据和物证,其影响渗透到中国社会生活的方方面面,历久弥新。

第三节 旅游文化与中国旅游业的发展

一、旅游文化是发展旅游业的基础资源和发展方向

(一)中国当代的旅游业起源于文化旅游

中国当代旅游主要是指改革开放以来兴起的大众旅游,一般分为入境游、国内游和出境游三部分,从兴起的过程看,也大致遵循这个顺序。改革开放以后,中国的入境游和国内游大多从国内知名度较高的文化景区开始,主要是在一些古都或历史文化名城进行,如北京的长城、故宫、颐和园,西安的碑林、兵马俑、乾陵、法门寺,洛阳的龙门石窟、牡

丹花会、嵩山少林寺，曲阜的"三孔"，敦煌莫高窟，苏州的园林，杭州的西湖，泰山，黄山，长江三峡，桂林山水，云南石林，庐山等，几乎成为中国旅游的"名片"，文化旅游的成分占绝对优势，持续了大约 20 年，期间虽有知名度很高的山水景区，但名为"山水旅游"，实为"山水文化"旅游；直到世纪之交前后，中国旅游才基本进入生态旅游与文化旅游并举的新阶段。可见，中国旅游是由"文化旅游"开启的。国际旅游业主要以文化旅游为主导，欧美、东南亚、澳洲的异域风情为中国人出国旅游的主要产品。其中虽有自然景区建设投资较大、建设周期较长的因素，但主要还是与人们对文化景观的了解和兴趣有密切关系。随着游客和导游文化素质的进一步提高，文化旅游的热度将会持续升温，尤其是文化领域的重要事件，对文化旅游的影响和触动很大，往往一部热播剧、一场大型展会，或重要外交活动、考古发现，就可能触发一场文化旅游热潮。

（二）中国旅游文化成就了中国旅游的过去，并将继续成就中国未来的"旅游梦"

从旅游资源普查、旅游景区开发、旅游景观鉴赏等角度来看，尽管自然山水景观还有很大的潜力，但受旅游投资、景区营销成本加大，以及生态保护、景区的相互屏蔽效应等因素的影响，若欲开发出类似九寨沟、张家界、织金洞、黄果树、云台山那样级别和知名度、以自然旅游景观为主导的旅游景区，相对来讲难度较大，而文化景观的开发可以向纵深拓展。一般来讲自然景观旅游注重"视觉冲击"，弹性较小；而文化景观注重"内涵的挖掘"，弹性较大；提升和挖掘中国旅游的内涵和素质，主要还是依靠博大精深的中国旅游文化，视觉文化和知名度文化旅游的黄金季节将一去不复返，随之而来的将是文化类型、文化内涵的深度挖掘。从业态素质看，中国游客和中国导游（包括旅行社）的文化素质有待大力提高，大多数都还是中国旅游文化的"门外汉"，更不用说"登堂入室"、如数家珍了，或者说，中国文化旅游仍处在起步阶段，大力普及和发展文化旅游事业将是我国旅游事业发展的一个基本方向。似乎也只有文化范畴的旅游，才具有持续不断升温的前景和可能，尤其是中国的地域文化旅游、专题文化旅游、认知旅游（或曰"求知旅游""充电旅游"）、励志旅游（或曰"发愤旅游""爱国敬业旅游"）等强势旅游板块，基本上还未开通，也只有这些旅游板块的开启，才可以说中国旅游开始迈向理性阶段、成熟阶段。而到目前的中国旅游基本上还是一种时尚活动，业界曾经根据游客"兴奋点"的转移，将旅游划分为文物旅游（主要是寺庙和古迹旅游）、生态旅游、专题旅游等阶段，实际上只是时尚性的"浅表旅游"的外在现象，不过是审美疲劳或时尚跟风的"浮躁"结果而已。从供给到消费选择的双重环节看，中国旅游还没有进入真正意义上的"分型阶段"。可以毫无悬念地说，中国丰厚坚挺的珍贵文化遗产，有待旅游供需双方的深耕细作，精益求精，也将成为国人迈向"深度旅游""内涵式旅游"的光荣与梦想所在。

二、旅游业的发展对发掘、保护、传承旅游文化提供基本的载体和机遇

（一）历史上的旅游活动曾经对旅游文化的创造、发掘、提升发挥重要影响

没有旅游活动就没有旅游业，也不会有旅游文化的存在。旅游文化自有旅游活动以

来就存在了，人类旅游活动开始于何时，哪些活动带有典型的旅游活动性质，却有不同的看法。"五经"之首的《周易》就有"观"卦、"旅"卦，"观"卦有"观国之光，利用宾于王"，表达观光的益处。"旅"卦有"旅，小亨，旅贞吉"，"旅人先笑后号咷"，表达出游的欣喜、旅行的艰辛，以及早期人类旅游活动"有一定利益，但不会太大"的情形，但观光、旅游都还是有"利"的，否则就不会去冒较大风险去观光、旅游。此处的"旅"，唐代孔颖达《周易·正义》曰："旅者，客寄之名，羁旅之称。失其本居而寄它方，谓之为旅。"

先秦文学著作也记载了大量各个群体、阶层的旅游活动，如西周春秋时期的《诗经》就记载了大量与旅游、观光、休闲、迁徙、考察相关的内容，将《诗经》视为先秦时期"旅游"元素齐全的"旅游全书"诚不为过。《穆天子传》专门记载西周穆王巡游天下的过程，堪称中国最早的游记笔录。《春秋》"三传"虽记春秋历史，其中有着频繁的人员游动，也堪称一部春秋时期的旅行活动史，历代的史书也都带有一定旅游文化史的因素。

历史上每当天下大乱，一定会引起大量的人口迁徙，并伴随政治失意的远遁山林，远足他乡寻找心灵的慰藉，旅游的频率大大增强，"旅游"作为一个词就独立存在了，如到南北朝时期，南朝诗人沈约《悲哉行》诗中就有"旅游媚年春，年春媚游人"的诗句。唐代的诗歌和史学著作中开始频繁出现"旅游"一词，据有关统计，《全唐诗》带有"旅游"一词的题目就有六首，诗句中含有"旅游"一词的有二十五次之多。可见，到唐代"旅游"一词已成为可以固定下来的词汇，尽管古代"旅游"与近现代"旅游"在概念和活动本身还有一定的差别，但古代越来越频繁的旅游活动是客观存在的。

历史时期的旅游主要分为政治军事旅游、商贸旅游、文人士大夫的采风和宦游、隐士休闲雅居之游、宗教朝觐旅游、跨国求知旅游、近途踏青之游、投亲寻友旅游等。古代大量存在的旅游活动，对旅游文化的建立、发现、传播产生重要影响。首先，通过旅游活动的媒介作用，达到政治、经济、社会、军事、外交、文化、宗教、康乐等目的。这与当代旅游的概念和功能是比较一致的。这些活动和旅游所接触、所感悟的客体对象，都属于"旅游文化"的范畴。其次，古代的旅游活动激活或提升了旅游资源本身，提升了旅游文化遗产的内涵。中国的名山圣水，如西湖、黄山、五岳、洞天福地、"四大"名胜系列、"八景"系列、"祖庭"系列、"关隘"系列、"典故传说"系列等，之所以声名鹊起，成为旅游文化胜地，与古代旅游活动、古人的文化艺术创作活动、重大的历史文化事件密切相关，正是旅游活动催生、带动、活化、提升了中国旅游文化"量"的积累和品位的生发，甚至奠定了后代旅游的行程线路，如"自古华山一条道"，登泰山封禅、旅游也是"千年一条线"，沿着秦皇汉武等历代君王的道路凭吊观光，亿万游客也沿着西湖"白堤""苏堤"行走了近千年之久。同时，古代名人雅士与旅游文化遗产本身也存在相互渲染、相互传播的效果。所以，谢灵运说"山水借文章以显，文章凭山水以传"。

可见，旅游文化是古人频繁的旅游活动"走"出来的，也是古代文人作家"写"出来的，是石窟绘画艺术家"刻""画"出来的，更是一代代民工一砖一瓦"垒砌"起来的。

（二）当代旅游业的发展对传播、保护旅游文化资源起到重要支撑作用

仅仅有旅游活动还不足以支撑起旅游文化的庞大体系，真正能够大规模创造旅游文化、传播旅游文化、保护旅游文化、充分发挥旅游文化功能的条件和因素，还需要当代旅

游业的全面发展。旅游业的发展途径、类型、模式是多种多样的，反映在当代旅游事业的方方面面。主要表现在：

1. 旅游政策和法规体系的建立。依法旅游，有法可依，可以鼓励、引导、促进全民旅游动机的形成，保障旅游系统的健康顺利运行。

2. 旅游资源的开发利用和保护。没有旅游资源开发，没有旅游景区的规划、投资、开发、建设，就没有旅游线路、旅游产品，就不能形成旅游接待和旅游收入，旅游产业和旅游活动就失去了基本的依托，包括自然旅游资源、文化旅游资源、园林旅游资源、主题公园旅游资源、宗教民俗旅游资源等的开发利用。

3. 旅游服务体系的建立和发展。大众旅游行程很难通过自发的活动来完成，必须建立一整套旅游接待、服务体系来完成，这就需要大量的旅游服务工作者的服务技能和辛勤劳动，如交通服务、食宿服务、线路服务、讲解服务、安全服务等。

4. 基础性、行业性的建设工作。主要是旅游行业的人才培养、学科建设、行业管理等基本工作，以塑造合格的人才队伍、健全的行业管理运行体制。

目前，中国旅游行业处于起步阶段，但发展很快，前景广阔。只有旅游产业、行业的整体素质、服务能力的提升，才能更好地研究旅游文化、建设旅游文化、传播旅游文化、保护文化资源，最大限度地发挥文化旅游资源的作用，建立和谐旅游、持续旅游的理想模式。

总之，保护、传承、发展旅游文化需要旅游界提升自身的文化素质，付出艰辛的脑力劳动和体力劳动，将旅游文化建设与发展旅游事业紧密地联系在一起，空谈误国、误文、误旅。

（三）旅游业的进一步发展为文化旅游带来新的机遇

旅游业作为阳光产业，为发展文化旅游事业，为科学合理地开发利用旅游文化资源，带来重要机遇。世界发达国家发展经济、文化和旅游事业的实践证明，深厚的文化资源是发展旅游产业的基础，而旅游产业的大发展也是发展文化事业的必要前提。旅游产业是传播文化、普及文化的主要载体和媒介。在我国的旅游文化事业中，一方面要深度开发先民留给后代子孙的文化资源，依靠旅游的媒介作用，普及和传承中国古老的文化脉络，中国优秀的传统文化不应当在当代人那里中断、扭曲、消亡；另一方面需要通过具体的旅游实践活动，使更多的人了解中国传统文化，亲近中国传统文化，继承和发展中国优秀的传统文化，使之为当代社会服务、为后代子孙服务。当代和未来旅游业的发展条件要远远超越古代社会，如发展文化事业的战略思维得到了全面的认识，研究、开发、建设、管理、保护文物、文化的技术能力显著增强，国际交流的频率、效率大为提高，发展、保护文化的财力十分充裕，这些都为旅游文化资源的合理开发利用，为大力发展文化旅游事业创造有利条件，带来新的机遇。

三、探索旅游文化与旅游产业可持续发展、良性互动关系的有效途径

（一）树立对"旅游文化"和"文化兴旅"的坚定信心和科学态度

发展文化旅游事业，一定要对民族文化遗产抱有自信，要对"文化兴旅"充满信心。

17

中国的文化旅游资源不仅满足了古代旅游活动的需要,而且能够满足当代旅游和未来旅游的需要;不仅能够满足国内旅游的需要,而且能够满足入境旅游、出境旅游的需要。各地的旅游资源调查评价实践证明,不论是哪一个领域,哪一个档次的旅游,大自然赋予的自然旅游资源,先民留给我们的文化资源,就其数量、质量、厚度、密度、类型、特色而言都是绰绰有余,无可挑剔,甚至是无与伦比的。那种抱着历史虚无主义、文化歧视主义的态度,是对我们民族历史文化的极大无知和误解。但要将旅游事业做好,将文化旅游事业开发利用好,就必须树立科学态度,发扬科学传统,吸取历史的教训,以科学发展观为指导,采取科学措施,走出一条科学发展文化旅游的路子。

(二)以点带面,循序渐进,不断创新,促进旅游文化资源有序开发

从我国旅游发展的实践以及旅游业与国民经济和社会发展的关系来看,中国的旅游文化资源开发利用还只是刚刚起步,人们对发展文化旅游的认识水平有待提高,对发展文化旅游的规律还没有完全掌握,一切还只是刚刚开始,需要从头做起,以点带面,循序渐进,边实践边总结,不断提高旅游开发和文化保护的思想素质和业务技能,需要吸收借鉴人类文明的一切有益成果,寻找创新发展的突破口。发展文化旅游,要依托中国旅游文化的资源基础,立足中国旅游业发展的实际,不能盲目因循守旧或照抄照搬别国模式,应当有所为有所不为,既要有所超越又不能盲目超越,采取差异化战略、规范化战略、积极稳妥的战略,以促进旅游文化资源的有序开发。

(三)加大投入,完善体制,做好旅游文化的规划、建设、管理和保护工作,以及旅游文化的宣传教育和培训引导工作

旅游文化资源开发,大力发展文化旅游事业,首先遇到的问题,就是我国文化旅游资源的家底问题,对旅游文化知识的普及教育问题。中国的文化旅游资源在数量上、质量上、分布上、利用价值上等的情况必须有一个全面的了解,弄清它们的现状与成因,需要大量的专业素质人才,与相关专业相配合,从事最基本的工作。这些工作需要大量的人力、物力、财力投入,同时还应当调动一切积极因素,促进更多的企业、人员来投入这项工作,就要建立文化旅游开发的市场准入机制,科学合理的项目管理机制,高效运行的业态运行机制。就各项文化旅游事业而言,规划要先行,建设是重点,管理是关键,保护是前提,安全是保障,示范是引领,效果是检验,每一个环节都不容忽视。对于提高行业素质、游客素质,还要采取具体措施开展深入持久的旅游文化宣传教育,进行旅游文化服务培训,有针对性地进行文明游客培训,以健康向上的行业文化,开创具有中国特色的文明旅游、和谐旅游、智慧旅游、美丽中国旅游的新局面。

关键词:文化;旅游文化;文化旅游;文化成因;旅游文化开发

思考题

1. 什么是文化? 它有哪些类型?
2. 什么是旅游文化? 旅游文化与文化的关系如何?

3. 中国旅游文化有哪些特征？举例说明。

4. 中国旅游文化的形成因素有哪些？举例说明。

5. 中国旅游文化的存在方式有哪些？如何发现中国旅游文化的存在空间？

6. 举例说明旅游文化对旅游活动的主要作用。开发利用旅游文化需要注意哪些问题？

参考文献

1. 曹诗图等.旅游文化与审美[M].第三版.武汉：武汉大学出版社，2010.

2. 马勇、余冬林、周霄.中国旅游文化史纲[M].北京：中国旅游出版社，2008.

3. 余秋雨.何谓文化[M].武汉：长江文艺出版社，2012.

4. 金元浦、谭好哲、陆学明等.中国文化概论[M].北京：首都师范大学出版社，1999.

5. 张岱年.中国哲学大纲[M].北京：生活·读书·新知三联书店，2005.

6. 王小甫、范恩实、宁永娟.古代中外文化交流史[M].北京：高等教育出版社，2006.

7. 张岂之.中国传统文化[M].北京：高等教育出版社，2005.

8. 王明星.文化旅游：经营·体验·方式[M].天津：南开大学出版社，2008.

9. 胡幸福.试论"旅游文化"课的建构[J].旅游论坛，2009(5).

第 二 章

东方舌尖:中国饮食旅游文化

本章导读

川菜的麻辣

川菜,所给人的愉悦是其他菜系不能比拟的。这不是我偏好川菜的缘故,而是川菜里的麻辣是其他菜系所没有的。麻,是花椒赋予的特性,花椒,同时也赋予了菜之生命般有了生机。我从成都吃到重庆才知道,麻,是带有青气的香,这种带着青气的香和辣的结合能直接打开你的味蕾和嗅觉,直抵你的感官,令吃者有了生理上的愉悦。

那麻,是能产生出品质的,这品质是朴素的,朴素又永远具有亲和力。他带着温暖的元素,亲和包容辣的张扬。而麻对于甜来说有着根本的区别。甜,是自命不凡的,是在所有的味觉里最易受欢迎、最易被接受,也是最善变的。那么甜,自然有了高贵的身价。而麻对甜是不屑的。麻,选择了辣。那辣,有着赏心悦目的红色,红得彻底,红得纯粹,红得你心痒痒,是红彤彤的精灵演变的神话吗? 她干吗那样一如既往地红着,干吗不管不顾地辣着呢?

麻,选择了辣就犹如选对了一个命题。这叫天作之合,或叫地造一双。麻辣天生的匹对,好比有了天就有了地,有了地自然有了天一样自然。麻和辣,不弃不离,就这样自然地存在于川菜里,存在于川人的生活里,也存在于人们的认知里,同时也存在于吃者的感官里,令你吃起来欲罢不能。

想吃正宗的麻辣川菜,就到成都去吧,就到重庆去吧。其他地方的麻辣都是麻和辣混合在一起的混合味,只有到了川地,才会有着那里的水土及温湿度养出的带有青气香的花椒及不管不顾辣着的辣子,那麻是麻,辣是辣,层次分明而又合二为一,给你带来舌尖上跳跃般的愉悦着的神奇。

(资料来源:http://blog.sina.com.cn/s/blog_4d7b1a440101374u.html.)

饮食是人类赖以生存和发展的第一要素,人类文明始于饮食。饮食文化随着人类社会的形成而发展,随着人类社会的发展而进步,饮食超越了单纯的生理需要,不断丰富着自身的内涵,成为社会文化生活中的重要内容,是人们物质生活和精神生活的一部分。中国饮食文化历史悠久,源远流长,博大精深,具有鲜明的民族性和地域性,是中华民族文化宝库中一颗璀璨的明珠,也是中国旅游开发中的宝贵旅游资源。

旅游饮食，是融物质与精神为一体的一种特殊文化现象。旅游者在览胜观光的同时，还需要有舒适的吃、住、行、娱、购等物质享受。而其中饮食是最基本的生理需要。应该指出的是，旅游者对于饮食，往往并非仅仅满足于吃饱肚子，而是还希望能通过吃领略所游览之地的风味小吃、特色菜肴、名土特产，进而深入了解该地的饮食习俗、风土人情和文化特征，可见旅游饮食是旅游者精神文化生活享受的一种载体。正因如此，饮食已从原先仅仅是人们旅游活动中的一种辅助成分，上升为一种旅游项目，如"食在某地""美食旅游""食品节"等。为此每游览一地，必须深入挖掘该地在历史发展过程中形成并沉淀下来的饮食习俗和传统，开发、利用，形成有相对独立性的饮食文化。据有关方面的统计，全国旅游费用收入中，用于购买物品（包括饮食）的费用占总收入的54％，而其中吃的一项费用竟占30％左右。由此可见饮食在旅游行业中的重要地位。

第一节 饮食文化概述

一、饮食文化的内涵

饮食文化指的是人们在日常生活中的饮食行为和习惯，主要包括食物本身的属性，制作过程和仪式，用餐的器具、环境、礼仪和风俗等。

饮食文化从来就是民族文化中的瑰宝。名扬四海的中国美食，就包含了中华民族的丰富的食源、独到的饮食加工技艺，蕴含深厚的饮食美学和饮食民俗等文化内涵，它已成为历代社会物质文明和精神文明的重要组成部分，是检验这两种文明发展程度的标尺之一。同时，中国美食也是一种色、香、味、形、器、健、意诸美俱全的艺术。它在色彩上，追求冷暖相配，浓淡相宜；在气味上，崇尚香气扑鼻，清醇诱人；在滋味上，重视五味调和，脍炙人口；在造型上，讲究变化多端，精美和谐；在器皿上，力求质地精良，美观舒适，相得益彰；在功能上，主张健康安全，补益身心；在饮食氛围上，讲究清静幽雅，情趣盎然。

中国饮食文化历史悠久，烹调技艺精湛，闻名寰宇，在世界上素有"饮食王国"之美誉。如同音乐、舞蹈、书法、绘画、戏剧一样，中国饮食文化能够充分体现中华文化的意蕴和特色，是中国数千年灿烂的民族文化遗产的重要组成部分，也是一种宝贵的旅游资源。可以说，在今天的旅游活动中，饮食早已超越了单纯生物学意义上的目的，而是体现人们热爱生活、彰显自我、追求高雅、注重体验、丰富情趣的文化载体和符号，是一项包含着丰富社会意义的重要文化活动。如今"食在中国"，品尝中国大江南北风味佳肴，是成千上万的海内外旅游者到中国旅游的动机之一。旅游饮食文化是中国一项重要的旅游资源，大力开发这一资源，对促进中国旅游事业的发展具有重要意义。

二、中国饮食文化的发展过程

饮食文化是随着人类社会的出现而产生的，又随着人类物质文化和精神文化的发展而不断形成自己丰富的内涵。关于饮食文化的起源，目前说法不一。有人依据黄帝制造釜甑、教民建灶蒸谷的传说，认为他是烹饪的始祖；有人认为燧人氏"钻木取火，以化腥臊"，是他揭开了烹饪史的第一页；还有人认为伏羲氏"结网罟，以教佃渔"，应为中国烹饪的始祖。其实,古籍中的这些记载都是后人追记的,而且常常涂上一层神话色彩,更难免把一个时代或者一个氏族部落的某些创举集中到一个人身上。人类原始的采集野果、捕获动物只是为了果腹,是为了充饥保体,古籍记载反映的也不过是从茹毛饮血到熟食的转化,还谈不上人类有意识的烹调的艺术。用科学眼光来看,饮食活动的产生应该是从人类吃熟食开始的。随着人类社会生产力的不断发展,剩余产品日渐丰富,社会分工日益扩大,饮食活动成了人类的一种有意识的行为,并逐步形成周期性的惯制,进而创造出了一系列与饮食相关的思想观念和行为体系,从而渐渐演变成一种艺术、一种文化。

大约在 4 万至 1 万年前,人类发明了烧石传热熟物的石烹法,这是最原始的烹调方法。原始人类或把食物直接放在火上烤熟,或把食物放在石板上加热石板烤熟而吃,这在北京周口店的考古中得到证明。到了新石器时代,中国社会进入了陶器时期,人们以陶器为炊具,或用陶鼎煮肉,或用陶鬲煮谷,或用陶甑汽蒸食物。陶制炊餐具的使用,促进了原始烹饪的发展,标志着人类正式进入了烹调时代。

夏、商、周三代到秦统一中国,是我国烹饪史上一个极其重要的阶段。随着生产力的飞跃,社会生活的各个方面发生了深刻的变化。中国自夏代以后,已进入青铜器时代。人们开始用铜制炊具,将原料改成小块,使用动物油烹制菜肴,这就使烹饪又进步到油烹法。这时豪门贵族吃饭时要奏乐击钟,用鼎盛装着各种珍馐美馔,即所谓的"钟鸣鼎食"。我国饮食文化的基本程式,就是在这个时期初步定下的。从历史的角度来看,先秦时期的饮食和原始社会时期相比有了极大的进步,如食物范围日益扩大,烹饪器具不断发展,烹饪方法有所进步,烹饪制度、饮食文化初步形成,等等。

到了汉代,生产力进一步提高,社会经济继续发展,国力强盛。汉武帝时期,不断向外用兵,并多次派遣使者张骞出使西域和西亚各国,派遣司马相如出使西南各国,促进了中外经济文化的交流。西域、西亚、西南亚、南亚地区的物产,如农牧产品、珍奇异宝、水果、蔬菜、香料等大量传入中国。据史书记载,汉武帝在上林苑离宫旁种植了从外地传来的葡萄、首蓿、胡麻、胡桃、胡瓜、胡荽、石榴、胡豆、大葱、大蒜、胡椒等。这些东西传入中国,充实了中国人民的餐桌,提高了中国人民的饮食文化生活的品位。据《后汉书》记载,汉灵帝爱吃的胡饼以及后来中国人餐桌上的烤全羊、烧乳猪都是从西域传来的。

西汉时期,随着人们物质文化生活水平的提高,市场上的食物品种已经相当丰富。据《史记》记载,"翁伯以贩脂(油类)而倾县邑","张氏以卖酱而蹄侈","浊氏以果脯而连绮",樊少翁卖豆豉而成巨富。这些人皆可与千户侯、千乘之家相比。长沙马王堆汉墓竹简中记载有食单 100 多种。据说现在我们吃的豆腐,是汉高祖刘邦之孙刘安发明的。北魏贾思勰的《齐民要术》中记载的饮食酿造加工和烹调技术,是对北魏以前烹饪技术的一个总结,书中仅主食、菜肴、汤羹、配料、(酱)腌治咸菜的制作方法就列举了 20 大类。

隋唐是中国封建社会的繁荣时期,饮食文化也进入一个新的阶段。烹饪技艺日益精湛,菜肴的品种、品位皆有所增加和提高。各种海鲜如海参、海蟹、海蜇、乌贼,山珍异兽如猴头、燕窝、驼峰、熊掌进入了宴席。隋朝谢枫的《食经》是对中国饮食文化的又一总结。该书共记名馔 53 种。其中饼、糕、羹、卷、面和各种山珍海味做成的菜肴应有尽有。蒸、煮、炙、烤、烙、炒、拌样样烹调手段俱全。唐韦巨源《食单》所列举的 58 种饮食中,仅馄饨就有 24 种,名曰 24 气馄饨,花形馅料各异,五味俱全,鲜美可口。无论是饮食的种类、品位，还是烹调技艺，隋唐皆比前代大有提高。其中很多菜肴如八仙盘、仙人脔、长生粥和主食中的水晶凤糕、见风消、金银夹花平截（剔蟹细碎卷）保留至今，仍是当今餐桌上的高档菜肴。

宋元时期中国的饮食水平又提高了一步。宋孟元老等人著《东京梦华录》《都城纪胜》《西湖老人繁胜录》《梦粱录》《武林旧事》等，以大量的篇幅记载了上千种名馔佳肴，展示了中国两宋时期饮食文化繁荣的景象。其中，《武林旧事》卷六记述了南宋余杭诸市，有米市、肉市、菜市、鲜鱼行、鱼行、南猪行、北猪行、蟹行、青果团、柑子团等，"异品菜疏，饮食之需应有尽有"。随着社会生产的发展，人们所使用的烹调器具进一步得到改善，适于高温快速烹饪的各式各样的铁质炊具锅、勺、刀等的使用，进一步提高了菜肴色、香、形、味的品位，烹饪技艺也进一步提高。商品经济的发展，城市经济的繁荣，使得饮食原有的祭宴、国宴、家宴、宾宴形式发生了变化。原来由帝王、名门显贵垄断的饮宴开始走向社会，向商品化方向发展，并为更多人所享受。这是饮食文化的一个重大变革。孟元老等人笔下的繁华都市——东京、杭州——饮食业的兴盛乃是这种繁华景象的主要标志。无论东京的燕馆歌楼还是余杭的酒肆、食店，无论余杭夜市还是东京沿街叫卖的小贩，其各色菜肴、果品糕点、海鲜野味，样样俱全。

到了明代，由于商品经济继续发展，资本主义开始萌芽，人们的思想观念也开始发生变化，追求物质享受成为一种时尚。因而，饮食业空前繁荣，署名兰陵笑笑生的小说《金瓶梅》中有大量描写主人公西门庆饮宴上的名馔佳肴，茶、酒、羹汤、果品、点心、主食菜肴不下三四百种。菜肴类有"螃蟹鲜""核桃肉""滑鳅"，还有称为"五割"的"烧鹅""烧鸭""烧鸡""烧猪""烧羊"，因需割块吃故称"五割"。这时还出现了"燕窝""鱼翅"等名贵菜。汤类有"肉圆子""鸡尖汤""花肠滚子肉""八宝攒汤""黄芽菜并余馄饨鸡汤"以及各种茶果甜食、蒸酥点心、油酥饼徽等，应有尽有。

清代，中国饮食水平又有了进一步提高，种类更加繁多，各大菜系基本形成。清中期袁枚的《随园食单》共记述中国南北 326 种菜肴、饭食和烹饪方法。与《随园食单》几乎同时的《调鼎集》列举了当时清朝通行的上中席菜肴食品，多者达 28 种，少者也有 10 多种。烹制菜、汤羹的原料大量增多。海产有燕窝、鱼翅、海参、蛏干、各种鱼类、虾、蟹、海蜇。肉类有猪肉、牛肉、羊肉、鸡肉、鸭肉、野味和半制成品火腿。素菜有冬笋、青菜、松菌、茼蒿、菜台、荸荠、苋菜、诸葛菜、豆腐等。其中名贵海鲜、燕窝、鱼翅、海参、蛏干大量使用，半制成品火腿出现于餐桌，为前代所未有。

到了近现代，不仅官宦之家常开豪华奢侈的饮席，市肆饮宴之菜肴亦已相当丰盛。在饮食界出现了一大批饮食评论家（也称美食家），他们不但会吃、会评，而且还是操刀掌勺烹制菜肴的里手。现在，饮食文化正在越来越引起更多人的关注，饮食文化随着社会的进步与发展，亦成为更多人能享受的大众文化了。

三、中国饮食文化的基本特征

中国饮食文化是建立在中国历代先人广泛的饮食实践基础上的，它是人类生存和发展的重要反映，并与人们的物资生活和精神生活息息相关，具有鲜明的特色。

首先，中国饮食文化是一种古老而又年轻的文化，它具有生生不息的神韵和魅力。

中国饮食文化历史悠久,早在中国古代先人自己的饮食活动开始时就已经产生了,"它是人类生活的第一朵花"。与此同时,伴随着中国古代社会的发展与进步,无论是饮食用具,还是饮食礼俗都在不断地发展丰富。中国饮食文化是与人们的社会生活紧密相联的,是生生不息的,具有强大的生命力。

其次,中国饮食文化是一种自成体系的文化形态,独具特色。饮食文化是跨越物质文化和精神文化的许多领域,又具有自己独特内涵和外延的一种文化形态,是自成网络又具有独特神韵的一种文化形态。它的发展与社会经济的发展、科技的进步、国土开发和农业生产的进程息息相关,这些基础因素的有机结合构成了它的母体,同时又规定了它的特性。中国饮食文化是在中国特定的物质环境以及诸多因素的影响下形成的,因此在中国饮食文化中便有了饮食搭配、礼节到位、四时有序、三餐合理、讲究餐具、卫生可口的特有的文化基调和品位。

最后,中国饮食文化是中华文明的标尺,也是中华民族特质的体现。民以食为天,饮食在人们的生活中占有十分重要的位置。它不仅能满足人们的生理需要,而且是提高人类体质和促进智慧创造的重要物质手段,同时也因其具有丰富的文化内涵,在一定程度上也满足了人们精神层面的追求,是人类文明的一种重要标尺。一个国家和民族的食物构成和饮食风尚,反映着该民族的自然物产、生产状况、文化素养和创造才能,反映着利用自然、开发自然的成就和民族特质。中国饮食文化是中华民族悠久灿烂文化的重要组成部分,它标志着各个历史时期的中华文明的发展进程和进步状况,反映了中华民族自古以来就是一个热爱生活、追求真善美的民族,从一个侧面体现了中华民族的创造精神和独特风采。

第二节　丰富多彩的食文化

中国食文化以其悠久的历史渊源、广泛的流传地域、众多的食用人口、卓越的烹调技艺、丰美的营养菜式、深蕴的文化内涵而享誉世界,成为人类饮食文化宝库中的明珠。

一、食文化的成因

中国是个素来重视饮食的国度,在几千年的文明演进中,形成了丰富多彩的食文化。中国饮食悠久的历史,丰富的文化积淀,使中国赢得了世界"烹饪王国"的美誉,中国菜肴也跻身于世界四大美食之列。与其他国家或民族的烹饪艺术相比,中国烹饪无论是在食料选取、烹饪技法上,还是在菜肴设计、调味的处理上,以及菜点的酿名上,都有自己的特色。

首先就自然条件来看,中国地理环境优越,地大物博,气候变化多样,动植物品种繁多,为食料的选取提供了丰富多样的来源。

其次就历史条件来看,稳定、漫长的农业生活,重历史、重家族和重传统技艺(包括烹调、酿造等方面的技术)的传统,使"祖传"的烹饪手艺得以承继和补充。中国不分食的合家共餐的传统吃法,起着情感交流、维系家族家庭团结的重要作用。

再次就政治条件来看,古代中国大一统的集权力量,把各地的美味佳肴荟萃到帝王贵族的餐桌上来,构成富丽多彩的宴席。中国的饮食文化是以士大夫阶级的生活为基础,以封建专制下的王公贵族为中介,尤以宫廷的饮膳为集中代表积累、保存、流传和发展而来的。中国帝王登峰造极的奢侈,就是中国传统饮食文化的最高体现。

最后就文化条件来看,中国农业文化主张"食不厌精,脍不厌细",认为食是人之"大欲","食为民天",因此重食。中国传统食文化是由极少数人享用的。众多的人口、丰富的物产和缓慢的生活节奏,决定了时间是最不值钱的。为了整治一桌丰盛的山珍海味宴席,不惜花费大量的人力和物力,精雕细刻,力求达到完美无瑕的地步,以供达官贵人享用。

中国的食文化如同音乐、舞蹈、书法、绘画、戏剧一样,是中国数千年灿烂的民族文化遗产的重要组成部分,是宝贵的旅游资源,具有重要的旅游开发价值。

二、主要地方风味

长期以来,各地由于选用不同的原料、配料,采用不同的烹调方法,因而形成了各自的独特风味和不同的菜系。在不同的历史时期,根据不同的分类标准,可将中国菜划分为不同的流派。从原料性质来看,可将中国菜划分为素菜(宫廷素菜、寺院素菜、民间素菜)和荤菜;从菜肴功用来看,可将中国菜划分为普通菜和保健医疗菜;从地域角度来看,可将中国菜划分为八大菜系,即鲁菜、粤菜、川菜、苏菜、闽菜、浙菜、湘菜、徽菜。它们都是在各个地域的内外经济文化交流长河中形成的,具有鲜明的地域文化特征。

1. 鲁菜

鲁菜,又称山东菜系,由胶东与济南两地地方菜发展而成。鲁菜风味不仅扩大到京津,而且远播至白山黑水之间,成为当时最有影响的一大菜系。明清两代,鲁菜成为宫廷御膳的主体,是我国北方菜的代表。其特点是:选料精细,精于制汤,以清香、鲜嫩、味纯而著名,讲究丰满实惠。另外,山东曲阜的孔府菜,对鲁菜的形成也具有影响。现在,曲阜根据《孔府档案》记载的明清时期孔府向皇帝进贡的菜单和孔氏家族日常筵席食谱,进行仿制,深受国内外旅游者的欢迎。

鲁菜的代表名菜有:糖醋鲤鱼、德州扒鸡、锅贴豆腐、九转大肠、清汆赤鳞鱼、红烧大虾、油爆海螺、孔府一品锅等20余味。其点心小吃有:周村酥烧饼、武城喧饼、荷叶饼、潍县杠子头火烧、煎饼、糖酥煎饼、锅贴、高汤小饺、开花馒头、煎包、金丝面、汆子面、蛋酥炒面、福山拉面、蓬莱小面、鸡肉糁、甜沫等。

2. 粤菜

粤菜,又称广东菜,是由潮州、广州、东江(惠州)三大流派组成。广东菜的特点是:选料广博奇杂,配料较多,注重装饰,讲究生猛鲜嫩爽滑;擅长小炒,善于掌握火候,油温恰到好处;注意季节搭配,夏秋力求清淡,冬春偏重浓醇。以广州菜为代表的粤菜影响闽、台、琼、桂诸地。

广州菜又名广府菜,特点是制作精细、花色繁多,重视蒸炸,烧腊也很精湛,花色菜形态生动。在动物原料方面,除猪、牛、羊外,还有蛇、猫、鼠等,尤其是以蛇入菜,由来已久,西汉《淮南子》中就有"越人得蛇以为上肴"的记载,故民间有"食在广州"之誉称。18、19世纪,随着对外通商和"下南洋",粤菜也逐步走向世界。据称,现在仅美国纽约就有粤菜

25

馆数千家。潮州菜以烹制海鲜见长，以菜汤最有特色，刀工精细，甜味较浓，注意保持主料原味。东江菜则下油重，味偏咸，主料突出，朴实大方，具有乡土风味。

代表名菜有：脆皮乳猪、白云猪手、龙虎斗、烤鹅、蛇羹、太爷鸡、杏元鸡脚炖海狗、鼎湖上素、东江盐焗鸡、护国菜、脆皮炸双鸽等 20 余味。其点心小吃有：成珠鸡仔饼、皮蛋酥、煎堆、冰肉千层酥、大良膏煎、酥皮莲蓉包、叉烧包、粉果、伦教糕、马蹄糕、肠粉、蜂巢芋角、松糕、蟹黄灌汤饺、薄皮鲜虾饺、干蒸烧卖、沙河粉、荷叶饭、及第粥、艇仔粥、大良双皮奶等。

3. 川菜

川菜，又称四川菜，以成都、重庆两地菜肴为代表，在我国享有崇高的声誉。川菜重视选料，规格讲究一致，分色配菜主次分明、鲜艳协调，自古有"尚滋味""好辛辣"的饮食传统。它的特点是：麻辣、鱼香、味浓、注重调味，离不开"三椒"（即辣椒、胡椒、花椒）和鲜姜，以辣、酸、麻、香脍炙人口，素来享有"一菜一格，百菜百味"的美名，地方风味十分浓郁，有"食在中国，味在四川"的美誉。因此有人把川菜特点归纳为"清鲜见长，麻辣见称"。川菜对湘、鄂、黔、滇也有影响。川菜历史悠久，秦末汉初就已显露锋芒，现今川菜馆已遍布世界各地。

代表名菜有宫保鸡丁、回锅肉、鱼香肉丝、夫妻肺片、麻婆豆腐、灯影牛肉、鸳鸯火锅、干烧岩鲤、家常海参、锅巴肉片、干煸冬笋等 20 多味。其点心小吃有：荷叶蒸饼、蒸蒸糕、蛋烘糕、鸡蛋熨斗糕、青城白果糕、崇庆冻糕、锅盔、宜宾燃面、龙抄手、红油水饺、玻璃烧卖、担担面、赖汤圆、芝麻圆子、广汉三和泥、川北凉粉、小笼蒸牛肉、顺庆羊肉粉等。

4. 苏菜

苏菜，又称淮扬菜，主要以苏州、淮安、扬州、南京等地为代表。其特点是：以炖、焖、烧、煨、炒著名，重于酥烂、鲜香，原汁原汤，浓而不腻；口味平和，咸中带甜，咸甜适中，适应性强。烹调上，用料考究，注意配色，讲究造型，菜谱四季有别。南京菜口味和醇，花色菜玲珑细巧，用鸭制菜负有盛名。扬州菜清淡适口，主料突出，刀工精细，醇厚入味，以制江鲜、鸡类著名。苏州菜口味偏甜，配色和谐，以烹制河鲜、湖蚧见长。淮扬菜影响江、浙、皖、赣等地，并早已蜚声海内外。据统计，在世界五大洲 70 多个国家里都有淮扬风味的饭店，目前旅居国外的扬州人中 60% 从事餐饮业。

代表名菜有：金陵盐水鸭、水晶肴肉、清炖蟹粉狮子头、文思豆腐、三套鸭、叫花鸡、梁溪脆鳝、松鼠鳜鱼、霸王别姬、沛公狗肉等 20 多味。其点心小吃有：黄桥烧饼、葱油火烧、文蛤饼、金钱萝卜饼、太湖船点、五香茶叶蛋、无锡王兴记馄饨、淮饺、文楼汤包、蟹黄养汤烧卖、三丁包子、藕粉圆子、淮安茶馓、苏州糕团等。

5. 闽菜

闽菜是以闽东、闽南、闽西、闽北、闽中、莆仙地方风味菜为主形成的菜系，以闽东和闽南风味为代表。闽菜清鲜，淡爽，偏于甜酸。尤其讲究调汤，汤鲜、味美，汤菜品种多，具有传统特色。闽东菜有"福州菜飘香四海，食文化千古流传"之称，有以下鲜明特征：一为刀工巧妙，寓趣于味；二为汤菜众多，变化无穷；三为调味奇特，别是一方。闽菜最突出的烹调方法有醉、扣、糟等，其中最具特色的是糟，有炝糟、醉糟等。闽菜中常使用的红糟，由糯米经红曲发酵而成，糟香浓郁，色泽鲜红。糟味调料本身也具有很好的去腥臊、健脾肾、消暑火的作用，非常适合在夏天食用。

代表名菜有：佛跳墙、鸡汤氽海蚌、淡糟香螺片、荔枝肉、醉糟鸡、太极芋泥、锅边糊、肉丸、鱼丸、扁肉燕、八卦宴、文公菜、幔亭宴、蛇宴、茶宴、涮兔肉、熏鹅、鲤干、龙凤汤、食抓糍、冬笋炒底、菊花鱼、双钱蛋茹、茄汁鸡肉、建瓯板鸭、峡阳桂花糕、五花肉滑、炒泗粉、白切羊肉、焖豆腐、回力草炖猪脚、土笋冻、莆田（兴化）米粉、莆田（江口）卤面、莆田（西天尾）扁食、酸辣鱿鱼汤、芋子饺、芋子包、炸雪薯、煎薯饼、炸薯丸、芋子糕、酿芋子、蒸满圆、炸满圆、白头翁饧、苎叶饧、苦斋汤、炒马齿苋、鸭爪草、鸡爪草、炒马兰草、香椿芽、野苋菜、炒木锦花、冬瓜煲、酿苦瓜、脆黄瓜、南瓜汤、南瓜饧、狗爪豆、罗汉豆、炒苦瓜、红米饭、高粱粟、麦子饧、拳头粟饧、白斩河田鸡、烧大块等。

6. 浙菜

浙江地处中国东海之滨，素称鱼米之乡，特产丰富，盛产山珍海味和各种鱼类。浙江菜是以杭州、宁波、绍兴和温州四种风味为代表的地方菜系。浙菜采用原料十分广泛，注重原料的新鲜、合理搭配，以求味道的互补，充分发掘出普通原料的美味与营养。特别是杭菜中的湖上帮和山里帮两大风味技术体系，都强调原料鲜嫩，现取现做。还有不少水中和山地植物富含多种营养成分，对身体健康十分有益。杭帮菜重视其原料的鲜、活、嫩，以鱼、虾、禽、畜、时令蔬菜为主，讲究刀工，口味清鲜，突出本味。其制作精细，变化多样，并喜欢以风景名胜来命名菜肴，烹调方法以爆、炒、烩、炸为主，清鲜爽脆。宁波菜咸鲜合一，以烹制海鲜见长，讲究鲜嫩软滑，重原味，强调入味。口味"甜、咸、鲜、臭"，以炒、蒸、烧、炖、腌制见长，讲求鲜嫩软滑，注重大汤大水，保持原汁原味。温州菜素以"东瓯名镇"著称，也称"瓯菜"，瓯菜则以海鲜入馔为主，口味清鲜，淡而不薄，烹调讲究"二轻一重"，即轻油、轻芡、重刀工。都自成一体，别具一格。绍兴菜以淡水鱼虾河鲜及家禽、豆类为烹调主料，注重香酥绵糯、原汤原汁、轻油忌辣、汁味浓重，而且常用鲜料配以腌腊食品同蒸同炖，配上绍兴黄酒，醇香甘甜，回味无穷。

浙江点心中的团、糕、羹、面品种多，口味佳。例如，嘉兴肉粽、宁波汤圆、绍兴臭豆腐、舟山虾爆鳝面、湖州馄饨等。名菜名点有：龙井虾仁、西湖莼菜、虾爆鳝背、西湖醋鱼、冰糖甲鱼、剔骨锅烧河鳗、苔菜小方烤、雪菜大黄鱼、腐皮包黄鱼、网油包鹅肝、荷叶粉蒸肉、黄鱼海参羹、彩熘全黄鱼等。

延伸阅读

东 坡 肉

东坡肉又名滚肉、红烧肉，是江南地区汉族传统名菜，属浙菜系，用猪肉炖制而成。其色、香、味俱佳，深受人们喜爱。慢火，少水，多酒，是制作这道菜的诀窍。一般是一块二寸许的方正形猪肉，一半为肥肉，一半为瘦肉，入口香糯、肥而不腻，带有酒香，色泽红亮，味醇汁浓，酥烂而形不碎，十分美味。

（资料来源：http://baike.baidu.com/link?url=9e37D2E15x4KUdKgCvCNAHaH3f9nvQpD_ZZakgOrh1K）

7. 湘菜

湘菜是中国历史悠久的一个地方风味菜。湘菜特别讲究调味，尤重酸辣、咸香、清香、浓鲜。夏天炎热，其味重清淡、香鲜。冬天湿冷，味重热辣、浓鲜。湘菜调味，特色是"酸辣"，以辣为主，酸寓其中。"酸"是酸泡菜之酸，比醋更为醇厚柔和。湖南大部分地区地势较低，气候温暖潮湿，古称"卑湿之地"。而辣椒有提热、开胃、祛湿、祛风之效，故深为湖南人民所喜爱。剁椒经过乳酸发酵，具有开胃、养胃的作用。

代表菜点有：东安子鸡、剁椒鱼头、腊味合蒸、组庵鱼翅、冰糖湘莲、红椒腊牛肉、发丝牛百叶、干锅牛肚、平江火焙鱼、平江酱干、吉首酸肉、湘西外婆菜、换心蛋、糯米粽子、麻仁奶糖、浏阳茴饼、浏阳豆豉、臭豆腐、春卷、口味虾、糖油粑粑等。

8. 徽菜

徽菜的形成与江南古徽州独特的地理环境、人文环境、饮食习俗密切相关。绿树丛荫、沟壑纵横、气候宜人的徽州自然环境，为徽菜提供了取之不尽，用之不竭的徽菜原料。得天独厚的条件成为徽菜发展的有力物质保障，同时徽州名目繁多的风俗礼仪、时节活动，也有力地促进了徽菜的形成和发展。徽菜特点：一是就地取材，以鲜制胜。徽地盛产山珍野味河鲜家禽，就地取材使菜肴地方特色突出并保证鲜活。二是善用火候，火功独到。根据不同原料的质地特点、成品菜的风味要求，分别采用大火、中火、小火烹调。三是娴于烧炖，浓淡相宜。除爆、炒、熘、炸、烩、煮、烤、焐等技法各有千秋外，尤以烧、炖及熏、蒸菜品而闻名。四是注重天然，以食养身。徽菜继承了祖国医食同源的传统，讲究食补，这是徽菜的一大特色。

代表菜品有：全家福、凤还巢、炒鳝糊、杨梅丸子、沙地鲫鱼、银芽山鸡、红烧划水、五色绣球、三虾豆腐、翡翠虾仁、红烧大烤、蜜汁火方、腐乳炸肉、雪映红梅、火腿炖鞭笋、松鼠黄鱼、砂锅鸭馄饨等数百种。如今徽菜中还保留了一品锅、刀板香、腌鲜臭鳜鱼、虎皮毛豆腐、问政笋、火腿炖甲鱼、清蒸石鸡（即石蛙）、杨梅圆子、凤炖牡丹、荷叶粉蒸肉、青螺炖鸭、中和汤等。

三、中国食文化的特色

中国食文化在漫长的历史发展过程中形成了极为鲜明的民族特色，主要表现在以下几个方面：

1. 五味调和是中国食文化最大的特色

中国食文化在烹调上无论是对品位的追求上，还是对菜肴的制作上都以五味调和为最高原则。五味调和的原则贯穿于中国食文化整体之中，是中国食文化的精髓。

五味调和首先是满足人们饮食口味的需要和选择食品原料的要求。五味，是指甜、酸、苦、辣、咸；五味调和是指这五种口味既有变化，又能搭配合理，保持和发挥食物的本味或真味。五味调和还要合乎时序，对食品原料的选择，不同时令有不同侧重，《礼记·内则》中就有"凡和，春多酸、夏多苦、秋多辛、冬多咸，调以滑甘"的说法，强调既要满足人们的口感需要，又要与四时变化和人的生理需求和谐一致，五味调和也是对烹调过程的要求。《吕氏春秋·孝行览第二》曾描述过这一过程和要求：五味谁先放后放，如何掌握时机，放多放少，如何调配才能合适，都很有讲究。在烹调过程中，锅中异常微妙的变化难以用语言说明白，关键在于烹饪者把握适当的"度"，使菜肴具有"久而不弊，熟而不烂，甘而不浓，酸而不酷"的上乘特色，其宗旨是将诸味中和成一协调的有机体。

2. 追求色、香、味、形、器、境有机统一的美食观

中国食文化具有很强的审美功能，不仅仅追求五味调和之美，还有对色、香、味、形、器、境综合之美的偏好，这是中国食文化的审美文化特性。中国烹饪素有"吃的艺术""吃的美学"之称。在中国饮食中把色美放在首位，可见辨色对触动食欲的重要，孔子就提出"色恶不食"，菜肴色彩搭配组合的优劣往往是筵席成功与否的关键。菜肴的香气，能引发人们品评菜点的欲望和动机，同时香的感受能够加深和促进人们对色与形的审美愉悦。饮食中的愉悦以"味"为主体，与色、香、形结合的美味是饮食审美感觉的高潮，"重味"是中国饮食文化区别于西方饮食文化的主要特征之一。形美有助于饮食审美情调与氛围的营造。美味配美食，犹如琴瑟和鸣，相得益彰，相映成趣。境美，主要是指优雅和谐的饮食空间环境和情感环境，它能使宴饮锦上添花，令人畅神悦情。

色、香、味、形、器、境诸美的和谐统一，使饮食活动不仅仅是满足生理需求的行为，而且具有明显的审美欣赏、审美体验的价值，而烹饪与宴饮的设计与安排则有着艺术创造的意义。

3. 共食同餐的进食方式

中国人对待饮食，从来都不把它仅仅看作果腹的手段，而习惯于把它作为联络人与人感情的纽带。在进食方式上，多喜"共食"的方式。西方人虽然也有同桌而食，却是各吃各的"分餐"吃法，与中国人同吃一菜、共饮一汤不同。虽然"分餐"的吃法从卫生的角度而言是不科学的，但是中国人宴饮中的"共食"追求的则是一种人生境界。中国古代君王通过宴饮"以通上下之情"，借以获得国家的长治久安；民间宴饮则是通过吃喝联络感情、清除隔阂、和睦家庭、邻居相亲乃至民族团结。无论是文人墨客雅集宴饮的吟咏唱和，还是民间酒肆游戏的相互争逐，在对不同口味菜肴的共同品尝中，在诗情画意的宴饮氛围中，达到人与自然、人与人之间和谐美的人生境界。

孔子在两千多年前说："有朋自远方来，不亦乐乎！"这句话集中体现了中国人热情好客的传统。中国现代旅游饮食文化仍然遵循这一传统，热情接待来自各国的旅游者，在宴饮中追求感情的融洽，气氛的亲切，主宾之间情感的交流与沟通。但在饮食中应充分尊重客人的饮食习惯，在"共食"的方式中运用公筷，或保持共食的形式而采用分餐的进食方式，使西方旅游者既感受到我国饮食文化和谐的诗意氛围，又能在心理和习惯上相适应，也使当代中国饮食文化适应现代人对生活的卫生质量追求。

4. 追求诗意的宴饮情趣

把饮食作为人生体验的中国食文化，重视从色、香、味、形、器、境的和谐统一中获得精神上的愉悦，进入诗意的生活环境，充分地体验饮食的乐趣和美好。对宴饮诗意情趣的追求最早起源于文人士大夫。晋代王羲之等名流会集于"崇山峻岭，茂林修竹，又有清流激湍"的兰亭，"一觞一咏，畅叙幽情"，这种"曲水流觞"的宴饮与咏诗唱和一直延续到明清时期。在诗情画意的自然环境中聚饮，又在宴饮中追求和创造诗情与画意，对宴饮环境的诗意氛围的追求，已经成为中国饮食文化的重要传统。唐宋以来，茶楼、饭馆或建于风光旖旎的湖边江畔，或建于水榭花坛、竹径回廊之中，还力求通过室内环境的装饰安排，创造与自然相联系的环境气氛。茶楼、饭店的名称选择也力求具有诗意的情趣，匾额、楹联和字画的装点进一步渲染宴饮的气氛。这样的遗风一直延续到今天，我国许多

风景名胜都有这样的宴饮场所。

5. 伴随优美动人的故事传说

中华美食往往伴有优美动人的故事传说,例如江浙菜系有一道口味独特的"东坡肉",是半肥半瘦的红烧肉,系选用皮薄肉嫩的五花肉,以酒代水,放进密封砂锅中文火烧焖而成。制成后肉色红润,汁浓味醇,酥而不碎,糯而不腻。相传苏东坡在杭州任职时,组织民工疏浚西湖,深得民心,百姓感其恩,遂送猪肉和绍兴酒以表敬意。苏东坡就用酒代水煮肉慰劳民工,结果肉香味醇,东坡肉由此得名。此外如苏菜中的"松鼠鳜鱼"、闽菜中的"佛跳墙"等也都伴有动人的故事传说。

6. 历来有许多研究总结菜肴烹调的著作

中国的烹饪,凝聚了浓厚的民族文化,仅烹饪用具,早在数千年以前的商、周时代,就有了铜锅、铜铲、铜刀、铜俎,以及甑、鬲、献、鬶等;烹饪调料则有油、盐、酱、醋、酒、香料等。它们不仅是当时烹调技术水平的反映,而且是当时社会经济和文化水平的体现,前人对此作了详细的记录和总结,这就是一些"食谱""食单"著作。早的如西晋何曾的《平安食单》,唐末巨源的《食谱》,迟一点的如清代袁枚的《随园食单》。《红楼梦》作者曹雪芹,虽然没见他有烹调方面的专门著作,但《红楼梦》一书中写到的贾府饮食,具体细致,可见他对饮食烹调方面也是有所研究的。这一些著作对现在开发旅游饮食文化有很高的参考价值。

第三节　博大精深的酒文化

中国酒已有 5000 多年的历史,在漫长的发展过程中形成了独特的风格,孕育了光辉灿烂的中华酒文化。酒文化作为一种特殊的文化形式,在传统的中国文化中有着特殊的地位,几乎渗透到社会生活中的各个领域。从酒中可以了解中国社会的各个方面,政治、经济、农业、商业、历史文化等都可以在酒文化中找到可贵的资料。酒是饮食文化中一朵绚丽的花朵,是社会文明的标志。

一、酒文化的形成

酒是用高粱、麦、米、葡萄或其他水果等原料经过糖化、发酵制成的含有食用酒精(乙醇一度以上方能称为酒)等成分的饮料。从酿造技术来看,中国是世界上最早懂得酿酒技术的国家之一。早在新石器时代中期,我们的祖先就已懂得酿酒。但至今,人工酿酒滥觞于何时何人尚难确定。有仪狄酿酒说,也有杜康酿酒说,后世一直把仪狄、杜康奉为酒神。此外,还有"猿猴造酒"说、黄帝酿酒说等。虽然说法纷纭,但国内学者普遍认为我国酿酒在龙山文化时期是较为发达的行业。从其发展来看,中国酒可分为启蒙期、成长期、成熟期、发展期、繁荣期五个阶段。

从新石器时代的仰韶文化至夏朝初年为启蒙期。这一时期为原始社会晚期,先民们用发霉但已发芽的谷物制酒。人工酿酒的先决条件是农业文明的发达和陶器的出现。在仰韶文化遗址中,既有陶罐,也有陶杯。由此可以推知,约在 6000 年前人工酿酒就开始了。

　　从夏王朝至秦王朝，大约1800年，为中国酒的成长期。这一时期，由于农业中已有五谷六畜，酿酒业中发明了曲糵，使中国成为最早使用曲酿造酒的国家。同时，随着酿酒工艺的迅速发展，加速了酿酒行业作为独立手工部门与农业分离的步伐，朝廷开始设官治酒，以掌管重大的国事和王室的饮宴活动。酒官的设置，标志着酿酒已成为独立的手工业部门，这对于规范和提高酿酒技术，总结和推广酿酒经验都具有重要作用。

　　周人以农为本，认为大量酿酒和酗酒会浪费很多粮食，是难以容忍的"罪恶"。为了节约粮食，积蓄国力，西周初年颁布了我国历史上的第一部禁酒法典——《酒诰》，它规定了十分严厉的禁酒措施。西周从设官治酒到以法禁酒，标志着酒文化与制度文化结伴运行，这对于几千年来中国的酒政产生了极其深远的影响。在礼制文化的直接影响下，西周统治者还大力倡导酒德、酒礼，其目的除了分尊卑之外，主要还是为了禁止滥饮酒。西周倡导的"酒礼""酒德"，后来同儒家的伦理道德思想融合，成为数千年来中国酒文化区别于西方酒文化的最大特色。西周酒业的发展状况基本奠定了中国酒文化发展的两个方向：一是用曲发酵，从古到今，这是中国的国酒——黄酒和白酒与用菌种发酵的洋酒生产工艺的根本区别；二是把酿酒、饮酒和用酒都纳入法制化、礼制化、礼仪化的轨道，大大增加了酒的精神文化价值，减少了酒的负面作用。几千年来，中国酒文化历经无数次的发展变化，但是万变不离其宗，它始终是沿着这样两个方向不断变革，曲折发展，逐步完善的。另外，由于商、周时代均有酒色乱政、亡国的实例，秦汉之际又出现玩弄阴谋的"鸿门宴"，所以人们对酒尚存有一定戒心，也给酿酒业的大发展带来一定障碍。

　　从秦王朝至北宋，大约1200年，迎来中国酒的成熟期。这一时期有汉唐盛世，经济贸易发展，中西文化交融，李白、杜甫、杜牧、苏东坡等酒豪文人辈出，加之东汉末至魏晋长达两个世纪的战乱，失意文人借酒浇愁，狂饮空谈，从反面也促进酒业大兴。饮酒风气不仅限于上层，同时也广泛传播到民间。由于酒量需求大增，为中国白酒的发明、发展奠定了社会与物质基础。在马王堆西汉墓中出土的《养生方》和《杂疗方》中，记载了人们对酒的药用功能已有一定的认识深度。在东汉时的画像石和画像砖上，酒事是常见的题材。最引人注目的是山东诸城凉台出土的"庖厨图"中的酿酒场景，它是对当时酿酒全过程的描画。《齐民要术》等有关饮食及造酒的科学技术书籍的面世，为中国酒业的成熟提供了理论基础。

　　从北宋到晚清，历时800多年，是中国酒的发展期。这一时期，蒸馏器从西域传入中国，给中国白酒的发明提供了物质基础。白酒也称烧酒、白干酒。《本草纲目》记载："烧酒非古法也，自元时起始创其法。"从这一时期出土的不少小型酒器判断，度数较高的白酒已迅速普及到一般庶民百姓中。明中叶以后，以高粱为原料，以大麦制曲，用蒸馏方法制造的烧酒渐渐取代黄酒而占据主导地位，在北方发展很快。在蒸馏白酒发展提高的同时，黄酒、葡萄酒、果酒、药酒也得以提高发展，使中国的酒文化迎来灿烂多彩的时代。

　　1840年鸦片战争以后，可谓中国酒发展的第五阶段，堪称繁荣期。中国传统的酿造技术与西方先进的酿造技术相互影响，争放异彩。威士忌、白兰地、伏特加和日本清酒等都传入中国，不仅促使中国传统酒出现新品种，而且竹叶青、五加皮等老牌白酒也迅速发展，各显优势与特色。新中国成立之后，特别是改革开放以来，中国酿酒业迎来繁荣时代。20世纪90年代初,中国白酒年产量已达720余万吨,约占世界烈性酒总产量的40%,居第一位。

二、酒的社会功能

酒的社会功能异常广泛,酒可以提神、御寒、治病、交友、解忧,等等。但是,酒的品种很多,不同的酒又有其不同的功用,酒以其特有功能和风格存在于社会并渗透到社会生活的各个方面,那一滴滴晶莹醇香的美酒折射出一个五彩缤纷的世界。商周之际酒已盛行,之后便与政治、军事、医药、文学、艺术、礼仪结下了不解之缘。早在《左传·庄公二十年》中已将酒的作用归纳为"酒以盛礼";汉人鲁匡曾说:"百礼之会,非酒不行。"汉代孔融写过一篇《与曹相论酒禁书》,从政治、军事、外交方面揭示了酒的系列社会功能。日常生活中的祭祀禳灾、欢庆佳节、婚丧嫁娶、迎来送往、贺喜祝捷、遣忧解闷等,都离不开它,生活也因酒的点缀而更加丰富多彩。

1. 酒的交际礼仪功能

酒在人际交往方面有着重要作用。人只要在社会上生活,就离不开交往,而酒就成了交际的媒介。它是沟通思想、孕育友谊的桥梁,是密切关系、联络感情的纽带。俗话说:无酒不成席。酒给席间增加很多话题,边饮边侃,融融浓情和酒一起暖遍全身,酒兴所致,心扉敞开,活跃气氛,增进友谊,欢声笑语,笼罩席间。

2. 酒的医药保健功能

酒可以治病、滋补。据《汉书·食货志》载:"酒,百药之长。"《神农本草经》中也明确记载,用酒制药以治病。酒最早用作麻醉剂,华佗用的"麻沸散",即用酒冲服。在现代外科医学中酒也占有重要地位,如碘酒等。适量饮酒对健康长寿有益,古代和现代医学均主张老年人适量饮酒,中外大量的记载证明了此论有理。

3. 酒的激发功能

酒能刺激神经中枢,扩张血管,加快心率,促进血液循环。这种刺激功能在一定条件下作用于有某种才能的人,会产生意想不到的神奇作用。它成了才智和胆略的催化剂,造就了无数英雄豪杰和文学家、艺术家,使他们的功绩和作品名垂青史。"李白斗酒诗百篇"形象地说明了酒与诗的关系,唐代文学家中王维、孟浩然、李白、杜甫、贺知章、韩愈、柳宗元、刘禹锡、白居易、杜牧、李商隐等没有一人不饮酒,也没有一人诗中不写酒。我国古代名著《红楼梦》《三国演义》《儒林外史》《水浒》等都有酒的描写,特别是明代的《金瓶梅》,全书百回中有98回写酒,酒对中国文学创作发展起到了推动作用。

三、酒品、酒器与酒戏

1. 酒品

中国酒根据酿造方法的不同,可分为蒸馏酒、发酵酒和配制酒;根据酒精含量的不同,可分为高度酒(一般在40度以上)、中度酒(20~40度之间)和低度酒(20度以下);根据商业习惯,可分为白酒、黄酒、葡萄酒、啤酒、果酒、露酒和药酒。

白酒是以各种含淀粉或糖分的原料、辅料、酒曲、酵母、水等,经过糖化、发酵后,用蒸馏法制成的40~65度之间的高浓度酒。1979年第三届全国评酒会按照白酒香型的不同,将其分为酱香型、清香型、浓香型、米香型和其他香型五种。酱香型以贵州茅台酒为代表,清香型以山西汾酒为代表,浓香型以四川五粮液为代表,米香型以广西桂林三花酒为代表。

延伸阅读

茅 台 酒

茅台酒作为世界三大名酒之一,至今已有800多年的历史。1915年在巴拿马万国博览会上荣获金质奖章、奖状。新中国成立后,茅台酒又多次获奖,远销世界各地,被誉为"世界名酒""祖国之光"。

酿制茅台酒的用水主要是赤水河的水,赤水河水质好,用这种入口微甜、无溶解杂质的水经过蒸馏酿出的酒特别甘美。故清代诗人曾有"集灵泉于一身,汇秀水东下"的咏句赞美赤水河。茅台镇还具有极特殊的自然环境和气候条件。它位于贵州高原最低点的盆地,海拔仅440米,远离高原气流,终日云雾密集。夏日持续35～39℃的高温期长达5个月,一年有大半时间笼罩在闷热、潮湿的雨雾之中。这种特殊气候、水质、土壤条件,对于酒料的发酵、熟化非常有利,同时也部分地对茅台酒中香气成分的微生物产生、精化、增减起了决定性的作用。可以说,如果离开这里的特殊气候条件,酒中的有些香气成分就根本无法产生,酒的味道也就欠缺了。这就是为什么长期以来,茅台镇周围地区或全国部分酱香型酒的厂家极力仿制茅台酒,而不得成功的道理。酱香型白酒是中国白酒中较为珍贵的一个大类,茅台酒是中国大曲酱香型酒的鼻祖,被誉为国酒、礼品酒、外交酒。它具有酱香突出、幽雅细腻、酒体醇厚丰满、回味悠长、空杯留香持久的特点。其优秀品质和独特风格是其他白酒无法比拟的。

(资料来源:http://baike.baidu.com/link?url=DRosAO5MJ7WFqSr2K)

黄酒是我国最古老的饮料酒,也是我国特有的酿造酒。酒精度一般在16～18度之间,含有糖、氨基酸等多种成分,是营养价值较高的低度饮料,主要产于我国长江下游一带,以浙江绍兴的产品最为著名。

葡萄酒以山东烟台葡萄酒、河南民权葡萄酒、河北沙城葡萄酒、吉林长白山葡萄酒、通化葡萄酒、北京天津的葡萄酒最为著名。

啤酒的品牌和种类较多,其中山东青岛啤酒、北京特制啤酒和上海特制啤酒较为出名。

露酒和药酒属于配制酒,如山西杏花村竹叶青酒。

2. 酒器

酒器是指历代人们饮酒、盛酒的用具。在不同的历史时期,由于社会经济的不断发展,酒器的制作技术、材料、造型等自然而然会产生相应变化,故产生了种类繁多,令人目不暇接的酒器。

按酒器的材料可分为:天然材料酒器(木、竹制品、兽角、海螺)、陶制酒器、青铜制酒器、漆制酒器、瓷制酒器、玉器、水晶制品、金银酒器、锡制酒器、玻璃酒器等;按用途再分为:盛酒器(如樽、壶、卣、罍、瓵、彝等)、温酒器(如斝、角、爵、杯等)和饮酒器(如爵、角、翠、益等)三大类。

3．酒戏

酒戏，也叫酒令，即酒席上的助兴游戏。一般是席间推举一人为令官，余者听令参与游戏，违令者或负者罚饮，所以又称"行令饮酒"。在远古时代就有了射礼，为宴饮而设的称为"燕射"，即通过射箭决定胜负，负者饮酒。投壶之戏行于春秋，盛于战国。魏晋文人雅士喜好行"曲水流觞"之酒令。所谓"曲水流觞"，是选择一风雅静僻所在，文人墨客按秩序安坐于潺潺流波之曲水边，将盛满酒的杯子置于上流使其顺流而下，酒杯止于某人面前即取而饮之，再乘微醉或啸吟或援翰，作出诗来。名传千古的王羲之的《兰亭集序》，就是此例酒戏之作。明清时期，酒令已成为酒文化中极富情趣的一种文化现象。在清代的《红楼梦》《聊斋志异》《镜花缘》三部古典文学名著中，就保留了不少关于酒令的记载。

酒令，按形式可分为雅令、筹令、骰令、通令。雅令，是文人学士的风雅之事，有对诗、拆字、联句、回环等形式。筹令是一种简便和雅俗共赏的酒令。骰令，即掷骰子行令，民间非常流行。通令，即游戏令，有传花、抛球、划拳等形式，又以划拳最受百姓欢迎。

四、酒德、酒礼

历史上，儒家学说被奉为治国安邦的正统观点，酒的习俗同样也受儒家酒文化观点的影响。儒家讲酒，以"德""礼"二字为要。

酒德即酒行为的道德。酒德最早见于《尚书》和《诗经》。《尚书·酒诰》中有"饮惟祀"(只有祭祀时才能饮酒)、"无彝酒"(不要经常饮酒，平日少饮以节粮，只有在有病时才宜饮酒)、"执群饮"(禁止聚众饮酒)、"禁沉湎"(禁止饮酒过度)之谓。儒家并不反对饮酒，用酒祭祀敬神，养老奉宾，都是德行。此外，饮酒时，还应遵守一定的饮食礼仪。如主宾共饮时，要相互跪拜。晚辈与长辈同饮，叫侍饮，通常要先行跪拜礼，然后坐入次席。长辈命晚辈饮酒，晚辈方可举杯；长辈酒杯中的酒尚未饮完，晚辈也不能先饮尽。总之，中国人的酒德简言之为"量力而饮，节制有度"。

酒礼即酒行为的礼仪，用以体现酒行为中的贵贱、尊卑、长幼乃至各种不同场合的礼仪规范。为了保证酒礼的执行，历代都设有酒官。周有酒正、汉有酒士、晋有酒丞、齐有酒吏、梁有酒库丞等。古代饮酒的礼仪约有拜、祭、啐、卒四步。就是先作出拜的动作，以示敬意；接着把酒倒出一点在地上，祭谢大地生养之德；然后尝尝酒味，并加以赞扬令主人高兴；最后仰杯而尽。主人向客人敬酒叫酬，客人要回敬主人叫酢，并互致几句敬酒辞。客人之间相互敬酒叫旅酬，依次向主人敬酒叫行酒。敬酒时，敬酒的人和被敬酒的人都要"避席"、起立。普通敬酒以三杯为度。

第四节　源远流长的茶文化

茶叶是以茶树新梢上的芽叶嫩梢(称鲜叶)为原料加工而成的饮品，它与咖啡、可可并称为世界三大饮料。中国是茶的故乡，是茶树的原产地，又是最早发现茶叶功效、栽培茶树和制成茶叶的国家。茶文化是我国民族文化宝库中的精品，茶文化是中国饮食文化的重要组成部分。

一、茶文化的形成与发展

茶的发现和利用，相传起源于神农时代，距今已有四五千年的历史。陆羽《茶经》记载："茶之为饮，发乎神农氏，闻于鲁国公。"东汉华佗《食论》中有"苦茶久食，益意思"，记录了茶的医学价值。西汉将茶的产地命名为"茶陵"，即湖南的茶陵。三国时魏国的《广雅》中已最早记载了饼茶的制法和饮用。

茶以文化的面貌出现，是在汉魏两晋南北朝时期。最早喜好饮茶的多是文人雅士，汉代司马相如的《凡将篇》、扬雄的《方言》都是有名的茶赋，一个从药用，一个从文学角度都谈到茶。两晋南北朝时，一些有眼光的政治家提出"以茶养廉"，以对抗当时的奢侈之风。魏晋以来天下骚乱，文人无以匡世，渐兴清谈之风。饮宴成了终日高谈阔论的助兴之物，所以最初的清谈家多酒徒，如竹林七贤。后来清谈之风发展到一般文人，但豪饮终日不醉者毕竟少数，而茶则可长饮，且始终保持清醒。于是清谈家们就转向好茶，所以后期出现了许多茶人。

唐代是中国茶文化的辉煌时期。唐代中叶，陆羽撰成了中国也是世界上第一部茶文化专著《茶经》。《茶经》的问世具有划时代的意义，使茶学真正成为一种专门的学科，从而使茶文化发展到一个空前的高度。《茶经》的面世，奠定了中国茶文化的理论基础。中唐以后，陆羽被奉为茶神，茶作坊、茶库、茶店、茶馆都有供奉。唐朝茶文化的形成与当时的经济、文化发展相关。唐朝国力强盛，疆域广阔，注重对外交往，长安是当时著名的政治、文化中心，中国茶文化正是在这种大气候下形成的。茶文化的形成还与当时佛教的发展、科举制度、诗风大盛、贡茶兴起、禁酒等有关。

宋代是我国茶文化的兴盛期。我国素有"茶兴于唐，盛于宋"之说。进入宋代，宫廷兴起的饮茶风俗极大地推动了茶业发展，市民茶文化和民间斗茶之风兴起，茶成为了人民生活的必需品。茶叶流通非常兴盛，大中城市、小市镇茶房林立，甚至在茶叶运输线上兴起了若干商业城市。由于宋代著名茶人大多数是著名文人，加快了茶与相关艺术融为一体的过程。著名诗人有茶诗，书法家有茶帖，画家有茶画，使茶文化的内涵得以拓展，成为文学、艺术等精神文化的直接关联部分。宋代市民茶文化主要是把饮茶作为增进友谊与社会交际的手段，北宋汴京民俗，有人乔迁，左右邻居要彼此"献茶"；邻居间请喝茶叫"支茶"。到了元代，饮茶简约之风大为流行，在此影响下，关于茶的著书极少，只是在诗文中偶有写茶的作品。

明清时期我国茶文化得到了进一步的普及发展。明代茶文化的主要表现为：大量制作和普及散茶，并完成了炒青工艺，刻意追求茶叶特有的造型、香气和滋味，于是绿茶、青茶、黑茶、白茶等精品纷纷出现；茶的饮法由煮饮改为冲泡，从而简化了饮茶的烦琐过程，易于人们品茶；一改宋代崇金贵银的习气，陶质、瓷制茶具大受欢迎，紫砂之具尤为推崇；茶书兴盛，对茶文化的各个方面加以整理、阐述和开发，其结果一直影响至今。由于清代盛行向皇上进贡茶，因而诞生了不少名茶，如龙井茶、碧螺春茶、六安瓜片、铁观音、武夷大红袍等都因曾是贡茶而名扬天下。此外，清朝还开创了红茶制作的先河，这也是清代对我国茶文化的一大贡献。明清时期茶是我国对外贸易的大宗商品，"茶马古道""茶叶之路"就是著名的贸易路线。

新中国成立后,我国茶叶产量增长很快,为我国茶文化的发展提供了坚实的物质基础。茶艺交流蓬勃发展,茶文化社团应运而生,茶文化节不断举办,茶书推陈出新,茶文化教学研究机构相继建立。1982年,在杭州成立了第一个以弘扬茶文化为宗旨的社会团体——"茶人之家";在陆羽的故乡——湖北天门成立了"陆羽茶文化研究会";1991年,中国茶叶博物馆在杭州正式开放;1993年,"中国国际茶文化研究会"在湖州成立;1998年,中国国际和平茶文化交流馆建成,等等。随着茶文化的兴起,各地茶艺馆越办越多。各省市及主产茶县纷纷主办"茶叶节",如福建武夷山的岩茶节,河南信阳的茶叶节等,不胜枚举。

二、茶品、茶具与茶饮

1. 茶品

茶类的划分可以有多种方法。有的根据制造方法不同和品质差异,将茶叶分为绿茶、红茶、乌龙茶、白茶、黄茶和黑茶六大类。有的根据我国出口茶的类别将茶叶分为绿茶、红茶、乌龙茶、白茶、花茶、紧压茶和速溶茶等几大类。有的根据我国茶叶加工分为初、精制两个阶段的实际情况,将茶叶分为毛茶和成品茶两大部分,其中毛茶分绿茶、红茶、乌龙茶、白茶和黑茶五大类,将黄茶归入绿茶一类;成品茶包括精制加工的绿茶、红茶、乌龙茶、白茶和再加工而成的花茶、紧压茶和速溶茶等类。有的根据产地将茶叶称作川茶、浙茶、闽茶等,这种分类方法一般仅是俗称。有的还可以按其生长环境来分,分为平地茶、高山茶、丘陵茶。另外还有一些"茶"其实并不是真正意义上的茶,但是在饮用方法上与一般的茶一样,故而人们常常以茶来命名之,例如虫茶、鱼茶。将上述几种常见的分类方法综合起来,中国茶叶则可分为基本茶类和再加工茶类两大部分。

1) 基本茶类

绿茶,是以茶树新梢为原料,经杀青、揉捻、干燥等典型工艺过程制成的茶。其干茶色泽和冲泡后的茶汤、叶底以绿色为主调,故名。绿茶较多地保留了鲜叶内的天然物质,具有"清汤绿叶、滋味收敛性强"等特点。最近的科学研究结果表明,绿茶中保留的天然物质成分,对防衰老、防癌、抗癌、杀菌、消炎等均有特殊效果,为其他茶类所不及。绿茶按其干燥和杀青方法的不同,一般分为炒青、烘青、晒青和蒸青绿茶,其中以西湖龙井茶、太湖碧螺春茶、黄山毛峰茶最为著名。西湖龙井茶具有干茶扁平挺直,大小长短匀齐,色泽绿中透黄,茶香清高鲜爽,宛如茉莉清香,味甘而隽永,泡在玻璃杯中,清汤碧液,可见茶芽直立的特点,世人誉为"色绿、香郁、味甘、形美"四绝。碧螺春茶的特点是条索纤细,卷曲成螺,绒毛遍布,色丽香清。黄山毛峰茶的特点是芽叶肥壮,大小均匀,银毫形如雀舌,油润光滑,绿中微黄,冲泡入口醇香鲜爽,回味甘甜沁人心脾。

红茶出现于清朝,用全发酵法制成。红茶与绿茶的区别在于加工方法不同。红茶以适宜制作本品的茶树新芽叶料,经萎凋、揉捻(切)、发酵、干燥等典型工艺过程精制而成。因其干茶色泽和冲泡的茶汤以红色为主调,故名。因特殊加工工艺形成红叶红汤,香甜味醇,具有水果香气和醇厚的滋味,还具有耐泡的特点。红茶主要有小种红茶、工夫红茶和红碎茶三大类,多以产地命名,以安徽祁红、云南滇红尤为出众。祁红条索紧细秀长,色泽乌润,毫色金黄,汤色红艳透明,叶底鲜红明亮,入口醇和,回味隽厚,味中有浓郁的既似果香又似兰花香的香气,清鲜持久,国外誉为"祁门香"。滇红外形条索紧结、肥硕雄壮,干茶色泽乌润、金毫特显,汤色艳亮,香气鲜郁绵长,滋味浓厚鲜爽。

青茶,又称乌龙茶,属半发酵茶,即制作时适当发酵,使叶片稍有红变,是介于绿茶与红茶之间的一种茶类。制作采用独特的"做青"工序,使鲜叶不充分氧化。其特点是叶色青绿,汤色金黄,香气芬芳浓醇,既具有红茶的醇,又具有绿茶的清香。青茶的药理作用,突出表现在分解脂肪、减肥健美等方面。在日本被称为美容茶、健美茶。青茶的产地主要集中在福建、广东、台湾一带,名品有福建的武夷岩茶、铁观音,广东的凤凰单枞,台湾的乌龙等。其中铁观音茶叶外形条索壮结,呈螺旋形,身骨沉重;色泽砂绿翠润,红点明显,内质香气清高,持久馥郁,滋味醇厚甘鲜,有天然的兰花香,俗称"观音韵"。

白茶白色茸毛多,色自如银,汤色浅淡素雅,初泡无色,滋味鲜醇,毫香明显。它加工时不炒不揉,只将细嫩、叶背满茸毛的茶叶晒干或用文火烘干,而使白色茸毛完好地保留下来。白茶主要产于福建的福鼎、政和、松溪和建阳等县,有"银针""白牡丹""贡眉""寿眉"几种,名品有白毫银针、白牡丹等。白毫银针外形美观,芽肥壮,茸毛厚,芽长近寸,富光泽,汤色碧青,香味清淡,滋味醇和。白牡丹的成品毫心肥壮,叶张肥嫩,皱纹隆起,叶缘向叶背卷曲,芽叶连枝,叶面色泽呈深灰绿,叶背遍布白茸毛;香毫显、味鲜醇,汤色杏黄或橙黄清澈;叶底浅灰,叶脉微红,其性清凉,有退热降火之功效。

黄茶在加工过程中采用杀青、闷黄方法,使鲜叶进行非酶性氧化,因而形成黄叶、黄汤,香气清悦醇和。黄茶按芽叶嫩度分为黄芽茶、黄小茶和黄大茶。黄芽茶如湖南洞庭湖君山银芽,四川雅安名山县的蒙顶黄芽等;黄小茶如湖南宁乡的沩山毛尖、浙江平阳的平阳黄汤、湖北远安的鹿苑等;黄大茶有安徽的霍山黄大茶等。黄茶中以君山银针最为知名。君山银针的特点是,芽头苗壮紧实,挺直不曲,长短大小匀齐,茸毛密盖,芽身金黄,称为"金镶玉"。汤色浅黄,叶底明亮,滋味甘醇,香气清雅。

黑茶原料粗老,加工时堆积发酵时间较长,使叶色呈暗褐色。它是藏、蒙、维吾尔等兄弟民族不可缺少的日常必需品。有"湖南黑茶","湖北老青茶","广西六堡茶",四川的"西路边茶""南路边茶",云南的"紧茶""扁茶""方茶"和"圆茶"等品种。

2)再加工茶

再加工茶是以各种毛茶或精制茶再加工而成的,包括花茶、紧压茶、液体茶、速溶茶及药茶等。花茶由茶叶和香花拼和窨制,利用茶叶的吸附性,使茶叶吸收花香而成。这种茶有茉莉花茶、珠兰花茶、白兰花茶、玫瑰花茶、桂花茶等。紧压茶以制成的绿茶、红茶或黑茶的毛茶为原料,经蒸压成圆饼形、正方形、砖块形等形状,其中以黑茶制成的紧压茶为大宗。速溶茶是以成品茶、半成品茶或鲜茶叶、副产品通过提取、过滤、浓缩、干燥等工艺过程加工而成的一种易溶于水而无茶渣的颗粒状、粉状或小片状的新型茶品饮料,具有冲饮携带方便、不含农药残留等优点。药茶是由药物与茶叶配制而成,以发挥和加强药物的功效,利于药物的溶解,增加香气,调和药味。这种茶的种类很多,如"午时茶""姜茶散""益寿茶""减肥茶"等。

2. 茶具

晋以前称茶具,晋以后称茶器;陆羽以采制之器为具,以烧泡之具为器;宋至今则统称茶具。茶具之器式以古为繁,以今为简。

陆羽《茶经》所列茶具有 29 件。这是由于当时的茶类、饮茶习惯和物质条件与现在迥然不同,所以器具十分复杂。如今茶具,通常是指茶壶、茶杯、茶碗、茶盘、茶盅、茶匙、茶托、茶荷、茶罐等饮茶用具。

茶具之材质有陶土、瓷器、漆器、玻璃、金属、竹木等之分。

3. 茶饮

中国饮茶之法讲究很多,首先要注意的是茶叶的用量、泡茶之水的温度、冲泡时间和冲泡次数之间的协调和得当,否则难以体验茶中之妙。其次,要注意不同的茶种,其冲泡和饮用方法亦有所不同,否则再好的茶叶也品不出滋味。

1) 绿茶饮法

高级绿茶一般习惯于用玻璃杯冲泡,可充分展示汤、叶的品质之美。中高档茶叶往往采用瓷杯冲泡,意在适口、品味。中低档茶叶用壶冲泡,此类茶叶耐泡但味浓,意不在趣而在饮。还有单开兑饮法,即茶只泡一开,去渣后在茶汤中加入白糖、牛奶、柠檬等,调匀后饮用。

2) 红茶饮法

红茶之饮法因人、事、茶而异,据称有百种之多,其主要者如下:

按花色品种可分为工夫饮法和快速饮法。工夫饮法多用冲泡法,将茶叶放入白瓷杯中,冲入沸水,几分钟后,先闻香,后观色,再饮茶。一杯茶可冲泡两到三次。要缓斟慢饮,细细品味。快速饮法是茶入杯中,加入开水即可,袋泡茶、速溶茶、奶汁茶等宜用此法。

按茶汤中是否添加其他调味品可分为清饮法和调饮法两种,前者不在茶汤中加入其他东西,后者在茶汤中加入糖、牛奶、柠檬、咖啡、蜂蜜或香槟酒等。按使用的茶具可分为杯饮法和壶饮法。按泡法有冲泡法和煮饮法。

3) 乌龙茶饮法

选茶:高中档之乌龙茶有铁观音、黄金桂、武夷水仙、潮安凤凰单枞等。

选具:最精致是"四宝",即玉书碨(开水壶)、潮汕炉(火炉)、孟臣罐(茶壶)、若琛瓯(茶杯)。

烫茶具:泡茶前,要用沸水将壶、盘、杯等淋洗一遍,在泡茶时也要不断浇淋,以使茶具保持一定的温度。

铺茶:碎末放在壶底,上铺粗条,中小叶放在最上面。

洗茶:将开水沿边缓缓冲入壶中,当水刚漫过茶叶时,立即将水倒掉,以洗去茶中灰尘。

泡茶:洗茶以后,马上再加入开水,至九分满,盖上壶盖,并用开水浇淋壶身,两至三分钟后,茶即泡好。

斟茶:茶汤轮流倒入杯中,先倒一半,逐渐加至八成满。斟时应先斟边缘,后斟杯中,要将壶底的浓汁均匀地分入各杯。

品茶:先闻香,再尝味。闻香之时,杯于鼻前要由远至近,由近至远往复数次,方能体验其香。品尝之时要小口慢啜。

三不饮:空腹不饮,睡前不饮,冷茶不饮。

4）花茶饮法

高档茶一般用带盖的玻璃杯泡茶，水温以90℃为宜，冲入水后，要立即盖上盖，以防茶香散逸。然后手托茶杯迎着光线，看茶叶在水中翻腾变幻，看汤色由淡变浓，此谓"目品"；泡约3分钟，揭盖嗅香，此谓"鼻品"；待茶汤稍凉，小口慢喝，让茶汤在舌面上来回流动一二次，然后下咽，此谓"口品"。非如是，不能领会高档花茶的神韵。民间有"一口为喝，三口为品"的说法。第一开汤饮至剩三分之一时，续入开水，饮二开；三开以后，茶味已寡。

中档茶可用白瓷盖杯冲泡，冲入沸水后，泡约5分钟即可闻香饮茶，三开仍有茶味。

中低档或花茶末可用白瓷茶壶冲泡，用沸水，泡5分钟即可饮用。

5）紧压茶饮法

现在的紧压茶多为砖茶，饼茶，便于运输和储存，少数民族饮用居多。紧压茶应质地坚实，通常之泡法难以泡出茶味。故饮用时，要先将茶砖弄碎，再入锅或壶中烹煮；烹煮之时，还要不断地搅拌，如此方能煮出茶味。

紧压茶大多采用调饮方式，在烹煮之时，常加入奶、盐、酥油以及研细的香料，以增茶味和香。

三、中国茶道

中国是最早发现茶的用途、最早实行人工栽培、最早加工茶的国度，所以茶是中国的国饮、国粹。茶，不仅仅是健康饮料，还可以入诗入画入禅，茶是艺术，是文化。通过沏茶、品茶，可以联络感情，陶冶性情，涤神益思，品味人生，将茶事活动上升到哲学、伦理、道德层面，达到饮茶的最高境界——茶道。

1. 茶艺与茶道的关系

茶艺就是泡茶的技艺和品茶的艺术。其中又以前者为主体，因为只有泡好茶之后才谈得上品茶。茶道源于中国的饮茶技艺，但又不同于茶艺。茶道不但讲究表现形式，而且注重精神内涵。如果饮茶讲究环境、气氛、音乐、冲泡技巧及人际关系等，则可称之为"茶艺"；而在茶事活动中融入哲学、伦理、道德，通过品茗来修身养性、陶冶情操、品味人生、参禅悟道，达到精神上的享受，这才是饮茶的最高境界——茶道。

茶道最早起源于中国，中国人至少在唐或唐以前，就在世界上首先将茶饮作为一种修身养性之道。唐朝《封氏闻见记》中就有这样的记载："茶道大行，王公朝士无不饮者。"这是现存文献中对茶道的最早记载。在唐宋时期中国茶道传到日本，经日本人总结提高，形成了日本茶道。虽然中国茶道要远远地早于日本茶道，但遗憾的是中国并未广泛使用这个词，也没有像日本茶道那么规范、系统，更没有发展成"茶道"事业，以至于使不少人误以为茶道源于他邦。

2. 中国茶道的基本精神

茶道是中国特定时代产生的综合性文化，带着东方农业民族的生活气息和艺术情调，追求清雅、和谐，基于儒家的治世机缘，倚于佛家的淡泊节操，洋溢着道家的浪漫理想，借品茗贯彻和普及清和、俭约、廉洁、求真、求美的高雅精神。

20世纪80年代以后，随着现代茶文化热潮的兴起，我国茶文化界对中国茶道精神加以总结,把中国茶道的基本精神归纳为:和、静、怡、真。

1)"和"是中国茶道哲学思想的核心

茶道所追求的"和"源于《周易》中的"保合太和",意指世间万物皆由阴阳两要素构成,阴阳协调,保全大和之元气,以普利万物才是人间正道。陆羽在《茶经》中对此论述得很明白,他用250个字来描述他所设计的风炉,指出风炉用铁铸从"金",放置在地上从"土",炉中烧的木炭从"木",木炭燃烧从"火",风炉上煮的茶汤从"水"。煮茶的过程就是金木水火土相生相克并达到和谐平衡的过程。可见五行调和理念是茶道的哲学基础。

儒家从"太和"的哲学理念中推出"中庸之道"的中和思想。在儒家眼里"和"是中、是度、是宜、是当,"和"是一切恰到好处,无过亦无不及。儒家对和的诠释,在茶事活动中表现得淋漓尽致。在泡茶时,表现为"酸甜苦涩调太和,掌握迟速量适中"的中庸之美。在待客时表现为"奉茶为礼尊长者,备茶浓意表浓情"的明礼之伦。在饮茶过程中表现为"饮罢佳茗方知深,赞叹此乃草中英"的谦和之仪。在品茗的环境与心境方面表现为"朴实古雅去虚华,宁静致远隐沉毅"的俭德之行。

2)"静"是中国茶道修习的必由之径

中国茶道是修身养性、追寻自我之道,静是中国茶道修习的必由途径。如何从小小的茶壶中去体悟宇宙的奥秘?如何从淡淡的茶汤中去品味人生?如何在茶事活动中明心见性?如何通过茶道的修习来涤荡精神,锻炼人格,超越自我?答案只有一个——静。

中国茶道正是通过茶事创造一种宁静的氛围和一个空灵虚静的心境,当茶的清香静静地浸润你的心田和肺腑的每一个角落时,你的心灵便在虚静中显得空明,你的精神便在虚静中升华净化,你将在虚静中与大自然融涵玄会,达到"天人合一"的"天乐"境界。得一静字,便可洞察万物、心中常乐。"禅茶一味",道家主静,儒家主静,佛教更主静。在茶道中以静为本,以静为美的诗句有很多。唐代皇甫曾的《送陆鸿渐山人采茶回》云:"千峰待逋客,香茗复丛生。采摘知深处,烟霞羡独行。幽期山寺远,野饭石泉清。寂寂燃灯夜,相思一磬声。"这首诗写的是境之静。宋代杜小山有诗云:"寒夜客来茶当酒,竹炉汤沸火初红。寻常一样窗前月,才有梅花便不同。"写的是夜之静。清代郑板桥诗云:"不风不雨正清和,翠竹亭亭好节柯。最爱晚凉佳客至,一壶新茗泡松萝。"这写的是心之静。

在茶道中,静与美常相得益彰。古往今来,无论羽士、高僧还是名宦、大儒,都殊途同归地把"静"作为茶道修习的必经大道。因为静则明,静则虚,静可虚怀若谷;静可内敛涵藏,静可洞察明澈,体道入微。可以说:"欲达茶道通玄境,除却静字无妙法。"

3)"怡"是中国茶道修习中茶人的身心感受

"怡"指和悦、愉快之意。中国茶道是雅俗共赏之道,体现于日常生活之中,不讲形式,不拘一格,突出体现了道家"自恣以适己"的随意性。同时,不同地位、不同信仰、不同文化层次的人对茶道有不同的追求。历史上王公贵族讲茶道重在"茶之珍",意在炫耀权势,夸富示贵,附庸风雅。文人学士讲茶道重在"茶之韵",托物寄怀,激扬文思,交朋结友。佛家讲茶道重在"茶之德",意在驱困提神,参禅悟道,见性成佛。道家讲茶道重在"茶之功",意在品茗养生,保生尽年,羽化成仙。普通百姓讲茶道重在"茶之味",意在去腥除腻,涤烦解渴,享受人生。无论何人都可以在茶事活动中取得生理上的快感和精神上的畅适与心灵上的怡悦。

参与中国茶道，可抚琴歌舞，可吟诗作画，可观月赏花，可论经对弈，可独对山水，可潜心读《易》，亦可置酒助兴。儒生可"怡情悦性"，羽士可"怡情养生"，僧人可"怡然自得"。中国茶道的这种怡情悦性，正是区别于强调"清寂"的日本茶道的根本标志之一，使其有着极广泛的群众基础。

4）"真"是中国茶道的终极追求

中国人不轻易言"道"，而一旦论道，则执着于"道"，追求于"真"。"真"是中国茶道的起点，也是中国茶道的终极追求。中国茶道在从事茶事时所讲究的"真"，不仅包括茶应是真茶、真香、真味，环境最好是真山真水，挂的字画最好是名家名人的真迹，用的器具最好是真竹真木、真陶真瓷，还包含了对人要真心，敬客要真情，说话要真诚，心境要真闲。茶事活动的每个环节都要认真，每个环节都要求真。

中国茶道追求的"真"有三重含义：一是追求道之真，即通过茶事活动追求对"道"的真切体悟，达到修身养性，品味人生之目的；二是追求情之真，即通过品茗述怀，使茶友之间的真情得以发展，达到茶人之间互见真心的境界；三是追求性之真，即在品茗过程中，真正放松自己，在无我的境界放飞自己的心灵，放牧自己的天性，达到"全性葆真"。

中国茶道思想融合了儒、道、佛诸家的精华而成，其中儒家思想是主体，在不同朝代的应变、发展中表现出强大的生命力，其特点是时时刻刻，无处不在。儒家主张在饮茶中沟通思想，创造和谐气氛，增进友情，且各家茶文化精神都是以儒家的中庸为前提。清醒、达观、热情、亲和与包容，构成儒家茶道精神的欢快格调，这既是中国茶文化的主基调，也是与佛教禅宗的重要区别。儒家茶道寓教于饮，寓教于乐，在民间茶礼、茶俗中，儒家的欢快精神表现得特别明显。

第五节　中国饮食文化的旅游价值

中国饮食文化是一种重要的旅游资源，有着巨大的旅游价值，它能够满足旅游者的多种需要，促进旅游地的经济发展，在旅游产业中具有重要的作用。旅游地独特的饮食文化能够对旅游者产生吸引力，是一种旅游资源。

一、可满足旅游者口腹之欲

旅游地的地方饮食，不乏美味，旅游者对这些美酒佳肴的消费，可满足其口腹之欲，获得生理上的快感和精神上的愉悦，从而增加旅游者在一次旅游活动中的积极体验。中国的饮食民俗历史悠久，定能让游客满意，为不可缺少的旅游产品。

二、地方特色饮食可满足旅游者求新、求异和好奇的心理

旅游者外出旅游，是希望得到一种与日常生活截然不同的体验，这是旅游者最基本的动机。旅游地的饮食，在旅游者日常生活中难以得见，即便有人移植而来，或多或少都出现了变异，远不如原产地那么原汁原味，因此，旅游者对这些地方饮食充满新奇之情。加之许多地方饮食知名度颇高，旅游者早知其名，这无疑会激发人们希望探究竟，以偿夙愿的心情。中国的许多饮食影响深远，被国内外的旅客熟知。

三、饮食文化可满足旅游者的文化需求

饮食文化是地域文化在饮食生产、制作、习俗、礼仪等方面的表现。饮食文化与当地的地理环境、社会经济条件、历史事件、宗教信仰等因素息息相关。可以说饮食文化是探悉地域文化的一个最佳切入点。通过这饮食文化，旅游者可以综观我国民族文化的机体，亲自观察、体验我国民族文化的形态、生活方式和思想意识。

四、很多饮食产品可以作为旅游购物品

在中国各地林林总总的土特产中，饮食产品占了很大比重，比如名茶、名酒，再如各种糕点小吃之类。这些饮食产品不仅可在当地食用，还可以供旅游者携回，作为旅游体验的延续，或者作为礼品赠予他人，与他人分享自己的旅游经历。而旅游地将这些土特产加工为旅游购物品，不仅提升了产品自身的价值，还延伸了旅游产业价值链，更好地发挥了旅游产业的关联带动作用，有利于增加当地的收入。并且，这些饮食产品就是旅游地的名片和标志物，游客将之作为礼品赠送给亲朋，无疑会提高旅游地的知名度，这是对旅游地信息的传递和推广。

中国饮食文化有巨大的旅游价值：展示了区域性的人文特点；带动了地方第三产业的发展；拉动了内需。饮食是旅游业存在和发展的基础之一，风味饮食是重要的旅游吸引物，可以以旅游促进饮食民俗的发展。饮食旅游价值之巨大是非常值得旅游界去挖掘的。中国是有着五千年文明史的文化古国，文化遗迹点缀大江南北，风光名胜遍布全国各地，中华民族在历史进程中所形成的民族饮食与风光名胜一样具有极好的旅游开发价值。

关键词：饮食；茶文化；酒文化；旅游价值

思考题

1. 为什么中国会有这么丰富的饮食文化？
2. 举例说明中国名茶及其特点。
3. 论述饮食文化的旅游价值。

参考文献

[1]李玥瑾.中国旅游文化[M].北京：中国海洋出版社，2011.

[2]尹华光.旅游文化[M].北京：高等教育出版社，2003.

[3]宋采义.中国旅游文化[M].开封：河南大学出版社，1999.

[4]http://www.dy88.cn/life/720.html.

[5]http://blog.sina.com.cn/s/blog_92a4d04f0101cvs7.html.

第 三 章

无声音乐:中国古建筑旅游文化

本章导读

北 宋 皇 陵

独自漫步在宋陵公园,看着那经过了一千多年风雨的宋朝古楼,耳边传来阵阵微微细风掠过古楼四角上的铜铃声,清脆而颇有节奏,仿佛诉说着那个朝代的故事,我似乎已经嗅到了那几千年前的檀香,缕缕沁人心脾,这时,宛如时光倒流,那婉约飘逸的宋朝女子,浅吟低唱,含蓄于眉尖,笑屑于唇角,惟妙的舞姿,素雅恬静的衣裙,整个透出一种婉约的灵性美,这里蕴含着浓厚的文化底蕴,抚摸着那古香古色嫣红色长长的围墙,寻找着那千年文人雅士的片片墨香,仿佛隐隐地听到那凄美婉约的宋词,"花自飘零水自流,一种相思,两种闲愁,此情无计可消除,才下眉头,却上心头。"此情此景顷刻间融入我的全身的每一个细胞。那是一个多么曼妙的女子,集才气于一身,李清照,你哪里知道,一千多年后,仍然有无数的人垂青于你,你笔下的绝世美词青史流芳,古典中的绝伦,现代中的经典。

望着雄壮气魄的宋朝皇陵,无数次感叹,在没有任何大型机械的条件下,当时的劳动人民用那一双双手建造出这样雄伟的皇家园陵,那对称的古楼,整齐而庄严,更显出浓厚的自然艺术气息,耸立在古楼最外面的文武二将,则各有千秋:文将五官清秀,天庭饱满,透出智慧,双眼灵动,凝视着古楼,仿佛随时听命,为皇帝出谋划策;武将身材魁梧,五官张扬,眼神犀利,大刀配身,威风凛凛,随时待命除妖斩魔。那石象石马还有石狮子,坐落有序,形态独特,线条流畅,惟妙惟肖,每当夕阳西下,那暖黄色的柔光洒落在这千年的皇陵,远远望去,仿佛我穿越了时空,真的来到了宋朝,看着那唯美的舞蹈,闻着那淡淡的花香,与词人才子论词赏字。

(资料来源:http://www.sanwen.net/subject/74125/)

建筑是人文旅游资源的重要构成部分,是科学技术和文化艺术的综合体,同时也是人类文明的标志。华夏五千年的文明为我国乃至世界留下了为数众多的古建筑,它们不仅是古代劳动人民智慧的结晶,集中反映了我国古代建筑技术和艺术的最高成就,同时还展现了中国传统文化的发展轨迹,成为全人类的珍贵遗产。

第一节　中国古代建筑概述

一、建筑的本质

人类初起,建筑为满足居住需求而具有实用功能,随着人类文明程度的不断提高,建筑逐渐超越了遮风避雨等实用功能,与雕塑、绘画等艺术形式结合起来,成为一种独具特色的造型艺术。

建筑是人们按照一定的建造目的、运用一定的建筑材料、遵循一定的科学与美学规律所进行的空间安排,是人类所创造的物质文明、制度文明和精神文明展现于广阔地平线上的一种巨大的空间文化形态,是对空间秩序人为的"梳理",是物质外显与文化内涵的有机结合。换言之,建筑是空间的"人化",是空间化了的社会人生,文化是建筑的灵魂。美学家黑格尔这样赞叹建筑艺术:建筑是对一些没有生命的自然物质进行加工,使它与人的心灵结成血肉因缘,成为一种外部的艺术世界。建筑不仅仅是简单的土木制造,它同时还是美的创造,是意境的展现,是文化的结晶。世界上任何一个国家,任何一个民族都有它们每一个历史时期的历史精华以及文明建树,然而最能形象而又具体地表现出人类文明的,莫过于建筑了。无论是蜿蜒万里的长城,威严壮观的北京故宫,还是神秘莫测的帝王陵墓,无一不是历史长河中的文化积淀,静谧地矗立在神州大地上,向人们诉说着这个国家、民族独树一帜的文化。

对建筑的观赏是旅游的重要内容,旅游者无论走到哪里,都能感受到建筑艺术的美。作为旅游者,伫立在建筑前,看到的不仅仅是物质材料的堆砌、精湛高超的营造技术以及匠心独具的建筑手法,而且还要透过建筑外在的物质形式,去领会其所蕴涵的深刻文化内涵。我国著名建筑学家梁思成曾经说过,欣赏优秀的建筑,就像欣赏一幅画、欣赏一首诗,建筑最吸引人的地方是蕴藏其间的一系列的"意"。而这种"意"的体会和把玩需要欣赏者具有一定的文化素养、鉴赏能力以及对文明渴盼的心境。唯其如此,作为文明符号的建筑才能带给人美的享受、真理的诠释以及精神境界的提升。

延伸阅读

丽 江 古 城

丽江古城位于中国西南部云南省的丽江纳西族自治县,始建于宋末元初(公元13世纪后期)。丽江古城地处云贵高原,海拔2 400余米,全城面积达3.8平方千米,是一座风景秀丽、历史悠久和文化灿烂的名城,也是中国罕见的保存相当完好的少数民族古城。丽江古城把经济和战略重地与崎岖的地势巧妙地融合在一起,真实、完美地保存和再现了古朴的风貌。古城的建筑历经无数朝代的洗礼,饱经沧桑,因融会了各个民族的文化特色而声名远扬。丽江还拥有古老的供水系统,这一系统纵横交错、精巧独特,至今仍在有效地发挥着作用。

四方街是丽江古街的代表,位于古城的核心位置。它不仅是古城的中心,也是滇西北地区的集贸和商业中心。四方街是一个梯形小广场,以五花石铺地,街道两旁的店铺鳞次栉比。其西侧的制高点是科贡坊，为风格独特的三层门楼。西有西河，东为中河。西河上设有活动闸门，可利用西河与中河的高差冲洗街面。从四方街四角延伸出四大主街——光义街、七一街、五一街、新华街，直通东南西北四郊，周围的小巷通幽，从主街岔出众多街巷，如蛛网交错，从而形成以四方街为中心、沿街逐层外延的缜密而又开放的格局。

（资料来源：http://baike.baidu.com/link?url=s4xdhP19K2PpDpDPc-ov2Z5gHYxLVq）

二、中国古代建筑的结构体系

中国古代建筑本质上属于木架构的结构体系。据考古资料显示，这种体系始于原始社会，在秦汉时期渐趋完善。它的基本形式是先在地上筑土为台，台上设础，础上立柱，柱上安放梁架，然后以枋连梁组成间。木架构体系具体包括抬梁、穿斗和井干三种不同的结构方式，其中又以前两种最为普遍。

抬梁式又叫叠梁式，至迟在春秋时代已经初步完备。它的建筑方法是沿着房屋的进深方向在石础上立柱，柱上架梁，再在梁上重叠数层瓜柱和梁，自下而上，逐层缩短，逐层加高，到最上层梁上立脊瓜柱，构成一组木构架。在柱子上梁枋与屋顶的构架部分之间，有一层用零碎小块木料拼合而成的构件，它们均匀地分布在梁枋上，支挑着伸出的屋檐，这种构件就是斗栱。斗栱是中国古代独特的建筑构件，方形木块叫斗，弓形短木叫栱，斜置长木叫昂，总称斗栱。梁思成认为，斗栱是了解中国建筑的钥匙，其重要性有如欧洲希腊罗马建筑中的五范一样。斗栱具有独特的功能。将它用在屋檐下，可以使屋顶的出檐加大，而大屋顶是中国古代建筑形态最显著的特征。用在梁枋两端下面，则可以减小梁枋的跨度，增大梁枋的承受力。据考古资料显示，早在公元前5世纪，斗栱就已经开始使用。到唐宋时期，其形制发展成熟，样式基本统一。随着砖石等建筑材料的使用，斗栱在屋檐下的支挑作用逐渐减小，发展到明清时期，斗栱的结构作用更加减小，日益成为一种装饰性建筑构件。通过斗栱层数的多少可以看出该建筑物的等级和地位。一般而言，在等级森严的中国古代社会中，只有宫殿、寺庙等高级建筑才有资格使用斗栱。

穿斗式架构以榫卯方式对接，又名干栏式结构，早在河姆渡文化时期就已经开始使用。穿斗式木架构也是沿着房屋的进深方向立柱，不同的是，柱子之间的间距较密，柱子直接承受檩子的重量，不用架空的抬梁，而以数层"穿"贯通各柱，组成一组组的构架。它的主要特点是用料经济，施工简易，为我国南方诸省广泛使用。井干式就是用天然圆木或方形、矩形、六角形断面的木料层层累叠，构成房屋的壁体，该墙壁实际上也就是木承重结构墙。这种营造方式虽构造简单便于施工，但耗材量大且外观亦显厚重，现在除少数森林地区外已经很少使用。

木架构体系的优点很多。取材方便、加工容易是最突出的优点。同时由于墙壁不负担屋顶和楼面的重量，建筑物具有极大的灵活性，门窗开设比较自由，并发展成精妙而独特的中国门窗文化。此外，由于木材具有一定弹性，梁柱的框架结构有较好的整体性，因而木架构房屋的抗震性能较强，即"墙倒屋不塌"。北京故宫、山西应县木塔等处的古代建筑，历史上曾经历多次地震，至今仍然巍然屹立，充分显示了木结构建筑的抗震能力。

三、中国古代建筑的基本特征

中国古代建筑在世界建筑中自成体系,形成了固有的艺术风格与构造特征,包括完整的木架构体系,三段式的外观特征,群体组合的配置形式,均衡对称的布局原则,美丽动人的构件造型,装饰色彩与等级的紧密结合等。

世界上没有哪一个民族的建筑文化像中国这样,在近现代西洋建筑东渐之前,如此漫长地热衷于土木结构及其群体组合。从史前穴居、巢居到清代大木作、小木作与瓦作之类,千万年东方古国的建筑文化大潮,始终没有离开土木结构这个"主航道"。以木架构为主的中国古代建筑体系,平面布局的基本原则是以"间"为单位构建单体建筑,再由若干个单体建筑构成庭院。单体之美,只有体现为"群"的一部分时,才有价值,也只有存在于"群"中,其艺术价值的丰富性才能得到充分展现。甚至可以说,"群"是中国传统建筑的灵魂。太和殿的威武壮观只有在紫禁城的森严氛围中才能得以表现,祈年殿也只有在松柏浓郁的天坛环境中才有生命。群体组合使中国古代建筑远远超过了其他造型艺术的复杂性和深刻性,获得了极为特殊的美学风格和震撼人心的艺术效果。

就外观而言,中国古代建筑由台基、屋身、屋顶三个部分组成,称为"三段式"。台基是中国古代建筑的基础部分,具有承托建筑物、防潮、防腐的实用功能,弥补单体建筑物不够雄伟壮观的美学功能,还有昭示身份和权力的象征功能。屋身是中国古代建筑的主体部分,采用梁柱式结构形成梁架,梁架与梁架之间组成"间"。建筑的屋身一般由若干间组成,开间越多,等级越高。

古代能工巧匠经过长期的实践,创造出造型独特的"大屋顶",这是中国古典建筑区别于西方古典建筑最鲜明的特征。这种屋顶不但体形硕大,而且是曲面形,屋顶四面的屋檐两头高于中间,整个屋檐形成一条曲线,令原本笨重的屋顶变得轻盈活泼,好似一条充满活力的天际线,柔和而有韵律,古代文人形容其为"如鸟斯革,如翠斯飞",成为整座建筑极富神韵和艺术表现力的一部分。在唐、宋、元、明、清各个时代,无论宫殿、陵墓、寺庙等大型建筑,还是普通的民间建筑,这种大屋顶的造型都很常见。古人在实践过程中还创造出了形式不一的屋顶式样,包括庑殿式、歇山式、攒尖式、悬山式、硬山式、卷棚顶等。庑殿顶是四面坡屋顶形式之一,由四个倾斜的屋面和一条正脊、四条斜脊组成整个屋顶。歇山式又称九脊式顶,由四个倾斜的屋面、一条正脊、四条垂脊、四条戗脊和两侧倾斜屋面上部转折成垂直的三角形山墙组成。攒尖顶平面为圆形或多边形,上为锥形屋顶,没有正脊,有若干垂脊交于上端。悬山顶是双坡屋顶形式的一种,特征是屋面伸出山墙之外,屋面两坡相交处有脊,这种屋顶又称作挑山。硬山顶是双坡屋顶形式的一种,山墙同屋面平齐,也有略微高出屋面者,两坡相交处有屋脊。卷棚顶的特点是屋面双坡,没有明显的正脊,前后坡相交处不用脊而砌成弧形。

受中国古代社会的等级观念和宗法意识影响,古代建筑的庭院与组群布局大多采用均衡对称的方式,以纵轴线为主、横轴线为辅进行设计建造。一般庭院布局大体可以分为两种。一种在纵轴线上先安置主要建筑,然后在院子的左右两侧沿着横轴线以两座体量较小的次要建筑相对峙,构成三合院;或在主要建筑的对面再建一座次要建筑,构成正方形或者长方形的四合院。四合院的四角通常用走廊、围墙等将四座建筑连接起来,成为封闭性较强的一个整体。这种布局便于安排家庭成员的住所，符合中国传统文化中的礼制观念。另一种四合院则在纵轴线上建造主要建筑，在其对面建造次要建筑，在院子的左右两侧用回廊将前后两座建筑连结成一体。这种以回廊和建筑相结合的方法可以起到艺术上大小、高低、虚实、明暗的对比效果，同时回廊各间装有直棂窗，可向外眺望，扩大空间感。除上述各种布局方法以外，汉朝以来还有很多在纵横二轴线上都采取对称方式的组群。与四合院的建制相反，它以体形巨大的建筑为中心，周围以庭院环绕，在外面用矮小的附属建筑、走廊或者围墙构成方形或圆形外廓。历代坛庙等礼制建筑采用的多是这种布局方式。

以均衡对称方式为原则构成的古代建筑具有层次感和空间感，是一个可以满足各方面用途又成为一个完整的建筑艺术群体的严密整体。以北京故宫为例，它的总体布局是沿着南北轴线纵向布置起来的，以天安门为序幕，外朝三大殿为高潮，景山作为殿尾，既有主有从，又前后呼应，是中国古代建筑的杰出代表。因此可以说，中国古代大组群的建筑形象，恰如一幅中国的手卷画，只有自外而内，从逐渐展开的空间变化中，才能体味到它的美妙与精华所在。

善于将建筑的各种构件进行艺术加工是中国古代建筑的突出特征之一。以木架构为结构体系的中国古代建筑，它们的柱、梁、枋、檩、椽等主要构件几乎都是露明的，这些木构件在用原木制造的过程中大都进行了美的加工。柱子做成上下两头略小的梭柱，横梁加工成中央向上微微起拱，整体成为富有弹性曲线的月梁，上下梁枋之间的垫木做成各种式样的驼峰，屋檐下支撑出的斜木多加工成各种兽形、几何形的撑拱和牛腿，梁枋穿过柱子的出头加工成菊花头、蚂蚱头、麻叶头等各种有趣的形式。中国古代建筑屋顶是整座建筑很重要的部分，在屋顶上有许多有趣的装饰。古代工匠对屋顶进行美化处理，做成动物、植物或者几何形体，形成了各种式样的鸱吻和宝顶。屋脊上的瓦头也进行装饰，雕刻花草、禽兽等纹样，增加了建筑鲜活的生命感。古建筑的门窗是与人接触最多的部位，细部构件的装饰也较为集中。门下的石磉是承受门下轴的基石，基石露在门外面的部分多加工成狮子，或者雕成圆鼓形的抱鼓石。古建筑的窗有较密集的窗格，对其进行美化就出现了菱纹、步步锦以及各种动物、植物、人物组成的千姿百态的窗格花纹。成排的木柱为了防潮防腐，柱脚下都垫有石柱础，柱础被加工成各种艺术形象，从简单的线脚、莲花瓣到复杂的各种鼓形、兽形，由单层的雕饰到多层的立雕、透雕，式样千变万化。总之，中国建筑从整个形体到各部分构件，利用木架构的组合、各构件的形状以及材料本身的质感等进行艺术加工，达到建筑功能、结构和艺术的统一。

善于用色也是中国古代建筑的突出特点之一。中国古代建筑惯用大面积的原色，包括黄、红、青、绿、蓝、白、黑等。由天安门、午门走入宫城，进入游者视域的是碧蓝色的天空，蓝天下是成片的闪闪发亮的金黄色琉璃瓦屋顶，屋顶下是青绿色调的彩画装饰，屋檐以下是成排的红色立柱和门窗，整座宫殿坐落在白色的石料台基之上，台下是深灰色的铺砖地面。这蓝天与黄瓦，青绿彩画与红柱红门窗，白台基和深地面形成了强烈的对比，给人以极鲜明的色彩感染。在山清水秀、四季常青的南方，房屋色彩受气候、环境、社会等方面的影响，多用白墙、灰瓦和栗、黑、墨绿等色的梁架、柱装修，形成了与环境相调和、秀丽淡雅的格调。安徽徽州地区一带的祠堂、民舍都是白粉墙，黑色的瓦和灰色的砖、石

47

墙脚,黑、白、灰组成了这个地区乡土建筑的主色调。浙江永嘉楠溪江自然风景区一带的民舍,用的都是当地的材料,穿斗式的构架,露出木料本色,柱间都是白灰墙,顶上盖着黑瓦,在黑、白、灰中加上赭石色的木柱,配上起翘的屋顶,一条弯弯的曲线,朴素而且秀丽。

彩画是中国古代建筑色彩的独特体现。明清时期最常用的彩画种类有和玺彩画、旋子彩画和苏式彩画。和玺彩画大多用于宫殿建筑或与皇家有关的建筑之上,是最高等级的彩画。旋子彩画用于寺庙、祠堂、陵墓等建筑,苏式彩画主要用于园林建筑和住宅。这些彩画多位于檐下及室内的梁、枋、斗栱、天花及柱头上。彩画的构图密切结合构件本身的形式,图案瑰丽,色彩丰富,为我国古代建筑增添了无限美感。

第二节　中国古代建筑的文化取向

一、天人合一的空间意识

建筑是对空间的人为分割,涉及人与自然的关系问题。中国人一向将大自然视为自己的"母亲"与"精神家园"。受老庄哲学以及道家思想的影响,认为人与大自然应和谐相处、同构对应。人对待天地自然,是一种亲情的道德关系,而不是单纯的征服与索取关系。天人合一的思想在中国先秦古籍诸如《易经》与老庄的著述中论述得很充分,《易经》关于天地人"三才"之思与老庄的"道法自然""我自然""返璞归真"等哲理莫不如此。汉代董仲舒称:"以类合之,天人一也。"宋代程明道则云:"天人本无二,不必言合。"可以说,先秦之后,天人合一的思想一直是中国文化思想的一个主流,也是贯穿中国传统文化各个方面的一种思维定式与终极追求。

基于天人合一思想的影响,中国人将建筑这种人工文化看作自然的有机延伸,又将自然看作建筑的文化母体。中国传统建筑讲究与周围环境、格调意境和谐融洽,不突出自己,避免造成与自然的断裂和对立。明代计成《园冶》将"虽由人作,宛自天开"看作中国园林的最高审美理想,契合"师法自然""天趣自然""率意天成"的美学理论。其实,它也道出了中国建筑文化的最高审美理想与境界。英国著名学者李约瑟在《中国的科学与文明》一书中指出:"没有其他地域文化表现得如中国人那样如此热衷于'人不能离开自然'这一伟大的思想原则。作为这一东方民族群体的'人',无论宫殿、寺庙,或作为建筑群体的城市、村镇,或分散于乡野田园中的民居,也一律常常体现出一种关于'宇宙图景'的感觉,以及作为方位、时令、风向和星宿的象征主义。"此外,基于天人合一思想的影响,中国传统建筑也十分重视对室外空间的处理,甚至可以说中国传统建筑的空间美主要存在于室外空间的变化之中。檐廊、门窗、亭台楼榭以及敞开的院子交互组合,形成了虚实相映的空间意象,虚中见实,实中有虚。这种建筑风格不仅没将建筑隔绝于自然,反而将建筑与自然有机结合起来,融为一体,形成了两者亲和的特征,赋予建筑以鲜活的生命和浓郁的文化气息,乃至于很多西方人都认为中国古代建筑是一种独特的"环境艺术"。

西方建筑则完全不同。受海洋文化影响,在人与自然关系的问题上,西方人一贯偏于天人对立的文化观念,认为自然只是人类赖以生存的客观环境,人与自然是分离对立的,只有不断地征服自然,人类才能走向进步。因而西方建筑文化作为一种人工文化,可以看作是人对处于对立关系的自然的强制性的介入、占有与征服。一个重要的表现就是强调突出建筑本身,彰显人的创造性,漠视自然,忽视建筑与周围环境的意境关系,体现了人与自然的对立与紧张。

中国传统建筑的空间意识还与宇宙观念关系密切。中国人所认识体悟到的"建筑",是一种人工创造的"宇宙"。"宇宙"的本义是指建筑。所谓"宇",屋檐之谓。《易经》大壮卦有"上栋下宇,以待风雨"之说,"宇"之本义由此而来;所谓"宙",梁栋之谓。从自然宇宙角度看,天地是一所其大无比的大房子,此即淮南子所言"上下四方曰宇,往古来今为宙"。千秋万代,人们就在这所大房子的庇护下生活,无论肉体还是精神都受其保护。从人工建筑角度来看,建筑效法自然宇宙,"天地人吾庐"。中国建筑文化鲜明地体现出"宇宙即是建筑,建筑即是宇宙"的恢宏深邃的时空观念。

古人的宇宙观念与建筑发生了有趣的同构关系。古人仰望苍穹,发现天空中的星象以北极星为中心,其他恒星围绕它不停运转。农耕的生产方式促使人们进而将方位与季节联系起来,使浩渺的宇宙星空具有了现实而具体的意义。而且,受认识水平的限制,古人很难对星空的变化做出科学合理的解释,他们将宇宙想象成一幅规整的图案:天空有二十八星宿,分属东西南北四方,每方七宿,分别以青龙、白虎、朱雀、玄武四神相守,中间是紫微帝宫,即宇宙最高神北极星的居所。这幅图案对古人的建筑规划产生了重要影响,尤其是帝王的宫殿。有人因此认为,天上是二十八宿布列四方,地上的宫室文化模式是东青龙、西白虎、南朱雀、北玄武,可谓天人合一,天人相应。

浩瀚的宇宙还形成了古人的尚大观念。中国建筑起码自秦汉时起,就具有了效法自然宇宙的文化胸襟,因此一旦经济条件、建筑材料以及技术水平允许,人们就将对自然宇宙的领悟,将巨大的文化热情甚至是执拗的狂热劲头倾注于宫室的营建之中,建造尽可能恢宏博大的建筑以象征自然宇宙之大。这种尚大之风在规整恢宏的大唐帝都长安城的形制上体现出来。长安城东西为 9721 米,南北为 8651.7 米,面积为 84.10 平方千米,是中国古代第一帝都。与公元 3 世纪末的罗马城(13.68 平方千米)、公元 5 世纪的拜占庭城(11.99 平方千米)或公元 8 世纪末的巴格达城(30.44 平方千米)相比,其恢宏气度可见一斑。唐都长安无疑是包括中国古代都城在内的古代世界帝都之冠。南京城的宫殿建筑以及作为帝王宫殿文化延续的帝陵的尚大之风也非常明显。明太祖朱元璋建于南京的孝陵,仅采石一项就曾动用民工上万,历时 3 年。所采石碑坯料之巨,世所未闻。其碑身之石长达 60 米,宽 12.5 米,厚 4.4 米,体积 3300 立方米,重 89 000 吨,加上碑座、碑头的重量,总共重达 177 000 吨,这是迄今所知古今中外最大的墓碑坯料。因为当时实在无力搬运,只得将这庞然大物遗落在南京麒麟门外的阳山,成为今天著名的历史文化景观。

二、淡于宗教的人本思想

自古以来,中国人对宗教表现出了令西方人难以理解的理性与闲淡。中国人对宗教似乎有一种天生的"淡泊与超然",梁漱溟在《东方学术概观》一书中谈道:"社会秩序之建立,在世界各方一般地说无不从宗教迷信崇拜上开端,中国似乎亦难有例外。但中国人却是世界上唯一淡于宗教、远于宗教,可称'非宗教的民族'。"这种文化传统的形成与中国宗教的发展状况有关。中国的宗教一直处于原始的状态,天地崇拜与祖先崇拜是它的核心。在中国,真正起到支配地位的并不是人对之绝对服从与崇拜的"主神"。来自远古传说中的伏羲、女娲、神农、黄帝、盘古、西王母等神尽管都有一定的神性,然而在文化性格上都不同于舶来的上帝、真主与释迦牟尼这些主神。

在中国,儒家的哲学思想在一定程度上充当了"准宗教"的角色,行使了宗教终极人生关怀的功能。宗教是迷狂的、神秘的,儒学恰恰相反,它充满了理性精神。儒家学说的核心内容是关心政治,注重人事,概括起来就是"诚意、正心、修身、齐家、治国、平天下"。因此,孔子对待鬼神采取了清醒的态度,《论语》记载说,"子不语怪、力、乱、神","未能事人,焉能事鬼","未知生,焉知死"。儒家的崇理精神形成了中华民族人本主义的文化传统。人是宇宙万物的主宰,神仅仅是烘托巩固皇权的工具而已。相反,在近代以前,欧洲恰恰是神本思想。在文艺复兴运动之前,神是人的世界的主宰,基督教神学是欧洲封建社会总的理论纲领,而君权与神权相比,始终处于一种依附、次要的地位。这种文化差异对中西方建筑产生了巨大的影响,形成了迥异的建筑格调与品位。具体而言,中国古代建筑基本上属于人本主义建筑,弥漫着浓厚的人本精神,西方古代建筑则大体上属于神本建筑,充满着强烈的神的味道。

一方面,世俗建筑在中国古代建筑体系中始终处于压倒性的优势地位。如果说以古希腊为主要文化传统的西方古代建筑史是由神庙与教堂构成的,那么,古代中国的主要建筑则是代表王权的宫殿、陵墓以及坛庙。它们作为政治伦理文化的象征不仅辉煌而且持久地伫立在中国大地上。秦咸阳宫、汉未央宫、唐大明宫、明清紫禁城都远远超过了寺庙等宗教建筑的恢宏灿烂。

另一方面,包括宗教建筑在内的中国古代建筑始终保持着理性的清醒,很少宗教的狂热、神秘。崇理的儒家精神塑造了中国人偏于宁静、安详、含蓄、内敛的民族性格与心理气质,表现在建筑上则是建筑具有极强的世俗性和现世性。且不说宫殿、民居等世俗建筑,即便是寺庙等宗教性建筑也鲜见宗教本身的茫然与神秘。中国的寺庙建筑从整体布局到细部处理,随处可见世俗的精神,热衷于使建筑群体向地面四处有序地展开,讲究建筑空间与平面布局的秩序性,缺乏一种从现实大地向宗教天国狂热的向上提拉之力。道教全真派著名宫观白云观,从建筑平面布局来看,属于典型的庭院式格局。现存全观南北中轴线上,排列着牌坊、山门、灵官殿、玉皇殿、七真殿、邱祖殿、四御殿、戒台和云集山房等,其总体布局是中国传统庭院的形制在道教建筑中的运用。人们相信,人生的快乐来源于现实生活中的成功,与彼岸世界无关,这就没有必要执着地建造西方中世纪那样高耸入云的尖顶,不与上帝对话就不必要营造升腾的气氛、神秘的光影变幻。因此,哥特式建筑直冲云霄的尖顶、教堂内部摇曳迷离的风格,在中国大地上从未出现过。

此外,西方基本上是一个宗教的民族,崇神的意识造就了永恒的观念,因此经常使用大理石、砖等建筑材料。建筑是为崇高的神、上帝所建,保持的时间越久远越能体现人对神的敬仰和膜拜。由于中国的传统文化对宗教的疏离,中国人缺乏永恒的观念,在建筑上形成了不求原物长存的文化观念,这也是千百年来中国人木架构体系长盛不衰的原因之一。中国人浓郁的亲木情节在各朝各代的建筑中均有鲜明的表现。从赫赫有名的汉未央宫、唐大明宫、明清紫禁城到名不见经传的寻常百姓家,从刘禹锡笔下的陋室、王勃为之作序的滕王阁到苏舜钦沧浪亭的亭台楼榭,毫无例外都是土木营造的世界。以土木为材的建筑容易腐烂失火，保护维修的难度较大，因此而消失在历史长河中的建筑不在少数。即便如此，人们对木架构体系仍然情有独钟。

三、凸显等级的礼乐精神

"礼"是中国文化的根本特征和标志。在中国，"礼"是一个独特的概念，为其他任何民族所无。其他民族的"礼"，一般不出礼俗、礼仪、礼貌的范畴，而中国的"礼"则是中国物质文化和精神文化的总名。在中国古代，"礼"是统治者治理国家、巩固皇权的根本。中国传统的"礼文化"或"礼制文化"创制于西周，并为后世儒家所继承、发展，以强大的力量规范着中国人的生活行为、心理情操与是非善恶观念。《礼记》第一篇《曲礼上第一》指出："夫礼者，所以定亲疏、决嫌疑、别同异、明是非也。"礼是决定人伦关系，明辨是非的标准，是道德仁义的规范。礼不仅是一种思想，还是一系列行为的具体规则，它不仅制约着社会伦理道德，也制约着人们的政治行为。这些规范的核心思想和主要内容就是建立一种等级的思想和等级的制度，以保证"天无二日，土无二主，国无二君，家无二尊，以一治也"。

"礼"对中国传统建筑的布局、体量、装饰等方面产生了重要影响，在一定程度上礼是中国古代建筑文化的灵魂，是解读中国古典建筑不可或缺的钥匙。具体而言，礼文化中的等级思想制约和规范了古代建筑的形制。《礼记》对建筑的形制提出了很多规范，要求社会身份的等级与建筑的等级协调一致，不得僭越。《周礼·冬官考工记第六》中将城市分为天子的王城、诸侯的国都和宗室与卿大夫的都城三个级别，并规定王城的城楼高九雉，每雉高一丈，即高九丈；诸侯城楼按王城宫隅之制即高七雉；宗室都城城楼则按王城门阿之制，只能高五雉。王城的经途即南北向大道宽九轨，可并行九辆车；诸侯城的经途相当于王城环途道路的宽度，即宽七轨；而宗室都城的经途，只能有王城城外道路的宽度，即宽五轨。这样细密的等级差别，是任何其他文化中找不出来的。

为了加强"礼"的可操作性，历朝统治者制定了各种具体的规章制度，将它们列入国家的法典，严格执行。唐朝的《营缮令》中规定，都城每座城门可以开三个门洞，大州的城正门开两个门洞，而县城的门只能开一个门洞。帝王的宫殿可以用有鸱尾装饰的庑殿式屋顶，五品以上官吏的住宅正堂只能用歇山式屋顶，六品以下官吏以及平民住宅的正堂只能用悬山式屋顶。明朝在建国之初也对亲王以下各级官民的宅第规模、形制、装饰作出明确的制度规范。《明会典》中规定，公侯，前厅 7 间或 5 间，中堂 7 间，后堂 7 间；一品、二品官，厅堂 5 间 9 架；三品至五品官，后堂 5 间 7 架；六品至九品官，厅堂 3 间 7 架。森严的等级制在建筑上通过房屋的宽度、深度、屋顶形式以及装饰的不同式样表现出来，建筑往往成为传统"礼文化"的一种象征与标志。

中国传统的礼制观念以血缘为纽带，以宗法为基础，强调伦常秩序，这种文化观念在中国典型的民居建筑四合院中得到鲜明的体现。标准的四合院大多取南北方向，大门开在东南角，进门是前院。前院南面与大门并列的一排房屋称为倒座，之北是带廊子的院墙，中央有一座垂花门，进门就是住宅内院，即四合院的核心部分，也是整座建筑规模最大最为尊贵的地方。内院正面坐北朝南为正房，院左右两边为厢房。正房的后面还有一排后罩房。四合院房屋的门窗都开在朝院里的一面，背面除临街的一面有时开有小窗外,其余都不开窗,形成一个四外封闭的内向的住宅空间。这样的布置符合长幼有序、内外有别的封建宗法观念。就它们的使用来看,内院的正房为一家的主人居住,东厢房住兄弟,西厢房住姐妹。前院倒座为客房和男仆人居住,后罩房为女仆住房以及厨房和杂物间。各院由门相通,"男子昼无故不处私室,妇人无故不窥中门"。院落的安排既保持了住宅所要求的私密性和家庭生活所要求的安宁,在使用上也能够满足中国封建社会父权统治、男尊女卑、主仆有别的家庭伦理秩序的要求。

中国传统文化讲究"制礼作乐",既重视以上下尊卑等级关系为核心的礼制,又不忽视与之相配合的情感艺术系统即乐。由礼及乐的思想在建筑上也有表现,即在固守礼的原则的基础上,强调建筑的美感和韵味。对建筑美感的追求表现在很多方面,如有人指出,曲面大屋顶的设计就是出于美观的考虑。从 2000 年前汉墓穴出土的明器上可以看到当时房屋顶上的曲线,从以后留存下来的唐、宋、元、明、清各个时代的建筑上,都可见到这种曲面形的屋顶,从城市到乡间,从宫殿、陵墓、寺庙到住宅、民房上也是如此。民间一些建筑上,不仅整个屋顶面是曲面形的,四边屋檐是曲线的,连屋顶上的几条屋脊也是曲线的。在欧洲一些国家的乡村也有许多木结构的农舍,它们的屋顶也很大,但屋顶面和屋檐都是笔直的。美学家指出,直线是一种严肃理性的线条,曲线则是一种有生气的线条。曲线的运用不仅减少了建筑的沉重和笨拙,同时增强了建筑的神韵、灵动和活力。另外,前文讲到,古代能工巧匠将绘画、雕刻、工艺美术的不同内容和工艺应用到建筑各个部件的装饰里,这使房屋躯体具有了艺术的外观形象,极大地加强了建筑艺术的表现力,增加了建筑的美感。

四、兼容并蓄的包容观念

中国传统文化是一个积淀深厚、无所不包的文化系统。以农耕生产方式为基础的传统文化具有强大的生命力和开放精神。汉魏以降,它不断接触外来文化尤其是佛教文化,吸收其中的优秀成果,成为自己文化系统新的因子。这种博大的胸襟在唐朝表现得尤为强烈。唐代不是一个闭关锁国、夜郎自大的朝代,它广泛地从事国际交流,可谓百无禁忌。这时,儒、释、道三教并行不悖,其融合的程度达到了一个历史新水平。有唐一代士大夫、读书人的思想既有治国平天下的儒家入世之思,又时时流露出庄禅心向自然、远离尘世的出世之情。宋代以后,这种融合逐渐走向成熟,三教显示出一统的发展态势。中华文化这种开放与包容的特征对建筑产生了重大影响,形成了中国古典建筑兼容并蓄的文化品格。

宗教建筑既是文化融合的产物,其自身的布局、装饰、主题等又鲜明地表现出中国建筑对各种优秀文化的吸收与综合。庭院式是中国建筑的国粹,原本是一种典型的民居建制,但是佛教传入中国之后,它成为寺院建筑的主要形制。佛寺的中国化开始于魏晋南北朝时期,其布局一般为院落式纵向中轴对称,主体建筑由南向北排开,两侧建有配殿,正殿和配殿各自形成四合院建制,主殿殿堂采用庑殿式屋顶或者歇山式屋顶,等级分明。中国古代建筑的其他特征比如木结构、梁柱交错、斗栱支撑、人字形的两面坡屋顶均有体现。而且佛寺内往往古树参天,绿意盎然,寺外青山环抱,绿水环绕,俨然一处风景绝佳的民间小院,处处体现了中国人享受生活的现实主义情怀,缺少西方宗教建筑刻意渲染追求的神秘、狂热精神。佛塔建筑也是文化融合的产物。佛塔在印度梵文中称为率堵坡，是埋葬佛"舍利"的半圆形坟墓。流传到中国之后，其覆钵式的形状被加以改造，与中国传统的楼阁建筑结合产生了楼阁式佛塔，进而又衍生出密檐式塔等。这种中国式佛塔，多层的楼阁位于下方，阁楼顶上放置"窄堵坡"形式的屋顶，称为刹顶。作为佛教徒膜拜的对象，佛塔在佛寺中的位置也发生了显著变化。在印度时，它被放在佛寺正中，是一座佛寺中最主要的建筑。到中国之后，这种形制发生改变，佛塔往往建于寺的前后或左右，甚至建塔的地理位置与佛寺完全无关。

中国境内广大地区的佛教石窟，不仅记录了佛教在中国的发展历程，从中人们还可以看到外来的佛教艺术、文化与中国本土艺术、文化互相融合的过程。驰名中外的敦煌莫高窟最早开凿于公元366年，北魏之前的洞窟虽然不多，但是从石窟中塑像与画像上仍然可以看到西域艺术的影响，人物面部直鼻薄唇、大眼、宽额，四肢粗壮，人物的衣饰有印度式、波斯式。北魏以后，石窟壁画中人像和塑像变得面目清瘦、肢体修长，服饰也日益中国化了。唐朝中期的石窟中，佛、菩萨等形象不再清秀而变得丰满生动，体态富有曲线，衣着轻薄长裙，显出丰润肌体。这种汉化的形象在装饰纹式上体现得也很鲜明。在早期的敦煌石窟里，夔纹、龙纹、云纹这些中国铜器、玉器以及建筑上常用的装饰纹样很少出现，但佛教的火焰、卷草等纹样很常见。而且它们的形态随着佛教的发展也起了变化，由原来僵硬的形态变得柔和了，逐渐具有中国传统装饰中云气纹、水波纹那种行云流水般的飘逸风格。因此有人说，宗教建筑与世俗文化结合得如此天衣无缝，恐怕只有在中国文化系统中才得以一见。

53

延伸阅读

云 冈 石 窟

云冈石窟的造像气势宏伟，内容丰富多彩，堪称公元5世纪中国石刻艺术之冠，被誉为中国古代雕刻艺术的宝库。按照开凿的时间可分为早、中、晚三期，不同时期的石窟造像风格也各有特色。早期的"昙曜五窟"气势磅礴，具有浑厚、纯朴的西域情调。中期石窟则以精雕细琢，装饰华丽著称于世，显示出复杂多变、富丽堂皇的北魏时期艺术风格。晚期窟室规模虽小，但人物形象清瘦俊美，比例适中，是中国北方石窟艺术的榜样和"瘦骨清像"的源起。此外，石窟中留下的乐舞和百戏杂技雕刻，也是当时佛教思想流行的体现和北魏社会生活的反映。

云冈石窟形象地记录了印度及中亚佛教艺术向中国佛教艺术发展的历史轨迹，反映出佛教造像在中国逐渐世俗化、民族化的过程。多种佛教艺术造像风格在云冈石窟实现了前所未有的融会贯通。

云冈石窟是石窟艺术"中国化"的开始。云冈中期石窟出现的中国宫殿建筑式样雕刻，以及在此基础上发展出的中国式佛像龛，在后世的石窟寺建造中得到广泛应用。云冈晚期石窟的窟室布局和装饰，更加突出地展现了浓郁的中国式建筑、装饰风格，反映出佛教艺术"中国化"的不断深入。

(资料来源 http://baike.baidu.com/link?url=-eCciyeRirXqb73BFg_Cpre581YBLMWt92S)

由于中国文化具有极强的包容性，外来文化来到这块土地，很快就被本土文化吸收、改造、融化。当然其间难免存在冲突碰撞的过程，然而我们需要注意的是，这些外来文化与中国本土文化相结合进而产生出一种新的文化，在这个过程中，我们本土文化的内核并没有被异化，建筑文化的本质也没有发生改变。

第三节　中国古代建筑的主要类型及特色

中国古代建筑类型多种多样，建筑风格千差万别，它们共同构成了独特的中国建筑体系，在人类文明史上写下了光辉的篇章。

一、门阙森森的宫殿建筑

宫殿建筑是我国古代建筑中规制最高、规模最大、艺术价值最高的建筑，是当时社会文化和建筑艺术的集大成者和最高体现。

作为人类文明发展的重要标志，宫殿名称的内涵有一个演变过程。上古时期，穴居是原始初民常见的居住方式。古语道："古之民未知为宫室时，就陵阜而居，穴而处，下润湿伤民，故圣王作为宫室。"在先秦以前，人们经常将"宫""室"连起来使用，而且，"宫""室"可以通用，均指人们居住的场所，没有高低贵贱之分。秦汉以后，"宫"和"殿"开始连在一起使用，并且具有了等级的差别，专指皇帝行使权力和日常生活的场所。

根据文献记载和考古发掘，早在公元前 16 世纪的商代，就出现了宫殿建筑。商朝末年，纣王大修宫殿，离宫别馆绵延数百里。宫殿建在高高的夯土台基之上，基础高出地面3 尺，已经具有高台基的特点。屋顶四面呈斜坡形，重檐。横跨度为 12.88 米，可以看出当时殷人的宫殿建筑非常宏伟。秦始皇统一六国之后，大修宫殿，建造了气势磅礴的朝宫，它与汉三宫（长乐宫、未央宫、建章宫）共同形成了中国宫殿建筑发展史上的第一次高潮。此后，伴随着江山易主与王朝更替，华夏大地上掀起了建造宫殿的热潮。隋朝有仁寿宫、大兴宫，唐朝有太极宫、大明宫和兴庆宫，以及随后辽宋金元明清的宫殿，无不气势雄伟，规模庞大。然而，令人扼腕叹息的是，这些人类建筑史上的杰作大多在王朝杀戮的战争中灰飞烟灭，成为断壁残垣，能够传世的仅仅是北京明清故宫和沈阳清故宫。其中北京故宫是现存最大最完整的古代宫殿建筑群，也是我国古代宫殿建筑艺术的顶峰。而沈阳故宫从它的规划布局、建筑形式以及建筑装饰几方面又充分展现了清朝早期建筑的特点，尤其是清朝建立者满族的政治文化与民风民俗，使其成为中国现存皇室建筑群中地位仅次于北京故宫的重要建筑。

在我国古代社会，朝代名称虽然不同，宫殿布局却大同小异。《周礼·考工记》是我国最早的一部技术书籍，书中记载都城的规划时写道："匠人营国，方九里，旁三门。国中九经九纬，经涂九轨。左祖右社，面朝后市。"可以看出，都城布局以王宫为中心，象征着紫微帝宫，作为四方之极，统治天下。以王宫为中心的这种布局思想一直持续了 3000 多年，唐朝时期的长安城、元朝的大都和明清时期的北京城都按照这种布局思想而建。

古代营造者在建造宫殿这一大型礼制建筑时，大致遵循了一些原则。前朝后寝这项原则在周朝时已基本形成，一直延续下来。前朝在古代称为"朝政用房"，后寝称为"寝居用房"。从历代皇宫建筑群的规划可以看到，帝王处理朝政的殿堂总是建在宫殿的前面，生活起居以及娱乐部分总是建在后面，明清紫禁城的规划就是一个典范。明清紫禁城的前朝部分包括太和、中和、保和三大殿，以及东西两侧对称布置的文华殿和武英殿，这里是帝王政治的中心。太和殿是宫城最重要的一座殿堂，皇帝登基、完婚、寿诞、命将出征，每逢重大节日接受百官朝贺和赐宴都要在这里举行隆重的礼仪。其后的中和殿是帝王上朝前做准备与休息的场所，中和殿北面的保和殿是皇帝举行殿试和宴请王公的殿堂。后寝部分主要包括皇帝、皇后以及宫妃生活起居的场所，如乾清、交泰、坤宁三宫，东西六宫，以及御花园等娱乐服务性建筑。这种合乎实际功能需要的前朝后寝的布局原则成了历代皇宫营造的基本格局。

　　古语称宫殿为"九重宫阙帝王家"，这种门阙森森、宫殿重重的宫殿制度形成于周朝初期。《左传》和《礼记》记载周朝的官室制度时写道，在宫室的大门前面有阙。阙是一种高台建筑，用于登高远望，又称为官阙，它是观察防御、揭示政令、纳取臣子建议的地方；其后有五重宫门，叫作皋门、英门、路门、库门、雉门，起到壮大威慑力的作用；后有大朝、内朝和外朝三朝。北京故宫的"五门"是大清门、天安门、端门、午门、太和门；三朝是太和殿、中和殿、保和殿。三朝五门的宫殿布局在礼制上一直被后代皇帝所延续，但是在建筑形式上根据实际情况需要，又有所改变和发展。总之，这种宫殿建制不仅威严壮观，具有强大的震慑力，而且是中国古代宗法社会等级和秩序精神的象征和体现。

　　根据《周礼·春官小宗伯》记载，"建国之神位，右社稷，左宗庙"。帝王宫室建立时，基本遵循左祖右社的原则。宗庙的空间位置应当在整个王城的东或东南部，社稷坛的空间位置则在西或西南部，这种做法一直沿袭下来。现存的北京中山公园名为"五色土"的方形大平坛，就是明朝永乐年间营造北京时建的社稷坛。作为古典建筑的重要代表，宫殿规划的另一个重要原则是中轴对称。古人尚中观念在宫殿营造上得到严格执行，重要建筑从南至北依次排开，布局严谨，秩序井然。明清紫禁城的前朝三大殿、后三宫以及重要官门、广场均分布在中轴线上，附属建筑位于两侧，这种布局充分体现了古代社会皇权的至高无上和唯我独尊。

　　根据目前文明史学界形成的共识，一个民族的文化发展是否进入文明阶段有三项衡量标准，即文字、青铜器和宫殿。据此，我国早在4000年前就已经迈入文明国家行列，成为世界范围内的文明古国。作为建筑，宫殿除了具有最基本的居住、办公、游乐功能之外，还具有重要的象征功能，它象征着至高无上的皇权，是最高政治权威的表征。这种思想最早来源于汉代未央宫和长乐宫的建造。这两宫建于刘邦和项羽楚汉相争的年代，气宇轩昂、雄伟壮观。刘邦从前线归来，勃然大怒，斥责负责督建的丞相萧何："天下匈匈苦战数岁，成败未可知，是何治宫室过度也？"萧何不慌不忙答曰："天下方未定，故可因遂就宫室。且夫天子以四海为家，非壮丽无以重威。"可见古人早就知道宫殿建筑需壮丽宏大以显示皇天之重威，历朝历代的宫殿尤其是明清的紫禁城所要表现的正是这种一代王朝的无上权威与宏伟的气势。

　　在漫长的封建社会中，建筑作为一种物质文化必然受到当时的政治制度和意识形态的影响制约。中央集权的政治制度，森严的等级观念，对阴阳五行学说的坚守以及对宗法理念的信仰势必制约建筑的建造。与其他类型的建筑相比，宫殿对上述文化观念的表现更加鲜明。宫殿建筑往往成为传统礼制的一种象征和标志,这在紫禁城的规划与布局上表现得尤为突出。

从建筑装饰上看,这种等级制十分明显。细心的游客会观察到,故宫屋脊上有数量不等的琉璃小兽。这种走兽装饰的最高等级规定是用 9 个,各有其名,即龙、凤、狮、天马、海马、狻猊、斗牛、獬豸、押鱼。紫禁城前三殿中的太和殿和保和殿屋顶上用的是 9 个,后三宫中的乾清宫、坤宁宫用的也是 9 个;交泰殿、中和殿地位稍低,用的是 7 个,太和门地位重要,用的也是 7 个,地位稍低的乾清门用的是 5 个;御花园的亭阁上只用 3 个。宫殿建筑的重要大门用的是一种木板门,上面有一排排的门钉,这些门钉最初是用来固定木板的钉子头,后来逐渐演变为一种装饰,并成为区分建筑等级的一种标志。明代规定,皇宫建筑的大门用红门金钉,以下官吏根据级别大小分别用绿门、黑门,用铜钉、铁钉。门钉数量上也有等级的规定。皇宫大门的钉最多,9 路 9 排共 81 枚钉;往下依次是 7 路 7 排 49 枚;5 路 5 排 25 枚。一副简单的板门记载着专制社会的等级制度,社会思想如此明显地反映在建筑装饰中,实在令人为之一叹。

阴阳五行说同样影响着宫殿的布局和规划。阴阳五行说是阴阳说和五行说的合称,是中国古代的一种哲学观念,反映了古人对客观世界的认识和看法。阴阳说最早在《易经》中有所体现,后来逐渐成为一种哲学思想,泛指具有正反两方面的事物,如天地、日月、男女,数字的正负等,阴与阳二者既相互对立又相互依存。元代在各地还设有阴阳学官,专门负责观察天文、星象,测定宅地方位以及趋吉避凶等事物。"五行"是指构成物质的五种元素,一曰水,二曰火,三曰木,四曰金,五曰土。战国时期齐国人邹衍将金木水火土构成世界万物的五行说,改造为天人感应和天道循环论。作为中国古代一种基本的世界观和宇宙观,阴阳五行说对宫殿的规划布局和建造风格产生了重要影响。根据外朝为阳、内寝为阴的原则,形成了前朝后寝的布局;根据数字中奇数为阳,偶数为阴的原则,在外朝修建了三大殿,后寝建造了乾清宫和坤宁宫,交泰殿是清中叶 1798 年补建的。阳宅风水理论的影响也很大。这种理论认为,住所建造在背山面水的地方最吉利,山挡风,水源好,日照充足。而紫禁城不具备这样的自然条件,于是人工营造了一个背山面水的阳宅格局。在紫禁城的北面,利用挖护城河的泥土堆积了一座高达 42 米的景山,营造了背山的吉祥格局。又从护城河中引出水流,自宫城的西北角流入宫中,经过武英殿、太和门、文渊阁、南三所、东华门等重要建筑和官门前,到东南角又流入护城河,形成建筑前面临水的佳境。河道弯曲如带,也称为"玉带河"。玉带河不仅具有风水作用,也有排泄雨水、供水灭火的功能,它横贯太和门前,无疑也增添了环境的意趣,加强了广场的艺术表现力。

二、事死如生的陵墓建筑

中国古代建筑尤其是年代久远的实物,目前保存下来的很少。曾经显赫一时的宫殿建筑如今大都荡然无存。相比之下,古代的陵墓建筑因为多为砖石结构,且埋藏于地下,反倒基本保留下来。据统计,至今地面有迹可循,年代可以确认的帝王陵墓有 100 多座,其数量之多,技艺之高,享誉中外。在这类建筑中,除了陵寝本身外,还有为数众多的雕刻、绘画和碑帖文字,它们与建筑融合在一起,不仅成为中国古代建筑中一份丰富的遗产，也成为我国独具特色的文化旅游资源。

根据考古学家的发掘，早在夏商时期我国就出现了具有一定规模的君王陵墓区。这时帝王陵寝的陵区规划、陵园建筑、陵墓形制以及随葬制度已经初具雏形，经过 2000 余年的发展，到秦汉时期基本定型。秦始皇统一中国之后，动用 70 多万苦力，前后耗时 38 年，斥巨资修建了始皇陵。皇陵位于陕西省西安市临潼区境内，北边是渭水，西边是著名的游览胜地华清池。秦始皇陵封土采用方上形制，顶部平坦，原高约 115 米，现存高 76 米，东西长 345 米，南北宽 350 米。陵体四周筑有两层城垣，内城四周共长 2525 米，外城周长 6294 米。始皇陵是目前已知的中国封建社会规模最大的一座帝王陵墓，也是我国古代陵寝发展史上的里程碑。根据《史记·秦始皇本纪》记载，这座陵墓"穿三泉，下铜而致椁，宫观百官奇器珍怪徙臧满之。令匠作机弩矢，有所穿近者辄射之。以水银为百川江河大海，机相灌输，上具天文，下具地理。以人鱼膏为烛，度不灭者久之"。目前，秦始皇陵尚未开掘，文献记载始终是一个谜。20 世纪 70 年代，考古学家发掘了始皇陵兵马俑坑。这些威武雄壮的"御林军"气魄宏大，阵势宏伟，被誉为"世界第八大奇迹"。不仅是震惊中外的地下军事博物馆，同时也是驰名中外的古代文化遗产。

汉承秦制，墓室深埋地下，累土为方锥形去其上部，作为陵体，形状酷似覆斗。陵园前开始出现神道，两侧建有石雕刻和石建筑。汉代帝王陵墓以武帝茂陵规模最大，冢高 46.5 米，周长 240 米。在陪葬墓中，最著名的是骠骑将军霍去病墓。墓前马踏匈奴的石雕展现了早期粗犷而写意的雕刻风格，也让今天的游客领略了这位西汉名将"匈奴未灭，何以为家"的豪情壮志。汉代陵墓是保留至今的唯一一种汉代建筑类型，出土的画像砖、画像石以及明器，为今人了解那个时代的社会生活提供了大量形象资料。

唐朝是中国封建社会的高峰时期，在陵墓建造上比前代更加追求陵冢的高大。为了显示雄伟壮观，防止盗墓和水土流失，唐太宗开创了以山为陵的先河，选择有气势的山脉为陵体，开凿墓室。平面布局是在山陵四周建筑方形陵墙围绕，四面建门，门外立石狮，四角建角楼，神道顺地势向南延伸，两侧的石人石狮比前代增多。这种利用天然山势环境，加以人工规划而建成的庞大陵区，确实更能体现出封建帝王唯我独尊的心理取向和一统华夏的强大意志。

宋朝积贫积弱，又与辽、金、夏等政权对峙，在政治和军事上一直没有得到像唐朝盛期那样的安宁与强大。这种情况表现在陵墓建造上，最显著的变化就是陵寝的规模变小。而且与从前帝王生前建陵不同，宋朝规定，皇帝、皇后生前不许营造自己的陵墓，必须死后选址，而且 7 个月内完工。这些因素都制约了这一时期皇陵的规模。然而，宋陵的规模虽小，但是规制成熟，前有墓道，后有寝殿，陵台在后，台下为墓穴，这种地下地上相结合的形式已经成为中国古代皇家陵墓的固定布局。

明十三陵是一个庞大的皇陵区，位于北京昌平县以北的天寿山南麓。除朱元璋的孝陵和代宗景泰陵以外（葬于北京西的金山口诸王墓地），明朝 13 位皇帝的陵墓都在这里。朱元璋开启了有明一代的统治，其孝陵的布局也成了明清两朝皇陵的标准格式。陵墓前有长长的神道，神道上依次排列着大金门、石碑、石柱、文臣及武臣，直到棂星门。进门过金水桥到达陵墓中心区，在由南至北的中轴线上分布着大红门、棱恩门、棱恩殿、方城明楼、宝城。孝陵没有模仿唐代的以山为陵，而是采取"宝城宝顶"的建制，既威严肃穆，又防止雨水冲刷,起到良好的保护作用。十三陵延续这种建制,集中建造在一起,各陵既各自独立,又有共同的入口和共同的神道,组成一个统一的既完整又有气势的皇陵区。目前,除万历皇帝的定陵于1956年发掘以外,明朝皇陵都没有发掘。

清朝皇陵主要分布在三个地区。入关前,努尔哈赤和皇太极在沈阳建造了福陵和昭陵。入关后,在河北遵化县建造了清东陵,葬顺治、康熙、乾隆、咸丰、同治等五帝及其后妃,在河北易县建造了清西陵,葬雍正、嘉庆、道光、光绪四帝及其后妃。这两座陵区承袭明制,各陵既独立又相互联系,陵区拥有共同的神道,有隆恩门、隆恩殿、明楼、宝顶等一系列地面建筑,地宫深埋宝顶之下。清代陵墓与前代不同之处是开始为皇后另建陵墓,慈禧太后的普陀裕定东陵,无论在建筑材料的选用上,装饰的精美程度上,还是装饰主题的寓意上,既超过了作为皇后应该享用的标准,也超过了一般的皇帝陵墓,确实是她生前穷奢极欲和权倾朝野的真实人生写照。

走入帝王陵墓的地宫,仿佛就置身于帝王的宫殿。地宫虽然深埋地下,是帝王以及后妃百年之后的居住场所,然而受"事死如生"文化传统的影响,生者要按照死者生前的生活居住情形为死者安排冥间的一切。地宫的建制模仿宫殿,大部分墓室明显分为前后两部分,前边相当于堂,后边相当于室,用来放置棺木。如明神宗定陵地宫的墓室由5个高大的拱券石室组成,分为前殿、中殿、后殿和东西配殿。后殿相当于室,中殿相当于堂,前殿相当于庭,两个配殿相当于房和厢。帝陵神道两侧的石像生象征着朝中位列两侧的文武大臣。普天之下,莫非王土,率土之滨,莫非王臣,宝座上的古代帝王憧憬着自己的政权统治与日月同辉,希望在冥间继续生前豪华的生活,威严浩大的地宫及其内部种类繁多的明器和价值连城的随葬品都是这种思想的见证。

古代中国是一个礼制盛行的国家。守孝、祭祖是中国儒家礼俗中的头等大事。"何谓孝?""生,事之以礼;死,葬之以礼,祭之以礼。"厚葬是表示生者对死者忠孝的一种重要方式。厚葬以明孝,通过埋葬死者来规范生者的行为举止,强化忠孝等级和伦理观念。历史上很多明君如光武帝刘秀、唐太宗李世民、宋太祖赵匡胤等都提倡薄葬,但在整个古代社会厚葬的风气始终都很浓厚。这种传统甚至延续到当今社会,这与中国几千年的礼制传统不无关系。这种风气为我国留下了大量宝贵的建筑遗产与丰富的文化旅游资源,同时也引来了持续不断的盗墓之风。众多陵墓在不同时期遭到程度不同的破坏,有的甚至遭到致命的洗劫,带来无法估计的损失,为后人了解消逝的历史建筑文化与工艺艺术设置了障碍。

中国古代社会,帝王非常重视自己的陵墓选址。堪舆学说民间称为风水学说,对陵墓地址的选择影响重大。这种学说认为,选择好地,则子孙荫福,选择坏地,则祸患无穷。《葬书》中提出:"风水之法,得水为上,藏风次之。"选择阴宅最理想的环境是背靠祖山,前景开扩,有流水自山间流来,呈曲折绕前方而去,朝向是坐北向南,形成一个四周有山环抱、负阴抱阳、背山面水的良好环境。目前已知的陵墓建筑除北宋位于河南巩义的陵墓以外,大多建在这样的环境中。

同宫殿一样,古代陵墓建筑也是重要的政治性建筑,具有鲜明的等级性。陵墓的方方面面都印上了等级制的痕迹。社会等级不同,死后使用葬具的规格差别很大。根据《礼记》记载,"天子之棺四重,诸公三重,诸侯再重,大夫一重,士不重",不得僭越。陵丘形状也有具体规定，比如秦汉时期，只有帝王才能用方形坟丘，一般贵族官员只能用圆锥形坟丘。石像生的数量也有规定。三品以上的官员可制石人、石羊、石虎各两件，四五品官员只能制石人、石羊各两件，六品以下则不得制。相比之下，皇帝陵墓的石像生一般都在 10 对以上。唐朝帝王陵园中的石像生初具规模，如唐高宗和武则天的乾陵中，神道长 3 公里，两侧整齐排列的石像生有朱雀 1 对，石马及牵马人 5 对，石人 10 对，石狮 1 对，充分显示了帝王的威严与权势。

三、礼制森严的坛庙建筑

坛庙建筑显然是一种礼制建筑，是因古代中国社会严格的宗法礼制而生的建筑。远古时期，生产力水平低下，人们的生产和生活经常遭受灾害和野兽的侵袭。受到认识水平的限制，人们对此难以做出科学的解释，将希望寄托于神灵的保护。在漫长的历史时期，形成了自然崇拜和祖先崇拜。为了供奉祭祀这些神灵，建立了大量坛、庙、祠堂等形式的建筑。

祭祀天地等自然神灵是古人生活中一项至关重大的活动。人类早期生存的威胁大多来自狂风暴雨、闪电雷击等自然灾害。人们相信"天"是至高无上、操纵一切、无所不能的主宰，日、月、星、辰、风、雨、雷、电各有其神，支配着作物的生长和人间的祸福。因此，祭祀天地山川等自然神灵很早就成为早期人们日常生活的一部分。国家形成之后，君王或帝王宣扬君权神授思想，将自己比作天地之子，受命于天统治百姓，增强政权的合理性，强化自己的政权统治。祭祀天地因而成了中国历史上所有王朝重要的政治活动。而且发展到后来，成为统治阶级的专门权利。《礼记》中规定，"天子祭天地，祭四方，祭山川，祭五祀"，诸侯只能"祭山川，祭五祀"，平民百姓祭祀天地的活动则是越轨的非礼行为。

为了表达对天地诸神的崇敬与膜拜，历朝统治者在都城中都建造了相应的建筑，定期举行祭祀活动。根据礼制关于郊祭的原则，以及古代中国的阴阳哲学，形成了祭天于南、祭地于北、祭日于东、祭月于西的格局。郊外远离城市的喧嚣吵闹，增加了祭者的肃穆崇敬之情。流传至今的祭祀天地山川的建筑有北京的天坛、社稷坛、山东泰山的岱庙、湖南衡山的南岳庙、陕西华阴的西岳庙、河南登封的中岳庙以及山西浑源的北岳庙等。

北京天坛在各种祭坛中规模最大，建筑规制也最高。祭祀性建筑主要包括斋宫、圜丘、祈年殿、神乐署、牺牲所等。古代的能工巧匠使用形象、数字以及色彩等手段确保天坛不仅在物质上满足祭祀的要求，还在精神上实现帝王的祭祀需求。古代中国人相信天圆地方之说，因此，在天坛建筑中，圆与方的形象被大量运用。圜丘坛中的"九"文化体现了阴阳学说，反复使用九和九的倍数，与《周易》中"九五飞龙在天，利见大人"的说法相合，暗示皇帝乃"九五之尊"。天坛的多数建筑都使用了黄色和蓝色，象征土地和苍天。这些象征元素的使用，再加上坛庙中栽种的大量青松翠柏，共同营造了一种肃穆、崇高和神圣的意境，表达了后人崇敬和怀念的情怀。古代匠师高超的建筑艺术，为中国乃至世界建筑史留下了一颗璀璨的明珠。

在中国漫长的封建社会中，宗法制度始终是国家统治的基础，自上至下重视血统、尊敬祖先。这种依靠血缘维系人际关系、家族利益乃至国家一统的宗法观念渗透到古人的思想意识中,从帝王的祖庙到庶民的祠堂无一不是宗法制度的物质象征与必然产物。皇帝祭祀祖先的场所是祖庙或称太庙。按照"左祖右社"的营国规定,历朝历代都将太庙建在官城的左方,在王城中占据重要位置。而且《周礼》中还规定,"君子将营宫室,宗庙为先,厩库为次,屋室为后"。说明了宗庙在国家社稷中的重要地位。祭祀祖先的正殿位于中轴线上,面阔 11 间,重檐庑殿屋顶,坐落在 3 层石台基上,这与紫禁城前朝三大殿、长陵的祾恩殿、天坛的祈年殿规格相同,说明祭祀祖先是封建国家政治生活中的一件大事。

《周礼》规定:"古者天子 7 庙,诸侯 5 庙,大夫 2 庙,士 1 庙,庶人祭于寝。"明朝以后,普通百姓有了专门祭祀祖先的场所,称为祠堂或家庙。祠堂是祭祖的圣地,祖先的象征。朱熹《家礼》中规定:"君子将营宫室,先立祠堂于正寝之东。"如果遇上灾害或者外人盗窃时,"先救祠堂,后及家财"。显然,祠堂具有关乎宗族命运的神圣地位。在中国南方地区,诸如浙江、安徽、江西等地,祠堂大多是传统的四合院式建筑。主要建筑分布在中轴线上,前为大门,中为享堂,后为寝室,加上左右廊庑,组成前后两进两天井的组群建筑。祠堂的功能首先是供奉和祭祀祖先,达到敬宗收族的目的。随着社会的发展变迁,其功能得到不断扩大和延伸,成为族人婚丧嫁娶以及举办娱乐庆典和宗教活动的场所,是本地居民的社交场所和社会活动中心。

祠堂在中国古代封建社会中,是维护礼法的一种制度,是家族光宗耀祖的一种精神象征。通过祠堂的建造规模、建筑形象以及装修装饰,能够显示宗族在当地的社会地位与权势。目前,规模宏大装饰华丽的祠堂主要有广东陈家祠堂、安徽的胡氏宗祠以及江苏的瞿氏宗祠,游客在这里可以欣赏到祠堂古老的建筑风格和卓越的营造技艺。

漫长的中国古代社会诞生了很多圣哲先贤,人们为他们建庙立祠,表达钦佩崇敬之情。这类纪念性建筑种类繁多,包括儒家贤哲庙、将相良臣庙、文人学士庙等等。它们分布的范围最广,涉及的对象最宽泛。除了帝王或政府下令修建之外,很大一部分都是民众自愿所建。这类礼制建筑较为重要的有山东曲阜孔庙,山西解州的关帝庙,四川成都的武侯祠、杜甫草堂以及杭州的岳王庙等。这些对大众开放的祠庙,保存了许多达官显贵、文人墨客的诗词歌赋以及绘画碑刻,不仅成为当地文物的集中地,还是游客了解某一地方历史沿革、风土民情的最好方式之一。

四、功能各异的建筑小品

建筑的群体性是中国古代建筑的重要特点,一种建筑群除了有殿堂、门楼、廊屋以外,还有很多体量相对小巧的建筑与之相配,称为建筑小品。如宫殿最外面常看到的牌楼,建筑群大门口的华表、影壁,坛庙前面的香炉、日晷、铜龟等。在整座建筑中,这些建筑小品虽然不是主题与中心,但无论在物质功能还是环境艺术方面都起着不可或缺的作用。不同的建筑小品具有不同的文化内涵和象征意义,而且又因为各自独特的形态成为游客观赏的对象。

牌楼的位置一般都很显著。它经常建在建筑群的最前面,或者立在城市的市中心和通衢大路的两侧。牌楼是一种标志性建筑,不仅起到划分空间的作用,还增添了建筑群体的表现力和艺术魅力。它起源于古代中国社会的"衡门",在很多地方与牌坊没有严格的区分。从建造材料上看,牌楼大体可以分为木牌楼、石牌楼和琉璃牌楼。不论哪种牌楼,其规模大小都是以牌楼的间数、柱数以及屋顶的多少作为标志。最简单的是两柱一间的牌楼,四柱三间是最普遍的牌楼形制。根据功能的不同,牌楼又可以划分为不同的种类。标志性牌楼是较为常见的一种形式,它们一般立在宫殿、陵墓、寺庙等建筑群的前面,作为这组建筑群范围的标志。这种牌楼大多独立存在,牌楼的柱子间不安门扇,从此直接进入或者绕行都可以。大门式牌楼则不同,它是建筑群真正的大门,不可绕行。比如颐和园宫廷区的仁寿门,门两边有影壁与院墙相连,大门采取牌楼形式,柱子间安有门框和门扇。为了表彰纪念某人或某事而专门修建的纪念性牌坊,在各类牌楼中数量最多。它由皇帝敕建或自己修建,一部分为了光宗耀祖,还有一部分是歌颂封建社会守节尽孝的贞节烈女。安徽歙县唐樾村一连7座这样的牌坊立在乡村大道上,成为独具中国特色的古代文化遗产,为后人了解忠、孝传统文化以及古代中国女性生活经历、思想意识提供了实物见证。还有一种是装饰性牌楼,常用在古代店铺的门面上,或者寺庙、祠堂等一些重要建筑的大门上。分布在全国各地的众多牌楼历经王朝更迭与社会变迁,虽然面目斑驳陈旧,却仍然以自己独特的形象点缀着周围的建筑物,增加了建筑的意境与表现力。

影壁是建筑小品家族中一个重要成员。它是设立在建筑群大门里面或者外面的一堵墙壁,又称照壁。根据所使用建筑材料的不同,可以分为砖影壁、石影壁、琉璃影壁和木影壁,其中砖影壁最普遍。根据影壁所处的位置不同,可以分为立在门外、立在门内以及立在大门两侧三种类型。立在门外的影壁是指正对建筑群大门并且和大门有一定距离的一堵墙壁,它一般存在于较大规模建筑群大门前,既起到屏障作用,又增加了建筑的气势。著名的有北京北海九龙壁、山西大同九龙壁等。立在门内的影壁正对着入口,与大门也有一定距离,主要起屏障作用,避免人进门后将院内一览无余。在帝王寝宫与百姓四合院中,这类影壁得到广泛应用。设在门两边的影壁主要是起装饰作用,以增添大门的气势,不过它已经失去独立存在的价值而成为大门重要的一个组成部分。影壁因为所处位置显要,因而,很重视自身的造型与装饰。影壁大体分为上面的壁顶、中间的壁身和下面的壁座。根据建筑的级别,壁顶可以做成庑殿、歇山、悬山和硬山等各种形式。壁身是影壁的主要部分,也是重点进行装饰的地方。壁座大多采用须弥座的形式。影壁装饰取材广泛,有各种兽纹和植物花卉,所用题材多与建筑的内容相关,对主体建筑起到很好的突出与烘托作用。从影壁的装饰上看,紫禁城宁寿宫前的九龙壁装饰得是最华丽、最隆重的。

漫步在天安门前,人们会看到金水桥的前面矗立着两根高高的称为华表的石头柱子。根据传说,华表起源于尧舜时期的"谏鼓"和"谤木"。君王通过这些设施体察民意,关爱百姓。随着社会的演变,"谤木"失去了听取民意的原有功能,成为交通路口的一种标志,名称也变成"表木"。遗憾的是,古代社会遗留下来的华表很少,目前所能见到的多是明清时期的华表。这一时期华表的结构分为三部分,即柱头、柱身和基座。柱头上平置的圆形石板称为"承盘露",由上下两层仰俯莲瓣组成,盘上所立小兽称为"朝天犼"。华表柱身多呈八角形,宫殿、陵墓前的华表柱身大多用盘龙进行装饰,龙身四周还雕有云纹。华表的基座一般都做成须弥座的样式,座上雕刻龙纹和莲花纹。作为一种标志性建筑,华表不仅立在建筑群的外面,有时也立在建筑物的四周和交通要道的桥头。它们不仅是建筑物的一个构成部分,还对主体建筑起到点缀烘托作用,甚至成为游人驻足观赏的重要审美客体。

第四节　中国古代建筑的旅游价值

中国古代建筑既是中华文明的重要组成部分,又是中华文明最有说服力的历史见证,它以营造独特的艺术手段和内涵丰富的艺术魅力,令世界不同肤色的旅游者心驰神往。中国古建筑已经成为中国的旅游业中重要的旅游资源和旅游产品,它们是不可替代的。"人类没有任何一种重要的思想不被建筑艺术写在石头上",古建筑艺术通过旅游表现出它的美,而旅游也为建筑艺术之美起到了传播、传承作用。

一、重要游览审美目标

中国古建筑是中华民族灿烂文化的重要组成部分,是中国文化的有形载体,是中国古代各个时代、各族人民创造的文明程度的光辉标志,其发展不仅成熟,而且数量繁多、种类齐全。在世界六大建筑体系中,中国古建筑是重要的一角。建筑的物质和精神的双重功能,使建筑活动成为艺术活动的一种形式。

二、美学观赏价值

建筑是一门综合艺术,它融绘画、雕塑、音乐、诗歌、工艺美术等为一体,在有限的空间里创造出绚丽多彩的艺术塑造。这一切为游客提供了直观的审美客体,满足游客最基本的旅游审美需求。赏析中国古建筑,游客会发现其空间的节奏感,建筑构建与建筑单位是美妙的音符,建筑的群体组合是它的调式,就像是聆听一曲美妙的音乐。

三、文化之美

中国各地特色的古建筑,其千姿百态的造型、精巧优美的装饰、独具匠心的环境设计等,能以其特有的"语言"形式,向游客诉说着各地区、不同民族的思想观念、宗教情感、社会伦理和审美情趣。因此,建筑是人类文明的积淀,也是人类文明的载体。

四、历史之美

中国古建筑是一部活的历史,游客通过中国古建筑的审美体验,能从中"读"出各个历史时期的社会经济、政治结构和文化形态等要素。在游览过程中,从古建筑饱经风霜的建筑构件和建筑材料上,可以感受到岁月的流逝与人世间的兴衰过程。

关键词:古建筑;文化;旅游

思考题

1. 中国古代建筑的特点有哪些?请举例说明。
2. 简述中国古代陵寝制度的发展历程。

3. 查阅相关资料，了解北京故宫博物院的建筑特点、主要景观的文化内涵。

参考文献

1. 陈锋仪. 中国旅游文化[M]. 西安：陕西人民出版社，2005.
2. 王勇，吕迎春. 中国旅游文化[M]. 大连：大连理工大学出版社，2009.
3. 喻学才. 旅游文化[M]. 北京：中国林业出版社，2004.
4. 管维良. 中国历史与文化[M]. 重庆：重庆大学出版社，2009.

第四章

情寄自然:中国山水旅游文化

本章导读

洞 庭 湖

洞庭青草,近中秋,更无一点风色。

玉鉴琼田三万顷,著我扁舟一叶。

素月分辉,明河共影,表里俱澄澈。

怡然心会,妙处难与君说。

应念岭表经年,孤光自照,肝胆皆冰雪。

短发萧骚襟袖冷,稳泛沧溟空阔。

尽挹西江,细斟北斗,万象为宾客。

扣舷独啸,不知今夕何夕!

——张孝祥《念奴娇·过洞庭》

  我的家乡在美丽的洞庭湖畔。儿时的我总是喜欢和伙伴们在湖边玩耍,看着辽阔而清澈的湖面泛起的粼粼波光总是忍不住有种想嬉水的冲动,但总是会被大人们的呵斥而吓退。等大人们走后又会和伙伴们嘻嘻哈哈三三两两地走向湖边,就像一群深深被鱼儿吸引的鱼鹰,怎么赶也赶不走。无风的时候湖面犹如一面巨大的镜子映衬着碧蓝如洗的天空,那么的静,那么的美。偶有几只水鸟贴着水面快速掠过,惊起鱼儿泛起圈圈涟漪,仿佛是从天上撒下的一颗颗珍珠。

  春天,湖草青青,牧民们将牛羊赶入洞庭湖放牧,微风拂过,呈现出一片"风吹草低见牛羊"的景象,使人仿佛置身于茫茫大草原,漫步其中,一股清新的自然气息扑面而来,令人闭目沉醉。仲夏,处于涨水季节的洞庭湖波光粼粼,辽阔宽广的湖面令人印象深刻。傍晚,当夕阳的余晖将染红的晚霞一起撒落在湖面上时,整个湖面被染成一片金红色。湖水在渔船落日的映衬下绘成了一幅多么生动优美的渔歌晚唱图啊!秋天,当湖水退落的时候,成群的鱼儿随着退潮的湖水逆流而上,水肥鱼美的壮观景象令人叹为观止,吸引众多钓鱼爱好者集聚一堂,争抢钓鱼乐趣,更让渔夫们满仓而归。冬天,白雪飘飞,银装素裹的湖边防浪林虽然失去春天的春机盎然,但却给人一种肃穆的心灵美景。偶尔飞落湖面觅食的候鸟与被白雪覆盖的湖面相映成趣,一副江南冬日雪景图跃然纸上。

洞庭湖风光无限，从此处远眺洞庭，但见湘江滔滔北去，长江滚滚东逝，水鸟翱翔，百舸争流，水天一色，景色甚是雄伟壮观。刘海戏金蟾、东方朔盗饮仙酒、舜帝二妃万里寻夫的民间传说正是源于此地。洞庭湖是中国山水旅游景观的代表，在游客中有着较高的知名度。

（资料来源：http://www.sanwen8.cn/subject/155632/）

我国幅员辽阔、景色秀丽。美丽中国，首先美在山水。在我国旅游发展的过程中，作为人们普遍观赏的审美对象，山水首先进入人们的视域，成为人们的审美客体，并形成了由深远的历史积淀与广博的文化内容相结合的山水文化。

第一节　山水文化概述

一、山水文化的内涵

山水文化是指蕴含在山水中的文化沉积，以及由此引发的文化现象，也可以说是以山水为载体或表现对象的文化。山水文化可以作为"自然生态文化"的一种代称，是"自然的人化"和"人化的自然"的对立统一。

中国山水文化是一个庞大的家族，内容和形态丰富多彩，包括以山水为载体的文化形态和以山水为表现对象的文化形态。

1. 以山水为载体的文化形态

所谓山文化，就是以山为主要载体的风景名胜。山文化具有悠久的历史。远古时代，我们的先人就以山为活动场所。中国的许多名山声誉远播，都有各自独特的文化内容。它们因所蕴含的主要文化内容不同，而成为不同个性的名山。

所谓水文化，就是以水为主要载体的风景名胜区。各种不同的水域有不同的特点，如江河、湖泊和海滨等就有不同的文化内涵。

2. 以山水为表现对象的文化现象

中国山水文化的又一重要形态，是以水为表现对象的文化现象。这是人们从审美需求出发，以对山水的审美体验为基础而创造出来的，是人们的审美创造的结晶。这一形态的山水文化，包括山水园林、山水诗文和山水绘画等。

二、山水文化的形成

山水文化的形成过程，大体经历了自然崇拜、宗教与审美、审美与科学三个阶段。

1. 自然崇拜

人类社会最初阶段，人们出于对自然的敬畏，相信山川有呼风唤雨的神力，从而开始了最初的山川祭祀。帝王封禅泰山，借自然山水之神来加强对人民的精神统治。群众祭祀山神水神，祈求吉祥平安，五谷丰登，相应地产生了一系列山水祭祀文化。

2. 宗教与审美

秦统一中国以后，国家统一，交通便利，人们的地理视野扩大了。至汉代，中国产生道教，传入了佛教，宗教在人们的精神生活中逐渐产生影响。

（1）宗教与山水文化。道教宣扬修道成仙,追求超凡脱俗的"仙境"。古代神话有昆仑和蓬莱两大系统,都和山水联系着。道教认为,除了升天的神仙,还有一些"地仙",居住于十洲三岛、洞天福地。自古以来,一些洞天福地成了人间的佳境,游人仰慕名胜寻迹而至。为道教所染迹的山水,其中就沉淀着中国特有的文化。佛因山而显赫,山以佛而著名。五台山、峨眉山、九华山、普陀山是举世闻名的四大佛教名山。这些佛教名山不仅记录了佛教在中国的发展,而且又是各代文物荟萃的场所。历代的建筑家、雕塑家、绘画家和书法家等各色艺人和能工巧匠,都在这里留下了他们的杰作。历代高僧、名士、文人学者的遗迹,也引起人们无限的兴趣和追念。佛教名山同时又是保存形形色色文物的文化宝山。佛教信仰对中国山水文化的形成和发展具有深远的影响。

（2）艺术与山水文化。中国文学艺术的起源与山水文化联系在一起。山水塑造了文学艺术家的人格,为创作提供了丰富的素材,开阔了他们的胸襟,激发了他们的创作灵感。《诗经》是中国诗歌文学的源头,其中的大多数诗篇是以山水和草木鸟兽等自然风物为比兴手法的。先秦时期的诸子著述和历史地理著作,大量使用自然山水为创作和记录的素材。魏晋南北朝时期,游览自然风景已成为士大夫、文人们的新风尚。与此同时,以山水为表现对象的文学艺术应运而生。

3. 审美与科学

清末以后,现代自然科学的传入和在我国的兴起,给山水文化增添了新的内容。我国大多数山水景观,多具有很高的科学价值,它们不仅是审美对象,而且也是科学研究对象,也是了解地球演变、沧海桑田的天然博物馆,是进行自然科学普及教育的课堂。人们利用现代科学来研究名山大川的自然景观,开创了如地质学、地貌学、野生生物学及生态学等自然科学,赋予自然山水新的文化内涵。

第二节 中国山水文化的审美

一、山水审美意识的诞生及主要流派

随着人类生产力水平的提高,对自然的认识改造能力增强,人与自然的关系也发生了质的飞跃,由原来的恐惧、崇拜、敌对、疏远过渡到亲近、喜爱、愉悦。山水在人类眼中,不再是狰狞的面目,带给人类的痛苦梦魇消失了,逐渐显示出大自然独具的迷人魅力。人们开始以审美的心境关注自然,驻足山水。我国最早的诗歌总集《诗经》很多篇章都是对大自然山光水色的赏悦和体味:"扬之水,白石粼粼";"蒹葭苍苍,白露为霜";"河水洋洋,北流活活";"山有扶苏,隰有荷华";"山有乔松,隰有游龙"。这些零星的描写具有重大的理论意义。人们不仅注意到山体与水体的对比、和谐,而且更注意到以山为载体的综合景观与以水为载体的综合景观间的对比和谐之美学意义。山川大河、流泉飞瀑自身的韵律美开始与主体的生命韵律形成同构关系,作为独立的物态形式,进入人类的审美领域。

中国自然山水审美崛起在先秦。正是春秋战国时期那种思想纵横开阔、学者游历四方、诸子百家争鸣的社会氛围,才使得儒、道两家的自然观和审美意识得以自由完善,并通过著书立说得以充分体现。

1. 儒家人格化的自然观

自然山水人格化，即是在山水审美过程中，赋予自然山水更多的人格成分。孔子的"岁寒，然后知松柏之后凋也"，是在对自然山水林木的审美中，发现了自己的理想人格。而后代许多自然山水审美，都沿袭着这种意识来看待山水等自然景观。这种山水审美人格化的实质，归根到底是在对自然山水欣赏过程中的自我人格欣赏。自然山水人格化的观念，在《论语》当中表述的很明确："知者乐水，仁者乐山。"大水具有与"智者"的德、仁、义、智、勇、善、正、志等品质相类似的特征，所以它也是美的。在这里，自然的山与水，无疑成了人格的象征。孔子这种把自然山水人格化的思想，构成了自然山水审美的一种传统观点，从而影响了后来的山水审美精神倾向。

不论是人格向物的转化，还是人情以物为显现，这是人与自然在山水审美过程中的双向流通，它形成了自然山水审美的特殊的审美定式。看松柏，总感到它们是一种崇高伟岸人格的化身，因为它们与英雄所具有的不避艰险、坚定不移的品格有相似之处，因此习惯性地常比托为类似英雄式的气概和品行；观梅竹，总是联想到一种傲然清高的人品象征；临江涛，总是感到一种豪情壮志的奔涌。这种联想，总是按照已经沉积了多少代的思维模式而下意识地伸展。

以自然山水象征人格品位，把自然山水作为人的道德精神比拟的象征物。孔子的"知者乐水，仁者乐山"，正是以一种道德眼光去寻求人与自然内在精神契合。在儒家看来，山可以使草木生长，鸟兽繁衍，给人们带来利益而自己无所求，水滋润万物，所到之处给大地以生机，水有深浅，浅可流行，深不可测，蕴涵着智慧。人们之所以喜欢观山、赏水，就是因为山与水体现着仁者、智者的美好品德。山峦岿然不动的静态与仁者坚定稳重守一的情操，流水流淌不息的动态与智者绵延不断的思绪，都有着对应相称的关系。

儒家的自然山水人格化，究其根源，是用伦理眼光看待一切的必然结果。在儒家看来，最高的美就是理想的人格，最高的美感，就是对理想人格的体验，所以面对自然山水，他们的审美重心往往是放在自我人格的欣赏上，他们欣赏自然山水，往往结合着社会生活联想，自然山水的特点往往被看作是人的精神形态，在赞美山的雄伟、海的壮阔、松的挺拔的同时，也是在赞美人，赞美人与自然山水特点相似的精神。

儒家伦理思想的核心之一是要求人们注重个体与社会规范的协调和谐，赞扬个体为社会而勇于牺牲的道德感，所以它强调群体至上。在这种思想观念的影响下，儒家的审美意识高度强调美与善的本质统一，高度强调把审美同人的高尚精神品质和道德情操联系在一起。例如，在儒家眼中，美与伦理道德的善是一致的。孔子提出人应当"尊五美"，弟子问他"何谓五美"。他回答说："君子惠而不费，劳而无怨，欲而不贪，泰而不骄，威而不猛。"很明显，孔子所说的"五美"，实际上属于伦理范畴的五种美德。孟子提出君子有三乐："父母俱存，兄弟无故，一乐也；仰不愧于天，俯不怍于人，二乐也；得天下英才而教育之，三乐也。"这里的"三乐"是人们实现了自己的道德义务而感到的乐趣。正因为美是伦理人格的显现，所以"知者乐水，仁者乐山"，"岁寒，然后知松柏之后凋也"，是在自然山水中发现自己理想人格所得到的愉悦，在这种愉悦当中，我们能够感到明显的伦理氛围。

2. 道家"天人合一"的自然观

以天地自然之性来融化人之性的强调，导致了道家自然山水审美中的"天人合一"的

67

自然观。在道家看来,天地自然的和谐相生是一种"大美"的境界,人也应该在与自然相融中获得相应境界。所谓"人法地,地法天,天法道,道法自然",以及庄子提出的"夫恬淡、寂寞、虚无、无为,此天地之本而道德之质也。故圣人休焉,休则平易矣,平易则恬淡矣。平易恬淡,则忧患不能入,邪气不能袭,故而德全而神不亏"。这里都揭示这样的思维模式:天如何,人亦如何。人们以羡慕的眼光凝视着大自然的宁静和谐,或以此种境界作为自己的生命追求,希望能在与大自然的融合中,体验到这份宁静和谐。

老子、庄子以人与自然的统一、人在自然中所获得的精神慰藉与解脱这一心境,去看待自然山水。就《老子》而言,并没有关于自然山水的具体论断,但他反对人文,要求返璞归真,实际是要使人们更接近于自然。至于他说"众人熙熙,如享太牢,如登春台",实际上透露了他对自然山水的喜悦之情。庄子仿佛更热衷于神游山水,有着超越现世,宁愿寄情于广漠山野河川的精神倾向。《庄子知北游》中说:"山林与!皋壤与!使我欣欣然而乐与!"这里的"乐"显然不是以自然山水为道德伦理的象征,而是出于对自然的一种更为纯粹的审美感受。这种以一种逍遥无欲、自喻适志的心境,去观赏体验自然山水的审美意识,应该说是更接近自然山水审美的意旨与真谛。

向往在大自然中神游是庄子思想的基本核心之一。《庄子》一书开篇即是《逍遥游》,其中有这样一段意蕴深刻的文字:"藐姑射之山,有神人居焉。肌肤若冰雪,绰约若处子。不食五谷,吸风饮露。乘云气,御飞龙,而游乎四海之外。"这里所描述的,与其说是带有神话般的传说,不如说是描述了一种"神游"的精神状态。这种精神状态是对现实束缚的解脱而获得的精神的自由自在,这种精神状态也是对精神超然自由的追求,所以庄子用"乘云气,御飞龙,而游乎四海之外"来加以形容。因此,"逍遥游"的"游"字,本身就象征着一种超脱了束缚而自由自在的精神状态,一种融于大自然的精神渴望。庄子的"乘云气,御飞龙,而游乎四海之外"显然是对于天地自然和谐相生的一种赞美,同时也是对于人与自然和谐融化的一种渴求的表现。这种自然观,无疑是后代山水审美潜在的意识之源。

正因为古代先哲们把大自然的和谐相生视为"大美",就必然把与以天地为代表的自然的和谐融合,作为一种理想的生命状态与理想的审美状态。在后代,这种回归大自然的精神渴望,更以一种鲜明而富有民族文化特征的形态顽强地延续着。庄子所憧憬的逍遥游境界,在陶渊明那里表露的是"静念园林好,人间良可辞"的心灵倾慕,杜甫则发出"我生性放诞,雅欲逃自然"的人生感叹等等,这些作为人类精神代表者所体现的难以遏制的内心渴望,典型地表露了人类对于大自然和自然山水的由衷向往。

3. 儒道自然观及审美意识的区别

同样是强调人与自然的融合,在对自然山水的审美心态与理想境界的理解上,先秦儒、道两家还是有区别的,主要是两个方面。一方面,儒家强调的是以自然山水之性来寄托或观照人格之本,如观山赏水,总是想到其间所蕴含的人格意味,高山体现出一种人格的崇高,大水体现出一种胸襟的坦荡,而青松翠柏则体现一种高风亮节的品格;而道家则强调自然山水之性与自我之性的完全融合,在大自然里安顿自己的精神。这两种不同的自然山水审美与理想,实际上源于两种根源深厚的不同思想意识,前者浸染于以孔子为代表的儒家精神,后者则是熏陶于以庄子为代表的道家精神。

另一方面，同是肯定人与大自然的和谐相生，儒家强调"万物皆备与我"，强调"与天地参"，也就是强调以人格之本来印证自然之性，孔子的"知者乐水，仁者乐山"，实际上就是强调这种以自然山水审美作为人生修养之资，并作为完整人格形象的境界；道家则强调"天地与我并生，万物与我为一"，强调人与自然的融合，也就是强调以自然之性来融化主体之心。庄子描述庄周梦蝶时所出现的"栩栩然蝴蝶也，自喻适志与，不知周也"的状态，以及在《天下篇》中所说的"独与天地精神往来"，在《田子方》中所说的"吾游心于物之初"等，实际上是在追求以自己的虚静之心来契合自然的虚静之心。这两种审美精神，对于中国自然山水审美的影响是重大的，它们形成了中国自然山水审美中的不同价值取向、精神享受和审美心态。

历代不少文人"回归大自然"的精神走向，其实是想摆脱现实的压抑，回到离群索居的个人生活和内心索求中陶然自得，最后在独往独来的自然山水之间，沉醉于"天地与我并生，万物与我为一"的自由境界。他们以一种隐逸和逍遥来摆脱而不是打碎客观现实的束缚，追求主观精神的自由。他们把"回归大自然"的呼唤，实实在在地转化为一种归隐的人生方式，并把它视为高尚人品的化身，成为自由人格的化身。这就演化为一种特殊的人生价值观，进而泛化为一种特殊的精神取向。从逃离现实为出发点，到追求与山水同乐而忘却现实尘嚣的主观精神自由为归宿。这种精神现象，就其人生态度而言，无疑是带有明显的消极色彩，但当这种精神现象进入了自然审美领域，那种"坐忘"的精神状态，就产生了积极的意味，它使人们以一种较为纯净的心灵来感应自然美，让心绪在无拘无束的情境中自由舒展。

二、山水审美意识的发展

魏晋南北朝时期，是中国山水文化的新纪元。山水审美从比德过渡到畅神阶段，进入到真正审美意义上的山水审美阶段。这时的人们开始以一种"林泉之心"接近山水，感触自然，不再增添道德或想象的内容，不再作为生活的图景和背景，也不再作为寓意或象征。所谓"林泉之心"就是摆脱世俗功利观念，以纯粹恬淡的心境看待山水，以超凡脱俗的虚静的心胸面对山山水水，欣赏山水本身千姿百态的自然美。当人们去掉"尘埃之心""世俗心机"，用纯粹审美的态度，将山水作为独立的审美客体来欣赏，这样才能进入体验山水自然美的境界，进入一种虚廓心灵、荡涤性情的审美心境。反之，体验到的只是山水蕴含的现实意义和道德意义。

自魏晋始，爱好林薮、纵情山水已经成为诗人文士们的风尚。尽管世局动荡，但文人士大夫对现实不断探索，他们的人格和文风都呈现出解放的趋势，追求人的觉醒，文的觉醒，因而把自己的真实性情投向山水自然，留下大量谈山水审美的诗文，真正使山水成为独立的审美关照对象。在审美理论方面，左思在《招隐诗》中第一次指出了自然山水的审美价值："非必有丝竹，山水有清音。"大诗人谢灵运无论在朝在野，都肆意遨游。他专意描摹山川景物，工于饰绘，传神入微，如"白云抱幽石，绿筱媚清涟"，"密林含余清，远峰隐半规"等都境界独辟，从此奠定了山水诗的文学地位。陶渊明则以寂静清澈的心境，无为自得地欣赏自然山水："结庐在人境，而无车马喧……采菊东篱下，悠然见南山。"陶弘景《答谢中书书》是描写山水自然美的佳作，其中写道："山川之美，古来共谈。高峰入云，清流见底。两岸石壁，五色交辉；青林翠竹，四时俱备。晓雾将歇，猿鸟乱鸣；夕日欲颓，沉鳞竞跃……”四字一句的骈文文体给人一种强烈的节奏感，信中有意识地将“高峰”与“清流”相对，将五色的石壁与四时的林竹相对，将“晓雾”与“夕日”、“云鸟”与“沉鳞”相对，使山水之间的一股清俊灵秀之气跳脱而出，扑面而来。

唐代中国的山水审美活动达到高峰，其主要表现就是山水诗的发展。山水诗是以自然山水为主要审美对象与表现对象的诗歌。唐代山水诗的发展分为四个阶段。

第一阶段：初唐山水诗——从宫廷到林野的吟诵营造工丽而又质朴的山水意象。

初唐，从高祖武德元年(618年)到玄宗开元初年(713年)，约100年左右。这一时期的诗人，大多跨越了隋唐两代。虽然朝代有变，但文学是一脉相承的，初唐诗坛沿袭着隋代的文风，以唐太宗喜欢的宫体诗及上官仪的“上官体”为主。诗歌创造的主要内容仍然是以宫廷为中心，大多为歌功颂德的作品，追求浮艳。唐玄宗至武后时期，初唐四杰的创造力求摆脱齐梁诗风及宫体诗的狭小范围，把诗歌从狭隘的宫廷转到了广大的市井，从亭台楼阁移向了广阔的江山。这不仅扩大了诗歌的题材和抒情性，还丰富了诗歌的内容，推动了初唐诗歌的发展。在山水诗创作方面，局势虽未打开，但六朝细微描摹的特点使山水诗显得工丽齐整，诗人的目光也逐渐从都城向林野转移，吟诵出质朴自然的园林、山水。王勃为此时的代表人物。

王勃(650—676年)是初唐四杰之一，也是勇于改革齐梁浮艳诗风的代表。他十四岁时便开始出游，而在二十岁游历巴蜀时写下的诗作更能体现其在山水诗上的成就。在王勃的诗中，有表现羁旅情思的作品，如《深湾夜宿》：“津涂临巨壑，村宇架危岑。堰绝滩声隐，风交树影深。江童暮理楫，山女夜调砧。此时故乡远，宁知游子心。”对山水的刻画，引出作者“此时故乡远，宁知游子心”的思乡之情。而另外一些诗作，则将个人的经验与感受融入对山水景物的塑造中。在描写景色的过程中也实现了对自我形象的塑造。代表作品有《泥溪》：“弥棹凌奔壑，低鞭蹑峻岐。江涛出岸险，峰磴入云危。溜急船文乱，岩斜骑影移。水烟笼翠渚，山照落丹崖。风生苹蒲叶，露泣竹潭枝。泛水虽云美，劳歌谁复知。”还有以写心的形式来绘景，表达作者情致的《滕王阁》：“滕王高阁临江渚，佩玉鸣銮罢歌舞。画栋朝飞南浦云，珠帘暮卷西山雨。闲云潭影日悠悠，物换星移几度秋。阁中帝子今何在？槛外长江空自流。”王勃的诗，在写景中加入了抒情色彩，表达出作者内心的情怀。

第二阶段：盛唐山水诗——以行云流水般的语气描写自然朴实而又清远深邃的山水境界。

盛唐，从玄宗开元元年(713年)到代宗大历初年(766年)，约五十年左右。在此期间，国家强盛，社会安定，百姓殷富，倾心于诗文成为一种时尚，盛唐气象也在此时产生，诗歌繁荣达到了顶峰。诗坛上有山水田园诗人，也有边塞诗人，还有唐代最伟大的诗人李白和杜甫。其中以王维和孟浩然为代表的山水田园诗人们钟情于山水，用手中的笔表现眼前的景物和自我情怀，以景状物，达到了融情于景，融情于物的境界。而诗人们以流畅的诗文描绘出宁静的山水田园生活，朴实而又深远，让人心旷神怡。这一时期山水诗的共同特征是自然、平淡、亲切而悠然神远。自然山水作为具有情感、品格的一种存在与诗人的生活情感融为一体。诗人也不仅是寄情山水的隐逸心态，而是表现出热爱自然、热爱生活的感情及积极高昂的生活情趣。孟浩然是盛唐山水诗人的代表。

孟浩然（689—740 年），襄州襄阳人，是第一个大力写山水田园诗的盛唐诗人，诗史上以王孟并称。他的一生虽有求官的举动，但主要过着隐居生活，在人们心中也是一个隐士的形象。他的创作题材主要是家乡的隐居生活和漫游时所见的山水。其山水诗的特点可以用清淡两个字来概括。闻一多先生曾说："真孟浩然不是将诗紧紧地筑在一联或一句里，而是将它冲淡了，平均地分散在全篇中，淡到看不见诗了，才是真正孟浩然的诗。"孟浩然的名诗《秋登万山寄张五》："北山白云里，隐者自怡悦。相望试登高，心随雁飞天。愁因薄暮起，兴是清秋发。时见归村人，平沙渡头歇。天边树若荠，江畔舟如月。何当载酒来，共醉重阳节。"落暮之愁与清秋之兴是诗的中心，而清愁也为全诗定下了基调，在田园恬静的风光下，更进一步传达了清新雅淡的意境美及作者高远的情趣。又如《宿建德江》，作者以素淡的语言，表现出自己的直观感受："移舟泊烟渚，日暮客愁新。野旷天低树，江清月近人。"在白描手法下，日暮、旷野、清江、烟渚展现出秋江夜泊、乡情缭绕的情景，带有一种淡淡的愁绪。孟浩然的诗作中也不乏具有豪气的佳作，如"气蒸云梦泽，波撼岳阳城"，就是作者以浓笔泼墨的气魄绘出极具生命力的江山。这也是盛唐气象的透露。孟浩然的诗歌成就独树一帜，自成境界。他的山水田园诗，在清淡自然的意境中，表现出淡淡的思绪。这种描写山水隐逸的特点对唐宋以后的诗歌创作产生了深远的影响。

第三阶段：中唐山水诗——以清淡高远的艺术风格传达幽独而又淡远的人生意趣。

中唐，从代宗大历元年（766 年）到文宗太和九年（835 年），约七十年。安史之乱使唐王朝摇摇欲坠，唐玄宗放弃长安，逃难中盛唐结束进入了中唐时期。而历时八年的"安史之乱"虽然在 763 年得到平息，但藩镇割据、动荡不安的现实使这一时期的诗人蒙受着身心的痛苦。盛唐诗歌的壮丽气魄不能真实反映安史之乱后的时代精神，文人蓬勃向上的豪情也不再有，取代的是麻木和消沉。因此中唐的诗人不再有盛唐人的浪漫豪放气质及博大的胸襟抱负。严峻冷酷的现实使他们陷入苦闷与彷徨，反映到诗作上，也是以这种心态为主调。诗歌风格有三大走向，即大历诗风、韩孟诗风和元白诗风。在山水诗上，也由对大自然的热爱赞美，转为带着沉重的心思来山水中排解郁抑，使山水也沾染上诗人的失意与无奈。诗作也更多表现出诗人冷清孤寂，清淡高远的意趣。这一时期的代表人物是白居易。

白居易（772—846 年）字乐天。在被贬江州司马后，他的心态发生了变化，开始追求"闲适"情调。在东都洛阳和杭州等处，留下了不少山水风景诗作，如《钱塘湖春行》："孤山寺北贾亭西，水面初平云脚低。几处早莺争暖树，谁家新燕啄春泥。乱花渐欲迷人眼，浅草才能没马蹄。最爱湖东行不足，绿杨阴里白沙堤。"《江楼夕望招客》："海天东望夕茫茫，山势川形阔复长。灯火万家城四畔，星河一道水中央。风吹古木晴天雨，月照平沙夏夜霜。能就江楼消暑否，比君茅舍较清凉。"这两首白居易在杭州时写下的作品清新平淡，用律体来写景，队仗工整，流丽工巧而又大度从容。给人的感觉鲜明清素，也表现出诗人在风景胜地闲适处之的心境。

第四阶段：晚唐山水诗——以追思和感叹为依托表现清苦与荒寒的山水意境。

晚唐从文宗开成元年（836 年）到昭宣帝天祐四年（907 年），大约七十年。这一时期里,社会矛盾尖锐复杂,国势衰落,前景暗淡。社会危机和阶级矛盾终于使唐王朝走向覆灭。在诗歌领域,由于外部的民族矛盾,内部的藩镇割据和牛李党争,加剧了政局的动荡和社会痛苦,这使得晚唐诗人的心灵蒙上了浓厚的阴影。晚唐诗人面对社会的昏暗和衰退,提不起精神,只能伤时悯事。因此杜牧、李商隐等有着深沉忧患意识的诗人在现实面前不能有所作为,只能反复咏叹时代的悲哀与绝望。这是这一时期诗歌的情感基调。而表现在山水诗方面,则是诗人在对山水荒寒意境的吟咏下,将写景与抒情融入一体,蕴涵深刻,并在对山水的描绘中加入对历史的反思和感叹。李商隐是这一阶段的代表。

李商隐(约811—859年)早年清贫,作诗醉心于李贺诗歌的奇峭艳丽。中期陷入牛李党争之中,生活潦倒,终生都不得意。在晚唐诗坛上,李商隐是以政治讽刺诗和缠绵隐约的无题诗见长的。但是在他极少的写景诗中,往往能在描写诗意风景的同时,以细微的笔触,将情理依托其中,达到表情达意,融思见理之目的,如《桂林》:"城窄山将压,江宽地共浮。东南通绝域,西北有高楼。神护青枫岸,龙移白石湫。殊乡竟何祷,箫鼓不曾休。"

山水诗在唐朝时达到艺术高峰,而山水诗歌风格的变迁有因唐代社会时局起伏变化引起的,也有因政治文化的发展而引起的,还有因诗人生活环境有所改变而引起的。初唐山水诗从宫廷及都城风光逐渐转向山林,山水诗人文笔由华丽转向质朴,并开始将个人情感接进自然景色中;而随着国运的昌盛,盛唐山水诗充分融入了诗人的情感和生活情趣。诗人风格各异,尽显盛唐山水诗气象;至中唐,政局的变化,对现实的不满,使山水诗人以山水来排解内心的沉闷。这一时期诗作风格虽少了盛唐的鲜明特色,但却充分体现了诗人在大自然中寻求宁静闲适,借山水抒发情感的特点;晚唐国势衰落,山水诗人在对山水景物的描写中,更多地加入了说理和反思。

宋元时期,经济发达,文化繁荣,宗教隆盛,文人学士游览名山大川、群众性的朝山进香和游览活动相当盛行,这就大大促进了名山胜水的建设,不仅有寺庙、宫观等宗教建筑,而且有许多驿馆、书院、亭阁、路桥及摩崖石刻等文化景观点缀于自然山水之间。即使是寺庙、宫观,也无不渗透着山水审美意识。大批山水诗人、山水画家、山水文学家和跋山涉水的旅行家,为追求自然风景之美,而踏遍天下名山大川。他们寄情山水,触景生情,著之于文字,再现于书画,将山水文化推上了历史高峰,在整个社会文化中所产生的巨大影响,已不在宗教文化之下了。这一时期出现了大批闻名全国的名山大川和游览胜地,不仅有传统的五岳、五镇、四渎及省、府、县的十景八景系统,而且形成了道教的"三十六洞天""七十二福地"和佛教的"四大名山"等诸多名山胜景系统。此外,还出现了许多著名的风景游览城市,如杭州、苏州、扬州、桂林等。

明清时代,反映人与自然精神关系的山水文化虽无重大突破,但也在继续发展,尤其是在风景区的建设实践和理论方面皆有重大贡献,如明代武当山的规划、设计和建设实践,计成关于园林建设理论专著《园冶》,都显示了中国在风景建设和造园艺术方面的特色和成就。现存于风景名胜区的人文景观,大多是明清时代的作品。

清末以后,帝国主义入侵,社会动荡,战争频繁,风景文化趋于衰微。然而,现代自然科学的传入和在我国的兴起,却给风景文化增添了新的内容。对于自然山水成因规律的科学探索,虽然早有不少科学家作出过卓越的贡献,如宋代沈括,考察雁荡山风景地貌的成因，认为是流水对地形的侵蚀作用形成的。明代地理学家徐霞客，前后用三十年时间，遍历中国名山大川，不仅洞察山川的美学特征，而且探索其成因，尤其对岩溶地貌的考察研究，都走在世界前列。但是用现代自然科学来研究名山大川的自然景观，还是开创于21世纪之初，而全面广泛的研究风景区的自然科学，如地质、地貌、植被、野生生物、水文气候、生态等科学，则是二三十年代以后，尤其是解放后的事。全国大多数传统风景区多具有很高的科学价值，也就是说中国传统山水观认为具有美学价值的自然景观，今天从自然科学观点来看，也往往具有其科学价值。所以这些风景区，不仅是审美对象，而且也是科学研究对象，也是了解地球演变、沧海桑田的天然博物馆，是进行自然科学普及教育的课堂，从而使人与自然的精神关系进入新的美学和科学时代。

三、山水审美形态和角度

（一）山水审美形态

山水风景蕴涵着各种各样的美，有着丰富多彩的形态。

1. 雄伟

这是最能激励人心的一种风景美。山的雄伟与山的高度有一定的关系，但主要取决于山水的总的气势。如三峡的雄伟就在于两岸的千仞绝壁，黄河的雄伟在于"奔流到海不复回"的汹涌江涛。又如五岳独尊的泰山，并不很高，但它以磅礴的气势雄镇于齐鲁平原上。

2. 奇特

奇，是相对于普遍的常见的地理地貌现象而言的。如冰川碾压而形成的 U 形山谷；一些风化剥蚀严重而呈奇形怪状的山峰、巨石也是奇特风景的景观资源。我国云南的路南石林，被誉为"天下奇观"；奇松怪石的黄山风景，就是以奇制胜。还有一些奇景并不在于它的表面形象，而在于它的奇特的行为。例如，安徽无为县轩东山听到人声喧哗便有滚沸如笑的笑泉，浙江金华原有的随月亮之盈亏而涨落的月泉均属于这一类。

3. 险峻

在自然风景中，险和奇一样，能以特殊的夸张形式引起人们强烈的兴趣。山的险常和峻共生，例如，山坡陡峭，像华山的三大险千尺幢、百尺峡和老君犁沟。

4. 开阔

这是指欣赏风景中无遮挡的视野空间。它与平坦无垠的地形条件和较高的欣赏点有关。"风吹草低见牛羊"的大草原，碧波万顷的大海，"秋水共长天一色"的大江大湖，都是旷野之景的代表。提高看风景的视点高度，所看到的旷野之景才更有气派。观赏"孤帆远影碧空尽，唯见长江天际流"的黄鹤楼；看"衔远山，吞长江，浩浩荡荡，横无际涯"的岳阳楼；看"五百里滇池，奔来眼底，喜茫茫空阔无边"的昆明大观楼等都是为了观赏大江、大海的浩渺连绵的水势而设置的提高游客视点的观赏点。

5. 秀丽

秀丽包括雅致、精巧和清秀等内容。对于山形，秀丽应该是指山的姿态苗条清秀，外形轮廓飞舞多变，开合转曲分明，这和风化剥蚀、雪雨切割有一定关系。像黄山的山峰，姿态、形状都很秀,人称"天下奇秀"。秀丽的自然景色离不开"水",有水,山才秀,才现出生气。因此秀丽的风景往往是山水结合,山转水绕的。秀丽的另一层含义是指茂密的植被覆盖,使风景色彩郁郁葱葱,线条柔和,呈现出一种富有生机的美。在宋代,人们就作出了"西北之山多浑厚,东南之山多奇秀"的评价。东南山水,像黄山之奇秀,庐山的清秀,雁荡山的灵秀,武夷山的神秀,富春山水的锦绣,以及西湖的媚秀,都带有着秀丽的特点。

6. 幽深

幽深景色的特点是一个欣赏空间套着另一个欣赏空间,环环相扣,需要循小径,作序列式的游赏。这种风景一般都是以丛山深谷和伸展的山麓为地形条件,并辅以繁茂的乔木灌林,随着山谷的自然转曲,形成明暗阴影变化异常的景色。"山重水复疑无路,柳暗花明又一村"就是这种景色最好的写照。幽既可指深邃有味的视觉欣赏空间,又可指恬静无喧哗的听觉环境。"蝉噪林愈静,鸟鸣山更幽"是幽深风景听觉特征的描写,所以,视听相互协同的欣赏是游赏幽深风景的一大特点。钱塘山水风景中的"云栖""九溪十八涧",是很有代表性的幽深景致。

上述 6 种形态特征在自然界又往往是共生交错的,但是每一个风景区,或者风景点,总是有一两个主要的特征。如"九溪十八涧"是幽和秀的结合;四川峨眉山被誉为"峨眉天下秀",却又表现出"峨眉一派出昆仑,平畴突起三千米"的雄伟美。壮阔无边的旷野之景也常使人感到一种雄伟的崇高美感,而王安石说"世之奇伟,常在于险远",又谈到了奇险和雄伟之间的联系。

(二)山水欣赏角度

如何欣赏旅游景观才能获得更多的美感,才能达到赏心悦目?简而言之,离不开方法、角度、时间和距离等条件。

1. 观赏的方法

(1)动态观赏。动态观赏实际上是指游人在游览中,沿着一定的风景线,或步行、或乘车、或乘船观赏风景的一种方法。观赏者要身临其境,全部身心都要置于风景之中,使人感到美就在你周围,美在包围着你,在拥抱着你。因为这种身临其境,目睹实物的观赏所产生的美感是一种立体的感受,是非常强烈的。所以,动态观赏本身就富有极大的魅力。

从桂林到阳朔有 80 千米的水程,乘游船从桂林到阳朔旅游,可以欣赏两岸变幻无穷、奇异优美的自然景色。"江到兴安水最清,青山簇簇水中生。分明看见青山顶,船在青山顶上行。"这是清代袁枚描写漓江两岸风景的一首诗。从这首诗中我们可以看到漓江的山水与倒影形成何等迷人的景色。

目前,我国风景区普遍建造索道,游人乘缆车观赏风景更富独特的情趣。由于在缆车上视点较高,对周围的风景一览无余,更感到心旷神怡。

(2)静态观赏。静态观赏是旅游者在一定的位置上,面对风景的一种欣赏活动;缓慢地移动视线,仔细地玩味其中的奥妙。像颐和园中的谐趣园(园中园)、北海中的静心斋、苏州的网师园,其特点是小巧精美,以小观大,以少胜多,都适合静态观赏,仔细玩味。

静态观赏是与动态观赏相对而言的。有时需要动中求静、静中求动、动静结合的观赏方法。这要以风景的特征和旅游者审美活动的需要而定。风景区和园林,在设计上也充分考虑到这种审美活动的特点,于是在主要风景点建造亭、台、楼、阁、榭、廊等,一方面供游人憩息,另一方面在停留休息时仔细玩味风景的美。在烟台小蓬莱的一座石砌的门楣上,有"观海听涛"4个醒目的大字。这里"观"与"听"二字都含有"静"的意境,就是说,欣赏大海,只有静下来细听大海波涛的喧嚣,领略大海喧嚣的韵味,进入"静"的审美状态,才能真正感受到大海的美。需要强调的是动与静是相辅相成、互为补充的。前者是寻求天趣与动美,后者是注重情趣与静美。动与静相互结合,才能感受风景美的全貌,获得整体的美感。

2. 观赏的距离

在观赏风景中,观赏者需要与风景保持一定的距离,才能欣赏到美。"不识庐山真面目,只缘身在此山中","入芝兰之室,久而不闻其香"都是因为距离太近,习以为常,而不觉其美。黄山的"猴子观海",近看只不过是一些普普通通的石头,但离开一定的距离来看这些顽石,就会看到这些顽石像是猴子在望海。

总之,观赏距离,不论是空间距离,还是心理距离,在旅游审美活动中,具有十分重要的意义,对于提高旅游者的观赏水平或审美层次有着不可估量的作用。

3. 观赏的角度

观赏风景的角度不同也会产生不同的审美效果,角度不对,有可能看不到美。苏轼的《题西林壁》一诗所写,"横看成岭侧成峰,远近高低各不同",这两句诗的意思是说,从远处、近处、高处和低处不同的位置上来看庐山,庐山的形象都各放异彩,变幻莫测。所以,旅游者在观赏风景时,要选择角度。可正面观赏,也可侧面观赏;对观赏的对象也可以平视、仰视和俯视。

4. 观赏的时间

观赏风景有一定的时间性,时间选择不当,会影响审美效果,甚至看不到风景的美。当游人置身于巍巍的泰山之顶,不同的时间会看到不同的美。从观日石望去,红日喷薄欲出,呈现绚丽神奇的晨曦之美;从观月峰上远眺,黄昏时夕阳余晖洒落在黄河上,呈现出"黄河金带"的线条美。

季节不同,景色也有变化。清代著名画家恽南田写道:"春山如笑,夏山如怒,秋山如妆,冬山如睡。"作为一个旅游者应当了解自然风景这种季节性变化的特点。

补充阅读

距离产生美

有一女子终年生活在优美的景色中,与家乡美丽的风景朝夕相处,习以为常,所以,感觉不到它的美。有一次,她离开家乡,乘船在江上行,极目远眺家乡时,她才发现家乡的景色非常美。薄雾、帆影、夕阳、落霞,好一派令人心驰神往的湖光山色。于是这位女子即兴作了一首诗:"侬家住在两湖东,十二珠帘夕照红。今日忽从江上望,始知家在画图中。"

(资料来源:http://hi. baidu. com/zeng6648899/item/8908f5d353e4b015d80e4421)

第三节　山水景观的旅游价值

一、山地景观的旅游价值

我国是个多山的国家,广大的山地占国土总面积的 2/3 以上,而且构成山地的岩石种类齐全,在地球内外引力共同作用下,形成了各种类型的山地地貌,其景观千差万别,在旅游活动中发挥着各自的优势和作用。现在登山旅游一般分运动登山和观赏娱乐登山两大类。

1. 登山体育探险

我国兰州—昆明一线以西,绝大部分山地为高山和极高山,特别是青藏高原周边的山地,很多高峰在 6000 米以上,珠穆朗玛峰、乔戈里峰、希夏邦马峰都是超过 8000 米的高峰。六七千米以上的高峰还很多,如贡嘎山、慕士塔格峰和四姑娘山等。这些山峰险峻峭拔,终年冰雪覆盖,山地气候多变,是开发体育登山旅游和探险的最佳场所。

2. 山岳风景观赏

风景名山是指具有自然美的典型山岳和渗透着人文景观美的山地空间综合体。在我国风景名山遍布全国,千姿百态,是我国壮美河山的代表。

(1) 花岗岩名山。花岗岩高山景观特点是"主峰明显,群峰簇拥,峭拔危立,雄伟险峻"。我国的泰山、黄山、华山、衡山、九华山、崂山等,几乎全部或大部分为花岗岩组成。此外,厦门鼓浪屿,浙江普陀山,海南岛天涯海角等景区均属花岗岩名山。其特点是高度小,起伏和缓,岩石表面受到球状风化作用,浑圆多姿,或具一定造型。

(2) 岩溶山水风景。岩溶地貌主要发育在碳酸岩类岩石地区,主要岩石有石灰岩、白云岩等。该类岩石极易为水溶蚀,而形成特有的岩溶景观。基本特征:山地高度不大,石峰林立或孤峰突出,而且造型丰富。景区内溶洞遍布,洞内常有地下湖或地下暗河,以及由石灰岩溶解沉淀而形成的石钟乳、石笋、石柱和石花等千姿百态的洞穴景观。

(3) 丹霞地貌景观。丹霞地貌具有整体感强、线条明快质朴、体态浑厚稳重、丹山碧水、引人入胜的特点,因而有很高的游览和观赏价值,是我国重要的地质地貌旅游资源。已列入国家级风景名胜区中的丹霞地貌有:广东丹霞山,江西龙虎山,四川青城山,安徽齐云山,福建武夷山,甘肃麦积山、崆峒山。

(4) 其他自然因素形成的名山。除以上三种山岳风景以外,武陵源风景区、五大连池火山地貌景区等也因复杂的成因、奇异的风景著称于世。另外,因文化景观或历史遗迹众多形成的名山,如五台山、九华山、普陀山、峨眉山、武当山、青城山、崂山、三青山、齐云山等,自然风光优美,加之建筑景观宏伟,历史文物和宗教文物众多,组成了具有浓厚宗教文化氛围的游览山地。

二、水体景观的旅游价值

水体是宝贵的旅游资源之一,对旅游者具有很强的吸引力。俗话说,山是水的筋骨,水是山的血脉,风景胜地大多数以有水为佳。溪流、瀑布使山地变得生动活泼,云雾使群山时隐时现,似有似无,产生缥缈朦胧之美。水滋润了花木,养育了动物,从而使景色秀丽,充满了生机。郭熙曾说:"山无云则不秀,无水则不媚。"我国疆域辽阔,江河湖海众多,可观赏的难以计数。

1. 水体景观的旅游价值

(1)观赏、娱乐功能。"山峦构成骨架,河流构成静、动脉。"风景胜地大多以有水为佳。水滋润花木,养育动物,从而使景色秀丽、充满生机。水也是我国园林景观的重要构景因素。古典园林专著《园冶》就主张"约十亩之基,须开池者三",即主张水面占园林地面积的30%以上为佳。

(2)疗养功能。我国早在3000年前的西周时代就已在陕西临潼开发了骊山温泉。汉代张衡《温泉赋》中就阐明温泉有治病、防病、延寿之功能。现在,我国温泉资源的开发经历了三代旅游产品的更新,很多地方都建立了温泉疗养院、温泉度假村等,温泉资源的开发受到了广泛的重视。

(3)品茗功能。我国几千年的传统饮食习惯,使人们既重视茶叶的质量,又重视水的质量。杭州"龙井茶虎跑水"并称"西湖双绝"。水质清醇的泉水既可供品茗,还可供酿造。中国的许多名酒佳酿使用的都是优质的水体。例如,我国名酒茅台酒就与贵州赤水河的优质水源有密切关系。

2. 水体景观的基本类型

(1)江河溪涧。长江是我国的"黄金旅游线",从河源至河口形成一条风光明媚的河川游览走廊。其次黄河旅游线的河源探险、高原风光、沙漠风情和草原旅行等地段的旅游资源也很有特色。广西桂林—阳朔间的漓江也是我国最著名的江河风光旅游线。

(2)湖泊水库。我国湖泊的数量很多,分类方法也很多。以湖泊(含水库)所在地形位置分类,我国著名的风景湖泊有以下几类:

一是高山峡谷风景湖。如广西澄碧河水库、新疆玛纳斯湖和赛里木湖、四川西昌邛海、西藏班公湖等。这类风景湖泊自然环境优美,适宜高山水上运动、疗养度假、观光、科学考察。

二是天池风光。在我国总共有十多个,如长白山天池、新疆天山天池和云南云龙天池等。这些湖泊处于山地顶峰,水深、质清、环境幽美。

其他类型的湖泊,如城市园林湖泊、平原风景湖泊、半山区风景湖泊和丘陵区风景湖泊等。杭州西湖是其代表。

(3)瀑布泉点。瀑布以形、声、色三态之美先声夺人,如果再与山石峰洞、林木花草及白云蓝天等环境要素协调结合,就会形成效益很好的旅游功能。

我国的瀑布主要集中在两个地区,即云贵高原地区和喜马拉雅山一带,另一地区是江南丘陵。贵州省镇宁布依族苗族自治县内的黄果树瀑布,其规模、景观都居全国之首。其他著名瀑布还有长白山天池瀑布、黄河壶口瀑布等。

泉水也是一项引人注目的旅游资源。我国主要的泉水旅游资源有:广西桂平西山的乳泉(泉水呈白色,像煮沸的牛奶)、云南安宁、龙陵、茶洛、西藏塔各架、查布、谷露、羊八井、古堆等的间歇泉;贵州茅台镇附近赤水河两岸的酿酒佳泉。西藏、云南的温泉数量之多分别居全国第一、第二位。其他还有内蒙古阿尔山的矿泉也很有名。我国主要名泉有趵突泉、华清池、官塘温泉、五大连池药泉。

壶口瀑布是黄河流域的一大奇观,是我国第二大瀑布。它位于山西省吉县城西南25公里的黄河壶口处。此地两岸夹山,河底石岩上冲刷成一巨沟,宽达30米,深约50米,滚滚黄水奔流至此,倒悬倾注,若奔马直入河沟,波浪翻滚,惊涛怒吼,震声数里可闻。其形如巨壶沸腾,故名。春秋季节水清之时,阳光直射,彩虹随波涛飞舞,景色奇丽,明陈维藩《壶口秋风》诗中即赞道:"秋风卷起千层浪,晚日迎来万丈红。"

（4）滨海景观。海滨作为旅游资源,其功能在于,可以疗养治病,海底观光,观海岛景观、海岸海滨风光（观潮、沙场、浴场、阳光）、海市蜃楼等。

现在我国著名滨海景观有北戴河、亚龙湾、钱塘海潮等。

（5）现代冰川。冰川不仅具有观赏价值,而且具有科考价值和运动探险价值。根据冰川所处位置、形状和规模分为大陆冰川、山岳冰川。按冰川形态分为悬冰川、山谷冰川、平顶冰川、过渡型冰川。我国著名的现代冰川有天山一号冰川、海螺沟冰川、七一冰川、绒布冰川、透明梦柯冰川等。

地球上的冰川,几乎全部存在于远离人类聚居的南极地区。其余极少部分,虽分布于各个纬度,但又大多处于高寒、高海拔地区,使一般人难以到达。而中国四川的海螺沟冰川,其最下端的海拔高度仅为2850米,低于贡嘎山雪线1850米,使具有一般体力的旅游者都可以亲身登上宽达二公里、冰体厚度达100～300米的冰川。海螺沟冰川生成于大约1600年前,地质学称其为现代冰川。它是贡嘎山最大的一条冰川,长14.2千米,末端落入森林带内6千米,又形成冰川与原始森林共生的绝景。冰面河、冰面湖、冰下河、冰川城门洞、冰裂隙、冰阶梯、冰石蘑菇、巨大的冰川漂砾、冰川弧拱和极其宽阔的U形冰川峡谷,两侧高逾数百米的留有冰川擦痕的绝壁和黛绿色的原始森林等,形成唯冰川所有的独特景观。由于海螺沟冰川的特殊地理条件,除了冬季外,其他季节均可着单衣或夹衣浏览冰川。

三、森林景观的旅游价值

森林作为旅游景观,是20世纪60年代以来,世界各国为有效保持森林,改善人类生活环境而兴起的。森林旅游是世界旅游发展的一个热点,是生态旅游的主要形式,其发展前景广阔,具有强大的生命力。统计表明,近年来全世界旅游的人数超过10个亿,其中有50%的人奔向大森林。

1. 森林景观的旅游价值

（1）森林的生态性功能。森林是大自然的组成部分,森林内外景观都可以作为欣赏对象,内部是遮天蔽日的绿荫和各种鸟兽、地下植被,林外大面积的土地被绿色覆盖,给人心旷神怡的感觉。森林内外景观不同,给人的美学感觉也就有着很大的差别,森林既是欣赏对象又是欣赏环境。森林为旅游环境带来了清新、宁静、安详、舒适的自然体验,镶嵌于森林中的湖泊、瀑布、溪流、堤坝和小径更造就了森林的独特景观,是森林美的源泉。人们在森林中观赏自然风光景色、开展娱乐活动、享用林木产品等,达到旅游休闲目的。

（2）森林旅游的环保宣传功能。森林旅游除了给人们提供一个观光、度假的空间外,其实也是一个环保教育的"大课堂"。旅游者通过观赏森林生态系统奇特的物种形态、群落结构,呼吸清新空气、饮用洁净的泉水,从而了解森林生态系统内部的物质、能量和信息流程与循环,认识森林保护物种、涵养水源、净化空气、美化和改良区域环境等多种功能。森林中的每棵树、每只动物、每条小溪,都是极具雄辩力的环保"活"教材。

2. 我国的森林景观

截至 2014 年,我国森林公园总数达 3101 处(其中国家级森林公园 791 处),规划总面积 1780.54 万公顷。广东、山东、浙江、福建、江西、河南、山西、湖南、四川、河北共 10 省的森林公园总数超百。

四、大漠景观的旅游价值

大漠作为旅游景观,有其得天独厚的优势。

1. 大漠旅游景观的旅游价值

(1)大漠探险。探险旅游应该说是旅游的最高级形式,沙漠历来被视为是生命的禁区,博大而神秘。除登山以外,沙漠是探险旅游的最佳资源。我国沙漠探险的资源主要有罗布泊和塔克拉玛干。

(2)大漠观光。大漠把"广"字发挥到了极致,游客亲临其境,骑驼踏沙,体验沙海轻舟之浩渺,观大漠日落日出之壮美,"大漠孤烟直,长河落日圆"的古诗意境将得到最完美的体现。大漠把"奇"字发挥到了极致。大漠中生活着大量的沙生植物,不由得让人感叹生命的神奇。例如胡杨,是世界珍奇树种之一,被列为国家二类二级保护植物。胡杨上中下各部分树叶各异,有杨、柳、榆、枫、杏、桃多种叶型,给人以妙趣天成之感。人们这样形容胡杨树顽强的生命力:"一千年生而不死,一千年死而不倒,一千年倒而不朽。"它被称为"活着的植物化石",具有很高的研究、保存和观赏价值。其他沙生植物,如四合木,被学术界称为珍贵的"活化石",被誉为"植物大熊猫"。

除了美丽壮观的自然旅游景观,大漠中更有引人注目的奇特的人文景观。楼兰古城遗址位于若羌县罗布泊西岸距孔雀河南 7 千米,整个遗址散布在罗布泊西岸的雅丹地形之中。楼兰古城是昔日楼兰王国的国都所在地。在人类历史上,楼兰是一个充满神秘色彩的名字,它曾有过的辉煌,形成了它在世界文化史上的特殊地位。尽管中外学者为它付出巨大心血,但楼兰古城的兴衰与消失,至今还是个谜,因而也使它成为世界瞩目的焦点。

2. 我国的大漠景观

我国的大漠景观主要是风沙地貌,包括风蚀地貌和风沙地貌。前者包括风蚀柱、风蚀蘑菇、风蚀垄槽、风蚀城堡等,如新疆乌尔禾风蚀"魔鬼城",罗布泊的雅丹地貌;后者指风沙堆积作用形成的沙丘和戈壁,如中国敦煌月牙泉的鸣沙山、宁夏中卫的沙坡头都有鸣沙现象。还有一些"新月形"沙丘、"金字塔形"沙丘等景色也很壮观,如我国塔克拉玛干沙漠和巴丹吉林沙漠均有大量"新月形"沙丘、"金字塔形"沙丘分布。

目前,我国沙漠景区开发逐年增多,其中开发得较好的是宁夏沙坡头。2000 年被国家评定为 4A 级旅游区,经营项目较多,包括沙雕、沙疗、沙浴和沙漠球类、沙漠田径等形式多样的"沙"字号体育健身竞技项目,融智慧、趣味、知识、健身于一体。此外,还有民族风情演出、黄河梨花节、大漠黄河国际旅游节等形式新颖、内容独特的节庆活动,成为驰名中外的旅游胜地。

延伸阅读

天地奇响,自然妙音——鸣沙山

鸣沙山位于甘肃敦煌市南郊 7 千米的鸣沙山北麓。所谓鸣沙,并非自鸣,而是因人沿沙面滑落而产生鸣响,是自然现象中的一种奇观,有人将其誉为"天地间的奇响,自然中美妙的乐章"。当你从山巅顺陡立的沙坡下滑,流沙如同一幅一幅锦缎张挂沙坡,若金色群龙飞腾,鸣声随之而起,初如丝竹管弦,继若钟磬和鸣,进而金鼓齐响,轰鸣不绝于耳。自古以来,由于不明鸣沙的原因,产生过不少动人的传说。相传,这里原本水草丰茂,有位汉代将军率军西征,一夜遭敌军偷袭,正当两军厮杀难解难分之际,大风骤起,刮起漫天黄沙,把两军人马全都埋入沙中,从此就有了鸣沙山。

(资料来源:http://baike.baidu.com/link?url=-Ba-2aOEdh4gE9e1Vi5lIgCxuF-rOg6EVTZxHtf8N5)

第四节　中西山水旅游比较

山水美是一种较为客观的、不经人为加工过的美。然而面对这一自然而客观的对象,中国和西方人对它的审美视角、深度和内在意蕴等并不完全相同,仍有着各自不同的特点。

一、山水审美的寓意不同

中国人对自然山水的欣赏,往往寄托很多的道德伦理内容。中国古代作家的大部分游记、山水诗,都有丰富的寓意,这种寓意就是中国的那种忧国忧民、养精育德以及个人境遇与自然生命的密切关联等内容。

西方人对山水自然景物的欣赏,不会寄托这么多的道德伦理内容。他们对山水的欣赏,主要出自两点:一是纯粹欣赏自然的形态美;二是感受与人的心情的契合。

二、山水游的关注点不同

一般而言,山岩、瀑布、险峰、溪流、奇树异花、江湖河海,中国人和西方人都是喜欢的。但如果从广义范围理解山水的概念,那么仍会看到一些或大或小的区别。中西方在山水游方面的关注点差异体现在以下几点。

1. 河流、湖泊与海湾、海岛

在中国的旅游胜地中,以水著称的不计其数,如江南水乡、桂林山水、钱塘江潮、龙水潭、九溪十八涧、贵妃池、庐山瀑布、大滇河湖水、哈尔滨的冰雪等都离不开水,泛舟、观潮、濯足、掬水、钓鱼等旅游活动也都与水有关。

西方人当然对这些也是感兴趣的,但相对而言,审美着眼点是不同的。中国人爱水,主要爱它的柔顺、润滑、洁净等形态,因此,就有歌唱道:"阿里山的姑娘,美如水。"西方人的性格、心理、人格与中国人不一样,同样是爱水,除了它的柔顺、润滑、洁净外,还特别对它的辽阔、汹涌、澎湃的势态和形状有兴趣。因此,他们更喜欢海洋以及与此有关的海湾、海岛、海滩等。

有则这方面的材料能说明一定问题:1989 年,国际旅游界人士(主要是西方人)选出的当今人间十大天堂(即最佳旅游胜地)中,海湾和海岛是其中的两项。一是墨西哥的瓦里亚塔湾,它是一片长达 25 英里的纯白海滩和奇形怪状由海浪冲击而成的悬崖峭壁。有些海滩还保持着原始的风貌,海水也清澈见底,50 英尺下的鱼及海底生物也能看得见。离海滩不远,则满地铺着巨型的石块和耸立着柳树。这是一种宁静夹杂着奇崛的景观。另一处是厄瓜多尔的加拉帕戈斯群岛,它全部由火山锥和火山熔岩组成。已熄灭的火山口成了天然的湖泊,群岛荒凉原始,地势崎岖,树木较少,仙人掌到处耸立,而拥有的稀有动植物却很多,有"活的生物进化博物馆"之称。

这种以粗犷、原始、崎岖、怪异的海湾、海岛为"天堂"的观念,在西方是古已有之,这在中国的传统观念里是不可想象的,因为我们的"天堂"是苏杭,苏杭的特点是秀丽、隽永和优雅。但近几年来,人们的审美观念有所改变,也逐渐将旅游天地和审美视野扩展到了海洋和海岛。东海仙境(南麂)、黄海鸟岛、北部湾明珠(涠洲岛)、菊花岛等开始吸引了大量的游客,青岛、上海的一些海滩、海滨游泳池、浴场到了夏天也人山人海。首批 5 个海洋自然保护区的建立(河北昌黎黄金海岸、浙江南麂列岛、广西山口红树林生态区、海南大洲岛海洋生态区、海南岛三亚珊瑚礁区),开辟了人们的新旅游区域,人们的审美观念也会随之而变化。

2. 四君子与气、光

中国人因为对自然抱有一种人格化的审美倾向,故而大至山水,小至盆景花草(狭义的山水),都将理想人格投射进去,"四君子"的形成,便基于此。"四君子"指松、梅、竹、兰,取其挺拔坚强、不畏严寒、虚心有节、含蓄蕴藉等的自然形态与人的性格、品质、人格等相对应。所以,中国人在山水游中观赏的较大成分又化在诸如这种"四君子"式的自然生物上。例如,人们赞不绝口的黄山、泰山的迎客松,南山不老松,井冈翠竹,蠡园梅花等都使人在观赏时顿生崇敬心情;小盆景的设计更是有意突出"四君子",让其在山石水池中葱绿挺秀,显示内在的骨格。

西方人当然也是爱好各种自然植物花卉的,不少国家都有着自己的国花,如智利的野百合花、阿根廷的赛波花、英国的蔷薇、荷兰的郁金香等。不同的是,西方除了爱好这些直接生长在山水中的植物外,还喜欢弥漫在山水上空时而看得见时而看不见的空气和阳光。这两者对中国人来说实在算不得什么,一方面因为中国自然环境的优越,上天给予中国的恩泽——阳光充足,空气新鲜;另一方面中国人在观念上对这两者总认为不用花力气、不用掏钱就可得到,因而觉得没什么物质价值。而在西方人的科学思维中,人的自身成长发育和健康壮实,是比自然植物更为要紧的事。有了这一观念,西方人就对空气和阳光,特别是对阳光格外宠爱。在阳光下晒黑皮肤,是许多西方人的一大乐趣和一大炫耀。在西方的一些旅游胜地——海滩上,许多人几乎是全身赤裸地进行着日光浴。有的国家还要举行一定的仪式,例如在瑞典,就有所谓的阳光祭,喜欢阳光的人都选择这个时候来到斯堪的纳维亚。这里,即使是夏天,太阳也不轻易露面,因此每年 6 月 21 日

81

或 22 日的"夏至"这一天,瑞典人便选择了最靠近夏至的周末,热烈庆祝太阳神阿波罗的到来,用各种形式(跳舞、彩妆、宴会)来祭典太阳神,享受太阳的恩泽。

3. 虚幻景与险峻地

四川乐山大佛附近的 4000 米卧形"隐佛"的发现与观赏就是中国人旅游虚幻审美的典型。最初是由广东游客的一张照片发现的,照片拍摄的是岷江与大渡河汇流处连着的三座山的景色,老人"突感山形如健男仰卧",他是从其中直指苍天的塔联想到"雄器"而发现"健男",进而"细审头部",发现了"巨佛"形象,一尊头南足北,逆江而卧的巨佛。"那头部浓密卷曲的发髻,宽阔饱满的前额,眼睑上长长的睫毛,高高隆起的鼻梁,还有双唇、下颌,无不历历在目,细微可辨,令人不能不为之动容。通观全佛,体态匀称,妙相庄严,气势雄伟。"而实际上,那三座山是普通的山脉,并非人的特意安排与雕塑而成,细腻美妙的肖像只是因形似而引起人们的想象。

在西方,人们不会抱着那位广东游客的心理去观赏自然景物,去发现心目中的神像,他们喜欢的是实打实的美丽山水,崇拜和敬仰的神与人就用雕塑将它们的形象再现出来(如美国某峡谷中的几位总统头像等)。

另外,由于西方人易激动和兴奋、敢于冒险的性格和心理,故而他们更喜欢险峻壮丽的景观。除前面说过的海湾、海岛外,在陆地上,便是爱好游览和观赏峡谷、瀑布、峭壁、险峰、雪山等。他们欣赏这些景观本身的魅力,并不作更多的相似联想与人格投射。例如,美国与加拿大之间的尼亚加拉瀑布,167 英尺高,1400 英尺阔,每分钟有 50 万吨水倾泻而下,声势非常壮大。然而,美国人却称其为"度蜜月者的天堂"。度蜜月到这么喧哗、壮丽的气氛中进行,中国人似乎又觉情调不谐和。难怪著名文人梁实秋也想不通,他说,度蜜月者最理想的地方应该是一个山明水秀而又远离尘嚣的地方,像尼亚加拉瀑布游人如蚁、昼夜喧闹不已,如何能让一对度蜜月者充分地、全神贯注地彼此互相享受呢?这真有点以"中国人"之心度"西方人"之腹了,恐怕难以取得一致。

总之,西方人是乐于去探索的,他们往往会冒风险、豁性命般地去寻找这样的景点。当然,这是就整体而言。中国古代如徐霞客、李白那样不畏"险远"的旅游者也不在个别。特别是近几年来,中国也涌现出一些类似的探险者与勇士,单车周游全国、孤身驾车环球旅行、长江源头漂流探险、步行走遍中国等,也经常见之于报道。这种精神在中国是需要大大发扬的,因为旅游既是陶冶性情,也是"劳其筋骨、饿其体肤"的意志和身体的锻炼,需要如民歌所唱"阿里山的小伙壮如山"那般的体魄,走向自然,融于山水之中。

关键词: 山水;文化;审美;自然

思考题

1. 为什么角度不对就观赏不到山水的美?用实例说明。
2. 中国山岳文化的构成是什么?
3. 简述中国人山水审美意识的发展。

参考文献

1. 唐鸣镝.中国古代山水[M].北京:旅游教育出版社,2004.

2. 杭磊.中国名胜[M].重庆:重庆出版社,1999.

3. 曹林娣.中国山水文化[M].北京:中国建筑工业出版社,2000.

4. 周文.中国风景名胜[M].哈尔滨:哈尔滨出版社,2003.

5. 钟贤巍.旅游文化学[M].北京:北京师范大学出版社,2004.

第五章

魂兮归来:中国宗教旅游文化

本章导读

中国禅宗"顿悟派"的开启

在唐代,佛界作偈就像文人作诗一样平常,但有两首偈却非同凡响。

一首曰:"身是菩提树,心如明镜台,时时勤拂拭,莫使惹尘埃。"这是禅宗五祖弘忍的大弟子神秀对禅宗悟道和修行理念的理解。

一首曰:"菩提本无树,明镜亦非台,本来无一物,何处惹尘埃。"这是禅宗五祖弘忍新收的小沙弥慧能(一作"惠能")所应对的偈。

五祖弘忍慧眼识珠,认为慧能明心见性,把衣钵传给了慧能,也就是后来的六祖慧能。

一首偈缘何有如此威力,竟然决定了禅宗衣钵的传承? 背后究竟有何玄机?

原来,正是慧能这首偈语,开启了中国禅宗"顿悟派"的先河。

佛教禅宗的关键在于一个"悟"字。"悟"即"得法","悟"即"智慧","悟"即……

如何开"悟",禅宗向来重视"坐禅",通过"禅定"达到"智慧"。达摩祖师一坐就是九年,石壁上竟然留下"达摩面壁"的身影。包括神秀禅师在内的再传弟子们自然就沿着达摩祖师的路线修行,难以逾越。

只有慧能,慧根深,悟性强,得到衣钵后,回到南方传法,取得佛教教理的重大突破。此后"一花开五叶","顿悟派"超越"渐悟派",传播到全国,渗透到民间,使无数的人期待顿悟,捕捉灵感,更富有创造力。

禅宗佛理的突破,不仅使禅宗在中国佛教界一枝独秀,而且更深层次、更大范围激发了中国传统文化的创新与繁荣,是思维哲学的一次重大突破。

(——根据张力余、殷渝生《图说禅宗》等整理)

第一节　宗教的概念与起源

一、宗教的概念

目前,关于宗教的概念,尚未完全得到统一认识,人们站在不同的角度和观念,给宗教以不同的定义表述。《辞源》"宗教"词条的解释是："佛所说为教，弟子所说为宗，宗为教的分派，合称宗教，指佛教的教理……现泛称对神道的信仰。"这是站在文化学角度看待宗教现象。而《现代汉语词典》站在唯物论的角度对"宗教"的解释是："一种社会意识形态，是对客观世界的一种虚幻的、歪曲的反映，要求人们信仰上帝、神道、精灵、因果报应等，把希望寄托于所谓天国或来世，从精神上解除人们的武装。"西方"宗教"一词英文写作"Religion"，源于拉丁文 Religio，本意为"连接"，主要指"人"与"神"之间的关系连接。古罗马时期使用拉丁文 Relegere，意指"敬重神""与神修好"，"宗教"表达了人神关系中人对神灵的敬重、崇拜和信仰。人神关系可能是信仰者对神灵的感觉、体验或假设，也是宗教存在的基础和前提，宗教离开了"神灵信仰"就不能称其为宗教，人和神的关系是宗教关系的主要表现。只要有神秘事物存在，只要有人类的存在，就不可避免地存在宗教，只是在不同的历史阶段宗教以不同的形式表现出来而已。宗教把"人"和"神"作为宇宙间两种"相互之间不对称"的存在主体，设定或解释二者的关系，于是就出现了关于信仰者（信徒）和被信仰者（神灵）的学说。由于人对神的理解，以及人与神的关系机制不同，便产生了不同的教义、宗教类型和信仰模式。经过宗教理论家和实践家的努力，世界上形成了佛教、基督教、伊斯兰教等世界宗教，在中国很早也产生了较为成熟的本土宗教道教。

总之，宗教是人类信仰发展到一定阶段的产物，是系统化、理论化的神灵信仰，是组织化、仪式化的群体图腾，成熟的宗教都有自己的崇拜对象（一神或多神）、学说体系（经典著作和教义）、组织架构（教会、协会）、修行模式（祈祷、禅定）、活动场所（道场、教堂）、管理制度、活动仪式、传播途径，以及对人类社会和自然环境的广泛影响等，是旅游文化的重要组成部分。

二、宗教的起源

宗教作为一种客观存在事物，必然有其内在的成因。关于宗教的起源或成因，有不同的观点和学说。依据唯物主义者如费尔巴哈、马克思、恩格斯等人的观点，宗教产生于人对客观世界的依赖、恐惧和慰藉，实际上就是宗教产生的"依赖说""恐惧说""心灵慰藉说"。费尔巴哈在 1841 年和 1846 年分别出版了《基督教的本质》和《宗教的本质》两部宗教哲学著作，认为宗教的本质是人本学而不是神学，人的依赖感是宗教的基础，不是上帝创造了人，而是人创造了上帝。恩格斯在《反杜林论》中说，"一切宗教都不过是支配人们日常生活的外部力量在人们头脑中的幻想的反映，在这种反映中，人间的力量采取了超人间的力量的形式。"

如果站在宗教信仰者的观念看，宗教产生于神灵的启示、感召、引领，他们以自己的体验确定神灵的存在，接受神灵的启示，制定并遵守宗教的制度戒律，达到信仰的目的，可以称之为宗教产生的"感召说""体验说"。西方宗教学家门辛认为，宗教是"人与神圣真实体验深刻的相遇、受神圣存在性影响之人的相应行为"。海勒尔认为，宗教是"人与神圣的交往、相通和结合，是对神圣的生动经历"。奥托认为，宗教是"人对超自然之神圣的体验，表现为人对神圣既敬畏而向往的情感交织"。其中创立人（佛陀、先知、使者、天师）和宗教理论家、政治家、实践家（宗派领袖）发挥关键作用。

关于宗教的起源,还有"巫术进化说""语言障碍说""消极避世说""信仰竞争说"等观点,从不同角度揭示和解释了宗教信仰的内在动力和外在因素。其中"巫术进化说"是指成熟宗教是以巫术为标志的原始宗教的提升和拔高,是宗教由低级向高级演进的必然产物。"语言障碍说"(又称为"语病说")认为,宗教产生之前的社会用语词汇普遍短缺贫乏,难以尽情尽义、淋漓尽致地表达语言情感,而借助宗教的语境和活动氛围,可以大大拓展人类的语言、词汇,并以此为基础,开启人类的智慧和文化范畴,包括中国语言文字和思想情感在内的世界各国,都有类似的情形,现代汉语中就有上千个来自佛教的常用词汇,这些词汇可以覆盖众多场合的语境,而靠非宗教的场合或语境难以产生类似的词汇,离开宗教用语就会导致语病丛生,而发达的语言词汇是社会文明的标志,也是推动社会进步的力量。世界宗教活动的区域,其文明程度普遍高于原始图腾区域的文明。"竞争出宗教"的观点非常适用于佛教与道教在中国传播的情况,儒释道"三教"在中国古代社会一直是既竞争又合作的关系,对于彼此自我完善、共同建构中国传统文化体系而言缺一不可。

不论宗教的起源出于何种因素,一旦产生就会积淀大量的文化遗产,并以多种文化的形式对人类的社会历史产生重大影响,并与旅游活动发生密切联系。

第二节　中国境内的几大宗教及其旅游文化遗产

一、道教的形成、传播及其文化遗产

(一)道教的创立与传播

道教作为独立的宗教形态创立,一般认为,是在东汉顺帝时期,距今约有 1800 多年的历史。其早期的理论学说由黄老之术、易学(太极八卦)、玄学、阴阳五行、蓍龟占卜、谶纬之术、堪舆相骨之术、神仙方术、房中术等丰富的素材构成。据《汉书·艺文志》记载,上述思想学说因未受"秦火"焚禁而卷帙浩繁,有相当部分纳入道教文献的范畴,或成为道教著述的参考依据。但道教创立的标志是张道陵(又名张陵,江苏沛国人,被尊为天师始祖)以《道德经》为经典、以老子为教主,创立的民间宗教组织"五斗米道"。张角等兄弟(河北巨鹿人)以《太平经》为经典创立的"太平道",后因黄巾起义失败而消亡。"五斗米道"经张道陵的子孙张衡、张鲁在四川、汉中一带发扬光大,在汉中地区建立起"政教合一"的地方割据政权,后投降曹魏,得到朝廷的官方认可,张道陵的第四代孙张盛迁居江西贵溪龙虎山(张道陵曾在此山修道成仙),天师道代代相传,使龙虎山成为天师道(正一道)的中心。

在魏晋时期道教组织虽然松散,但因天下政局动荡,玄学、易学、道学、佛学流行,道教思想在民间得到广泛流传。东晋葛洪(公元 284—364)著《抱朴子》,进一步促进道学理论化,神仙方术实践大行其道,尤其是炼丹术、神仙术、房中术等,得到上层贵族的重视。东晋时期在江南地区不同教派还形成了道教"人格化"的三位最高天神信仰,即元始天尊(玉清)、灵宝天尊(上清)、道德天尊(太清,即太上老君),奠定了道教"三清"最高神灵作为万物本体"道"的化身的理论基础,也为道教供奉最高等级的宫观建筑"三清殿",提供了建筑设计的前提。而下层农民阶级，除了祈福禳灾、符水治病之外，就是利用宗教活动发动农民起义，所以，魏晋时期道教活动也受到统治集团的限制和顾忌。

南北朝时期是道教理论化的奠基时期。道教在南北方均得到很大的提升和整合。主要表现在北魏的嵩山道士寇谦之（公元 365—448），著书立说，命为国师，在北魏皇家支持下，将道教提升为北魏的国教，在道教弟子传授基础上，建立了神职道士"授箓"制度，在北魏都城平城（今山西大同）创立"北天师道"。南朝的庐山道士陆修静（公元 407—477），浙江吴兴人，编订道教书目（《三洞经书目录》），规范整理道教教义、科仪，创立"南天师道"。茅山道士陶弘景（公元 456—536），著书《真灵位业图》，厘定道教神仙等级品位，倡导"三教"合流，使道教更具包容。

唐宋时期是道教成熟的时期，唐朝尊老子李耳为先祖、太上玄元皇帝，道教排在儒、佛之上。唐太宗类似于秦皇汉武，热衷于道士方术，服用丹药，反而影响了寿命的延续。唐玄宗曾"授箓"为道士皇帝，还亲自为《道德经》作注，组织编订道家经典总集《道藏》。道士皇帝唐武宗于会昌年间实行"兴道废佛"政策，成为中国历史上四位"灭佛"帝王之一。

金元以来道教两大派系正式形成。道教的派系经历过分合聚散的变化，可以师承关系、尊奉经书、活动空间（道场）划分诸多派系，但真正意义上的长期稳定下来的只有两大教派"全真道"和"正一道"，就是在金元时期形成的。而"正一道"直接来自"天师道"，即张道陵创立的"五斗米道"，因主要尊张天师，又名"天师道"。在民间贫苦农民中流传的天师道，继承了农民起义的斗争精神，在封建统治阶级的镇压下消亡殆尽；在贵族阶级中流传下来的天师道，由葛洪、寇谦之、杨曦、陆修静、陶弘景、司马承祯等人发扬光大，称为南、北天师道。元朝大德八年（公元 1304 年），元朝皇帝正式册封"天师道"为"正一道"，教主为张道陵的第 38 代孙张与材，统领全国道教。"正一派"以《正一道》为主要经典，以龙虎山为宗教活动中心，以符箓斋醮、招神降妖、祈福辟邪为主要宗教活动，又名符箓派，允许教徒娶妻生子，不需常住宫观。

与"正一道"并称的是"全真道"。全真道首创者是金代道士王重阳（公元 1112—1170），道号"重阳子"，陕西咸阳人，出身豪门，文武兼备，四十七岁时在终南山弃官修道，金世宗大定七年（公元 1167 年）东行到山东昆嵛山一带，收当地富豪马钰夫妇为徒（分别号丹阳子、清静散人），创立全真道，主张"三教合一"，以《道德经》（道经）、《般若波罗蜜多心经》（佛经）、《孝经》（儒经）为经典，重内丹修炼，清静无为，强化道教的清规戒律，道士必须出家常住宫观丛林，按照严格教规和修持等级，每日精进，不得娶妻生子，又收谭处瑞（长真子）、丘处机（长春子）、刘处玄（长生子）、王处一（玉阳子）、郝大通（广宁子）为徒，合称"全真七子"。王重阳死后，分为"全真七大门派"，以丘处机的"全真龙门派"最为显赫。丘处机曾率徒西行万里，朝见在西域征战的成吉思汗，得到赏识，赐以虎符玺书，回到京师大都（今北京）后著有《长春真人西游记》，以京师白云观为活动中心，掌管天下道教，使全真道得以在全国更大范围内普及弘扬。

元代至明代中期，江南正一道以龙虎山为中心，统领江南道教"三山"（龙虎山、阁皂山、茅山），由张天师代代相传，官爵二品，册封"天师"为正一嗣教"真人"。明成祖朱棣因笃信真武大帝保佑"靖难之役"成功，取得帝位，同时仰慕张三丰，在"真武道场"武当山大

87

兴道观,修建二观、八宫、十二亭台、三十六庵堂、三十九桥、七十二岩庙的大型道教建筑群,堪称道教武当派。明中期以后至清代道教在官方的地位大为下降,虽全真道、正一道活动持续不断,民间出于求官、求子、求财、辟邪等的信仰连绵不绝,但总体地位大不如从前。

延伸阅读

历代的《道藏》编修

道教经典统称《道藏》,并非一时一世完成,而是经历多个朝代的增补取舍编修。在道教形成之前的先秦两汉之际,就有大量道家或类似后来道教的藏书。据《汉书·艺文志》记载,东汉初年国家藏书中有道学藏书 37 家 993 篇,阴阳类 37 家 618 篇,数术类共 190 家 2528 篇(卷),房中类 8 家 186 卷,神仙类 10 家 205 卷等。这些著述在流传过程中有的散佚,有的被后世编入《道藏》,成为珍贵的史料。到唐玄宗时曾组织编订道家经典总集《道藏》,共 3744 卷,以后历代不断进行增补、续补。宋真宗时增补《道藏》至 4565 卷,宋徽宗时增补《道藏》至 5481 卷。金元两代的《道藏》分别达到 6455 卷和 7800 余卷,但大部分失散。明英宗正统年间、明神宗万历年间还编纂《正统道藏》和《万历续道藏》收入道经 512 函,5485 卷。清代末期在明道藏基础上增加道书 114 种,并在敦煌莫高窟第 17 窟发现唐代古道经 496 件,1907 年后多数"敦煌道经"被盗卖到英法俄日等国。1957 年中国道教协会成立,地点在北京白云观,统领全国道教活动,为中国道教事业做了大量的工作,如完成近 300 万字的《道教大词典》的编撰,出版《道教知识丛书》等系列道教书刊。

(资料来源:谢陆军《中国道教源流》、王宣峨《中国道教》等)

(二)道教的基本教义

道教的教义总是围绕着"道"的理念和精神,包括解道、学道、修道、成道(成仙)、守道、弘道等。

1. 尊道贵德,道承万物

道教以"道"作为信奉的最高追求和境界,"道"是万物的本源、宇宙的本体、万物之母,"道"法自然,"道"无为而无不为,"道"生万物,"道"承万物……道教将"道"作为至高无上的神,"幻化"出"原始天尊(玉清)、灵宝天尊(上清)、道德天尊(太清)"这"三清神",掌管整个宇宙万物。"三清神"也是"道生一,一生二,二生三,三生万物"的神格化、人格化表达。"德"是包括人在内的万物应遵循的准则,源于"道"的精神,老子《道德经》曰:"人法地,地法天,天法道,道法自然。"天、地、人"三才"(代指万物)都要遵循"道"的精神模式来运作,那就是自然而然,抱朴见素,清心寡欲,无为而治,这是整个道家、道教所遵循的总的精神纲领和理论基础。道家、道教所应遵循的行为准则、修持方式、价值标准称为"德",都来源于"道法自然",包括道教所构想的"神仙世界"和人间社会,带有"平和自然"的格调。

2. 神仙信仰,长生久视

作为宗教,一定要求高妙的境界追求,要为人们提供一个理想的去处和归宿,道教根据先秦两汉道士方术、自然天象图腾、小说家言，有选择地构造出一个庞大的神仙系统，并按照一定的逻辑关系，排定了神仙序位、地位和职责。道教的神仙、鬼神的来源有多种，一是来源于"道"的生发，如"三清神""四御神"，多以"神"来命名；一是来源于"人"的仙化，如八仙、关公、妈祖天后、道教始祖（如天师始祖、全真始祖、三茅真君）等，都是"人"修道成了"仙"；一是反面的、负面的人物，幻化为"妖魔鬼怪"等。但道教神仙的来源不能一概而论，比如"道德天尊"就是"老子"的化身，各类掌管生死大权的行业神仙、天庭神仙，往往是人间的行业始祖、道德楷模，故而"神""仙"不易截然分开。道教的神仙也有"阴阳"性别之分，如"四御"中的后土女神、西天王母娘娘（玉帝皇后）、九天玄女、碧霞元君、妈祖天后、全真七子中的清静散人、八仙中的何仙姑等，都是女性身份。可见，道教神灵、道教信仰没有明显的性别歧视。

道教的神仙信仰为人间"下界"提供了修行目标，帝王将相、王公贵族仰慕能够通过修行积德、修炼内功、服用丹药等途径达到"长生久视""飘然成仙"的目的，也为弃恶从善找到了根据。道教的神鬼世界，带有明显的因果报应思想，可以成仙（许多地方存有"升仙台"遗址），也可以堕入鬼妖，接受阎罗王的审判（有的判官也是来自人间的包青天、海青天等的化身），一切在于人间的作为和前世的因缘。道家思想吸收了百家思想中的契合部分，而不是盲目地排外和封闭保守，体现出道教"海纳百川""万道归一"的博大情怀。

3. 注重养生，内外兼修

道家一反儒家的大有作为，而是强调顺乎自然，源于对自然、社会、人生的无奈和对神仙世界的孜孜追求。在道家的创始人老庄那里，提倡人生的出发点和行为风格各有侧重。老子强调人生态度要静、简、朴、拙，一切要根据实际的情形去顺从、适应自然和社会，是一种有意、无意而为之，代表一种风格和精神，目的却是为了更好地"作为"，即所谓"无为而无不为"。庄子思想则要潇洒自如得多，提倡精神自由，乐观人生，万物一体，物我两忘，融入自然，但庄子思想的一个重要前提是"得道"，不"得道"就难以获得精神的自由。庄子学说的本质是告诉人们为什么要"得道"，如何"得道"，以及"得道"以后的自由境界。老庄思想是相得益彰、互补相成的。按照老庄的本意去安身立命、处理事务，将大获神益，然而却为少数士大夫阶层找到了逍遥人生、玩味人生的所谓"依据"，而实际上只不过是老庄思想的"偏锋"，是尚未"得道"情况下对老庄思想的曲解，而士大夫却"乐此不疲"——炼丹术、房中术，搞所谓内外兼修，阴阳互补。道教的炼丹术分为"内丹"和"外丹"，均有男女、阴阳、乾坤之别。"外丹"以矿物、药物为原料，的确炼出不少丹药，并意外发明了火药，但有的与有毒元素有关，造成中毒殒命在所难免，故而没能走得更远，以穷追其理，成就中国的"化学"科学；"内丹"主要是练气（同"炁"），有一套气血、经络理论和修炼流程，有益的成分居多，成为道教"丹鼎派"的主流，也是中国气功和太极功夫的前奏。

（三）道教的诸神信仰与供奉

道教的神仙来源都是有出处的，形成完整的符合内在逻辑的神仙谱系。其中有自然神崇拜（如三山五岳四渎神）、部族先祖崇拜（如上古先王崇拜）、历史人物驾鹤成仙、民间传说和文学形象中的正面人物等，他们在道教建筑中都有自己的神位。主要有：

1. 三清神。元始天尊（玉清）、灵宝天尊（上清）、道德天尊（太清），为"道化"而成的最

89

高级别神。"道"在道教中是隐蔽在万物背后、周行于万物之间的本体,大道至简,大道无形,法网恢恢,疏而不失,加以神化而成"三清神"。

2. 四御神。辅佐"三清"的四位天帝,即玉皇大帝(总管天庭)、紫薇北极大帝(掌管天地经纬、日月星辰、四时气候)、勾陈南极大帝(掌管南北两极、天地人三才和人间兵革)、后土娘娘(掌管阴阳、生育、大地、山川之美的女神)。

3. 三官大帝。天官赐福,地官赦罪,水官解厄。三官的诞辰日分别为上元正月十五,中元七月十五,下元十月十五,也是道教的重大活动节日。

4. 诸路神仙。"真武大帝",玄武(北方)之神,居武当道场,因助朱棣成就帝位,大修武当道观。"文昌帝君",即文曲星,掌管功名利禄。"魁星",掌管文运,读书人的崇拜神。"西天王母",女仙之首,玉帝皇后,女儿国的首领,周穆王曾造访,乐而忘返。"护法神",关圣帝君、王灵官(宋代王善的化身)。"八仙",取自民间汉钟离、吕洞宾、李铁拐、张果老、何仙姑、蓝采和、韩湘子、曹国舅等真人故事传说的八位神仙,明代基本定型,以吕洞宾的"吕祖"信仰最为普遍。"财神爷",保佑财运的专职神,以赵公明、比干、关公、范蠡(陶朱公)等为神化形象。"妈祖天后",俗名林默,福建湄洲岛上的官家女子,生前技艺高超,多次在海上救苦救难,二十八岁升天成仙,保佑海上渔民,为护海女神,沿海岛屿各地建有妈祖庙、天后宫,并随华侨传播到世界各地。道教宗派祖师神,天师教、正一教、丹鼎派的先后始祖张道陵、葛洪、寇谦之、陆修静、陶弘景等,全真派祖师王重阳、丘处机等。"五岳四渎神",五岳四渎山川河流的保护神。"行业神",各行各业做出杰出贡献的祖师爷,如酒祖杜康,厨师爷伊尹,"梨园"祖师爷唐玄宗,医圣张仲景,药王孙思邈,建筑祖师爷鲁班,画圣吴道子,等等。

5. 民俗信仰神。是各民族各地区民间信仰所敬拜的自然神、社会神、地方神,多与各项民俗活动有关,主要有:皇家贵族的祖庙、皇陵,祭祀先祖列宗;"城隍庙"祭祀城市保护神,供奉本地的历史名人,开展公共的节庆庙会;"土地神"保护一方土地田产;"财神",有赵公明、比干、范蠡、关公等神化形象;"门神",神荼、郁垒、钟馗、秦琼、尉迟恭、关羽、岳飞等神化形象;"宅神","泰山石敢当",为保护家宅安全的神灵;"灶王神",保护厨房炊事安全的灶王爷夫妇神;"阎罗王",掌管阴曹地府的判官首领;等等。

(四)道教名山与宫观建筑遗存

道教根据自己的活动和神仙布局而选定的修行、祭祀频繁的山岳,以不同时期的道教活动基地、道家杰出人物活动地最有地位。道教名山和道观承载道教领域的各类神仙、教派活动、传说故事,是道教活动形成的文化地理体系,一般在道教文化系统中影响最大的名山、道观受到后人的重视程度较高,遗留的宫观建筑遗产和非物质文化也较丰厚,但目前的遗存差别很大,与建设、破坏密切相关。道教文化遗产集中地大致有以下几类:

洞天福地。是指神仙居所与修道成仙的理想之地。早期老庄学说、神话传说、道士方术曾将昆仑山、姑射山、渤海三山(蓬莱、方丈、瀛洲)五岳、三岛十洲等描述为神仙所居,后经唐代道士司马承祯及其再传弟子杜光庭等人进一步系统考察品评,认定出较为灵验的神仙所居和理想的修道成仙之地,即所谓的"十大洞天","三十六小洞天","七十二福地"。

　　"十大洞天"是指王屋山洞（位于河南山西交界）、委羽山水洞（位于浙江黄岩）、西城山洞（位于青海西倾山，一说重庆）、青城山洞（位于四川灌县）、赤城山洞（位于浙江天台）、罗浮山洞（位于广东增城、博罗县）、句曲山洞（位于江苏茅山）、林屋山洞（位于江苏吴县西洞庭山）、括苍山洞（位于浙江仙居括苍山）。

　　"三十六小洞天"依次是霍桐山洞（位于福建宁德）、东岳太山洞（位于山东泰安）、南岳衡山洞、西岳华山洞、北岳常山洞（位于河北曲阳）、中岳嵩山洞、峨眉山洞、庐山洞、四明山洞（位于浙江上虞）、会稽山洞（位于浙江绍兴）、太白山洞（位于陕西眉县）、西山洞（位于江西新建）、小沩山洞（位于湖南醴陵）、潜山洞（位于安徽潜山）、鬼谷山洞（位于江西贵溪）、武夷山洞（位于福建崇安）、玉笥山洞（位于江西永新）、华盖山洞（位于浙江永嘉）、盖竹山洞（位于浙江黄岩）、都峤山洞（位于广西容县）、白石山洞（位于广西郁林）、勾漏（岣嵝）山洞（位于广西北流）、九嶷山洞（位于湖南宁远）、洞阳山洞（位于湖南浏阳）、幕阜山洞（位于江西修水）、大酉山洞（位于湖南沅陵）、金庭山洞（位于浙江嵊县）、麻姑山洞（位于浙江杭州）、仙都山洞（位于浙江缙云）、青田山洞（位于浙江青田）、钟山洞（位于江苏南京）、良常山洞（位于江苏句容茅山）、紫盖山洞（位于湖北当阳）、天目山洞（位于浙江临安）、桃源山洞（位于湖南桃源）、金华山洞（位于浙江金华）。

　　"七十二福地"依次是地肺山（位于江苏句容茅山）、盖竹山（位于浙江衢州）、仙磕山（位于浙江永嘉）、东仙源（位于浙江黄岩）、西仙源（位于浙江黄岩）、南田山（位于浙江青田）、玉溜山（位于温州海中）、清屿山（待考）、郁木洞（位于江西峡江）、丹霞洞（位于江西南城）、君山（位于湖南洞庭湖中）、大若岩（位于浙江永嘉）、焦源（位于福建建阳）、灵墟（位于浙江天台）、沃洲（位于浙江新昌）、天姥岭（位于浙江新昌）、若耶溪（位于浙江绍兴）、金庭山（紫微山）（位于安徽巢县）、清远山（位于广东广州）、安山（位于交州）、马岭山（位于湖南郴州）、鹅羊山（位于湖南长沙）、洞真墟（位于湖南南岳）、青玉坛（位于湖南衡山）、光天坛（位于湖南衡山）、洞灵源（位于湖南衡山）、洞宫山（位于福建政和）、陶山（位于浙江瑞安）、三皇井（位于浙江平阳）、烂柯山（位于浙江衢州）、勒溪（位于福建建阳）、龙虎山（位于江西贵溪）、灵应山（位于江西上饶）、泉源（位于广东增城）、金精山（位于江西宁都）、阁皂山（位于江西青江）、始丰山（位于江西丰城）、逍遥山（位于江西南昌）、东白源（位于江西奉新）、钵池山（位于楚州）、论山（位于江苏丹徒）、毛公坛（位于江苏吴县）、鸡笼山（位于安徽和县）、桐柏山（位于河南桐柏）、平都山（位于四川丰都）、绿萝山（位于湖南桃源）、虎溪山（位于江西彭泽）、彰龙山（位于湖南澧县）、抱福山（位于广东连山）、大面山（位于四川灌县）、元晨山（江西都昌）、马蹄山（位于江西鄱阳）、德山（位于湖南常德）、高溪蓝水山（位于陕西蓝田）、蓝水（位于陕西蓝田）、玉峰（位于陕西蓝田）、天柱山（位于浙江余杭）、商谷山（位于陕西商县）、张公洞（位于江苏宜兴）、马悔山（位于浙江天台）、长在山（位于江苏宜兴）、中条山（位于江西虞乡）、茭湖鱼澄洞（位于浙江余姚）、绵竹山（位于四川绵竹）、泸水（待考）、甘山（待考）、晃山（位于四川广汉）、金城山（位于湖南新宁）、云山（位于湖南武冈）、北邙山（位于河南洛阳）、卢山（位于福建连江）、东海山（位于江苏东海）。①

　　道教创始人、传承人活动的名山。有青城山、鹤鸣山、龙虎山、罗浮山、云梦山、三清

---

　　①　以上洞天福地受版本限制，仅供参考。

山、茅山、阁皂山、终南山(楼观台)、崂山、齐云山、庐山、武当山、罗浮山、千山等。

重要道观或遗迹。五岳名山道观,包括东岳泰山岱岳、碧霞祠,嵩山中岳庙,华山西岳庙、玉泉院、镇岳宫等,南岳大庙,北岳恒宗殿等,以及北京白云观,山西芮城永乐宫,成都青羊宫,苏州玄妙观,南京朝天宫,上海城隍庙,广州三元宫,庐山仙人洞,老子太清宫,陕西周至终南山楼观台,西安八仙宫、户县重阳宫祖庵等重点道观。

二、佛教在中国的传播与文化遗存

(一)佛教的创立与传播

佛教产生于公元前 6 世纪到公元前 5 世纪的古代印度,创始人乔达摩·悉达多(公元前 565—前 486)本是迦毗罗卫国净饭王的王子,他看到种姓制度下的印度到处充满苦难,萌生找出摆脱苦难途径的想法,经过 6 年的艰苦修行,35 岁时终于在菩提树下悟道成佛,之后广收门徒,在各地传教达 45 年,涅槃后尸骨化为舍利,分别传入各地加以供奉,弘扬佛法。被尊为"释迦牟尼",意为释迦族的圣人。

佛教在印度的传播大约 1800 多年,到 13 世纪初佛教受伊斯兰教的排挤在印度衰落。佛教在印度的传播大约分为原始佛教时期(初创时期)、部派佛教时期(公元前 4 世纪至公元前 1 世纪)、大乘佛教时期(公元 1—7 世纪)、密教时期(公元 7—12 世纪)。佛教在阿育王时期大量向外传播,主要路线有:

(1)向东向南传入斯里兰卡、缅甸、泰国、马来西亚、柬埔寨、老挝和中国云南傣族、布朗族等少数民族,主要是小乘佛教,在中国西南边境地区称为南传佛教、上座部佛教,在中南半岛各国小乘佛教占统治地位。

(2)向东北经西域传入中国,后又传到朝鲜、日本、越南等国,传入中国汉地的佛教主要是大乘佛教、密宗,形成儒释道三教相互竞争融合的局面,传入中国、日本等国的佛教都与当地的国情相结合,衍生出本土不同宗派的宗教。

(3)向北传入青藏地区、蒙古高原等地,藏传佛教俗称喇嘛教,也表现出显著的地域性。

(二)佛教的基本教义

佛教自创立以来,经由佛教理论家、实践家的丰富和发展,形成一系列较为完整的概念理念、理论学说、信仰模式和文化遗产,用佛教的观点解释了宇宙世界的存在特征,人类痛苦的表现、缘由,以及如何才能脱离苦海,到达脱离生死轮回的涅槃境界。其基本学说主要有四圣谛、八正道、十二因缘、业报轮回等。

(1)四圣谛。"谛"就是真理、实在之意,"四谛"即苦谛、集谛、灭谛、道谛,分别用来解释人生苦海无边的本质(苦谛)、形成原因(集谛)、解脱的必要和可能(灭谛)和解脱之路(道谛)。佛教认为人生有四苦、五苦、八苦、九苦、十一苦等"苦谛",真可以说是苦海无边。用通俗的话说"四苦"就是人们常说的生苦、老苦、病苦、死苦,"八苦"再加上爱别离苦(彼此有爱却偏要别离)、怨憎会苦(彼此有怨恨却偏偏要相会)、五蕴(人的五种身心活动)炽盛苦。苦的原因(集谛)有"三业""两惑"。"三业"即身业(行为的业)、语业(言语的业)、意业(思想活动的业),"两惑"即见惑(各种妄见)、思惑(贪、嗔、痴等)。如何解脱苦谛,就是要超脱生死轮回,进入涅槃的境地(灭谛)。涅槃,即灭度、圆寂,佛教认为涅槃就是进入超脱生死的境地,并非世间所说的死亡或化为乌有。涅槃境界的获得需要通过艰苦的修行,其方法、做法就是"道谛"。即所谓"八正道"。

(2) 八正道。又名"八圣道",即八种解脱诸苦、脱离轮回、进入涅槃境界的途径和方法。八种正道是正见、正志、正语、正业、正命、正精进、正念、正定。此"八正道"就像渡船一样,可超凡入圣,到达彼岸,后简称戒、定、慧。戒有五戒、八戒、十戒、百戒之说,定就是禅定,保持四大皆空的平静状态,慧就是智慧所得。"五戒"即不杀生、不偷盗、不邪淫、不妄语、不饮酒。

(3) 十二因缘。解释苦和轮回的原因,也就是十二种因由、缘故,包括无明(痴)、行、识、名色、六入、触、受、爱、取、有、生、老死十二部分,基本上是前因后果,而以"无明"为总的原因,即一切的苦和轮回来自于不明佛理。

(4) 业报轮回说。佛教认为生灵有前世、现世、来世"三世",有什么"业"就会有什么"果"。"六道轮回"是指天道、阿修罗道、人道、饿鬼道、畜牲道、地狱道。

(5) 三法印。是解释世间种种现象、幻相的三种状态,即诸行无常、诸法无我、涅槃寂静,前两种是客观现象,诸多无奈,后一种是理想境界和佛教的追求。至于佛教的涅槃境界,本质上就是脱离轮回,进入极乐世界,或曰佛国世界。

(三) 佛教的诸神佛与谱系

佛教在传播过程中经常把诸佛、菩萨等诸神的品阶混称,曰"修道成佛"。而实际上,佛界诸神是有品阶和神职区别的。佛教信仰自身一般不称为神灵信仰,但诸神信仰和佛国世界等本质上是神佛信仰。

(1) 佛。又译佛陀、浮屠(应身佛),又称世尊、如来、毗卢遮那佛(法身佛)、卢舍那佛(报身佛),意为"觉悟者",后来信仰者把释迦牟尼尊称为佛,小乘佛教"佛"是释迦牟尼佛的专称,大乘佛教"佛"指一切觉行圆满者,可分为"三世佛",又分为时间三世佛、空间三世佛,时间三世佛(竖三世)是指前世佛燃灯佛、现世佛释迦牟尼佛、未来佛弥勒佛。中国弥勒佛的形象传说是印度弥勒佛的化身,即五代时圆寂的布袋和尚(法号契此),圆寂在奉化岳林寺。方位空间的三世佛(横三世佛)是东方琉璃世界的药师佛(由日光菩萨、月光菩萨胁侍)、中间婆婆世界的释迦牟尼佛(由文殊菩萨和普贤菩萨胁持)、西方极乐世界的阿弥陀佛(由观世音菩萨、大势至菩萨胁侍,净土宗的主佛)。密教或密宗将方位佛分为五方佛,即东西南北中"五方",大日如来佛(即释迦牟尼佛)居中。藏传佛教为密教,密宗佛教的本尊称为欢喜佛,为男女裸身相抱的形象,喇嘛寺多有供奉。世俗所谓佛,可以泛指一切神佛,不做严格区别。

(2) 菩萨。意为自觉、觉他者,果位低于佛,高于罗汉,菩萨不但自己觉悟,还要普度众生,救厄解难,在汉地大乘佛教大行其道。菩萨既亲近佛,又接近人,再加上与中国文化相融合,赋予女性化身,故而亲和力极强。主要是指文殊菩萨、普贤菩萨、观音菩萨、地藏菩萨等,其在中国的主要道场分别为五台山、峨眉山、普陀山、九华山,而弥勒菩萨在中国一般称为弥勒佛。在密宗,"明王"即是佛和菩萨的化身。佛和菩萨在佛教本无性别之分,而菩萨在中国则多为女性形象,卢舍那佛也为女性形象。

(3) 罗汉。在小乘佛教是修行者达到的最高果位,在大乘佛教是低于菩萨的第三等。达到罗汉果位,即达到脱离生死的涅槃境界。有四大罗汉、十大罗汉、十六罗汉、十八罗汉、五百罗汉等称谓,主要是指佛陀弟子的群体果位。

(4) 护法神。佛教有"二十天神"之说,是佛教的护法神,是来自印度神话中惩恶护善的二十位天神,其中四大天王名气最大,分别是东方持国天王、南方增长天王、西方广目天王、北方多闻天王。中国佛教界有多位来自人间的护法神或地狱中的阎王判官,著名的有护法将军韦驮、托塔李天王、哼哈二将等。托塔李天王原为唐初大元帅李靖的化身;哼哈二将取自《封神演义》中的两位将领。

(5) 高僧大德。中国佛教界各个宗派的创始人、传承人、对佛教有重大贡献者,有《高僧传》《续高僧传》等文献记载,如禅宗的达摩、惠能(慧能)、百丈禅师,天台宗的智颉,净土宗的慧远,法相宗(唯识宗)的玄奘等。

(四)佛教文化遗存

佛教文化遗存包括物质形态的建筑文化、石窟雕塑、佛教器物,非物质文化形态的佛教文献、文学、音乐、绘画、佛教历史名人等。佛教建筑遗产在各大宗教建筑中是最突出的。佛教进入中国后迅速与中国文化相融合,进而形成中国的佛教文化传播史、佛教文化地理。

佛教寺院是佛教活动主要场所,围绕佛教信仰活动而展开殿堂的布局,历史以来的寺庙、佛塔数量难以计数,以十万计,1949年前后初步统计汉地有佛教寺院5万多处,但能够作为重要文物保存下来、具有强烈旅游吸引力的却是有限的。

佛教在中国传播到唐代形成的各大宗派,都有各自的创始人、传承人和修行寺庙,到宋代以后只有禅宗、净土宗流传较广。大乘佛教普度众生的各路菩萨也都有自己集中的传教道场,如佛教四大名山五台山、峨眉山、普陀山、九华山等分别属于文殊菩萨、普贤菩萨、观音菩萨、地藏菩萨的道场。

东汉初年,洛阳白马寺是佛教进入中原后第一座官方佛寺,被尊为佛教祖庭、中国释源。禅宗祖庭为北魏时期建立的嵩山少林寺,自达摩祖师传六代至惠能(慧能),形成禅宗顿悟派南宗,祖庭在广东韶关南华禅寺,广州光孝寺是禅宗进入中土、传播顿悟禅宗的重要寺庙;以神秀为代表的渐悟派禅宗,称为禅宗北派,以湖北当阳玉泉寺为道场。天台宗是南陈太建年间由智颉大师开创的佛教宗派,祖庭在浙江天台山国清寺;东晋高僧慧远创立的净土宗祖庭在庐山东林寺;唐代高僧道宣在终南山创立律宗(又名南山宗),道宣的再传弟子鉴真在扬州大明寺传授律学,后东渡日本传播佛法,大明寺成为中日两国律宗的祖庭;位于南京的栖霞寺为三论宗的祖庭,位于西安的慈恩寺为法相宗(唯识宗)的祖庭,西安城南的大兴善寺为中国汉地密教的祖庭,长安县的华严寺为华严宗的祖庭……都在中国佛教史上占有地位,也是开展宗教旅游的重要目的地。

汉传佛教寺院的建筑带有显著的功能性和本土文化性,围绕佛教信仰形成一系列功能性建筑及神佛供奉、僧众修行内部陈设,一般为坐北朝南的多进深的院落,建筑平面多沿中轴线对称布局,主要有:

（1）山门。又称三门,意指佛教用语的空门、无相门、无作门,代表智慧、慈悲、方便三解脱,入佛门也就是象征"遁入空门"。佛门不度不可度之人,多由护法神"哼哈二将"看守。有的佛寺不限一道山门。

（2）天王殿。供奉大肚弥勒佛(未来佛,弥勒转世佛),两侧为四大天王(金刚),弥勒佛背后神龛供有佛寺保护神韦驮将军。

（3）大雄宝殿。为佛寺的正殿,高大雄伟,庄严肃穆,供奉释迦牟尼佛(本尊),由菩萨护持,或同时供奉"三世佛",大雄宝殿的两侧为罗汉塑像;也有单独供奉菩萨、罗汉像群的殿堂。

（4）伽蓝殿和祖师殿。位于寺院两厢的配殿,供奉佛教宗派(主要是禅宗)祖师或对早期佛教思想、制度、建筑等做出杰出贡献的高僧大德,主要有印度佛教的伽蓝神、汉地禅宗祖师达摩、六祖慧能、大寂禅师、百丈禅师等。

（5）法堂、藏经楼。位于佛殿的背后,法堂是讲经、聚会的场所,藏经楼用于收藏佛经和法器、文物。

（6）佛塔。埋藏佛骨的建筑,数量众多的称为塔林,以河南、山东、四川、北京等地的塔林较为突出。

（7）僧众生活、接待的堂舍、放生池等。

三、基督教文化与旅游文化遗存

（一）基督教的创立与传播

基督教是公元1世纪巴勒斯坦地区拿撒勒人耶稣基督创立的宗教的统称,包括先后分裂出来的天主教、东正教、新教等几个部分。耶稣是由上帝圣灵借助圣母玛利亚圣洁的肉体降生到人间的圣子,来到人间传教救世,代替人类受尽磨难,最后被钉在"十字架"上受难。以此感召人们对上帝和耶稣的虔诚信仰,去除罪恶,成为选民(基督徒),进入天国,与上帝同在。信徒超过16亿人,是信仰人数最多的宗教,遍布世界各地,以欧美国家为主。唐朝贞观年间传入中国,称为景教,后受宗教竞争、礼仪之争等原因在中国的传播多次遭受挫折,近代以来,在中国城乡有较大范围的传播,并对中国社会文化产生一定的影响。

（二）基督教的基本教义

基督教以《圣经》《新旧约全书》为经典,围绕《圣经》在教内外的信仰、解读、研究,所形成的文化体系和出版物是世界上规模最大的。基督教的基本教义主要有:

（1）耶稣创教与上帝圣灵的关系。上帝是宇宙万物的创造者和主宰者,是唯一的全能的神灵,又名天主、天父、神,耶稣是圣灵作用于圣母玛利亚而诞生的圣子,圣父、圣子、圣灵"三位一体"。天主教、犹太教、东正教等所信奉的为同一神灵、唯一的神灵。

（2）基督的含义是救赎、救世主,上帝创造的人有原罪(人类先祖亚当夏娃偷吃禁果而赋有的共同的罪)、本罪(个体自身的罪),曾经恶性膨胀(大抵因魔鬼撒旦的作祟),上帝曾经以"诺亚方舟"保留过一部分优良种子,并"约定"拣选部分优秀"选民"升入天堂与上帝同在,其余接受末日的审判,或被打入地狱,并由圣子耶稣传递福音,进行救赎,结果在传教过程中遭到严重挫折,被钉在"十字架"上(显然,圣子耶稣是又复活了),感化人间的觉醒。

(三)基督教的节日

(1)纪念耶稣基督的节日:圣诞节,每年 12 月 25 日,纪念耶稣诞辰;复活节,纪念耶稣受难和复活,每年春分月圆后的第一个星期日,在此前后过复活节;圣灵降临节,又名五旬节,复活节后 50 天,圣灵降临,耶稣门徒感受圣灵,开始布道。主日礼拜,纪念主耶稣受难后七日复活,又名礼拜天。

(2)教会活动的礼仪(圣事):洗礼,又名受洗,加入基督教的标志性仪式;圣餐,信徒领取圣餐的活动;斋戒,在规定日禁食、少食的活动等。

(四)基督教在中国的建筑文化遗存

基督教在中国的传播留下相应的物质和非物质文化遗存,以近代以来的教堂建筑为主。基督教的教堂建筑是基督教文化的集中表现,在我国地位突出的教堂有北京的东西南北"四大天主教堂"、北馆"尼古拉教堂"(东正教)、崇文门教堂(新教),天津的望海楼教堂、老西开教堂,哈尔滨南岗尼古拉教堂、索菲亚教堂等 17 座教堂,上海的徐家汇天主堂、佘山天主堂、国际礼拜堂,南京的石鼓路天主堂,宁波的哥特式天主教堂,广州的圣心大教堂,沈阳南关天主教堂等,基督教墓葬群以北京的腾公栅栏传教士墓地、澳门的基督教坟场等最为有名,埋葬有多位早期来华传教、沟通中西方文化的著名传教士。

四、伊斯兰教文化与旅游文化遗存

(一)伊斯兰教的创立与传播

伊斯兰教于公元 7 世纪初由穆罕默德创立。穆罕默德出生于麦加,在麦地那建立政教合一的政权,并攻克麦加,统一阿拉伯半岛,公元 632 年,葬于麦地那清真寺。伊斯兰教以麦加、麦地那、耶路撒冷为三大圣城,并分别有禁寺、先知寺、阿克萨寺"三大圣寺"。伊斯兰教主要在西亚、北非、中亚、南亚、东南亚等地区传播,信徒约 8 亿人,其中逊尼派约占 90%,约 10% 为什叶派(阿里派)。唐宋以来,传入中国,一是沿丝绸之路经西域传入中国,一是通过南亚、东南亚经海上由广州、泉州等沿海城市传入中国。

(二)伊斯兰教的基本教义

伊斯兰教的教义蕴含在信仰对象和信仰功课中。伊斯兰教的主要信仰对象有:真主、天使、使者、经典《古兰经》等,"真主安拉"是宇宙间唯一的全能真神,由来自神界的"天使"传达"真主"和"人"间善恶的信息,"使者"来自阿拉伯民族的伟大先祖和圣人,主要有易卜拉欣、穆萨、尔萨、穆罕默德等,以穆罕默德为"至圣",经典《古兰经》是真主安拉通过使者降临到人间的圣言,人们的行为准则。伊斯兰教认为,一切都是真主安拉的意志,宇宙和人类在"世界末日"终将毁灭,真主安拉使一切生命复活,并接受审判,行善者进入天堂,作恶者趋入火狱而自食其果。

穆斯林有五大修行的功课,即念功、礼功、斋功、课功、朝功等。"念功"就是学习、念诵《古兰经》和"圣训"等经典的实践活动,从口舌、心意、行动各个方面表白和表明自己的穆斯林信仰;"礼功"就是参加诵经、祈祷、跪拜等宗教仪式活动;"斋功"是在斋月(教历九月)举办的穆斯林斋戒活动,在斋月每天从早晨到日落,禁止一切饮食、房事,用圣洁的身心一心向主,戒除一切邪念。另有圣行斋、自愿斋等。"课功"即穆斯林缴纳宗教赋税的义务,每年一次,通过缴纳"天课"可以使心灵和财富变得更加洁净。"朝功"指凡是在身体健康、经济条件允许、路途平安的情况下,穆斯林一生至少要前往麦加朝觐一次。朝觐日在教历每年 12 月 9～12 日,由一系列朝觐仪式完成,经过合格的朝觐活动,可获得"哈吉"称号。

（三）伊斯兰教的节日

伊斯兰教的节日主要有:开斋节,每年斋月(教历 9 月)所开展的斋戒活动月;古尔邦节,穆斯林前往麦加朝觐期间(教历 12 月)的节日;圣纪节,纪念穆罕默德诞辰和逝世(教历 3 月 12 日)的节日,传说穆罕默德"圣诞"和"圣祭"为同一日,穆斯林举办"圣会",讲述穆罕默德的故事和品格;法蒂玛节,每年教历 6 月中旬举行纪念第四位哈里发的妻子(穆罕默德的女儿,为创教做出巨大贡献,穆斯林妇女的楷模)法蒂玛逝世的节日,一般由妇女操办;登霄节(教历 7 月 27 日),纪念穆罕默德前往耶路撒冷登宵遨游会见先祖众使者的节日,由阿訇主持夜间礼拜活动等。

（四）伊斯兰教在中国的古代建筑遗产

伊斯兰教的古建筑遗产主要是指自唐朝传入中国以来,遗留下来的清真寺、古墓葬等,与伊斯兰教在中国的传播方向和穆斯林民族分布与迁徙有密切关系。大凡有穆斯林的地方就会有清真寺,全国目前约有 2 万余所,中国的伊斯兰建筑物既沿传阿拉伯清真寺的建筑风格,又与中国的建筑文化、民俗文化相融合,其中旅游价值较高的是沿西北陆上"丝绸之路"和沿东南"海上丝绸之路"方向的伊斯兰教传播城市和古建筑。来自西北和北方方向的伊斯兰教建筑文化遗存主要有西安的华觉寺、宁夏同心清真大寺、银川的南关清真寺、新疆喀什艾提尕尔清真寺、北京东四清真寺、牛街礼拜寺等。来自沿海的伊斯兰古建筑遗产主要有广州的怀圣寺、泉州的清净寺、杭州的凤凰寺等,并称为沿海三大清真古寺。伊斯兰教陵墓建筑主要有三类:东南沿海的圣墓、先贤墓,甘宁地区的"拱北"(意为"圆拱屋顶"),新疆地区的"麻扎"(意为"拜谒之地")。其中泉州的灵山圣墓被认为是世界上保存最完好的伊斯兰教第三圣墓,仅次于麦地那的穆罕默德圣墓、纳夫城的阿里圣墓。

第三节　宗教文化的社会影响

宗教作为有组织、有思想的信仰活动,对不同时段、不同地区、不同的人群在思想精神活动、社会生活、文学艺术等物质非物质文化产生重要影响。包括积极的一面和消极的一面,而积极的因素是宗教社会影响的主流,消极的影响又往往来自对宗教的偏见或无知。

一、对人的世界观的影响

宗教都有自己的一整套世界观、价值观、人生观,如佛教的四大皆空、大千世界、善恶相报、苦难轮回、禅定慧、涅槃、普度众生的宗教思想学说;道教的有无相生、道生万物、负阴抱阳、洞天福地、修炼成仙的宗教哲学理念;基督教、伊斯兰教的神创论、万能神、公义神、原罪忏悔、先知创教、天堂地狱、末日审判的精神信仰等宗教思想,对信仰者或宗教修习者的精神世界产生直接或间接的影响。人类的许多哲学思想、科学假说、理论来源与宗教的教义或信仰活动密切相关。如关于唯物论与唯心论、有神论与无神论的争论,关于玄学、禅学、心学的学说与实践,关于宗教伦理与理想社会模式的追求等,经过思想碰撞,产生哲学智慧,认清世界、社会的本质和人生的意义与价值。中国的儒释道三教哲学思想、处事态度,就是在长期的竞合中不断激荡、迸发出来的,留下大量精神财富。宗教价值观普遍要高于世俗生活的价值观,如宗教真善美的观念较之世俗的财富价值观等"低级趣味"观念要更加高档和高尚,进而起到引领和提升人类价值观、开拓人类精神境界和视野的作用。

二、对文学艺术的影响

文学艺术是对社会生活的反映、人类思想情感的表达。宗教不仅建立起自我的社会群体、物质世界、精神世界、艺术想象,而且对人类日常的文艺创作产生重大影响。宗教文艺的范畴十分广泛,包括宗教语言艺术、宗教雕塑艺术、宗教绘画艺术、宗教建筑艺术、宗教器物艺术、宗教音乐艺术等文化遗产,如中国传统学术、艺术中就曾经产生大批的宗教思想家、翻译家、宗教改革家、画僧画派。比如在佛教文学中就涌现出鸠摩罗什、玄奘、义净、陈真谛等大批佛经翻译家,架起中印文化艺术的桥梁;唐朝涌现出齐己、皎然、贯休等著名诗僧,禅诗在中国古诗词中占有重要地位;明末清初涌现出朱耷(八大山人)、石涛、石溪、弘仁(浙江)"四大画僧"杰出艺术家。

宗教艺术的影响角度是全面的深刻的,包括宗教题材、宗教想象、宗教理念、宗教人物、宗教事务等。对于世俗的文学艺术,宗教思想可以通过启迪智慧灵感、扩展艺术想象力、延伸创作空间等方面发挥重要作用。事实上,宗教艺术与世俗艺术已经渗透融合在一起,很难截然分开。儒释道是中国国学体系不可分割的一个大熔炉、大整体,共同作用于思想界、知识界、文化界、设计界和制作界,影响着他们的思维方式、创作理念、创作过程。宗教对文化遗产的保护曾发挥重要作用,每当社会动荡,以远离尘世为理念的寺庙在保护难民和文化图籍方面往往起到一定的作用,如敦煌遗书、道藏、佛典等,收藏和保存了中国古代大量有价值的"非宗教"性质的文化遗产,早已大大超出"宗教文献"自身保护功能的范畴,因为中国的古典文献带有很强的包容性,在许多方面很难分出明显的界限。

三、对社会生活的影响

宗教活动本身是社会活动的一个重要组成部分,世界上约有60%以上的人口拥有明确的宗教身份,宗教的群体建立起宗教的活动、宗教的交往形态,建立起宗教的社会结构模式,形成宗教国家,如泰国以佛教为国教,印度尼西亚以伊斯兰教为国教,墨西哥以基督教为国教,信仰者都占到全国人口的90%以上。按照宗教人口的地理分布,也可以将世界宗教文化大致划分为以西方发达国家为中心的基督教文化区域,以亚洲东部、南部为中心的佛教、道教文化区域,以中东地区为中心的伊斯兰教文化区域,以原始宗教、地方宗教为中心的非洲、拉丁美洲、大洋洲土著文化区域等,形成各自的宗教政治、宗教民俗、宗教文化格局。在中国宗教创立、引进、输出、传播、融合过程中,曾经发生过"弘法"与"灭佛"的动荡和挫折,宗教之间的辩论竞争也此起彼伏;社会上围绕"出世"与"入世"、"出家"与"还俗"而频频上演,宗教与世俗之间的相互作用和影响从未间断。客观地讲,宗教离不开世俗的物资给养、传教"度化"的对象,世俗离不开宗教的庇护和心灵救护,而从根本上讲,宗教与世俗不过是同一人类在信仰上的分异、在行为活动上的分工而已。大乘佛教普度众生思想和禅宗"顿悟派"思想确立以后,佛教民间化、世俗化、社会化的倾向更加明显,而道教尤其是"正一教"的信众主要分布在社会和家庭中,以巫师、神婆、阴阳仙等为"神职"人员的原始宗教和民间信仰实际上已属于民间文化的一个部分。

四、与物质文明、科技教育的相互影响

宗教在传播、演化、分化、整合过程中,不能离开物质文明的基础作用,不能回避科技教育的具体背景,同时宗教活动也创造和影响着物质文明和科技教育事业的进程。宗教是人类文明的产物,又开启着人类的文明。人类早期的宗教信仰长期停留在原始宗教的层面上,是因为缺乏形成完整体系的人力资源、物质基础、传播工具和宗教人才的储备,也即是物质文明、精神文明的基础是否坚实牢靠,而当这些条件一旦具备,宗教就会在某些地区、某些人群中生根、发芽、成长、壮大。但宗教的传播并非一帆风顺,其间存在大量的矛盾、斗争、风险,必须不断地调整、改革、适应、创新、发展,或者在竞争中衰落消亡,历史上宗教的创立与消亡从未间断,而只有少数宗教能够存在下来,发展壮大,但成熟宗教的生命力和影响力是坚不可摧、不容置疑的,至于宗教最后的走向,不同的学派得出不同的结论,而历史以来宗教在传播过程中所留下的大量物质遗产、非物质遗产,则与旅游活动密切相关。成为重要旅游文化资源的宗教遗产也是有一定限度的,能否开发利用好这一旅游资源,则要依靠旅游工作者的不懈努力和政策制度的大力扶持。

第四节 宗教文化的旅游价值

一、宗教的旅游审美价值

审美是旅游活动的重要特征,宗教文化充满美学意蕴,是旅游审美的重要领域,宗教美学对游客能够产生强烈的吸引力和审美情趣。宗教美学包括宗教美学的创造、留存、鉴赏、传播等各个方面,存在于宗教文化的各个领域。

(一)宗教精神美学

宗教精神的美表现为宗教所提倡、创立的美好设想、美好理想,宗教对神灵世界、人

间世界都有着理想主义或悲情色彩的美学构想,宗教的经典著作对天国、佛国都有着美妙的想象,在佛国、天国无限美好,是人间无法满足和实现的,如佛教的极乐世界、道教的神仙世界、基督教的天堂等有着美妙的描述,那里的佛、菩萨、天使、得度者,他们所想、所观、所遇都是人间可望而不可即的,比如佛教的"七宝"以人间珍贵稀有的金银、美玉、珍珠、琉璃、砗磲、珊瑚、玛瑙、琥珀等为隐喻,飞天、升仙的自由自在,天国、仙境不会有邪恶、歧视、不平等现象。宗教孜孜以求的本质对象就是真善美,看清世界的真相,照亮人们的心灵,引导人们的行为,因而成熟的宗教具有理念的美、神圣的美、庄严的美、和谐的美,弃恶扬善是正直宗教的本质特征。

(二)宗教艺术美学

宗教培养、孕育出大批艺术家,形成一门宗教艺术美学,集中在以石窟造像为代表的雕塑艺术,以壁画艺术为代表的绘画书法艺术,以经、律、论为代表的宗教语言文学艺术,以讲经说法参禅为代表的思辨艺术,以诵经祈祷仪式为代表的音乐艺术,以法器、用物为代表的宗教工艺美术等诸多艺术门类。宗教艺术的特征一是主题鲜明而纯粹,洁净精微,以虔诚、慈善和爱憎分明为基本格调,表现佛菩萨、穆斯林等善男信女的精神气质,比较典型的如云冈石窟佛的高贵平和、服饰紧收(印度犍陀罗风格),龙门石窟卢舍那佛的端庄矜持、虔诚自信(大唐风韵),弥勒佛的大度能容、慈颜常笑(明清封建文化的沉淀、没落、回光返照的气象),而对待邪恶势力则采取威吓和规劝的态度,如佛教守护神的形象。宗教艺术作品多以理想主义的结局而告终,邪灵、恶煞终告破产,虔诚的信徒终将得救,反映了法力无边、扬善弃恶的宗教精神。二是想象力丰富,如敦煌壁画的飞天艺术构思,取材于宗教故事的诗词歌赋、小说曲艺,道教回归山林的神仙境地,极尽想象的空间。三是庄严有序,如神佛雕塑按果位的恰当陈设,仙风道骨的阴阳五行排列组合。

(三)宗教实体美学

宗教实体在满足实用功能的基础上,充分体现出建筑、园林、墓葬、器物的美学特征。宗教建筑从选址、布局、结构、材料、装饰、使用过程等,无不追求美学设计,体现出不同时代、不同地区、不同建筑师的审美个性,如道教建筑的阴阳平衡、亲近自然山林的仙境气质;佛教建筑的严整规范,佛塔造型的坚毅稳固;基督教教堂的罗马式、哥特式、拜占庭式等建筑风格,伊斯兰教建筑的阿拉伯文化风格等。宗教造像、器物都经过严格的美学设定,如中国化了的佛像要求体现释迦牟尼佛的"三十二"不同凡俗的精神气质和"八十种好"的细微雕琢,不同场合还要有所区别;观音菩萨形象根据"三十三种应身"而设计出"三十三种"不同形制的观音形象,以杨柳观音、白衣观音、水月观音、送子观音等形象为民间所熟知。"十八罗汉"的形象更是形态各异,栩栩如生,带给人以造型变化上的想象空间。

(四)宗教社会与宗教民俗美学

宗教的社会美、民俗美是不容忽视的美学范畴,也是旅游活动氛围所接触到的生态美学,主要是指宗教信徒及其活动的人物美、心灵美、行为美、环境美、装饰美、宗教活动的仪式美等方面。在中国的宗教社会发展史上，记录了大量高品位的社会交往和文化交流事件和典故，如帝王贵戚与宗教系列、高僧大德与文化名人系列、僧众群体系列等，发人深省、催人奋进，使人获得精神的动力、技艺的提升。宗教文化氛围的美的根源还是在于宗教价值观的基础稳固，不同于世俗社会生活的浮华、时尚、色彩斑斓，因而能够构成旅游审美上的显著差异。

二、宗教文化的休闲度假价值

（一）精神的放松与"解脱"

宗教文化不以创造实用价值的物质实体为目标，更不以经济价值为判断事物的标准，重在精神的解脱和开释，这一点刚好与纷乱的世俗追求相分异。南北朝时期达摩对南朝梁武帝大造寺庙、广发度牒等善举并不认为是大功一件，就是一个明证。宗教文化总体上求静、求空、重德、向善的特质，是对世俗文化的一个极大弥补和启示。消解世俗的疲劳、困境、欺诈、恶性竞争的最佳途径莫过于接近宗教文化，开展宗教式的旅游休闲度假，与宗教的人、物、事、场所接触，获得精神上的放松和解脱。从根本上讲，宗教旅游是一种精神慰藉和释放旅游，也是宗教旅游营销的核心卖点。精神的愉悦、释放，还可以起到增强体质，延年益寿的效果。

（二）获得创作灵感与启迪，提高作品的品位

人的思想境界来自于社会实践，与人们所从事的职业性质和工作层面有一定关系。对于从事学术研究、文艺创作、创意产业的文化阶层、决策人物，世俗的题材、纷乱的利益纠葛，往往搞得人们焦头烂额，心力交瘁，智慧和灵感的源头沉闷枯萎，而到宗教那里则可以获得更加高远、辽阔的创作灵感。宗教家在长期的宗教实践中，开创了多种行之有效、别开生面的禅定、智慧修行模式，丹气修炼模式，充满禅机的思想交流模式，大多能够令人耳目一新，茅塞顿开，对于较为浅显的世俗创作来讲，往往能够起到柳暗花明、豁然开朗的启迪，从而拔高作者和作品的思想境界。可见，宗教文化是创作的资源，智慧的源泉，其方便的捷径就是亲近宗教、体验宗教，开展宗教文化旅游活动。

关键词：宗教文化；一神教；多神教；道教；佛教；基督教；伊斯兰教；宗教旅游

思考题

1. 宗教的成因有哪些？世界上有哪些成熟的宗教？
2. 比较世界几大宗教的经典著作、基本教义、创立人、创生地、活动中心等。
3. 佛教寺院建筑的构成通常有哪些？
4. 举例说明宗教文化的影响范畴。
5. 举例说明宗教文化有哪些旅游价值。

参考文献

1. 谢陆军.中国道教源流[M].北京：九州出版社，2004.

2. 王宜峨.中国道教[M].北京:五洲传播出版社,2004.

3. 杨曾文.中国佛教基础知识[M].第二版.北京:宗教文化出版社,2005.

4. 沈祖祥、李萌.旅游宗教文化[M].第四版.北京:旅游教育出版社,2012.

5. 刘建华.佛与人生[M].郑州:中州古籍出版社,1992.

6. 张力余、殷渝生.图说禅宗[M].重庆:重庆出版社,2008.

7. 徐家玲.世界宗教史纲[M].北京:高等教育出版社,2007.

第 六 章

画中山水:中国古典园林旅游文化

本章导读

苏 州 园 林

苏州园林的建筑风格与北方截然不同,北方的古建筑大都色彩浓厚,屋顶曲线平缓,装修简单质朴,彰显开朗大度的风格。而我眼前的江南建筑色彩淡雅,屋顶陡峻,翼角高翘,显得格外秀丽灵巧,活像欲要展翅高飞的鸿雁。走进玲珑馆,但见装修精致,落地裙窗精雕彩绘,红木家私,名家字画,配以鲜花盆景,极其富丽堂皇。

身处馆内透过精巧的窗棂往外观望,那又是一番美景,三两棵芭蕉,一丛翠竹,或是一棵海棠与窗交相呼应,相得益彰。试想如在雨夜,听雨打芭蕉,竹叶飒飒,加之雨打窗棂之声,那更是诗意万分了。园里花木品种繁多,但布局特别,设计独具匠心,使其疏朗有致,四季花卉交叉种植,各自成一景。游走于长廊石径,步步变换着景致,让人耳目一新,疲劳烦闷顿时消失得无影无踪。

苏州园林果然名不虚传,有句话叫"不虚此行",我只顾将身心融入其中,无暇顾及亭台轩榭的名字。听景不如赏景,赏景不如亲临感受,乐在其中。此园虽地处闹市但显得格外幽静,是居家之所却满目山水,建筑随意,处处不对称却又和谐自然。一步一景,却又不重复,各有特色。不同的人所感受到的美丽又不一样,真的令人称奇。

(资料来源:http://sanwenzx.com/suibi/xiejing/2012/115651.html)

在一定的地域运用工程技术和艺术手段,通过改造地形(或进一步筑山、叠石、理水)、种植树木花草、营造建筑和布置园路等途径创作而成的美的自然环境和游憩境域,就称为园林。在历史上,游憩境域因内容和形式的不同用过不同的名称。中国殷周时期和西亚的亚述,以畜养禽兽供狩猎和游赏的境域称为囿和猎苑。中国秦汉时期供帝王游憩的境域称为苑或宫苑;属官署或私人的称为园、园池、宅园、别业等。"园林"一词,见于西晋以后诗文中,如西晋张翰《杂诗》有"暮春和气应,白日照园林"句;北魏杨玄之《洛阳伽蓝记》评述司农张伦的住宅时说:"园林山池之美,诸王莫及。"唐宋以后,"园林"一词的应用更加广泛,常用以泛指以上各种游憩境域。

第一节 中国古典园林的起源与发展

中国古典园林,或称中国传统园林或古代园林。它历史悠久,文化含量丰富,个性特征鲜明,而又多彩多姿,极具艺术魅力,为世界三大园林体系之最。在中国古代各建筑类型中它可算得上是艺术的极品。在近五千年的历史长河里,留下了它深深的履痕,也为世界文化遗产宝库增添了一颗璀璨夺目的东方文明之珠。

一、汉以前——以帝王贵族狩猎苑囿为主体时期

据有关典籍记载,我国造园应始于商周,其时称之为囿。商纣王"好酒淫乐,益收狗马奇物,充牣宫室,益广沙丘苑台(注:河北邢台广宗一带),多取野兽(飞)鸟置其中……"周文王建灵囿,"方七十里,其间草木茂盛,鸟兽繁衍"。最初的"囿",就是把自然景色优美的地方圈起来,放养禽兽,供帝王狩猎,所以也叫游囿。天子、诸侯都有囿,只是有范围和规格等级上的差别,"天子百里,诸侯四十"。

汉起称苑。汉朝在秦朝的基础上把早期的游囿,发展到以园林为主的帝王苑囿行宫,除布置园景供皇帝游憩之外,还举行朝贺,处理朝政。汉高祖的"未央宫",汉文帝的"思贤园",汉武帝的"上林苑",梁孝王的"东苑"(又称梁园、菟园、睢园),宣帝的"乐游园"等,都是这一时期的著名苑囿。从敦煌莫高窟壁画中的苑囿亭阁,元人李容瑾的汉苑图轴中,可以看出汉时的造园已经有很高水平,而且规模很大。枚乘的《菟园赋》,司马相如的《上林赋》,班固的《西都赋》,司马迁的《史记》,以及《西京杂记》《三辅黄图》等史书和文献,对于上述的囿苑,都有比较详细的记载。

上林苑是汉武帝在秦时旧苑基础上扩建的,离宫别院数十所广布苑中,其中太液池运用山池结合手法,造蓬莱、方丈、瀛洲三岛,岛上建宫室亭台,植奇花异草,自然成趣。这种池中建岛、山石点缀手法,被后人称为秦汉典范。

二、魏晋南北朝——山水园奠基时期

魏晋南北朝是我国社会发展史上一个重要时期,一度社会经济繁荣,文化昌盛,士大夫阶层追求自然环境美,游历名山大川成为社会上层普遍风尚。刘勰的《文心雕龙》,钟嵘的《诗品》,陶渊明的《桃花源记》等许多名篇,都是这一时期问世的。

文人、画家参与造园,进一步发展了"秦汉典范"。北魏张伦府苑,吴郡顾辟疆的"辟疆园",司马炎的"琼圃园""灵芝园",吴王在南京修建的宫苑"华林园"等,都是这一时期有代表性的园苑。"华林园"(即芳林园),规模宏大,建筑华丽。时隔许久,晋简文帝游乐时还赞扬说:"会心处不必在远,翳然林木,便有濠濮涧想也。"

真正大批文人、画家参与造园,还是在隋唐之后。造园家与文人、画家相结合,运用诗画传统表现手法,把诗画作品所描绘的意境情趣,引用到园景创作上,甚至直接用绘画作品为底稿,寓画意于景,寄山水为情,逐渐把我国造园艺术从自然山水园阶段,推进到写意山水园阶段。唐朝王维是当时倍受推崇的一位,他辞官隐居到蓝田县辋川,相地造园,园内山风溪流、堂前小桥亭台,都依照他所绘的画图布局筑建,如诗如画的园景,正表达出他那诗作与画作的风格。苏轼称赞说:"味摩诘之诗,诗中有画;观摩诘之画,画中有诗。"而他创作的园林艺术,也正是这样。苏州名园狮子林,是元朝天如和尚与大画家倪瓒合作建造的。倪瓒在我国绘画史上是有名的山水画大师,出于他手的造园艺术品自然不同凡响,清乾隆南巡到苏州时,看了也称赞不已。狮子林虽经多次修葺,迄今仍景象

奇异。

三、隋唐——风景园林全面发展时期

隋朝结束了魏晋南北朝后期的战乱状态,社会经济一度繁荣,加上当朝皇帝的荒淫奢靡,造园之风大兴。隋炀帝"亲自看天下山水图,求胜地造宫苑"。迁都洛阳之后,"征发大江以南、五岭以北的奇材异石,以及嘉木异草、珍禽奇兽",都运到洛阳去充实各园苑,一时间古都洛阳成了以园林著称的京都,"芳华神都苑""西苑"等宫苑都穷极豪华。在城市与乡村日益隔离的情况下,那些身居繁华都市的封建帝王和朝野达官贵人,为了逍遥玩赏大自然山水景色,便就近仿效自然山水建造园苑,不出家门,却能享"主入山门绿,水隐湖中花"的乐趣。因而作为政治、经济中心的都市,也就成了皇家宫苑和王府宅第花园聚集的地方。隋炀帝除了在首都兴建园苑外,还到处建筑行宫别院。他三下扬州看琼花,最后被缢死在江都宫的花园里。

唐太宗"励精图治,国运昌盛",社会进入了盛唐时代,宫廷御苑设计也愈发精致,特别是由于石雕工艺已经娴熟,宫殿建筑雕栏玉砌,格外显得华丽。"禁殿苑""东都苑""神都苑""翠微宫"等,都旖旎空前。当年唐太宗在西安骊山所建的"汤泉宫",后来被唐玄宗改作"华清宫"。这里的宫室殿宇楼阁,"连接成城",唐王在里面"缓歌慢舞凝丝竹,尽日君王看不足"。杜甫曾有一首《自京赴奉先县咏情五百字》的长诗,描述和痛斥了王侯权贵们的腐朽生活。

四、两宋——造园更为普遍时期

宋朝造园兴盛,特别是在用石方面,有较大发展。宋徽宗在"丰亨豫大"的口号下大兴土木。他对绘画有些造诣,尤其喜欢把石头作为欣赏对象。先在苏州、杭州设置了"造作局",后来又在苏州添设"应奉局",专司搜集民间奇花异石,舟船相接地运往京都开封建造宫苑。"寿山艮岳"的万寿山是一座具有相当规模的御苑。此外,还有"琼华苑""宜春苑""芳林苑"等一些名园。现今开封相国寺里展出的几块湖石,形体确乎奇异不凡。苏州、扬州、北京等地也都有"花石纲"遗物,均甚奇观。这期间,大批文人、画家参与造园,进一步加强了写意山水园的创作意境。

五、明清——古代园林发展高峰时期

明、清是中国园林创作的高峰期。皇家园林创建以清代康熙、乾隆时期最为活跃。当时社会稳定、经济繁荣,给建造大规模写意自然园林提供了有利条件,如"圆明园""避暑山庄""畅春园"等。私家园林是以明代建造的江南园林为主要成就,如"沧浪亭""休园""拙政园""寄畅园"等。同时在明末还产生了园林艺术创作的理论书籍《园冶》。它们在创作思想上,仍然沿袭唐宋时期的创作源泉,从审美观到园林意境的创造都是以"小中见大""须弥芥子""壶中天地"等为创造手法。自然观、写意、诗情画意成为创作的主导,园林中的建筑起了最重要的作用,成为造景的主要手段。园林从游赏到可游可居方面逐渐发展。大型园林不但摹仿自然山水,而且还集仿各地名胜于一园,形成园中有园、大园套小园的风格。

自然风景以山、水地貌为基础,植被做装点。中国古典园林绝非简单地摹仿这些构景的要素,而是有意识地加以改造、调整、加工、提炼,从而表现一个精练概括浓缩的自然。它既有"静观"又有"动观",从总体到局部包含着浓郁的诗情画意。这种空间组合形式多使用某些建筑如亭、榭等来配景,使风景与建筑巧妙地融糅到一起。优秀园林作品虽然处处有建筑,却处处洋溢着大自然的盎然生机。明、清时期正是因为园林的这一特点和创造手法的丰富而成为中国古典园林集大成时期。

到了清末,造园理论探索停滞不前,加之社会由于外来侵略,西方文化的冲击,国民经济的崩溃等原因,园林创作由全盛到衰落。但中国园林的成就却达到了它历史的峰巅,其造园手法已被西方国家所推崇和摹仿,在西方国家掀起了一股"中国园林热"。中国园林艺术从东方到西方,成了被全世界所公认的园林之母,世界艺术之奇观。

中国造园艺术,是以追求自然精神境界为最终和最高目的,从而达到"虽由人作,宛自天开"的目的。它深浸着中国文化的内蕴,是中国五千年文化史造就的艺术珍品,是一个民族内在精神品格的写照,是我们今天需要继承与发展的瑰丽事业。

第二节　中国古典园林的分类与特点

一、中国古典园林的分类

中国古典园林的分类,从不同角度看,可以有不同的分类方法。一般有两种分类法。

1. 按占有者身份分

1) 皇家园林

早期苑囿,主要放养动物,以后逐步发展成工作、生活、游玩相结合的花园。按照其所处的位置和规模大小,大致可以分成三类。最小的苑囿是利用宫城禁地之中的小块空地,堆叠些假山,种些树木而形成庭院式的花园。位于北京故宫最北边的御花园,便是这类花园的典型。除了御花园外,故宫中还有建福宫花园、慈宁宫花园、宁寿宫西花园(即乾隆花园)等,都是点缀在一片黄色琉璃瓦海洋中的绿洲。宫内苑囿面积均不大,又受到了轴线影响,布局较为规正。

第二类是宫城近旁的苑囿。这类花园往往利用自然的水面或小山营建而成,规模较大,又离宫城较近(常常在皇城之内),游赏方便,很受帝王重视。历史上三国曹操在邺城建的铜雀台苑、隋文帝长安的大兴苑等均是。明清北京皇城内的北海及西苑(即今中南海),也是这类花园。

宫内小花园和宫外苑囿,均处在繁荣的京都之中,往往要受到城市环境的限制,常常不能满足帝王们恣情山水的欲望,因而便在京郊或更远处寻找有山有水、自然风光优美的地方造园,有的甚至将真山真水包入花园,这就是大型山水苑囿。历史上汉武帝的上林苑、唐明皇的骊山离宫,直到清代京城西北郊的三山五园,都属于大型山水苑囿。现存最完整的山水苑囿有北京的颐和园和承德避暑山庄。

分区明确是山水苑囿的一大特点。君王后妃既要在里边处理政事,又要玩耍戏乐,甚至在园中建造模仿一般城市的商业买卖街景。这些不同功能的景点,在山水苑囿中往往相对集中，形成了很有特点的各种景区。大型苑囿紧靠大门之内，一般均设立宫区。

虽然宫区在苑囿中起着不可忽视的作用，但是造花园终究是为了游园赏景。人们进入颐和园，最感兴趣的还是昆明湖的碧波绿岛和万寿山上绿树丛中露出的红墙黄瓦。游避暑山庄，最引人入胜的也是湖区和山地的自然美景。因此，提供人们欣赏游览的广大而又丰富的苑区，是苑囿园林的真正重点。

由于苑囿是皇帝的花园，其规模宏大，设计精细，施工要求高，所以创造的苑区风景亦与一般园林不同。归总起来，可有三个特点：

（1）气魄宏大，充分利用了天然山水风景的自然美。苑囿气魄宏大，首先表现在占地多、规模大，常常包进了真山真水景观。西苑三海是我国最大的城市园林，避暑山庄、颐和园以及香山静宜园、玉泉山静明园等，能创造出宛自天开的景色。有些苑囿是平地造园，境内没有真山真水，但经过设计师的精心设计，同样能创造出宛自天开的山水风景。

（2）园中套园。这一布局方式来自于皇帝的封建意识。他们要看尽人间美景，就将天下名景名园搬到苑囿中来，以便就近游赏。

（3）主题突出，重视多姿多彩的建筑点缀。皇帝造园时，往往招聘全国的高级匠师，修造造型优美的建筑来作为景区的主题。

2）文人园林

文人园林与皇家园林一样，是我国古典园林的主要类别，它代表了民间住宅花园的精华，在园林史上作出了较大的贡献。在历史上文人花园数量最多，有不少主人是历史上著名的文学家或书画家，影响很大。文人园一般均较小，容纳不了许多景，没有苑囿那种宏大壮丽、摄人心魄的美景，但它却别有韵味，能令人流连忘返，其关键就是园景中融和了园主的文心和修养。

镇江焦山是一座处于长江中的小岛，环境特别幽静。半山腰有座别峰庵，娟小玲珑，四周绿树翠竹相映。庵中有两间书斋，曾是清代著名书画家"扬州八怪"之一郑板桥的读书处。门旁挂有画家手书的一副楹联："室雅无须大，花香不在多。"在板桥看来，好的居住环境并不在于大和多，而是要有诗意，唯其如此，才能做到以雅胜大，以少胜多。这"雅"和"小"，便是文人园林的主要特点。

在古代封建社会，文人知识分子最好的出路是入仕做官，但这毕竟是少数，大部分人只能靠教书或卖字卖画为生，经济状况并不太好，因而他们的园林大多是位于自己傍宅的空地上，占地不大。这从现在的文人古园的题名上也可反映出来，如苏州有壶园，因其小，整个园林空间好似一把茶壶而名。还有残粒园、芥子园、半亩园等名园，皆以小而著称。"小"对建造园林是不利的，古代园林艺术家却能自如地掌握艺术创作的辩证法则，化不利为有利，在有限的范围之内创造出无限的景色来。

苏州网师园是江南颇有代表性的小园，园内的书斋庭院"殿春簃"作为我国古典园林之精华，已复建于美国纽约大都会艺术博物馆，其雅洁的格调、精巧的制作，深得参观者的好评。

"三五步，行遍天下；六七人，雄会万师。"人们常用这楹联来形容中国古典戏曲以少胜多的高超技艺，文人园林亦然。它要在小范围内表现出大千世界的美景，就更要运用"以一当十"的艺术原则。园中各景，无论是假山水池，还是庭院一隅的一树一石，都要经过推敲锤炼,注入文心诗意,以收到笔少气壮、景简意浓的艺术效果。

文人园林的景色,大多比较雅。这里的雅,主要指宁静自然,风韵清新,简洁淡泊,落落大方。这一风格的获得与以少胜多、以简胜繁的艺术原则密切相关。除了山水景致之外,文人园林的建筑装修和小品也十分雅致、朴素。

文人园林的另一个特点是园林的游赏功能与居住功能的密切结合,即所谓"游"和"居"的统一。

古人常将优游山水,耽乐林泉称之为"游",而称在风景环境中读书、习艺、清谈和宴饮为"居",唯有达此两个境界,艺术才算完善。留园,是苏州一座著名的文人私园。它大致可分为中、东两部分。虽然这两部分主要景色不同,但均在不同程度上反映了"游"与"居"的结合。

3)寺庙园林

寺庙园林是我国古典园林中的又一大类。从园林学上讲,它并不是狭隘地仅指佛教寺院和道教宫观所附设的园林,而是泛指依属于为宗教信仰和意识崇拜服务的建筑群的园林。在我国古代,信仰和崇拜的对象较为复杂,出现了形形色色的建筑类型,它们一般均带有园林,也带来了寺庙花园的多样化。

"南朝四百八十寺,多少楼台烟雨中。"唐诗人杜牧的这一名句,不仅写出了南朝佛寺的繁盛,也点出了寺院环境的优美。大江南北的山水名胜之地,几乎被佛堂伽蓝占尽。今天已经成为旅游胜地的全国各大小名山,几乎山山有古刹,有人曾用"园包寺,寺裹园"来形容这些寺园美丽的风景。

"园包寺"即寺庙融化在山水风景之中;"寺裹园"即寺内又建有若干小园林,供香客游人欣赏。著名的杭州灵隐寺就是如此。即便是处于繁华城市的寺院,僧人们也总是想方设法在空地上植树点石,建造小园小景,有时还买下附近荒废的园池,略加修复,成为附属于寺院的独立花园,如苏州的戒幢律寺、上海的龙华寺、广州的六榕寺等,无不如此。

祖宗崇拜是我国古代的又一普遍文化现象,在各地名山大川风景区,常常设有纪念古代名人贤士或者民族英雄的纪念性建筑,如杭州岳庙,成都、襄阳等地的武侯祠,成都杜甫草堂,陕西杜公祠,绍兴南郊的兰亭和王右军祠等,是为纪念岳飞、诸葛亮、杜甫、王羲之等历史名人而建的,实际上是另一种类型的宗庙建筑。

寺庙园林还有一个特点,就是带有某些综合性公共园林的性质。为了接待一些香客和游人,一些寺庙常设有生活起居和娱乐的设施。有的庙园中设有客房,以便读书人攻读或来往过客借宿。

4)邑郊风景园林

邑郊风景园林泛指位于城邑郊外,利用原有的天然山水林泉、结合山水的治理建设、适当加工改造而成的园林风景区,是以自然风物为基本骨架、城邑居民共有的公共游览区。它们在使用性质上很接近现代公园,在规划布局上充分体现了古典园林顺应自然、美化自然的传统,是城市园林和名山胜水风景区之间的一个过渡。

邑郊风景园林的第一个特点是近城,一般都位于城郊附近二三公里之内。保存至今的这类园林,如苏州的石湖和虎丘,无锡的锡山和惠山,南京的钟山,镇江的南山,兰州的皋兰山,肇庆的鼎湖山和七星岩,广东惠州的西湖,安徽阜阳的西湖和杭州的西湖等。其中杭州西湖紧靠市区，一到湖滨便可看到水光潋滟的水面。无锡的惠山和锡山、南京钟山也迫近城根，甚至在城内也可观赏到它们的景色。我国造园名著《园冶》在谈到园林选址时说："去城不数里，而往来可以任意。"正是总结了这类园林方便游览的特点。

从历史上看，邑郊风景园林的发展要比其他园林慢。直到两宋，随着经济的发展，城市商业、手工的繁荣，邑郊风景园林才兴盛起来。

确切地说，邑郊风景园林是一个由许多单个园林（如寺庙园林、私家园林和苑囿）加上山水间公共的游览地组成的一个集合体。构成它的主要因素是山、水、园、庙等。那里既有青山绿水、洞壑溪泉、花草树木等自然景，又有亭台楼阁、危磴曲径、仙祠古刹、精舍浮图等人工创造的景致。它有比一般园林大得多的风景地域范围，又有众多的生活服务设施和商业网点，因而它的开发和建设也要复杂得多。

邑郊风景园林占地大，具有开阔的赏景视野，这就为远距离欣赏山林溪泉、亭塔楼阁的整体气势和阴晴雨雪的变化创造了条件。与城市园林相比，邑郊园林风景有着更多的层次，更丰富的变化。在这些山水园林中，山石、林木、泉池、建筑等最基本的、实的造园景物常常能和大自然中一些活的、虚的景观如日光阴影的转换、风起云涌的气候变化等融合在一起，形成动静结合、虚实相济的迷人景致。

历史和文化内涵较丰富是邑郊风景园林的又一个特点。多数园林特别是其中著名的风景点常常经过数百年甚至上千年的改造、经营和积累，经过好几代文人、画家的题咏和描绘，具有深远的人文意蕴。这也是某些著名风景园林经久不衰、游人拥集的重要原因。邑郊风景园林的历史文化因素还反映在园林景区的题名上。为了使园林美景代代相传，也为了与其他城市比美争胜，古代一些城邑往往邀请一些本乡知名文人画家和乡绅一起对邑郊园林的主要景色进行品评命名，最后以"八景""十景"的形式来概括出当地风景园林的主要美景。

2. 按园林所处地理位置分

我国地域广大，东西南北的气候地理条件及物产各不相同，因而园林也常常表现出较明显的地方特性。归总起来，我国南方江南地区、广东沿海地区和四川一带的园林较富特色，于是便有了所谓江南园林、岭南园林和蜀中园林的称谓。而北京四周及山东、山西、陕西等地的园林风格较为相像，便统称为北方园林。

1）江南园林

江南园林常是住宅的延伸部分，基地范围较小，因而必须在有限空间内创造出较多的景色，于是"小中见大""一以当十""借景对景"等造园手法，得到了十分灵活的应用，因而留下了不少巧妙精致的佳作。如苏州小园网师园殿春簃北侧的小院落，十分狭窄地嵌在书斋建筑和界墙之间，而造园家别具匠意地在此栽植了青竹、芭蕉、腊梅和南天竹，还点缀了几株松皮石笋，这些植物和石峰姿态既佳，又不占地，非常耐看。

2）岭南园林

岭南园林主要指广东珠江三角洲一带的古园。现存著名园林有顺德清晖园、东莞可园、番禺余荫山房及佛山梁园，人称"岭南四大名园"。岭南气候炎热，日照充沛，降雨丰富，植物种类繁多。岭南花园的水池一般较为规正，临池向南每每建有长楼，出宽廊；其余各面又绕有游廊，跨水建廊桥，尽量减少游赏时的日晒时间。其余部分的建筑也相对比较集中,常常是庭园套庭园,以留出足够的地方种植花树。受当地绘画及工艺美术的影响,岭南园林建筑色彩较为浓丽,建筑雕刻图案丰富多样。

3) 蜀中园林

四川虽地处西南,但历史悠久、文化发达,那里的园林亦源远流长,富有自己的特色。蜀中园林较注重文化内涵的积淀,一些名园往往与历史上的名人轶事联系在一起。如邛崃县城内的文君井,相传是在西汉司马相如与卓文君所开酒肆的遗址上修建的,井园占地 10 余亩,以琴台、月池、假山等为主景。再如成都杜甫草堂、武侯祠、眉州三苏祠、江油太白故里等园林,均是以纪念历史名人为主题的。其次,蜀中园林往往显现出古朴淳厚的风貌,常常将田园之景组入到园内。另外,园中的建筑也较多地吸取了四川民居的雅朴风格,山墙纹饰、屋面起翘以及井台、灯座等小品,亦是古风犹存。

4) 北方园林

北京是我国北方城市中园林最集中之处,其中很大部分是古代皇帝的花园。这些皇家花园在建造时集中了全国的人力、物力和财力,规模宏大,建造精良,是我国古典园林中的精华。

另外,北方还保留了一些历史较悠久的古园,如山西新绛原绛州太守衙署的花园(古称绛守居园池),建于隋开皇十六年(596 年),至今还丘壑残存,是我国留存最早的园林遗址。再如河南登封的嵩阳书院、山东曲阜孔府铁山园等,亦均是北方纪念性园林中的代表作。

二、中国古典园林的特点

1. 造园艺术,"师法自然"

"师法自然",在造园艺术上包含两层内容。一是总体布局、组合要合乎自然。山与水的关系以及假山中峰、涧、坡、洞各景象因素的组合,要符合自然界山水生成的客观规律。二是每个山水景象要素的形象组合要合乎自然规律。如假山峰峦是由许多小的石料拼叠合成,叠砌时要仿天然岩石的纹脉,尽量减少人工拼叠的痕迹。水池常作自然曲折、高下起伏状。花木布置应是疏密相间,形态天然。乔灌木也错杂相间,追求天然野趣。

2. 分隔空间,融于自然

中国古代园林用种种办法来分隔空间,其中主要是用建筑来围蔽和分隔空间。分隔空间力求从视角上突破园林实体的有限空间的局限性,使之融于自然,表现自然。为此,必须处理好形与神、景与情、意与境、虚与实、动与静、因与借、真与假、有限与无限、有法与无法等种种关系。如此,则把园内空间与自然空间融合和扩展开来。比如漏窗的运用,使空间流通、视觉流畅,因而隔而不绝,在空间上起互相渗透的作用。在漏窗内看,玲珑剔透的花饰、丰富多彩的图案,有浓厚的民族风味和美学价值;透过漏窗,竹树迷离摇曳,亭台楼阁时隐时现,远空蓝天白云飞游,造成幽深宽广的空间境界和意趣。

3. 园林建筑,顺应自然

中国古代园林中,有山有水,有堂、廊、亭、榭、楼、台、阁、馆、斋、舫、墙等建筑。人工的山,石纹、石洞、石阶、石峰等都显示自然的美色。人工的水,岸边曲折自如,水中波纹层层递进,也都显示自然的风光。所有建筑,其形与神都与天空、地下自然环境吻合,同时又使园内各部分自然相接,以使园林体现自然、淡泊、恬静、含蓄的艺术特色,并收到移步换景、渐入佳境、小中见大等观赏效果。

4. 树木花卉,表现自然

与西方系统园林不同,中国古代园林对树木花卉的处理与安设,讲究表现自然。松柏高耸入云,柳枝婀娜垂岸,桃花数里盛开……乃至于树枝弯曲自如,花朵迎面扑香……其形与神,其意与境都十分重在表现自然。

师法自然,融于自然,顺应自然,表现自然。这是中国古代园林体现"天人合一"民族文化所在,是独立于世界之林的最大特色,也是永具艺术生命力的根本原因。

第三节　中国古典园林造园要素

一、筑山

为表现自然,筑山是造园的最主要的因素之一。秦汉的上林苑,用太液池所挖土堆成岛,象征东海神山,开创了人为造山的先例。

东汉梁冀模仿伊洛二峡,有园中累土构石为山,从而开拓了从对神仙世界向往,转向对自然山水的模仿,标志着造园艺术以现实生活作为创作起点。

魏晋南北朝的文人雅士们,采用概括、提炼手法,所造山的真实尺度大大缩小,力求体现自然山峦的形态和神韵。这种写意式的叠山,比自然主义模仿大大前进一步。

唐宋以后,由于山水诗、山水画的发展,玩赏艺术的发展,对叠山艺术更为讲究。最典型的例子便是爱石成癖的宋徽宗,他所筑的艮岳是历史上规模最大、结构最奇巧、以石为主的假山。

明代造山艺术,更为成熟和普及。(明)计成在《园冶》的"掇山"一节中,列举了园山、厅山、楼山、阁山、书房山、池山、内室山、峭壁山、山石池、金鱼缸、峰、峦、岩、洞、涧、曲水、瀑布17种形式,总结了明代的造山技术。清代造山技术更为发展和普及。(清)造园家,创造了穹形洞壑的叠砌方法,用大小石钩带砌成拱形,顶壁一气,酷似天然消壑,乃至于可估喀斯特溶洞,叠山倒垂的钟乳石,比明代以条石封合收顶的叠法合理得多、高明得多。现存的苏州拙政园、常熟的燕园、上海的豫园,都是明清时代园林造山的佳作。

二、理水

为表现自然,理水也是造园最主要因素之一。不论哪一种类型的园林,水是最富有生气的因素,无水不活。自然式园林以表现静态的水景为主,以表现水面平静如镜或烟波浩渺的寂静深远的境界取胜。人们或观赏山水景物在水中的倒影,或观赏水中怡然自得的游鱼,或观赏水中芙蕖睡莲,或观赏水中皎洁的明月……自然式园林也表现水的动态美,但不是喷泉和规则式的台阶瀑布,而是自然式的瀑布。池中有自然的肌头、矶口,以表现经人工美化的自然。正因为如此,园林一定要省池引水。古代园林理水之法,一般有三种:

111

（1）掩。以建筑和绿化,将曲折的池岸加以掩映。临水建筑,除主要厅堂前的平台,为突出建筑的地位,不论亭、廊、阁、谢,皆前部架空挑出水上,水犹似自其下流出,用以打破岸边的视线局限;或临水布蒲苇岸、杂木迷离,造成池水无边的视觉印象。

（2）隔。或筑堤横断于水面,或隔水净廊可渡,或架曲折的石板小桥,或涉水点以步石,正如计成在《园冶》中所说,"疏水若为无尽,断处通桥"。如此则可增加景深和空间层次,使水面有幽深之感。

（3）破。水面很小时,如曲溪绝涧、清泉小池,可用乱石为岸,怪石纵横、犬牙交齿,并植配以细竹野藤、朱鱼翠藻,那么虽是一洼水池,也令人似有深邃山野风致的审美感觉。

三、建筑营造

古典园林都采用古典式建筑。古典建筑斗拱梭柱,飞檐起翘,具有庄严雄伟、舒展大方的特色。它不只以形体美为游人所欣赏,还与山水林木相配合,共同形成古典园林风格。

园林建筑物常作景点处理,既是景观,又可以用来观景。因此,除去使用功能,还有美学方面的要求。楼台亭阁,轩馆斋榭,经过建筑师巧妙的构思,运用设计手法和技术处理,把功能、结构、艺术统一于一体,成为古朴典雅的建筑艺术品。它的魅力,来自体量、外形、色彩、质感等因素,加之室内布置陈设的古色古香,外部环境的和谐统一,更加强了建筑美的艺术效果,美的建筑,美的陈设,美的环境,彼此依托而构成佳景。正如明人文震亨所说:"要须门庭雅洁,室庐清靓,亭台具旷士之怀,斋阁有幽人之致,又当种佳木怪箨,陈金石图书,令居之者忘老,寓之者忘归,游之者忘倦。"

园林建筑不像宫殿庙宇那般庄严肃穆,而是采用小体量分散布景。特别是私家庭园里的建筑,更是形式活泼,装饰性强,因地而置,因景而成。在总体布局上,皇家园林为了体现封建帝王的威严,和美学上的对称、均衡艺术效果,都是采用中轴线布局,主次分明,高低错落,疏朗有致。私家园林往往是突破严格的中轴线格局,比较灵活,富有变化。通过对称、呼应、映衬、虚实等一系列艺术手法,造成充满节奏和韵律的园林空间,居中可观景,观之能入画。当然,所谓自由布局,并非不讲章法,只是与严谨的中轴线格局比较而言。主厅常是园主人宴聚宾客的地方,是全园的活动中心,也是全园的主要建筑,都是建在地位突出,景色秀丽,足以能影响全园的紧要处所。厅前凿池,隔池堆山作为对观景,左右曲廊回环,大小院落穿插渗透,构成一个完整的艺术空间。苏州拙政园中园部分,就是这样一个格局,以"远香堂"为主体建筑,布置了一个明媚、幽雅的江南水乡景色。

古典园林里通常都是一个主体建筑,附以一个或几个副体建筑,中间用廊连接,形成一个建筑组合体。这种手法,能够突出主体建筑,强化主建筑的艺术感染力,还有助于造成景观,其使用功能和欣赏价值兼而有之。

常见的建筑物有殿、阁、楼、厅、堂、馆、轩、斋,它们都可以作为主体建筑布置。宫殿建在皇家园林里,供帝王园居时使用。它气势巍峨,金碧辉煌,在古典建筑中最具有代表性。为了适应园苑的宁静、幽雅气氛,园苑里的建筑结构要比皇城宫廷简洁,平面布置也比较灵活。但仍不失其豪华气势。

四、动植物

中国古典园林重视饲养动物。最早的苑围中，以动物作为观赏、娱乐对象。魏晋南北朝园林中有众多鸟禽，使之成为园林山水景观的天然点缀。唐代王维在园林中养鹿放鹤，以寄托"一生几经伤心事，不向空门何处销"的解脱情趣。宋徽宗所建良岳，集天下珍禽异兽数以万计，经过训练的鸟兽，在徽宗驾到时，能乖巧地排立在仪仗队里。明清时园中有白鹤、鸳鸯、金鱼，还有天然鸟蝉等。园中动物可以观赏娱乐，可以隐喻长寿，也可以借以扩大和涤化自然境界，令人通过视觉、听觉产生联想。

植物是造山理池不可缺少的因素。花木犹如山峦之发，水景如果离开花木也没有美感。自然式园林着意表现自然美，对花木的选择标准，一讲姿美，树冠的形态、树枝的疏密曲直、树皮的质感、树叶的形状，都追求自然优美；二讲色美，树叶、树干、花都要求有各种自然的色彩美，如红色的枫叶，青翠的竹叶、白皮松，斑驳的粮榆，白色的广玉兰，紫色的紫薇等；三讲味香，要求自然淡雅和清幽。最好四季常有绿，月月有花香，其中尤以腊梅最为淡雅，兰花最为清幽。花木对园林山石景观起衬托作用，又往往和园主追求的精神境界有关。如竹子象征人品清逸和气节高尚，松柏象征坚强和长寿，莲花象征洁净无瑕，兰花象征幽居隐士，玉兰、牡丹、桂花象征荣华富贵，石榴象征多子多孙，紫薇象征高官厚禄等。

古树名木对创造园林气氛非常重要。古木繁花，可形成古朴幽深的意境。所以如果建筑物与古树名木矛盾时，宁可挪动建筑以保住大树。计成在《园冶》中说："多年树木，碍箭檐垣，让一步可以立根，研数桠不妨封顶。"构建房屋容易，百年成树艰难。除花木外，草皮也十分重要，或平坦或起伏或曲折的草皮，也令人陶醉于向往中的自然。

补充阅读

竹在园林中的妙用

竹是园林中一类特殊的观赏植物。她婵娟挺秀，风雅宜人。日出有清阴，月照有清影，风来有清声，雨来有清韵，露凝有清光，雪停有情趣。若在庭前、院后、墙内、窗外、池边、岩旁栽植，顿觉景物深幽，意态潇然。园林中的竹可分为散生和丛生两大生态类型。散生型的有紫竹、人面竹、方竹、淡竹、刚竹、桂竹、美竹、黄金间碧竹等，其主要特征是竹竿呈散生状，且分布均匀，片植成林。竹竿高 3 米以上，竹竿之间有较大的空隙，阳光可以照进林内，地面多为草坪。而一般园林绿地中的竹子多为丛生型，如佛肚竹、凤尾竹、青皮竹、粉箪竹、慈竹、观音竹等，其主要特征是竹竿基部挤拥成丛，而上部竹冠张开。当竹竿较高时，远看像一把巨伞。在竹丛数量较多时，也可以成为另一种"竹林"。然这种竹林透光量较少，地面多裸露。竹在园林中，可以做主景，也可以做配景、衬景或点缀风景等。不同的环境，不同的竹种，其景观的设置有所不同。用竹做主景，多见于面积较大的园林风景区，其形式为"竹林"或"竹园"。

（资料来源：http://www.njdls.net/html/336.html）

五、书画墨迹

中国古典园林的特点,是在幽静典雅当中显出物华文茂。"无文景不意,有景景不情",书画墨迹在造园中有润饰景色、揭示意境的作用。园中必须有书画墨迹并对书画墨迹作出恰到好处的运用,才能"寸山多致,片石生情",从而把以山水、建筑、树木花草构成的景物形象,升华到更高的艺术境界。

墨迹在园中的主要表现形式有题景、匾额、楹联、题刻、碑记、字画。匾额是指悬置于门振之上的题字牌,楹联是指门两侧柱上的竖牌,刻石指山石上的题诗刻字。园林中的匾额、楹联及刻石的内容,多数是直接引用前人已有的现成诗句,或略作变通。如苏州拙政园的浮翠阁引自苏东坡诗中的"三峰已过天浮翠"。还有一些是即兴创作的。另外还有一些园景题名出自名家之手。不论是匾额楹联还是刻石,不仅能够陶冶情操,抒发胸臆,也能够起到点景的作用,为园中景点增加诗意,拓宽意境。

书画,主要是用在厅馆布置。厅堂里张挂几张书画,自有一股清逸高雅、书郁墨香的气氛。而且笔情墨趣与园中景色浑然交融,使造园艺术更加典雅完美。

第四节　中国古典园林建筑形式与风格

园林具有使用和造景,观赏和被观赏的双重性。园林建筑既要满足各种园林活动和使用上的要求,又是园林景物之一;既是物质产品,也是艺术作品。但园林建筑给人精神上的感受更多。因此,艺术性要求更高,除要求具有观赏价值外,还要求富有诗情画意。园林建筑是与园林环境及自然景致充分结合的建筑,它可以最大限度地利用自然地形及环境的有利条件。任何建筑设计时都应考虑环境,而园林建筑更甚,建筑在环境中的比重及分量应按环境构图要求权衡确定,环境是建筑创作的出发点。我国古典园林一般以自然山水作为景观构图的主题,建筑只为观赏风景和点缀风景而设置。园林建筑是人工因素,它与自然因素之间似有对立的一面,但如果处理得当,也可统一起来,可以在自然环境中增添情趣,增添生活气息。园林建筑只是整体环境中的一个协调、有机的组成部分,它的责任只能是突出自然的美,增添自然环境的美。这种自然美和人工美的高度统一,正是中国人在园林艺术上不断追求的境界。东西方园林之中,建筑都是重要的组成部分,因为他是满足人们生活享受和观赏风景所必需的。西方园林中,如法国的古典主义园林,意大利的庄园、府邸和宫殿往往集中式布置,层数一般两到三层,可以居高临下俯瞰全园景色。在中国园林中为满足可行、可观、可居、可游的要求,需配置相应的廊、亭、堂、榭、阁等建筑。从我国发展史来看,园林中建筑密度越来越高,生活居住气息越来越浓。当然建筑也不纯粹作为居游的生活需要来设置,它本身也是供人欣赏的景物之组成部分,融合在园林的自然景色中。自然景色若有人工建筑做适当的点缀,可现出神采而富有魅力,为景观添色。

一、中国古典园林建筑形式

1. 亭

亭子是园林中最常见的建筑物。主要供人休息观景,兼做景点。无论山岭际,路边桥头都可建亭。亭子的形式千变万化，若按平面的形状分，常见的有三角亭、方亭、圆亭、矩形亭和八角亭；按屋顶的形式有攒尖亭、歇山亭；按所处位置有桥亭、路亭、井亭、廊亭。总之它可以任凭造园者的想象力和创造力，去丰富它的造型，同时为园林增添美景。

建亭地位，要从两方面考虑，一是由内向外好看，二是由外向内也好看。园亭要建在风景好的地方，使入内歇足休息的人有景可赏留得住人，同时更要考虑建亭后成为一处园林美景，园亭在这里往往可以起到画龙点睛的作用。《园冶》中有一段精彩的描述："花间隐榭，水际安亭，斯园林而得致者。惟榭只隐花间，亭胡拘水际，通泉竹里，按景山颠，或翠筠茂密之阿，苍松蟠郁之麓；或借濠濮之上，入想观鱼；倘支沧浪之中，非歌濯足。亭安有式，基立无凭。"

园亭虽小巧却必须深思才能出类拔萃。首先，选择所设计的园亭，是传统或是现代？是中式或是西洋？是自然野趣或是奢华富贵？这些款式的不同是不难理解的。其次，同种款式中，平面、立面、装修的大小、形样、繁简也有很大的不同，须要斟酌。例如，同样是植物园内的中国古典园亭，牡丹园和槭树园不同。牡丹亭必须重檐起翘，大红柱子；槭树亭白墙灰瓦足矣。这是因它们所在的环境气质不同而异。同样是欧式古典圆顶亭，高尔夫球场和私宅庭园的大小有很大不同，这是因它们所在环境的开阔郁闭不同而异。同是自然野趣，水际竹筏嬉鱼和树上权窝观鸟不同，这是因环境的功能要求不同而异。最后，所有的形式、功能、建材是在演变进步之中的，常常是相互交叉的，必须着重于创造。例如，在中国古典园亭的梁架上，以卡普隆阳光板作顶代替传统的瓦，古中有今，洋为我用，可以取得很好的效果。以四片实墙，边框采用中国古典园亭的外轮廓，组成虚拟的亭，也是一种创造。

115

园亭体量小，平面严谨。自点状伞亭起，三角、正方、长方、六角、八角以至圆形、海棠形、扇形，由简单而复杂，基本上都是规则几何形体，或再加以组合变形。根据这个道理，可构思其他形状，也可以和其他园林建筑如花架、长廊、水榭组合成一组建筑。

园亭的平面组成比较单纯，除柱子、坐凳（椅）、栏杆，有时也有一段墙体、桌、碑、井、镜、匾等。园亭的平面布置，一种是一个出入口，终点式的；还有一种是两个出入口，穿过式的。视亭大小而采用。

园亭的立面，因款式的不同有很大的差异。但有一点是共同的，就是内外空间相互渗透，立面显得开畅通透。个别有四面装门窗的，如苏州拙政园的塔影亭，这说明其功能已逐渐向实用方面转化。

园亭的立面，可以分成几种类型。这是决定园亭风格款式的主要因素。如中国古典、西洋古典传统式样。这种类型都有程式可依，困难的是施工十分繁复。中国传统园亭柱子有木和石两种，用真材或砼仿制；但屋盖变化多，如以砼代木，则所费工、料均不合算，效果也不甚理想。西洋传统型式，现在市面有各种规格的玻璃钢、GRC 柱式、檐口，可在结构外套用。

平顶、斜坡、曲线各种新式样。要注意园亭平面和组成均甚简洁，观赏功能又强，因此屋面变化要多一些。如做成折板、弧形、波浪形，或者用新型建材、瓦、板材；或者强调某一部分构件和装修，来丰富园亭外立面。

仿自然、野趣的式样。目前用得多的是竹、松木、棕榈等植物外形或木结构，真实石材或仿石结构,用茅草作顶也特别有表现力。

帐幕等新式样,以其自然柔和的曲线,应用日渐增多。苏州沧浪亭以其亭名为园名。此亭其实很简单,是一座方形单檐歇山顶之亭,也可以说是标准的江南园林之亭。

此亭之艺术,不靠华丽取胜,不靠怪诞引人,而是靠朴实、文秀、靠刻意追求江南建筑形式之最高境,以比例、尺度、韵致及色调等取胜,这也正是建筑艺术之根本。与此同时,它之得名,还在于建筑文化内涵。北宋诗人苏舜钦购得此园,修建之后取名"沧浪",这是取《孟子》之句:"沧浪之水清兮,可以濯我缨;沧浪之水浊,可以濯我足。"可见其高洁之精神。后来欧阳修对此有题咏:"清风明月本无价,可惜只卖四万钱。"这后一句似不雅,所以没有写到亭柱上,空着。据说后来还是一位渔夫接句"近水远山皆有情",正中苏舜钦之意,于是完成此联。可见园中建筑,不但要有形式美,而且也要有文化内涵。

园中设亭,关键在位置。如上所说,亭是园中"点睛"之物,所以多设在视线交接处。如苏州网师园,从射鸭廊入园,隔池就是"月到风来听",形成构图中心。又如拙政园水池中的"荷风四面亭",四周水面空阔,在此形成视觉焦点,加上两面有曲桥与之相接,形象自然显要。当然此亭之形象,也受得起如此待遇;如果这座亭子形象难以入目,这就叫"煞风景"。又如沧浪亭,位于假山之上,形成全园之中心,使"沧浪亭"(园名)名副其实;拙政园中的绣绮亭,留园中的舒啸亭,上海豫园中的望江亭等,都建于高显处,其背景为天空,形象显露,轮廓线完整,甚有可观性。

2. 殿、堂、楼、阁、厅

厅堂是私家园林中最主要的建筑物,常为全园的布局中心,是全园精华之地,众景汇聚之所。厅堂依惯例总是坐南朝北。从堂向北望,是全山最主要的景观面,通常是水池和池北叠山所组成的山水景观。观赏面朝南,使主景处在阳光之下,光影多变,景色明朗。厅堂与叠山分居水池之南北,遥遥相对,一边人工,一边天然,即是绝妙的对比。厅多作聚会、宴请、赏景之用,多种功能集于一体。因此厅的特点:造型高大、空间宽敞、装修精美、陈设富丽,一般前后或四周都开设门窗,可以在厅中静观园外美景。厅又有四面厅、鸳鸯厅之分,主要厅堂多采用四面厅,为了便于观景,四周往往不做封闭的墙体,而设大面积隔扇、落地长窗,并四周绕以回廊。鸳鸯厅是用屏风或罩将内部一分为二,分成前后两部分,前后的装修、陈设也各具特色。鸳鸯厅的优点是一厅同时可作两用,如前作庆典后作待客之用,或随季节变化,选择恰当位置待客、起坐。另外,赏荷的花厅和观鱼的厅堂多临水而建,一般前有平台,供观赏者在平台上自由选择目标,尽情游赏。

堂往往成封闭院落布局,只是正面开设门窗,它是园主人起居之所。一般来说,不同的堂具有不同的功能,有用作会客之用,有用作宴请、观戏之用,有的则是书房。因此各堂的功能按具体情况而定,相互间不尽相同。

楼是两层以上的建筑。中国古代建楼的历史相当久远,战国以后,已出现了"重屋"楼,也就是今天人们常说的楼房。建在园林里的楼一般用作观赏风景。正如唐代著名诗人王之涣《登鹳雀楼》诗句所云:"欲穷千里目,更上一层楼。"建在住宅中的楼一般当作书房或卧室。中国古代的城镇一般都建有钟楼和鼓楼,采用琉璃瓦顶的重檐歇山形式,四周有回廊,外檐均饰有斗拱。钟鼓楼用于古代报时,所谓"晨钟暮鼓"即早晨打钟开城门,晚上击鼓关城门。北京在明、清时代,每个城门外都有一座箭楼(现存正阳门和德胜门两座);另外还有角楼,北京内城东南角楼,是北京仅存的一座较完整的角楼,被列为第二批全国重点文物保护单位。中国古代建楼技术高超,很多结构复杂的多层楼全用木材作骨架,用斗拱连结,不用一根金属钉。湖南岳阳楼、武昌黄鹤楼都是中国古代高楼的杰作,历来为人们所神往。

阁的建筑形式与楼有些接近,其正面是门和窗,其余三面都为实墙,四周通常设隔扇或栏杆回廊。中国古代的阁是用来收藏贵重文物的。例如北京故宫里的"文渊阁"就是收藏国家图书的。山东曲阜孔庙里的奎文阁专门收藏历代帝王御赐孔庙的书籍、墨迹。浙江宁波的"天一阁"是中国古代私人书籍收藏的最大图书馆。较大寺院里一般建有"藏经阁",那就是收藏佛经的图书馆。修建在园林中的阁,则是用来观赏风景的建筑。

中国有些宗教建筑群中,供奉高大佛像的多层建筑通常也称为阁。河北蓟县独乐寺内的观音阁,就是一座高达 23 米、供奉高大佛像的多层建筑,是中国现存最古老的一座高层楼阁。这座辽代建筑先后曾经历 28 次地震,其中三次是破坏性的地震,当时几乎所有的房屋都倒塌了,唯独这座木结构的观音阁未遭破坏,可见其结构之精当。除了独乐寺的观音阁之外,还有颐和园的佛香阁、承德普宁寺的大乘阁和广西容县的真武阁等,造型挺拔庄重,是中国多层木构建筑的代表作。

3. 榭

榭是一种借助于周围景色而见长的园林休憩建筑,是中国园林建筑中依水架起的观景平台,平台一部分架在岸上,一部分伸入水中。榭四面敞开,平面形式比较自由,常与廊、台组合在一起。

中国古典园林中水榭的传统做法是:在水边架起一个平台,平台一半深入水中,一半架于岸边,平台四周以低平的栏杆相围绕,然后在平台上建起一个木构的单体建筑物。建筑的平面形式通常为长方形,其临水一侧特别开敞,有时建筑物的四周都立着落地门窗,显得空透、畅达,屋顶常用卷棚歇山式样,檐角地平轻巧;檐下玲珑的挂落、柱间微曲的鹅项靠椅和各式门窗栏杆等,常为精美的木作工艺,既朴实自然,又简洁大方。

榭常在水面和花畔建造,借以成景。榭都是小巧玲珑、精致开敞的建筑,室内装饰简洁雅致,近可观鱼或品评花木,远可极目眺望,是游览线中最佳的景点,也是构成景点最动人的建筑形式之一。

4. 舫

舫是仿照船的造型建在园林水面上的建筑物,供游玩宴饮、观赏水景之用。舫是中国人民从现实生活中模拟、提炼出来的建筑形象。身处其中宛如乘船荡漾于水泽。舫的前半部多三面临水,船首常设有平桥与岸相连,类似跳板。通常下部船体用石料,上部船舱则多用木构。舫像船而不能动,所以又名"不系舟"。中国江南水乡有一种画舫,专供游人在水面上荡漾游乐之用。江南修造园林多以水为中心,造园家创造出了一种类似画舫的建筑形象,游人身处其中,能取得仿佛置身舟楫的效果。这样就产生了"舫"这种园林建筑。

舫的基本形式同真船相似,宽约丈余,一般分为船头、中舱、尾舱三部分。船头作成敞篷,供赏景用。中舱最矮,是主要的休息、宴饮的场所,舱的两侧开长窗,坐着观赏时可有宽广的视野。后部尾舱最高,一般为两层,下实上虚,上层状似楼阁,四面开窗以便远眺。舱顶一般作成船篷式样,首尾舱顶则为歇山式样,轻盈舒展,成为园林中的重要景观。

在中国江南园林中,苏州拙政园的"香洲"、怡园的"画舫斋"是比较典型的实例。北方园林中的舫是从南方引来的,著名的如北京颐和园石舫——"清宴舫"。它全长30米,上部的舱楼原是木结构,1860年被英法联军烧毁后,重建时改成现在的西洋楼建筑式样。它的位置选得很妙,从昆明湖上看过去,很像正从后湖开过来的一条大船,为后湖景区的展开起着启示作用。

舫为水边或水中的船形建筑,前后分作三段,前舱较高,中舱略低,后舱建二层楼房,供登高远眺。前端有平台与岸相连,模仿登船之跳板。由于舫不能动又称不系舟。舫在水中,使人更接近于水,身临其中,使人有荡漾于水中之感,是园林中供人休息、游赏、饮宴的场所。但是舫这种建筑,在中国园林艺术的意境创造中具有特殊的意义。我们知道,船是古代江南的主要交通工具,但自庄子说了"无能者无所求,饱食而遨游,泛着不系之舟"之后,舫就成了古代文人隐逸江湖的象征,表示园主隐逸江湖,再不问政治。所以它常是园主人寄托情思的建筑,合适世隐居之意。因为古代有相当部分的士人仕途失意,对现实生活不满,常想遁世隐逸,耽乐于山水之间,而他们的逍遥伏游,多半是买舟而往,一日千里,泛舟山水之间,岂不乐哉。所以舫在园林中往往含有隐居之意,但是舫在不同场合也有不同的含意,如苏州狮子林,本是佛寺的后花园,所以其中之舫含有普度众生之意。而颐和园之石舫,按唐魏征之说"水可载舟,亦可覆舟",由于石舫永覆不了,所以含有江山永固之意。

5. 廊

我国建筑中的走廊,不但是厅厦内室、楼、亭台的延伸,也是由主体建筑通向各处的纽带,而园林中的廊子,既起到园林建筑的穿插、联系的作用,又是园林景色的导游线。如北京颐和园的长廊,它既是园林建筑之间的联系路线,或者说是园林中的脉络,又与各样建筑组成空间层次多变的园林艺术空间。

廊的形式有曲廊、直廊、波形廊、复廊。按所处的位置分,有沿墙走廊、爬山走廊、水廊、回廊、桥廊等。

曲廊多槛迤逦曲折,一部分依墙而建,其他部分转折向外,组成墙与廊之间不同大小、不同形状的小院落,其中栽花木叠山石,为园林增添无数空间层次多变的优美景色。

复廊的两侧并为一体,中间隔有漏窗墙,或两廊并行,又有曲折变化,起到很好的分隔与组织园林空间的重要作用。爬山廊都建于山际,不仅可以使山坡上下的建筑之间有所联系,而且廊子随地形有高低起伏变化,使得园景丰富。水廊一般凌驾于水面之上,既可增加水面空间层次的变化,又使得水面倒影成趣。桥廊是在桥上布置亭子,既有桥梁的交通作用,又具有廊的休息功能。

我国明末的园林家计成在《园冶》中说:"宜曲立长则胜,……随形而弯,依势而曲。或蟠山腰、或穷水际,通花渡壑,蜿蜒无尽……。"这是对园林中廊的精炼概括。

廊的运用在江南园林中十分突出,它不仅是联系建筑的重要组成部分,而且是划分空间,组成一个个景区的重要手段,廊子又是组成园林动观与静观的重要手法。

廊的形式以玲珑轻巧为上,尺度不宜过大,一般净宽1.2米至1.5米,柱距3米以上,柱径15公分左右,柱高2.5米左右。沿墙走廊的屋顶多采用单面坡式,其他廊子的屋面形式多采用两坡顶。

6．墙

粉墙漏窗,这已经成为人们形容我国古典园林建筑特点的口头语之一。在我国的古园林中,你要稍加留心,经常会看到精巧别致、形式多样的景墙。它既可以划分景区,又兼有造景的作用。在园林的平面布局和空间处理中,它能构成灵活多变的空间关系,能化大为小,能构成园中之园,也能以几个小园组合成大园,这也是"小中见大"的巧妙手法之一。

所谓景墙,主要手法是在粉墙上开设有玲珑剔透的景窗,使园内空间互相渗透。如杭州三潭印月绿洲景区的"竹径通幽处"的景墙,既起到划分园林空间的作用,又通过漏窗起到园林景色互相渗透的作用。

上海豫园万花楼前庭院的南面有一粉墙,上装有不同花样的漏窗,起到分割空间,又起到空间相连的作用。而那水墙的作用则更为巧妙,既分割了庭院,又丰富了万花楼前庭院的空间关系。粉墙横于水系之上,使溪水隔而不断,意趣无穷,而又有水中倒影,极大地丰富了水面景色。

北京颐和园中的灯窗墙,是在白粉墙上饰以各式灯窗,窗面镶有玻璃。在明烛之夜,窗光倒映在昆明湖上,水光灯影,灯影还有生动的图案,令人叹为观止。

苏州拙政园中的枇杷园,就是用高低起伏的云墙分割形成园中园的佳例,苏州留园东部多变的园林空间,大部分是靠粉墙的分割来完成的。

7．桥

种类繁多的桥真可以说是千姿百态。在我国园林中,有石板桥、木桥、石拱桥、多孔桥、廊桥、亭桥等。置于园林中的桥除了实用之外,还有观赏、游览以及分割园林空间等作用。在杭州等地的园林中,还有历史故事传说中的桥,如西湖白堤上的断桥。园林中的桥,多以矫健秀巧或势若飞虹的雄姿,吸引着众多的游客慕名而去。

我国古典园林中所有桥梁的类型,在江南园林中可以说是应有尽有。而且在每个园林,以至每个景区几乎都离不开桥。如杭州西湖园林区的白堤断桥、"西村唤渡处"的西泠桥、花港观鱼的木板曲桥、"三潭印月"的九曲桥、"我心相印亭"处的石板桥等。各种各样的桥在杭州园林的平面与空间组合中,都发挥了极其重要的作用。广阔的西湖水面层次多变的空间关系,主要就是由苏堤六桥、白堤断桥、西泠桥等与长堤结合,把西湖水面划分成多层次的空间,否则西湖水面就会让人感到空旷单调而无变化。而桥的作用又可使水面空间隔而不断,桥上行人,桥下行船,丰富了西湖水面的变化。

在湖中有岛,岛中有湖的"三潭印月",九曲桥的布置使水面空间层次多变,用曲桥构成丰富的园林空间。园路常曲,平桥多折,这既增加了空间层次的变化,又拉长了游览中动观的路线。

桥又起到联系园林景点的重要作用,再以三潭印月为例,从"小瀛洲"弃船登岸之后,游人穿过先贤祠就步入九曲桥,桥右是一座小巧玲珑的三角亭,与三角亭遥遥相对,在九曲桥上筑有一座四角亭,形成组合式的亭桥园林建筑。在这里既看到了景点建筑的联系靠桥,而接近水面的曲桥使游人便于观赏水中的倒影和游鱼,又可以欣赏水面莲荷,人行桥上得到极大的快慰和乐趣。

苏堤上的"映波""锁澜""望山""压堤""东浦""跨虹",有苏东坡"六桥横绝天汉上,北山始与南屏通"的诗句,正点出了桥的妙用。

杭州园林中的桥又由于它与文化历史或民间传说相结合,更给园林增添了浪漫主义的色彩。如对建于唐代的断桥,诗人张祜就有"断桥荒藓涩"之句,于是人们走在这座苔藓斑斑的古桥,就会顿生怀古之幽思。而且,它既是历史上的名桥,更因白娘娘和许仙曾在这里相会,而使人们因历史的传说浮想联翩。待到冬雪时,断桥残雪,远山近水,银装素裹,分外妖娆,断桥又是西湖园林风景的重要景观点。

在江南众多的私家园林中,在小小的园林空间中不同类型的桥不仅使水面空间层次多变,构成丰富的园林空间艺术布局,它还起到联系园林景点的作用。一些一步即过的石板小桥,常常是游览路线中不可少的构筑。在水面空间的层次变化中,常用小桥收而为溪、放而为池的水景处理手法来丰富水系多变的意境。如苏州网师园里的引静桥,可以说是苏州园林中最小的石拱桥了。长二米,宽仅三尺,这座姿态苗条秀美的袖珍小桥可称得上是网师园中的点睛之笔了。

在江南园林中颇具特色的浙江海盐城绮园内的石拱桥是一座双向反曲线的石拱桥,两边竖有精美的石栏,是一座式样美观、幽雅别致、波摇月影、园林景观中少见的单拱石桥,它既是点景建筑,又起到分割水面空间的作用。

亭与桥等形式的组合桥,由于它独特的造型艺术特点,往往又成为城市的标志,如杭州西湖三潭印月的九曲亭桥,扬州瘦西湖的五亭桥,都是有代表性的例子。

在北方皇家园林中,要数北京颐和园的桥墩最具有特色了。如昆明湖的玉带桥,全用汉白玉雕琢而成,桥面呈双向反曲线,显得富丽、幽雅、别致,又有水中倒影,成为昆明湖中极重要的观赏点。桥采用亭桥组合的形式,亭东西备有牌坊一座,犹如护卫拥立。而昆明湖东堤上的十七孔桥,那更是颐和园昆明湖水面上不可少的点景和水面分割又联系的一座造型极美的联拱大石桥。桥面隆起,形如明月,桥栏雕着形态各异的石狮,只只栩栩如生,极为生动。游人漫步桥畔,长桥卧碧波,又有亭、岛等园林建筑相映媲美,成为昆明湖上重要的点景之作。而在昆明湖的西堤上,则又有西堤六桥,六桥各异,特点不同,桥与西堤成为昆明湖水面分割的重要组成部分。

在园林中,或在重要的风景点,有些桥也因有著名诗人的咏词赞颂,而使园林或风景区留名千古,与园林风景相得益彰。如苏州寒山寺的枫桥,就是因为有了人所共知的唐代诗人张继写的《枫桥夜泊》诗,而使得寒山寺园林闻名遐迩。

桥,也有的以它独特的造型和结构,以及它的悠久历史等,单独成为自然风景区的重要名胜景点。如在闽南永春县东平乡的湖洋溪上,有一座罕见的长廊屋盖梁式桥,它以矫健秀巧的美姿,与湖洋溪两岸景色幽美、迷人的风光组成游览胜地。

距今已有八百三十余年的东关桥,全长 85 米,宽 5 米,采用青岗石和特大木料构筑,共六墩、五孔,墩呈船形,均用青岗岩石条互相交错叠压,干砌而成。桥墩上的青石雕刻精巧细致,栩栩如生,而且每一墩的雕刻内容各异。加上此地自然景色诱人,历来有不少文人墨客挥笔赞颂。其中清代王光华写的《通仙桥游》一直令人回味。"桃谷寺源路不迷,垂虹人渡石林西。双鱼塔近残霞散,五岫台空落照低。置驿此间通上国,放舟何日到仙溪。会当立马金鳌上,大笔淋漓认旧题。"

名桥、名诗,又遇春和景明,舟帆片片,鸳鸯戏水,似与游者熙然相乐。夏日林壑更美,满目蔚然而深秀,枕席纳凉,其乐无穷。至秋,风霜高洁,凭栏赏景,听涓涓之流水,眺望恬静之境界,叫人耳目开窍,身心俱适。冬季水落而石出,水尤清冽,越显得幽深雅致。四季之景各异,游人不管何时游览,都会得到极大的满足。桥置于自然风景中,可以成为自然风景园林中的主要景观建筑。

中国桥是艺术品,不仅在于它的姿态,而且还由于它选用了不同的材料。石桥之凝重,木桥之轻盈,索桥之惊险,卵石桥之危立,皆能和湖光山色配成一幅绝妙的图画。

8.　园门

我国古典园林中的门犹如文章的开头,是一座园林的重要组成部分。造园家在规划构思设计时,常常是搜奇夺巧,匠心独运。如南京瞻园的入口,小门一扇,墙上藤萝攀绕,于街巷深处显得情幽雅静,游人涉足入门,空间则由"收"而"放"。一入门只见庭院一角,山石一块,树木几枝,经过曲廊,便可眺望到园的南部山石、池水建筑之景,使人感到这种欲露先藏的处理手法,正所谓"景愈藏境界愈大"了,把景物的魅力蕴含在强烈的对比之中。苏州留园的入口处理更是苦心经营。园门粉墙、青瓦,古树一枝,构筑可谓简洁,入门后是一个小厅,过厅东行,先进一个过道,空间为之一收。而在过道尽头是一横向长方厅,光线透过漏窗,厅内亮度较前厅稍明。从长方厅西行,又是一个过道,过道内左右交错布置了两个开敞小庭院,院中亮度又有增强,这种随着人的移动而光线由暗渐明,空间时收时放的布置,造成了游人扑朔迷离的游兴。等到过门厅继续西行,便见题额"长留天地间"的古木交柯门洞。门洞东侧开一月洞空窗,细竹摇翠,指示出眼前即到佳境。这种建筑空间的巧妙组合中,门起到了非常重要的作用。

杭州"三潭印月"中心绿洲景区的竹径通幽处,通过圆洞门看去,在竹影婆娑中微露羊肠小径,用的就是先藏后露、欲扬先抑的造园手法,这也正如说书人说到紧要处来一个悬念,引人入胜,这都说明我国造园的艺趣。又如苏州沧浪亭,门外有木桥横架于河水之上,这里既可船来,又可步入,形成与众园不同的入口特点。

园林的门,往往也能反映出园林主人的地位和等级。例如,进颐和园之前,先要经过东宫门外的"涵虚"牌楼、东宫门、仁寿门、玉澜堂大门、宜芸馆垂花门、乐寿堂东跨院垂花门、长廊入口邀月门这七种形式不同的门,穿过九进气氛各异的院落,然后步入七百多米的长廊,这一门一院形成不同的空间序列,又具有明显的节奏感。

9.　园路、铺地

1）园路

园路,指园林中的道路工程,包括园路布局、路面层结构和地面铺装等的设计。园林道路是园林的组成部分,起着组织空间、引导游览、交通联系并提供散步休息场所的作用。它像脉络一样,把园林的各个景区联成整体。园道路本身又是园林风景的组成部分,蜿蜒起伏的曲线,丰富的寓意,精美的图案,都给人以美的享受。

园路一般分为以下几类:（1）主路。联系园内各个景区、主要风景点和活动设施的路。通过它对园内外景色进行剪辑,以引导游人欣赏景色。（2）支路。设在各个景区内的路,它联系各个景点,对主路起辅助作用。考虑到游人的不同需要,在园路布局中,还应为游人由一个景区到另一个景区开辟捷径。(3)小路。又叫游步道,是深入到山间、水际、林中、花丛供人们漫步游赏的路。(4)园务路。为便于园务运输、养护管理等的需要而建造的路。这种路往往有专门的入口,直通公园的仓库、餐馆、管理处、杂物院等处,并与主环路相通,以便把物资直接运往各景点。在有古建筑、风景名胜处,园路的设置应考虑消防的要求。

园路的布局形式上,西方园林多为规则式布局,园路笔直宽大,轴线对称,成几何形;中国园林多以山水为中心,园林也多采用自然式布局,园路讲究含蓄,但在庭园、寺庙园林或在纪念性园林中,多采用规则式布局。园路的布置应考虑:(1)回环性。园林中的路多为四通八达的环行路,游人从任何一点出发都能遍游全园,不走回头路。(2)疏密适度。园路的疏密度同园林的规模、性质有关,在公园内道路大体占总面积的 10% ~12%,在动物园、植物园或小游园内,道路网的密度可以稍大,但不宜超过 25%。(3)因景筑路。园路与景相通,所以在园林中是因景得路。(4)曲折性。园路随地形和景物而曲折起伏,若隐若现,"路因景曲,境因曲深",造成"山重水复疑无路,柳暗花明又一村"的情趣,以丰富景观,延长游览路线,增加层次景深,活跃空间气氛。(5)多样性。园林中路的形式是多种多样的。在人流集聚的地方或在庭院内,路可以转化为场地;在林间或草坪中,路可以转化为步石或休息岛;遇到建筑,路可以转化为"廊";遇山地,路可以转化为盘山道、磴道、石级、岩洞;遇水,路可以转化为桥、堤、汀步等。路又以它丰富的体态和情趣来装点园林,使园林又因路而引人入胜。

在园路设计上包括线形设计和路面设计,后者又分为结构设计和铺装设计。线形设计在园路的总体布局的基础上进行,可分为平曲线设计和竖曲线设计。平曲线设计包括确定道路的宽度、平曲线半径和曲线加宽等;竖曲线设计包括道路的纵横坡度、弯道、超高等。园路的线形设计应充分考虑造景的需要,以达到蜿蜒起伏、曲折有致;应尽可能利用原有地形,以保证路基稳定和减少土方工程量。

园路结构形式有多种,典型的园路结构分为:(1)面层。路面最上的一层。它直接承受人流、车辆的荷载和风、雨、寒、暑等气候作用的影响。因此要求坚固、平稳、耐磨,有一定的粗糙度,少尘土,便于清扫。(2)结合层。采用块料铺筑面层时在面层和基层之间的一层,用于结合、找平、排水。(3)基层。在路基之上。它一方面承受由面层传下来的荷载,一方面把荷载传给路基。因此,要有一定的强度,一般用碎(砾)石、灰土或各种矿物废渣等筑成。(4)路基。路面的基础。它为园路提供一个平整的基面,承受路面传下来的荷载,并保证路面有足够的强度和稳定性。如果土基的稳定性不良,应采取措施,以保证路面的使用寿命。此外,要根据需要,进行道牙、雨水井、明沟、台阶、礓礤、种植地等附属工程的设计。

中国园林在园路面层设计上形成了特有的风格,有下述要求:(1)寓意性。中国园林强调"寓情于景",在面层设计时,有意识地根据不同主题的环境,采用不同的纹样、材料来加强意境。北京故宫的雕砖卵石嵌花甬路,是用精雕的砖、细磨的瓦和经过严格挑选的各色卵石拼成的。路面上铺有以寓言故事、民间剪纸、文房四宝、吉祥用语、花鸟虫鱼等为题材的图案,以及《古城会》《战长沙》《三顾茅庐》《凤仪亭》等戏剧场面的图案。

(2)装饰性。园路既是园景的一部分,应根据景的需要作出设计,路面或朴素、粗犷,或舒展、自然、古拙、端庄,或明快、活泼、生动。园路以不同的纹样、质感、尺度、色彩,以不同的风格和时代要求来装饰园林。如杭州"三潭印月"的一段路面,以棕色卵石为底色,以橘黄、黑两色卵石镶边,中间用彩色卵石组成花纹,显得色调古朴,光线柔和。成都人民公园的一条林间小路,在一片苍翠中采用红砖拼花铺路,丰富了林间的色彩。中国自古对园路面层的铺装就很讲究,《园冶》中说:"惟厅堂广厦中铺一概磨砖,如路径盘蹊,长砌多般乱石,中庭或宜叠胜,近砌亦可回文。八角嵌方,选鹅卵石铺成蜀锦……鹅子石,宜铺于不常走处……乱青版石,斗冰裂纹,宜于山堂、水坡、台端、亭际。"又说:"花环窄路偏宜石,堂回空庭须用砖。"

    2)铺地

铺地是路面铺装的扩大,包括广场(含休息岛)、庭院等场地的铺装。例如,江南古典园林中的"花街铺地"用砖、卵石、石片、瓦片等,组成四方灯锦、海棠芝花、攒六方、八角橄榄景、球门、长八方等多种多样图案精美和色彩丰富的地纹,其形如织锦,颇为美观。又如苏州拙政园海棠春坞前的铺地选用万字海棠的图案。北京植物园牡丹园葛巾壁前的广场铺地,采用盛开的牡丹花图案。

在中国传统铺地的纹样设计中,还用各种"宝相"纹样铺地。如用荷花象征"出淤泥而不染"的高洁品德;用忍冬草纹象征坚忍的情操;用兰花象征素雅清幽,品格高尚;用菊花的傲雪凌霜象征意志坚定。在中国新园林的建设中,继承了古代铺地设计中讲究韵律美的传统,并以简洁、明朗、大方的格调,增添了现代园林的时代感。如用光面混凝土砖与深色水刷石或细密条纹砖相间铺地,用圆形水刷石与卵石拼砌铺地,用白水泥勾缝的各种冰裂纹铺地等。此外,还用各种条纹、沟槽的混凝土砖铺地,在阳光的照射下,能产生很好的光影效果,不仅具有很好的装饰性,还减少了路面的反光强度,提高了路面的抗滑性能。彩色路面的应用,已逐渐为人们所重视,它能把"情绪"赋予风景。一般认为暖色调表现热烈、兴奋的情绪,冷色调较为幽雅、明快。明朗的色调给人清新愉快之感,灰暗的色调则表现为沉稳宁静。因此在铺地设计中有意识地利用色彩变化,可以丰富和加强空间的气氛。北京紫竹院公园入口用黑、灰两色混凝土砖与彩色卵石拼花铺地,与周围的门厅、围墙、修竹等配合,显得朴素、雅致。

延伸阅读

铁 山 园

    铁山园在山东曲阜孔府,是孔府的后花园,面积 50 多亩。它建于明弘治十六年(1503 年),由当时的七十三代衍圣公孔庆镕扩建而成,其间经过三次大修。建园之时,有人送来古鲁城内炼铁的铁渣石,类似陨石,园主十分高兴,认为这是天降神石,象征孔府从此时来运转,兴旺发达,而且与他的名字意义相合,于是把它们布置在园中,并命名为铁山园,自己也自号铁山园主。园林处原孔府轴线的最北部,也用轴线布局,正是北方特点,其布局仿紫禁城御花园格局,这布局也只有孔府敢当。

    园中路也是轴线,非常明确,在轴线南端有植柏台,四周花砖砌矮墙,有三面台阶通上下,台中植柏 1 株,依古木有盆景铁石置于托台上,托台四面浮雕有双龙、双麒麟、双凤等,石边立一石匾,上题:孔府天下第一家。下台前行,可见5柏抱槐一景,此柏名五君子柏,一株在根部就分成5干,最奇的是在5干中间抱有1棵槐树,此槐穿柏身而生,实为奇观。据说,此槐已有四百多年历史。当时孔庆镕曾赋诗赞曰:"五干同枝叶,凌凌可耐冬。声疑喧虎豹,形欲化虬龙。曲径荫遮暑,高槐翠减浓。天然君子质,合傲岱岩松。"

轴线的最北端是一幢民国建成的新花厅,北依孔府后墙。此厅平面呈"T"字形,前面类似出抱厦,呈攒尖亭式,抱厦亭与后正厅相接,亭开敞无墙,厅青砖厚砌,这种组合既左右对称和四平八稳,又通透开敞,活泼可爱。抱厦亭前面两柱题联:"寻梅觅竹骚人来,赏兰观菊贤者至。"花厅前面绕抱厦亭设观景台,台四周为青砖砌矮墙,与轴线之南的柏台一致,形成南北呼应。花厅为孔府主人平时赏花、赏月和会见重要客人的地方,有时也在此设宴。厅东西有花树、竹丛。

出厅西走,见一六角重檐亭,亭宝顶较小,宝珠立于细柱上,立面构图高挑,显得轻盈,有点受南方园林建筑的影响,但是其做法却是北方样式,屋面厚重,起翘很少。枋间板只作菱形图案,没有彩画,全涂朱红,柱间设单板坐凳,亭内设石桌,不设石几,显得过于朴素。亭西为花房。

中轴的新花厅之东为旧花厅,面阔三间,上覆龙瓦,梁枋皆彩画花卉,梁上二梅作云状,显得古雅而华丽,此处曾叫坛屋。房前有丁字形葡萄架。依路南行,来到荷花池,池很小,只几平方米,但是池中荷花盛开,十分清雅。

过荷花池,来到鱼池,池中养鱼,架曲桥。桥面很狭窄,两面用木栏杆,显得过于做作,但栏杆做法却很有特色,横栏竖杆,杆顶为莲花头雕刻,构图简洁。水池中立有多处湖石作为孤赏石。桥北为扇亭,亭东南西三面用青砖砌栏杆,可当座槛,亭梁枋皆有彩画,内容多为梅、兰、菊、竹、麋鹿、山水等,枋间板用中国结式图案。桥南为大湖石假山,山三面用栏杆围护,不让人攀登,唯北面与桥接,让人有亲近之感。花园西部为牡丹园、芍药圃。

(资料来源:https://www.baidu.com/=81％25E5％25B1％25B1％25E5％259B％25AD&rspq)

二、中国古典园林建筑风格

1. 表现含蓄

含蓄效果就是中国园林重要的建筑风格之一。追求含蓄乃与我国诗画艺术追求含蓄有关,在绘画中强调"意贵乎远,境贵乎深"的艺术境界;在园林中强调曲折多变,含蓄莫测。这种含蓄可以从两方面去理解:其一,其意境是含蓄的;其二,从园林布局来讲,中国园林往往不是开门见山,而是曲折多姿,含蓄莫测。往往巧妙地通过风景形象的虚实、藏露、曲直的对比来取得含蓄的效果。如首先在门外以美丽的荷花池、桥等景物把游人的心紧紧吸引住,但是围墙高筑,仅露出园内一些屋顶、树木和圆内较高的建筑,看不到里面全景,这就会引人遐想,并引起了解园林景色的兴趣。北京颐和园即是如此,颐和园入口处利用大殿,起掩园主景(万寿山、昆明湖)之作用,通过大殿,才豁然开朗,见到万寿山和昆明湖,那山光水色倍觉美不胜收。江南园林中,漏窗往往成为含蓄的手段,窗外景观通过漏窗,隐隐约约,这就比一览无余地看有生趣得多。如苏州留园东区以建筑庭园为主，其东南角环以走廊，临池面置有各种式样的漏窗、敞窗，使园景隐露于窗洞中，当游人在此游览时，使人左右逢源，目不暇接，妙趣横生。而今天有许多好心肠的人，唯恐游者不了解，水池中装了人工大鱼，熊猫馆前站着泥塑熊猫，如做着大广告，与含蓄两字背道而驰，失去了中国园林的精神所在，真太煞风景。鱼要隐现方妙，熊猫馆以竹林引胜，渐入佳境，游者反多增趣味。

2. 追求意境

追求的"意境"二字，多以自然山水式园林为主。一般来说，园中应以自然山水为主体，这些自然山水虽是人作，但是要有自然天成之美，有自然天成之理，有自然天成之趣。在园林中，即使有密集的建筑，也必须要有自然的趣味。为了使园林有可望、可行、可游、可居之地，园林中必须建有各种相应的建筑，但是园林中的建筑不能压倒或破坏主体，而应突出山水这个主体，与山水自然融合在一起，力求达到自然与建筑有机的融合，并升华成一件艺术作品。这中间建筑对意境的表现手法如：承德避暑山庄的烟雨楼，乃仿浙江嘉兴烟雨楼之意境而筑，这座古朴秀雅的高楼，每当风雨来临时，即可形成一幅淡雅素净的"山色空蒙雨亦奇"的诗情画意图，见之令人身心陶醉。

园林意境的创作方法有中国自己的特色和深远的文化根源。融情入境的创作方法，大体可归纳为三个方面：(1)"体物"的过程。即园林意境创作必须在调查研究过程中，对特定环境与景物所适宜表达的情意作详细的体察。事物形象各自具有表达个性与情意的特点，这是客观存在的现象。如人们常以柳丝比女性、比柔情；以花朵比儿童或美人；以古柏比将军、比坚贞。比、兴不当，就不能表达事物寄情的特点。不仅如此，还要体察入微，善于发现。如以石块象征坚定性格，则卵石、花石不如黄石、盘石，因其不仅在质，亦且在形。在这样的体察过程中，心有所得，才开始立意设计。(2)"意匠经营"的过程。在体物的基础上立意，意境才有表达的可能。然后根据立意来规划布局，剪裁景物。园林意境的丰富，必须根据条件进行"因借"。计成《园冶》中的"借景"一章所说"取景在借"，讲的不只是构图上的借景，而且是为了丰富意境的"因借"。凡是晚钟、晓月、樵唱、渔歌等无不可借，计成认为"触情俱是"。"比"与"兴"，是中国先秦时代审美意识的表现手段。《文心雕龙》对比、兴的释义是："比者附也；兴者起也。""比是借他物比此物"，如"兰生幽谷，不为无人而不芳"是一个自然现象，可以比喻人的高尚品德。"兴"是借助景物以直抒情意，如"野塘春水浸，花坞夕阳迟"，景中怡悦之情，油然而生。"比"与"兴"有时很难绝然划分，经常连用，都是通过外物与景象来抒发、寄托、表现、传达情意的方法。

3. 突出宗教信仰和封建礼教

中国古典建筑与神仙崇拜和封建礼教有密切关系，在园林建筑上也多有体现。汉代时园林中多有"楼观"，就是因为当时人们都认为神仙喜爱住在高处。另外还有一种重要的体现，就是在皇家建筑的雕塑装饰物上才能看到的吻兽。吻兽即是人们对龙的崇拜，创造的多种神兽的总称。龙是中华民族发祥和文化开端的象征，炎黄子孙崇拜的图腾，龙所具有的那种威武奋发、勇往直前和所向披靡、无所畏惧的精神，正是中华民族理想的象征和化身。龙文化是中华灿烂文化的重要组成部分。时至今日，人们仍可见到"龙文化"在新建的仿古建筑上展示，如今的龙文化(装饰)不仅仅是为了"避邪"，而且成了中华民族的象征(在海内外，凡饰有"龙避邪"的，一定是华人宅府)，凝聚了民族的魂之所在。

吻兽排列有着严格的规定,按照建筑等级的高低而有数量的不同,最多的是故宫太和殿上的装饰。这在中国宫殿建筑史上是独一无二的,显示了至高无上的重要地位。在其他古建筑上一般最多使用九个走兽。这里有严格的等级界限,只有金銮宝殿(太和殿)才能十样齐全。中和殿、保和殿都是九个。其他殿上的小兽按级递减。天安门上也是九个小兽。北京故宫的金銮宝殿"太和殿",是封建帝王的朝廷,故小兽最多。金銮殿是"庑殿"式建筑,有1条正脊,8条垂脊,4条围脊,总共有13条殿脊。吻兽坐落在殿脊之上,在正脊两端有正吻2只,因它口衔正脊,又俗称吞脊兽。在大殿的每条垂脊上,各施垂兽1只,8条脊就有8只。在垂兽前面是1行跑兽,从前到后,最前面的领队是一个骑凤仙人,然后依次为:龙、凤、狮子、天马、海马、狻猊、押鱼、獬豸、斗牛、行什,共计10只。8条垂脊就有80只。此外,在每条围脊的两端还各有合角吻兽2只,4条围脊共8只。这样加起来,就有大小吻兽106只了。如果再把每个殿角角梁上面的套兽算进去,那就共有114只吻兽了。而皇帝居住和处理日常政务的乾清宫,地位仅次于太和殿,檐角的小兽为9只。坤宁宫原是皇后的寝宫,小兽为7只。妃嫔居住的东西六宫,小兽又减为5只。有些配殿,仅有1只。古代的宫殿多为木质结构,易燃,传说这些小兽能避火。由于神化动物的装饰,使帝王的宫殿成为一座仙阁神宫。因此吻兽是中国古典建筑中一种特有的雕塑装饰物。因为吻兽是皇家特有的,所以也是一种区分私家和皇家园林及建筑的一种方法。

4. 平面布局简明有规律

中国古代建筑在平面布局方面有一种简明的组织规律,这就是每一处住宅、宫殿、官衙、寺庙等建筑,都是由若干单座建筑和一些围廊、围墙之类环绕成一个个庭院而组成的。一般地说,多数庭院都是前后串连起来,通过前院到达后院,这是中国封建社会"长幼有序,内外有别"的思想意识的产物。家中主要人物,或者应和外界隔绝的人物(如贵族家庭的少女),往往生活在离外门很远的庭院里,这就形成一院又一院层层深入的空间组织。同时,这种庭院式的组群与布局,一般都是采用均衡对称的方式,沿着纵轴线(也称前后轴线)与横轴线进行设计。比较重要的建筑都安置在纵轴线上,次要房屋安置在它左右两侧的横轴线上,北京故宫的组群布局和北方的四合院是最能体现这一组群布局原则的典型实例。这种布局是和中国封建社会的宗法和礼教制度密切相关的。它最便于根据封建的宗法和等级观念,使尊卑、长幼、男女、主仆之间在住房上也体现出明显的差别。这是封建礼教在园林建筑布局上的体现。

5. 地域文化不同,园林建筑风格有异

洛阳自古以牡丹闻名,园林中多种植花卉竹木,尤以牡丹、芍药为盛,对比之下,亭台楼阁等建筑的设计疏散。甚至有些园林只在花期时搭建临时的建筑,称"幕屋""市肆"。花期一过,幕屋、市肆皆被拆除,基本上没有固定的建筑。而扬州园林,建筑装饰精美,表现细腻。这是因为扬州园林的建造时期多以清朝乾隆年间为主,建造者许多都是当时的巨商和当地官员,目的是炫耀自己的财富、粉饰太平,因此带有鲜明的功利性。扬州园林在审美情趣上,更重视形式美的表现。这也与一般的江南私家园林风格不同,江南园林自唐宋以来追求的都是淡泊、深邃含蓄的造园风格。

126

第五节　中国古典园林的主要构景手法与本质

一、中国古典园林的主要构景手法

在人和自然的关系上，中国早在步入春秋战国时代，就进入和亲协调的阶段，所以在造园构景中运用多种手段来表现自然，以求得渐入佳境、小中见大、步移景异的理想境界，以取得自然、淡泊、恬静、含蓄的艺术效果。构景手段很多，比如讲究造园目的、园林的起名、园林的立意、园林的布局、园林中的微观处理等。在微观处理中，通常有以下几种造景手段，也可作为观赏手段。

1. 抑景

中国传统艺术历来讲究含蓄，忌一览无余，一望到边。所以园林造景也绝不会让人一进门就看到最好的景色，而是通过某种途径将园中景致隐藏起来，使之好似犹抱琵琶半遮面，然后再突然展现出来，使人心情为之一振，达到渐入佳境和步移景异的意境，以此来提高园林艺术的渲染力，这叫"先藏后露""欲扬先抑"。如颐和园入口处一组大殿（仁寿殿、乐寿殿……）挡住了我们的视线，过了大殿，眼前豁然开朗，见到了秀美无比的万寿山和烟波粼粼的昆明湖，那湖光山色美不胜收，尽收眼底，真正的画面才在我们面前展开，达到了"山重水复疑无路，柳暗花明又一村"的审美效果。这种构景手法恰如其分地体现了中国人内敛含蓄的性格特征，如苏州园林的留园、拙政园的门口风景，都有此手笔。

2. 透景

园林中有许多观景点，当从甲观景点远望或俯眺乙景点时，可能有建筑物、树木等阻挡观景视线；但建筑物之间，或建筑物与树木之间，或树木与树木之间，总有视线可通过，且可取得观景的审美效果，这叫透景。透景是园林艺术中常常采用的造景手法，在园林中视线穿过稀疏的隔挡，朦胧觉察出眼光所及的风景，这是中国美学上追崇"镜中月、雾里花"的实践运用和现实反映，既可幽化近景，又可叠化远景，虚实相间。

3. 添景

有时求主景或对景有丰富的层次感，在缺乏前景的情况下可作添景处理。如甲风景点在远方，或自然的山，或人文的塔，如没有其他景点在中间、近处作过渡，就显得虚空而没有层次；如果在中间、近处有乔木、花卉作过渡景，景色显得有层次美，这中间的乔木、花卉，便叫作添景。例如，当人们站在北京颐和园昆明湖岸的垂柳下观赏万寿山远景时，万寿山因有倒挂的柳丝作为装饰而生动起来。

4. 借景

借景是中国古典园林的传统手法，所谓"借"就是造园时不能单纯地孤立地从园的本身着眼，而要寻求园与周围环境、自然景物的巧妙联系。根据造景的需要，把园外的佳景通过门窗或其他途径引入园内，使之成为园内景色的一部分，所以借景意味着园林景象外延。如北京颐和园，远借西山群峰和玉泉山"玉峰塔"，与昆明湖组成美丽的湖光山色，宛如天然的巨幅图画。借景不受空间的限制，形式多种多样，有远借、近借、邻借、仰借、俯借、应时而借等。总之，凡是能触情动人的景观、景物、景色、景致，都可以"借"，可以全

127

方位借景，全时令借景。可借的因素有山有水，有日、月、云雾、雪，还有飞禽、游鱼，甚至风声、雨声、涛声、钟声……

"借景"方法的运用，不仅极大地扩展了园内空间，打破了园内空间的局限，而且非常有效而巧妙地把建筑物同周围自然环境沟通、协调起来，从而极大地丰富和深化了人们对建筑艺术的审美感受。

大至皇家园林，小至私家园林，空间都是有限的。在横向或纵向上让游人扩展视觉和联想，才可以小见大，借景可以将园外甚至远方的风光胜景，巧妙地收进园内游人视线中，以丰富园内景色，使园内外景物融为一体，形成园外有园，景外有景，在有限的空间内看到无限景致的效果。借景因距离、视角、时间、地点等不同而有所不同。

（1）远借：借园林外的远处景物，如颐和园借玉泉山及西山，无锡寄畅园借锡山，苏州沧浪亭登见山楼可远借农村景色。

（2）邻借：亦称近借，是把园林附近的景物纳入园里来。如苏州沧浪亭，园内缺乏水面，而园外却有河滨，因此在沿水面河滨处设假山驳岸，上建复廊及面水轩。无封闭围墙，透过复廊上面的漏窗，使园内外景色融为一体，在不觉之间便将园外水面组织到园内。

（3）仰借：以借高处景物为主，如宝塔、山峰、大树，甚至白云飞鸟、明月繁星。如北京北海公园借景山，南京玄武湖公园借钟山，均属仰借。

（4）俯借：如登杭州六和塔展望钱塘江上景色，登西湖孤山观湖上游船及湖心亭、三潭印月等。

（5）因时而借、因地而借：主要是依靠大自然的变化和景的配合而构成，如朝借旭日，晚借夕阳，春借桃柳，夏借塘荷，秋借丹枫，冬借飞雪，乃至山泉流水，燕语莺歌。

5. 夹景

当甲风景点在远方，或自然的山，或人文的建筑（如塔、桥等），它们本身都很有审美价值，如果视线的两侧大而无当，就显得单调乏味；如果两侧用建筑物或树木花卉屏障起来，使甲风景点更显得有诗情画意，这种构景手法即为夹景。如在颐和园后山的苏州河中划船，远方的苏州桥主景，为两岸起伏的土山和美丽的林带所夹峙，构成了明媚动人的景色。

夹景是为了突出优美景色，常将视线两侧的较贫乏的景观，利用树丛、树列、山石、建筑等加以隐蔽，形成较封闭的狭长空间，突出空间端部的景物。夹景是运用透视线、轴线突出对景的手法之一，能起障丑显美的作用，增加景观的深远感。

6. 对景

对景是指园内两两相对、互相感受的景。但是中国古典园林的对景不像西方庭园的轴线对景方式，而是随着曲折的平面，移步换景，依次展开。对景的作用主要用来加强园内景物之间的呼应与联系。如苏州拙政园中部的枇杷园，它本身自成一区，但由枇杷园月洞门向北眺望，园中主厅远香堂的主要对景雪香云蔚亭，极为巧妙地成了枇杷园月洞门的对景，这就使枇杷园与园中其他景象组群之间形成紧密的联系。

对景要求无论游人身在园中何处，对面都要有景可看。这是最基本的构景手法，也是最常用的造园手法。对景又有正对、互对之分。对景处理可对称严整，可自由活泼，根据条件而定，为了欣赏对景，一般选择亭、树、草地等能使游人休息逗留的场所作为欣赏对景的视点。登楼阁亭台，可观湖光山色；湖中泛舟，可观亭台楼阁，这就是对景。如北京颐和园昆明湖上的南湖岛和十七孔桥,是万寿山的对景。要是以南湖岛和十七孔桥为主体,万寿山就成了对景。

7. 框景

利用花墙、漏窗、门框、窗框、树干树枝所形成的框,山洞的洞口框等,有选择地摄取另一空间的景色,往往把远处的山水美景或人文景观包含其中,恰似一幅嵌于镜框中的图画,称为框景。北京北海便有专视框景的"看画廊"的设置。杜甫的名句"窗含西岭千秋雪,门泊东吴万里船"说的就是这种意境。框景可以优化审美对象,把自然美升华到艺术美。如上海豫园三穗堂与仰山堂之间有一瓶形门,门外的花木却巧妙地成了瓶的装饰,这种构思常使人拍案叫绝。

8. 漏景

漏景是通过墙中空窗(不装窗扇的窗,但各有其形)、漏窗(窗洞中镶嵌各式窗格、窗花),把墙外的景物透漏进来。漏景可使景物时隐时现,千变万化,触目动心,诱人入胜。

在园林的围墙上,或走廊(单廊或复廊)一侧或两侧的墙上,常常设以漏窗,或雕以带有民族特色的各种几何图形,或雕以民间喜闻乐见的葡萄、石榴、老梅、修竹等植物,或雕以鹿、鹤、兔等动物,透过漏窗的窗隙,使园外景色若隐若现,表现含蓄,而有"犹抱琵琶半遮面"的感觉。漏景不仅从漏窗取景,还可通过花墙、漏屏风、漏隔扇等取景,也可从树干、疏林、飘拂的柳丝中取景。

9. 隔景

凡将园林分隔为不同空间、不同的景区的景物称为隔景。隔景能丰富园景,使各景区、景点各具特色并避免游人的相互干扰。如上海豫园的四个景区,都用龙墙相隔,墙上或开漏窗,或置砖雕,使各区间景色透过门廊漏窗,时隐时现;使水面有分有聚,有隔有通,造成了景观深远曲折的境界。

10. 移景

移景实际指的是仿建。这种仿建以皇家园林最为突出,北京圆明园、河北承德避暑山庄和北京颐和园内,都有许多景色是移植过来的。移景和复制不一样,由于园林总是要受到自然条件的限制,因此只能用写意的手法,使其在似与不似之间。如颐和园内的谐趣园,就是仿无锡的寄畅园建造的。

11. 点景

抓住园林中每一景观的特点及中间环境的景象,再结合文化艺术的要求,进行高度概括,点出景色的精华和意境,增加风景的魅力,使游人有更深的审美感受,谓之点景。点景的手法很多,如景色的命名、园林题咏、导游说明等均是。其中以园林题咏的方式为最多。园林题咏可用对联、匾额、中堂、石碑、石刻等形式表现出来。可以丰富观赏内容,增加诗情画意,给人以艺术的联想,并有宣传、教育、装饰、导游的作用。如平湖秋月、三潭印月,景随名而生,显出景观特色。如昆明大观楼的180字长联、唐张继的《枫桥夜泊》诗,往往有画龙点睛之效。

12. 藏景

藏景是指被高大山石、建筑、树木等遮掩起来的景致。多在园林的僻静角落,不易被人直接发现。如颐和园中的谐趣园和北海公园的静心斋,都在园中的一隅,让人不易找到。

129

二、中国园林的本质

1. 模山范水的景观类型

地形地貌、水文地质、乡土植物等自然资源构成的乡土景观类型,是中国古典园林的空间主体的构成要素。乡土材料的精工细做,园林景观的意境表现,是中国传统园林的主要特色之一。中国古典园林强调"虽由人做,宛自天开",强调"源于自然而高于自然",强调人对自然的认识和感受。

2. 适宜人居的理想环境

追求理想的人居环境,营造健良舒适,清新宜人的小气候条件。由于中国古代生活环境相对恶劣,中国古典园林造景都非常注重小气候条件的改善,营造更加舒适宜人的环境,如山水的布局、植物的种植、亭廊的构建等,无不以光影、气流、温度等人体舒适性的影响因素为依据,形成舒适宜人居住生活的理想环境。

3. 巧于因借的视域边界

不拘泥于庭院范围,通过借景扩大空间视觉边界,使园林景观与外面的自然景观等相联系、相呼应,营造整体性园林景观。无论动观或者静观都能看到美丽的景致,追求无限外延的空间视觉效果。

4. 循序渐进的空间组织

动静结合、虚实对比、承上启下、循序渐进、引人入胜、渐入佳境的空间组织手法和空间的曲折变化,园中园式的空间布局原则常常将园林整体分隔成许多不同形状、不同尺度和不同个性的空间,并将形成空间的诸要素糅合在一起,参差交错、互相掩映,将自然、山水、人文景观等分割成若干片段,分别表现,使人看到空间局部交错,以形成丰富的似乎没有尽头的景观。

5. 小中见大的空间效果

古代造园艺术家们抓住大自然中的各种美景的典型特征提炼剪裁,把峰峦沟壑一一再现在小小的庭院中,在二维的园址上突出三维的空间效果。"以有限面积,造无限空间"。"大"和"小"是相对的,关键是"假自然之景,创山水真趣,得园林意境"。

6. 耐人寻味的园林文化

人们常常用山水诗、山水画寄情山水,表达追求超脱与自然协调共生的思想和意境。古典园林中常常通过楹联匾额、刻石、书法、艺术、文学、哲学、音乐等形式表达景观的意境,从而使园林的构成要素富于内涵和景观厚度。

第六节　中国古典园林的文化内涵

一、中国古典园林的美学特征

中国古典园林作为一个园林体系,若与世界上的其他体系相比较,它所具有的个性是鲜明的,而它的各个类型之间,又有着许多相同的共性。这些个性和共性可以概括为四个方面:(1)本于自然,高于自然;(2)建筑美与自然美的融糅;(3)诗画的情趣;(4)意境的涵蕴。

1. 本于自然，高于自然

本于自然意味着师法自然，包含两层内容：一是总体布局、组合要合乎自然。山与水的关系以及假山中峰、涧、坡、洞各景象因素的组合，要符合自然界山水生成的客观规律。二是每个山水景象要素的形象组合要合乎自然规律。

自然风景以山、水为地貌基础，以植被做装点。山、水、植物乃是构成自然风景的基本要素，当然也是风景式园林的构景要素。但中国古典园林绝非一般地利用或者简单地模仿这些构景要素的原始状态，而是有意识地加以改造、调整、加工、剪裁，从而表现一个精炼概括的自然，典型化的自然。唯其如此，像颐和园那样的大型天然山水园才能够把具有典型性格的江南景观在北方的大地上复现出来。这就是中国古典园林的一个最主要的特点。

自然界的山岳，以其丰富的外貌和广博的内涵而成为大地景观的最重要的组成部分，所以中国人历来都用"山水"作为自然风景的代称，相应地，在古典园林的地形整治工作中，筑山便成了一项最重要的内容。历来造园都极为重视，而园林假山都是真山的抽象化典型化的摹写，能在很小的地段上展现咫尺山林的局面，幻化千岩万壑的气势。

水体在大自然的景观构成中是一个主要的因素。它既有静止状态的美，又能显示流动状态的美，因而也是一个最活跃的因素。山与水的关系密切。山嵌水抱一向被认为是最佳的成景态势，且反映了阴阳相比的辩证哲理，这些情况都体现在古典园林的创作上，一般说来有山必有水。

园林内开凿的各种水体都是自然界的河、湖、溪、涧、泉、瀑等的艺术概括。人工理水务必做到"虽由人作，宛自天开"，哪怕再小的水面亦必曲折有致，并利用山石点缀岸、矶。有的还故意做出一弯港汊、水口以显示源流脉脉。稍大些的水面，则必堆筑岛、堤，架设桥梁，在有限的空间内尽量表现天然水景的全貌。这就是"一勺则江湖万里"之立意。

园林植物配置尽管姹紫嫣红、争奇斗艳，但都以树木为主调，因为林木最能让人联想到自然界丰富繁茂的生态。此外，观赏树木和花卉还按其形、色、香，而"拟人化"，赋予不同的性格和品德，在园林造景中尽量显示其象征寓意。

总之，本于自然、高于自然是中国古典园林创作的主旨。目的在于求得一个概括、精炼典型而又不是自然生态的山水环境。它是感性的、主观的写意，侧重于表现主体对物像的审美感受和因之而引起的审美感情。这样的创作又必须合乎自然之理，方能获致天成之趣。

2. 建筑美与自然美的融糅

法国的规整式园林和英国的风景式园林是西方古典园林的两大主流。前者按古典建筑的原则来规划园林，以建筑轴线的延伸而控制园林全局；后者的建筑物与其他造园三要素之间往往处于相对分离的状态。但是这两种截然相反的园林形式却有一个共同的特点：把建筑美与自然美对立起来，要么建筑控制一切，要么退避三舍。

中国古典园林则不然。建筑无论多寡，也无论其性质、功能如何，都力求与山、水、花木这三个造园的要素有机地组织在一系列风景面中，突出彼此协调、互相补充的积极的一面，限制彼此对立、互相排斥的消极的一面，甚至能够把后者转化为前者，从而在园林总体上将建筑美与自然美融糅起来,达到一种人工与自然高度协调的境界——天人谐和的境界。

中国古典园林之所以能够把消极的方面转化为积极的因素,以求得建筑美与自然美的融糅,从根本上来说当然应该追溯其造园的哲学、美学乃至思维方式的主导。但中国传统建筑本身所具有的特性也为此提供了优越条件。

木框架结构的个体建筑,内墙外墙可有可无,空间可虚可实,可隔可透。园林里面的建筑物充分利用这种灵活性和随意性创造了千姿百态、生动活泼的外观形象,获得与自然环境的山、水、花木密切嵌合的多样性。中国园林建筑不仅它的形象之丰富在世界范围内算得上首屈一指,而且还把传统建筑化整为零,把个体组合为建筑群体的可变性发挥到了极致。它一反宫廷、坛庙、衙署、邸宅的严整、对称、均齐的格局,完全自由随意,因山就水,高低错落,以这种千变万化的面上的铺陈强化了建筑与自然环境的嵌合关系。同时,还利用建筑内部空间与外部空间的通透,流动的可能性,把建筑物的小空间与大自然的大空间沟通起来,正如《园冶》所谓:"轩楹高爽,窗户临虚,纳千顷之汪洋,收四时之烂漫。"对此,美学家宗白华先生有精辟的论述:"这里表现这美感的民族特点,古希腊人对于庙宇四周的自然风景似乎还没有发现。他们多半把建筑本身孤立起来欣赏。古代中国人就不同。他们总要通过建筑物,通过门窗,接触外面的大自然界。"

杜甫名句:"窗含西岭千秋雪,门泊东吴万里船。"诗人从一个小房间通到千秋之雪、万里之船,也就是从一门一窗体会到无限的空间、时间。这样的诗句多得很,像"凿翠开户"(杜甫),"山川俯绣户,日月近雕梁"(杜甫),"檐飞宛溪水,窗落敬亭云"(李白),"山翠万重当槛初,水光千里抱城来"(许浑)。都是小中见大,从小空间进到了大空间,丰富了美的感受。

匠师们为了进一步把建筑谐调融糅于自然环境之中,还发展、创造了许多别致的建筑形象和细节处理。譬如,亭这种最简单的建筑物在园林中随处可见,不仅具有奠境的作用和观景的功能,而且通过其特殊的形象还体现了以园法天、以方象地,纳宇庙于芥粒的哲理。所以戴醇士说:"群山郁苍,群木蒸蔚,空亭冀然,吐纳云气。"苏东坡《涵虚亭》诗云:"唯有此亭无一物,坐观万亭得天全。"再如,临水之"舫"和路上的"船厅"即模仿舟船以突出园林的水乡风貌。廊本来是联系建筑物、划分空间的手段。园林里面的那些入水面、飘然凌波的"水廊",婉转曲折、通花渡壑的"游廊",蟠蜒山际,随势起伏的"爬山廊"等各式各样的廊子,好像纽带一般把人为的建筑与天成的自然贯穿结合起来。常见山石包镶着房屋的一角,堆叠在平桥的两端,甚至代替台阶、楼梯、柱墩等建筑构件,则是建筑物与自然环境之间的过渡与衔接。随墙的空廊在一定的距离上故意拐一个弯而留出小天井,随意点缀少许山石花木,顿成绝妙小景。那白粉墙上锁开的种种漏窗,阳光透过,图案倍觉玲珑明澈。而在诸般样式的窗洞后面衬以山石数峰,花草树木,犹如小品风景,处处动人。

中国古代园林用种种办法来分隔空间,其中主要是用建筑来围蔽和分隔空间。分隔空间力求从视角上突破园林实体的有限空间的局限性,使之融于自然,表现自然。为此,必须处理好形与神、景与情、意与境、虚与实、动与静、因与借、真与假、有限与无限、有法与无法等种种关系。如此,则把园内空间与自然空间融合和扩展开来。比如漏窗的运用,使空间流通、视觉流畅,因而隔而不绝,在空间上起互相渗透的作用。在漏窗内看,玲珑剔透的花饰、丰富多彩的图案,有浓厚的民族风味和美学价值;透过漏窗,竹树迷离摇曳,亭台楼阁时隐时现,远空蓝天白云飞游,造成幽深宽广的空间境界和意趣。

中国古代园林中,有山有水,有堂、廊、亭、榭、楼、台、阁、馆、斋、舫、墙等建筑。人工的山,石纹、石洞、石阶、石峰等都显示了自然的美色;人工的水,岸边曲折自如,水中波纹层层递进,也都显示了自然的风光。所有建筑,其形与神都与天空、地下自然环境吻合,同时又使园内各部分自然相接,以使园林体现自然、淡泊、恬静、含蓄的艺术特色,并收到移步换景、渐入佳境、小中见大的观赏效果。

总之,虽然处处有建筑,却处处洋溢着大自然的盎然生机。这种谐和情况,在一定程度上反映了中国传统的"天人合一"的哲学思想,体现了道家对大自然的"为而不持,筑而不宰"的态度。

封建时代中国传统的建筑环境,大至都城,小至住宅的院落单元,人们经常接触到的大部分"一正两厢"的对成军棋的布局在很大程度上乃是封建礼制的产物、儒家伦理观念的物化,而园林作为这样一个严整的建筑环境的对立面,却长期与之并行不悖地发展着,体现了"道法自然"的哲理。这就从一个侧面说明了儒、道两种思想在我国文化领域的交融,也足见中国园林艺术在一定程度上通过曲折隐晦的方式反映出人们期望摆脱封建礼教的束缚,崇敬返朴归真的意愿。

3. 诗画的情趣

文学是时间的艺术,绘画是空间的艺术。园林的景物既需"静观",也要"动观",即在游动、行进中领略观赏。故园林是一门综合的技术。中国古典园林的创作,能充分地把握这一特性,在不同艺术门类之间触类旁通,融诗画艺术于园林艺术,使得园林从总体到局部都饱含着浓郁的诗画情趣。这就是通常所谓的"诗情画意"。

诗情,不仅是把前人的诗文的某些境界、场景在园林中以具体的形象复现出来,或者运用景名、匾额、楹联等文学手段对园景做直接的点题,而且还在于借鉴文学艺术的章法、手段使得规划设计颇多类似文学艺术的结构。正如钱泳所说:"造园如做诗文,必使曲折有法,前后呼应;最忌堆砌,最忌错亲,方称佳构。"园内的动观游览路线绝非平铺直叙的简单道路,而是运用各种构景要素迂回形成渐进的空间序列,即空间的划分和组合。划分,不流于支离破碎;组合,务求开合起承,变化有序,层次清楚。这个层次的安排一般必有前奏,起始,主题;高潮,转折,结尾,形成内容丰富多彩,整体和谐统一的连续的流动空间,表现了诗一般的严谨,精炼的章法。在这个序列之中往往还转插一些对比的手法,悬念的手法,欲扬先抑的手法,情理之中常出乎人意料之外,更加强了犹如诗歌的韵律感。

因此,人们游览中国古典园林所得的感受,往往仿佛朗读诗文一样的酣畅淋漓,这也是园林所包含的"诗情"。而有追求的园林作品,则无异于凝固的音乐,无声的诗歌。

凡属风景式园林都或多或少地具有"画意",都在一定程度上体现绘画的原则。英国园林追求所谓的"如画的景观"(picturesque scene),日本园林中的"枯山水平庭"的创作,也渊源于水墨山水画的构思。但绘画艺术对于造园的影响之广,渗透之深,两者关系之密切则莫过于中国古典园林。

中国的山水画不同于西方的风景画,前者重写意,后者重写形。西方的画家临景写生;中国的画家遍游名山大川,研究大自然的千变万化,领会在心,归来后于几案之间挥洒而就。这时候所表现的山水风景已不是个别的山水风景,而是画家主观认识的,对时空具有较大的概括性。就此而言,可以说中国园林是把作为大自然的概括和升华的山水画以三度空间的形式复现到人们的现实生活中去。

4. 意境的涵蕴

意境是中国艺术的创作和鉴赏方面的一个极重要的美学范畴。简单说来,意即主观的理念、感情,境即客观的生活、景物。意境产生于艺术创作中此两者的结合,即创作者把自己的感情、理念熔铸客观生活、景物之中,从而引发鉴赏之类的情感激动和理念联想。中国的传统哲学在对诗"言""象""意"的关系上,从来都把"意"置于首要地位。先哲们很早就已提出"得意忘言""得意忘象"的命题,只要得到意就不必拘守原来用以明象的言和存意的象了。再者,汉民族的思维方式注重综合和整体观照。佛禅和道教的文字宣讲往往立象设教,追求一种"意在言外"的美学趣味。这些情况影响、浸润于艺术创作和鉴赏,从而产生意境的概念。唐代诗人王昌龄在《诗格》一文中提出"三境"之说来评论诗(主要是山水诗)。他认为诗有三种境界:只写山之形为"物境",能借景生情的为"情境";能托物言志的为"意境"。王国维在《人间词话》中提出诗词的两种境界——有我之境,无我之境:"有我之境,以我观物,故物皆著我之色彩。无我之境,以物观我,故不知何者为我,何者为物。"无论怎样,都是诉诸主观,因此,都可以归属于通常所理解的"意境"的范畴。

中国的诗、画艺术十分强调意境。他们将就得失抒情表意,将情和意、情和景结合。不仅诗、画如此,其他的艺术门类都把意境的有无、高下作为创作和品评的重要标准,园林艺术也不例外。园林由于其与诗画的综合性,三维空间的形象性,其意境内涵的显现比之其他艺术门类就更为明晰,也更易于把握。

其实,园林之有意境不独中国为然,其他的园林体系也具有不同程度的意境涵蕴。但其涵蕴的广度和深度,则远不及中国古典园林。

意境的涵蕴既深且广,其表达的方式必然丰富多样。归纳起来,大体上有三种情况:

(1) 借助于人工的叠山理水把广阔的大自然山水风景缩移摹拟于咫尺之间。

(2) 预先设定一个意境的主题,然后借助于山、水、花木、建筑所构配成的物境把这个主题表述出来,从而传达给观赏者以意境的信息。

(3) 意境并非预先设定,而是在园林建成之后在根据现成物境的特征做出文字的"点题"——景题、匾联、刻石等。

运用文字信号来直接表述意境内涵,则表述手法就更为多样化:状写,比附,象征,寓意等,表述的范围也十分广泛:情操,品德,哲理,生活,理想,愿望,憧憬等。游人在游园时所领略的已不仅是眼睛能看到的景象,还有不断在头脑中闪现的"景外之景";不仅满足了感官(主要是视觉感官)上的美的享受,还能唤起以往经历的记忆,从而获得不断的情思,激发合理念联想即"象外之官"。

匾额和对联即是诗文与造园艺术最直接的结合以及表象园林"诗情"的主要手段,也是文人参与园林创作,表述园林意境的主要手段,他们使得园林内的大多数景象"寓景于景"，随处皆可"即景生情"。因此，园林内的重要建筑物上一般都悬挂匾和联，点出了景观的精髓所在；同时，文字作者的借景抒情也感染游人从而激起他们的浮想联翩。苏州的拙政园内有两处赏荷花的地方，一处建筑物上匾额为"远香堂"，另一处为"停留馆"。前者得之于周敦颐咏联的"香远益情"句，后者出自李商隐"留得残荷听雨声"的诗意，一样的景物由于匾题的不同却给人以两般的感受，物境虽同而意境则不同。北京颐和园内临湖的"西佳楼"坐东朝西，飞鸟相于还；此中有真意，欲辩已忘言。游人面对夕阳残照中的湖光山色，若能联想诗的意境则于面前景物的鉴赏势必会更深一层。

　　游人获得园林意境的信息，不仅通过视觉功能的感受或者借助于文字信号的感受，而且还通过听觉、嗅觉的感受。诸如十里荷花、丹桂飘香、雨打芭蕉、流水叮咚、桨声欸乃，乃至风动竹篁犹如肆意倾洒、流浪松涛之如天籁清音，都能意"味"入景，意"声"入景而引发意境的遐思。曹雪芹笔下的潇湘馆，那"风味森森，龙吟细细"更是绘声绘色，点出此处意境的浓郁涵蕴了。

　　正是由于园林内的意境蕴涵如此之深广，中国古典园林所达到的情景交融的境界，也就远非其他的园林体系所能企及了。

　　综上所述，这四大美学特征乃是中国古典园林在世界上独树一帜的主要标志。它们的成长乃至最终形成，固然受政治、经济、文化等诸多复杂因素的制约，但从根本上来说，与中国传统的天人合一的哲理以及重整体观念，重直接感知，重综合推演的思维方式有着直接关系。

二、中国古典园林的山水精神

　　中国古典园林最终成为"模仿自然，高于自然"这样一种艺术形式，其形成和发展的根本原因，不能不提到三个最重要的意识形态方面的精神因素——崇拜自然思想、君子比德思想、神仙思想。

　　崇拜自然思想是一个古老的话题。人与自然的关系向来密切。中国人在漫长的历史过程中，很早就积累了种种与自然山水息息相关的精神财富，构成了"山水文化"的丰富内涵，在我国悠久的古代文化史中占有重要的地位。

　　我国古代把自然作为人生的思考对象（或称"哲学命题"），从理论上加以阐述和发展，是由春秋战国时期道家学派的创始人老子与集大成者庄子，在他们构建的哲学观念中提出来并完成的。老子时代的哲学家们已经注意到了人与外部世界的关系，首先是面对自身赖以立足的大地，人们的悲喜哀乐之情常常来自自然山水。老子从大地呈现在人们面前的鲜明形象主要是山岳河川这个现实中，用自己对自然山水的认识去预测宇宙间的种种奥秘，去反观社会人生的纷繁现象，感悟出"人法地，地法天，天法道，道法自然"这一万物本源之理，认为"自然"是无所不在、永恒不灭的，提出了崇尚自然的哲学观。庄子进一步发挥了这一哲学观念，认为人只有顺应自然规律才能达到自己的目的，主张一切纯由自然，并得出"天地有大美而不言"的观念，即所谓"大巧若拙""大朴不雕"，不露人工痕迹的天然美。老庄哲学的影响是非常深远的，几千年前就奠定了自然山水观，后来成为中国人特有的观赏价值观和对美的追求目标。

　　君子比德思想是孔子哲学的重要内容。孔子进一步突破自然美学观念，提出"知者乐水,仁者乐山"这种"比德"的山水观,反映了儒家的道德感悟,实际上是引导人们通过对山水的真切体验,把山水比作一种精神,去反思"仁""智"这类社会品格的意蕴。孔子的哲学思想以"仁"为核心,注重内心的道德修养,不论对人还是对事都要恪守仁爱的美德。这种博爱思想几乎贯穿于孔子的哲学思辨中。孔子又是一个对山水情有独钟的人,"登东山而小鲁,登泰山而小天下",高山巍巍培植了他博大的胸怀;"君子见大水必观焉",江河荡荡孕育了他高深的智慧。孔子由此把厚重不移的山当作他崇拜的"仁者"形象,用周流不滞的水引发他无限的哲理情思,触发他深沉的哲学感慨。有智慧的人通达事理,所以喜欢流动之水;有仁德的人安于义理,所以喜欢稳重之山。这种以山水来比喻人的仁德功绩的哲学思想对后世产生了无限深广的影响,深深浸透在中国传统文化之中。人们以山水来比喻君子德行,"高山流水"自然而然就成为品德高洁的象征和代名词。"人化自然"的哲理又导致了人们对山水的尊重,从而形成中国特有的山水文化。这种山水文化,不论是积极的还是消极的,都无不带有"道德比附"这类精神体验和品质表现,特别是在文学、诗词、绘画、园林等艺术中表现得尤为突出。在园林史的发展中,从一开始便重视筑山和理水,是中国园林发展中不可或缺的要素。

神仙思想由来已久。大约在仰韶文化时代(约公元前5000年至公元前3000年),先民从万物有灵观念中生发出山水崇拜,并引发出原始宗教意识和活动的重要内容。在古人的想象中,那些不受现实约束的"超人",飘忽于太空,栖息于高山,卧游于深潭,自由自在,神通广大。他们把自然界种种人力不能及的现象,归属于神灵的主宰,并创造出众多的山水之神,还虚构出种种神仙境界。随着神仙思想的产生和流传,人们从崇拜、敬畏到追求,神仙思想渗透到社会生活的方方面面。在我国的文献中,关于山川之神的记载,远比其他自然神要多,有关的活动也更早。传说舜曾巡视五岳(《尚书·舜典》);殷墟卜辞中已有确凿的祀山记录;战国时期的楚国,每年都要举行大规模的祭典,包括天神、地祇(山川之神)、人鬼三大类,现存《楚辞·九歌》即是当时用以娱神的乐歌。"天子祭天下名山大川",被列为古代帝王的"八政"之一。在个人生活中,由于种种原因,如对现实的不满,生活的艰辛、理想的破灭等,而企求神仙、得道升仙来摆脱个人的困境和解脱。于是,自然界的名山大川都成了方士、信徒们养心修炼、求神拜佛的地方。在造园活动中,也时常出现以蓬莱、方丈、瀛洲东海三仙岛为蓝本的山水景观,或表现园主的避世心态,或表现园主求仙思想,或表现园主的飘飘欲仙的人生理想。

第七节　中国古典园林的旅游价值

旅游资源按它的属性可划分为自然风景旅游资源与人文景观旅游资源两大类。而园林属于人文景观旅游资源。我国古典园林是以"景自天成"为特点的,它源于自然,利用自然,高于自然。其灵活的风格、合理的布局、适宜的建筑体量和精巧的装修,取得了高度的艺术成就,达到了完整的自然美、人工美和理想美的统一,创造了世界上独树一帜的园林艺术,具有十分高的旅游价值。

一、具有依自然之理,实现自然之趣的自然观赏属性

我国园林以"虽由人作,宛自天开"作为基本准则,要求造园时再现自然,正确处理自

然与人为的关系。造园中,不但模仿自然风景,更重要的是适应、保持、改善生死存亡平衡和生物群落的自然规律,而且在运用建筑材料方面也充分利用自然资源特点。选址以因地制宜,因势利导,利用地势、地形为原则,利用环境来创造人工小气候。还通过选择大自然美好的景物、山水和植物,更好地表现自然景色,用巧夺天工的技艺达到创造园林美的目的,使之形成一个全新的生动的生态环境,实现"自然之理,得自然之趣"的意念,把园林变成画的天地,诗的世界,人的乐园,可望、可行、可游、可居的多种功能并存。这是吸引旅游者的自然属性。

二、高超的造园手法给人以神奇的吸引力

我国园林在布局设计、空间艺术和自然景物统一方面,有奇趣神妙之吸引力。造园师们通过一定的造园手法,使得园林结构高低错落,登山临水,划分界境,隔而不断,步移景迁,整体融合,巧妙因借,主体突出,层次分明,园中有园;大小明暗,起伏开合,形成园中有画,画中有园,真假难辨的境界;并以园林建筑为主,因地制宜安排,功能与景物统一。如水际安亭,加以景物题名,使得游人在园中可憩、可钓、可舟、可登、可阅,引人入胜。

三、多彩的园林艺术有助于激发旅客观赏与考察的动机

中国古典园林以其综合性的艺术手段,造就了人们获得理想美的深邃意境。通过巧妙组织建筑、景物、文字、雕塑、绘画艺术,将皇家之天、宗教之神、官吏之贵、富商之华、文人之雅、士民之实等,以诗情画意的表现形式贯穿于园林之中,特别是将人的意愿和向往,突出地表现出来。如秦汉典范的太液池中置蓬莱、方丈、瀛洲三岛,其意即为求得长生不老;皇家园林中的唯我独尊、至高无上的意境随处可见;寺庙园林则多体现神祖保佑之意愿;江南私家园林都反映士绅文人以菊、兰、梅、竹四君子及岁寒三友的松竹梅来象征文雅古朴,向往桃源隐居之乐的意境。可见,艺术境界都是以意境为目标,它要求园林叠山、理水、筑室、铺路、架桥、砌墙、造林等,其形式、规模、用料、装饰体量、色彩等,都需有独特的讲究,甚至对方位、光线、风向等也能巧妙利用,再通过周密、灵活的布局和借景、对景、障景、框景、夹景等手法,使园林自成体系、相互通联,取得"步移景换之妙",使游人在园中既能感受到自然美、人工美,又能领悟到造园者所要表现的感情和理想。

四、丰富的文化内涵有助于游客人文知识的提高

我国许多园林除本身的吸引力外,还与重大的历史事件、历史人物、著名篇章、传说故事等紧密相联,成为吸引旅游者的又一动因。皇家园林多与帝王活动有关,私家园林则与名人相关,如承德避暑山庄是慈禧太后发动宫廷政变之所,北海是囚禁光绪皇帝之地,南京煦园与孙中山,绍兴沈园与陆游、唐婉,拙政园与太平天国等,对了解历史文化知识具有十分重要的作用。园林的匾额、楹联、山石多有题刻,这不仅是装饰,且点出风景之妙,启发联想,或表达园主志趣,使游人思想。其文亦多名人名篇,常含典故,言辞隽永,耐人寻味;其书艺往往技高一筹,异常精湛,令人倾倒。可见,其对提高游人的艺术修养和鉴赏能力都会有所裨益。

137

在世界园林体系中独树一帜的中国古典园林作为人文旅游资源,以它的审美特征和独特的艺术创意吸引着中外游客,在我国的旅游业发展中起着举足轻重的作用,所以,我们应把它作为重要的旅游资源加以利用、发展并保护,同时,还要进行严格管理,妥善保护,使其在旅游业中得到长足发展。

关键词:古典园林;艺术风格;构景手段;旅游功能

思考题

1. 简述中国古典园林的发展历史。
2. 中国古典园林的造园艺术风格体现在哪些方面?
3. 中国古典园林的旅游功能有哪些?

参考文献

1. 周维权.中国古典园林史[M].第 2 版.北京:清华大学出版社,1999.

2. 苏雪痕.植物造景[M].北京:中国林业出版社,1994.

3. 李玥瑾.中国旅游文化[M].北京:中国海洋出版社,2011.

4. 尹华光.旅游文化[M].北京:高教出版社,2003.

5. 余树勋.花园设计[M].天津:天津大学出版社,1998.

6. http://mall.cnki.net/magazine/Article/FBLI199802011.htm.

国之瑰宝:中国文物旅游文化

本章导读

金沙遗址

天空已经长满了白发,

我却飞不出禁锢在胸口的黄土。

我用眼睛举起鲜艳的花,

让山川后退,

白云和黑夜也后退。

其实我也有阳光,

只是一直放在父亲的眼皮下。

——彭志强《我的眼睛早已生锈》

　　彭志强写的关于金沙遗址出土的青铜眼睛文物的诗歌,意境丰富、语言空灵、文字清晰,把人一下拉入诗人设置的苍凉的时空之中。

　　文物的诗歌并不好写,毕竟隔着久远的时空。成都在先秦以前的蜀国历史,曾经断裂了几百年。金沙遗址发掘出土金器、铜器、玉器、石器、漆木器等珍贵文物6000余件,一举把成都的建城史从距今2300年提前到距今3000年左右。彭志强诗歌的独特魅力,在于他把视角牢牢盯住这些见证古代蜀国辉煌的文物,这些极大地拓展了古蜀文化内涵与外延的文物,这些对蜀文化起源、发展、衰亡的研究有着重大意义的文物。诗人用大胆的想象力赋予这些文化遗存新的生命和温度。这也是给成都这段神秘的古蜀文明、金沙王国历史填补文学空白。彭志强用诗歌让文物开口说话,是他以诗歌的名义对成都金沙遗址出土文物进行二度考古发掘,为我们打开了一段色彩斑斓的成都历史长卷。

(资料来源:http://search/detail?ct=503316480xz=oxipn)

　　我国历史文物极其丰富,仅馆藏文物就达1000万件以上,其中国家一级文物有10万余件,并且品类繁多。这些文物不仅是中华民族历史发展进程的见证,而且积淀了中华民族的智慧、精神与情趣,具有很高的历史文化价值。近年来,随着旅游的深入发展,文化旅游也日益兴起,文物成了重要的旅游文化资源。因此,加深对文物特别是馆藏文物的了解和掌握,对于我们深入领会中国旅游文化的内涵,提高旅游观赏的审美能力具有重要意义。

第一节 文物概述

一、文物的概念和范围

文物是人类在社会发展过程中遗留于社会上或埋藏在地下的,由人类创造或与人类活动有关的一切有价值的物质文化遗存的总称。它是历史的残迹,不能再生,具有珍贵性。各类文物从不同侧面反映了各个历史时期人类社会活动、社会关系、意识形态以及利用自然、改造自然和当时生态环境的状况,是人类宝贵的历史文化遗产。虽然文物一词在中国古代文献中早已出现,但作为历史文化遗存的专称来统一使用并载于法典,还只是中华人民共和国成立以后的事。

文物所包括的范围十分广泛,根据《中华人民共和国文物保护法》规定,在中华人民共和国境内,下列具有历史、艺术、科学价值的文物受国家保护:具有历史、艺术、科学价值的古文化遗址、古墓葬、古建筑、石窟寺和石刻;与重大历史事件、革命运动和著名人物有关的,具有重要纪念意义、教育意义和史料价值的建筑物、遗址、纪念物;历史上各时代的珍贵艺术品、工艺美术品;重要的革命文献资料以及具有历史、艺术、科学价值的手稿、古旧图书资料等;反映历史上各时代、各民族的社会制度、社会生产、社会生活的代表性实物。此外,具有科学价值的古脊椎动物化石和古人类化石同文物一样受到国家的保护。

二、文物的分类和价值

1. 文物的分类

由于文物所包括的范围十分广泛,而且研究文物的科学门类较多,所以很难形成一种固定的分类方法,往往是人们根据对文物收藏、管理、研究、展览、出版、销售等不同的需要,采取不同的分类方法。常见的有时代分类法、存在形态分类法、质地分类法和价值分类法等。

时代分类法是以文物制作的时代为标准对文物进行分类。据此,我国文物可分为史前文物、古代文物和近现代文物,有时也可划分为古代文物和近现代文物。史前文物,一般分为旧石器和新石器两个时代,有时还分出中石器时代。古代文物,一般是按朝代划分而不是按纪年划分,如商代文物、周代文物、秦代文物、汉代文物、隋代文物、唐代文物等,其中每个朝代的文物还可以细分成具体时期。

存在形态分类法是依照文物体量的动与静对文物进行分类。据此,文物分为可移动文物和不可移动文物。不可移动文物基本上都是文物史迹,一般体量较大,不能或不宜整体移动,如古建筑、古遗址、古墓葬、石窟寺、石刻、近现代重要建筑、纪念地等;当然因特殊情况,有时不可移动文物也可迁移,但这时周围环境已经不同了。可移动文物主要是指馆藏文物和流散文物,有石器、陶器、青铜器、玉器、金银器、瓷器、漆器、书画、古文献等。它们体量小，种类多，可根据保管、研究、陈列的需要移动、变换地点。

质地分类法是以制作文物的材料为标准对文物进行分类。质地分类法主要用于对古器物的归类，一般分为石器、玉器、骨器、陶器、瓷器、漆器、竹器、木器、角器、青铜器、金银器、玻璃器、珐琅器、纺织品、纸类文物，等等。在馆藏文物中，以文物质地分类比较普遍。

价值分类法是以文物所具有的历史、艺术、科学价值为标准对文物进行分类。我国对文物价值的高低分三级进行评估。具体来说，对文物史迹价值的评估，包括对古遗址、古墓葬、古建筑、石窟、石刻、纪念性建筑等价值的评估，经鉴定依其价值高低分为全国重点文物保护单位、省（自治区、直辖市、特区）级文物保护单位和县（市）级文物保护单位。对文物藏品价值的评估，包括对石器、玉器、陶器、漆器、青铜器、金银器、铁器等价值的评估，经鉴定依其价值高低分为一级文物、二级文物和三级文物。

2. 文物的价值

文物的价值是一种客观存在。从整体上说，它具有历史价值、艺术价值和科学价值。

1）历史价值

文物，无论是遗物还是遗迹，都是人类历史上创造的物质文化遗存，因此必然具有历史价值。文物的历史价值在于它所体现出的明显的时代特征，所蕴含着的该时代的各个方面信息。我们可以通过文物从不同的侧面探讨人类的整个历史和某一历史时代乃至同一时代中不同历史时期的政治、经济、军事、文化、艺术、科学、宗教和习俗等。文物因为是历史的产物，所以首先具有历史价值。

2）艺术价值

艺术价值是指文物本身所具有的艺术性。具有艺术价值的文物主要包括融实用与审美为一体的遗物和遗迹，如玉镯、石镯、金耳环等装饰物品和鼎、盆、盘、杯、碗等陶瓷器皿；为观赏而创作的工艺品和美术品，如雕塑、绘画、书法等；各种祭祀时用的礼器、法器和为供奉而创作的宗教雕塑艺术品等；明器中的一些器物，如雕塑人物俑、动物俑等。艺术价值主要表现为造型的优美、制作工艺的精巧和色彩运用的绚丽等几个方面。

3）科学价值

科学价值是指文物所蕴含的知识、科学与技术信息。各种文物都从不同侧面反映了它所处时代的生产力水平和科学技术水平，如陶器的发明是人类对陶坯经焙烧可变硬的化学变化认识的标志；青铜器的发明是人类已掌握合金冶铸技术的实物证据；纺织品的发现，表明人类已掌握了纺织技术；天文图像的发现，表明人类已掌握一定的天文知识；铁器的铸造和使用，在人类社会发展史上又是一个具有划时代意义的创举，等等。这些都说明了文物所具有的科学价值，也说明了文物具有科学价值的客观性。

三、文物与旅游的关系

文物不仅是历史的纪念碑和民族自尊与骄傲的象征，也是人类认识自身、获得知识与信息的载体，因而是一种重要的旅游资源。它在世界各国旅游资源中占有极大的比重，有着广泛的影响，有的甚至成为国家的旅游形象。目前，世界上许多国家越来越重视对文物旅游资源的开发，引导旅游者去体验、理解和品味多彩的历史文化内涵，于是在全

141

世界范围内形成了以文物为依托的文化旅游热潮。我国的文物极其丰富,为文化旅游提供了丰富的文物旅游资源,同时文物还是开展特色旅游的一个重要法宝。旅游行业内部的竞争越来越成为文化的竞争,如何深度开发和合理利用丰富的历史文物资源,已经成为了旅游开发者的重要课题。为了使自己在竞争中立于不败之地,旅游开发者在创建具有地方特色的优质旅游品牌时,都不约而同地把目光集中到文物上。因为文物的分布具有地域性,有着特有的文化个性,同时又是不可再生的,这些正是搞特色旅游的优势所在。我国拥有丰富独特的历史文化遗产,其中不乏级别较高的博物馆和具有很强吸引力的文物,为开发以文物为依托的特色旅游提供了优越的条件。

旅游对文物的保护、开发和利用有着很大的促进作用。一方面,旅游促进了人们对文物的再认识,有利于历史文化的复兴。现代社会的发展日新月异,许多传统、风俗和习惯等正在逐渐消失,而旅游开发者为了满足人们对传统历史文化的渴求就必须借助文物。游客在观赏文物的同时,也会认可文物的价值,把其中包含的文化信息带往全国乃至世界各地,这样既保存了历史文化也宣传了地方文化。另一方面,旅游的发展在一定程度上有利于文物的保护和开发利用。旅游业借助文物可吸引游客,扩大旅游规模,提高经济效益,刺激当地经济的发展,政府也因此拿出足够资金投入到文物事业中。另外,旅游的发展也宣传了文物,提高了文物的知名度和社会地位,这有利于引起社会各方面对文物的关注,便于开展文物保护工作。

文物与旅游之间存在着良好的互动关系,因此必须互相协调,共同发展。一方面,旅游开发要注意文物自身的安全,不能只顾眼前的经济效益而损坏不可再生的文物资源。另一方面,文物在明确自身地位后要积极参与旅游,支持旅游的发展。因为即使有再多的文物,如果不加以开发和利用,文物的价值也很难发挥作用,文物保护也将难以有效地进行。

第二节 绚丽多彩的文物殿堂

我国古代文物极其丰富,如汗牛充栋,不胜枚举。这里将论及的是各类可移动的文物,包括古代玉器、青铜器、金银器、陶瓷等。它们中的绝大多数现藏身于全国各地的博物馆,琳琅满目,美不胜收,对旅游者具有强烈的吸引力。

一、温润高洁的古代玉器

我国古代对玉的定义很广泛,不像今天这么严格。东汉许慎《说文解字》中对玉下的定义是:"玉,石之美者,有五德。"所谓石之美者,是指较一般石料美丽的石料,也就是彩石;所谓五德,就是温润有光泽,内外纹理一致,声音清悦舒扬,坚硬细密,色纯且洁净。按照国际宝石学矿物学的通用概念,科学定义的玉仅包括两种矿物质,即碱性单斜石的硬玉和钙角闪石中的透闪石、阳起石系列的软玉。玉的各种色泽是由于矿石中所含的铁、镍等不同化合物形成的。中国古代玉的产地很普遍,主要有产于新疆和田和叶尔羌的和田玉,河南南阳的独山玉、辽宁岫岩的岫玉等。

玉器是指以硬玉、软玉、碧玉、蛇纹石、水晶、玉髓为原料而制成的工具、装饰器、祭器和陈设品等器物。我国最早的玉器是在辽宁的查海遗址中发现的，距今已有 8000 年左右的历史。查海玉器也是世界上最早使用真玉的实例。此外，在河姆渡文化、大汶口文化、良渚文化、红山文化和龙山文化等遗址中，都有精美的玉器出土。在新石器时代，玉器最初是装饰品，后来逐步渗入了等级观念和原始宗教观念，出现了礼器，中国玉文化礼制时代开始到来。商代贵族对祭祀空前重视，并为此琢制了大量的绚丽多彩的玉礼器。西周灭商以后，制定了与宗法制度相应的祭祀制度，这时玉礼器成为了天国与人间的等级标志。从总体上看，商周时期玉器的数量和品种都有所增加，大致可分为三大类，即礼器仪仗类、实用器皿类和装饰艺术品类，其中礼器占有较大的比重，雕琢工艺也有提高。春秋战国时期，社会上出现了"礼崩乐坏"的局面，玉礼器的功能随之发生相应的变化，开始在朝觐、盟誓、婚聘、殓葬等方面发生作用。同时玉器更多地被人们用来与君子的德性相比拟，孔子就称玉有"十一德"，即仁、知、义、礼、乐、忠、信、天、地、德、道。所以古代佩玉和赏玉成为一种社会风气，"古之君子必佩玉"，"君子无故，玉不去身"。到了秦汉之际，玉器中除了圭还有一点礼仪性质外，其他玉器都明显成为具有装饰意义的东西，或成为一种权力和等级的象征。如秦以后玉玺成了君权的象征，汉以后玉玺制度一直沿袭到清代。在汉代，玉器的礼制色彩逐渐消失，并发展到一个新的高峰。汉代玉器可分为四大类，即礼仪上使用的玉器，葬玉，装饰品，浮雕和圆雕的美术品。这些玉器大多雄浑豪放，追求清逸脱俗的艺术美，反映了汉代统一国家的雄风。魏晋南北朝时期，道教普遍发展起来，人们又将玉看成是延年益寿的药物，一度出现食玉之风。后来的古代医学权威李时珍也认为玉"作钗环服佩，避邪恶毒气"，有 106 种玉可以入药治病。唐宋时期，玉器艺术又有了新的发展，出现很多玉器精品。其特点是色如羊脂，光泽晶莹，质地精良，技术精湛，禽兽花卉的题材和玲珑剔透之器增加，写实能力大为提高。元明清时期南北两地玉器普遍发展，朱翊钧墓出土的玉圭、玉带钩、玉盂、玉碗、玉壶、玉爵、玉佩等可以代表这一时期玉器的特点。清代乾隆时期因石材丰富、皇家提倡和社会需要，技艺达到空前的高峰。

我国古代玉器种类繁多，大致可分为礼乐器、仪仗器、丧葬器、佩饰器、生产工具、生活用器、陈设类和杂用器等，其中著名的玉器众多。内蒙古自治区翁牛特旗三星他拉村出土的红山文化时期的玉龙是迄今为止我国最早的玉龙的形象，极其珍贵，被人们称为"中华第一玉龙"。辽宁省凌源县三官甸子红山文化墓中出土的一件勾云形玉佩雕琢细致，基本代表了当时琢玉工艺的最高水平。殷商时期的古玉，以妇好墓出土的玉器最为重要，共出土了 750 多件，代表了当时玉器的风格。安阳小屯村殷墟出土的两件商代的玉鳖，是利用玉料的天然色泽和纹理制成，形象逼真，有神韵天成之趣，是目前所见到的最早的俏色玉器。春秋时期，玉器出现了由礼器转向佩饰器的趋势，出土的玉器以河南光山县黄君孟墓等为代表，有环、璧、璜、瑗、鱼、兽面等。此后著名的玉器有秦的玉玺、汉的玉衣、唐的玉莲花、宋的玉观音、元的渎山大玉海、明的山子雕等。清代，中国的玉器发展到鼎盛时期，尤其是清盛世的康熙、乾隆朝，更以玉为重。乾隆时期的大禹治水图玉山子是全世界玉器中最重最大的一件，为我国大件玉雕作品的杰作。

总之，我国玉器经过 8000 年左右的曲折发展，从简单的装饰品发展为古代宗教祭祀和礼仪用品，又发展为标志高尚道德品质的佩戴品，最后上升为内容丰富的艺术欣赏作品,深刻反映了不同历史时期的社会意识。特别是在一定的历史阶段上,人们把玉的自然特性加以道德化,使它在政治、宗教、思想文化等各个领域中扮演了特殊的角色,发挥了其他艺术品不能取代的作用。这在全世界文化史上,是其他国家和地区都未曾有过的文化现象,体现了鲜明的民族特色。中国是玉的故乡,可以说玉文化是一种特殊的中国文化,它的内涵丰富深邃,人格化、神秘化的程度让人不可思议。

二、古韵厚重的青铜宝器

我国青铜时代大约是从公元前 22 世纪末或公元前 21 世纪初开始的,到战国末年结束,大致相当于人们所说的奴隶社会时期,历时 2000 余年。这一时期的文化称为青铜文化,主要以青铜器为代表。

青铜器是指以青铜为基本原料加工而制成的器皿、用具等。青铜是红铜与锡,铜与铅或是铜与铅、锡的合金。青铜原来的颜色大多是金黄色的,由于经过长期腐蚀表面所产生的铜锈呈青绿色,因而得名。我国青铜器起源较早,可上溯到公元前 3000 年左右,在新石器时代的马家窑文化、大汶口文化、龙山文化和稍晚的齐家文化,都发现有小件青铜器及其线索。制造方法有冷锻的,有冶铸的,表明当时已有了雏形的青铜手工业存在。夏代的二里头文化遗址和墓葬中出土了少数的爵、戈、锥、小刀等青铜制品,比较清楚地展现了我国青铜器由简单到复杂、从低级到高级的发展过程。殷商西周时期,是中国青铜文化繁荣鼎盛的时期。商代前期青铜容器大量出现,礼制系统出现,纹饰增多,但没有发现铭文。商中期,青铜器铸造技术有了很大发展,器物种类较多,花纹精细,并开始有铭文,但字少简单。商代晚期和西周早期,青铜冶铸作为生产力发展的标志达到了高峰。当时的青铜器以高大厚重、古朴雄伟、纹饰繁缛复杂、铭文较长为特点,出现了一批举世罕见的青铜文物珍品。春秋晚期开始进入铁器时代,但是铁器时代的到来并没有立即导致青铜铸造业的衰退,相反由于战国时代生产技术的普遍提高,青铜器的铸造也有了新的发展。这时的青铜器形制复杂,地方色彩浓厚,普遍采用了错金银、鎏金、镶嵌、针刻等工艺,具有很高的艺术价值。战国晚期日用铜器增多,多为素面。秦汉及其以后青铜器在社会生活中的作用已为其他器物所代替,但是青铜铸造工艺仍然呈现出绚丽多彩的余晖。

我国青铜器种类繁多,主要有礼器、食饪器、兵器和乐器等。礼器有鼎、簋、瓿、豆和钟铸等,食饪器有爵、鬲、尊、壶和盘等,兵器以斧、戈、戟、刀、矛、剑等为主,乐器包括逐铃和编钟等。在这些青铜器中保存了许多艺术珍品,比较著名的如商周时期的后母戊鼎和毛公鼎,春秋战国时期的燕侯盂和宴乐射猎攻战纹壶,秦汉时期的长信宫灯和马踏飞燕等。后母戊鼎于 1939 年在河南安阳出土,重 832.84 公斤,造型厚重典雅,气势宏大,纹饰美观庄重,工艺精巧,上面铸刻着"后母戊"三字铭文,是商文化发展到顶峰的产物。它是商代王权统治的象征,也是建邦立国的重器。这件珍贵文物曾一度被重新埋入地下,以避侵华日军的耳目,到 1946 年抗战胜利后被重新挖出,现珍藏于中国历史博物馆,为国家一级文物中的精品。毛公鼎于清道光末年在陕西岐山周原出土,通高近 54 厘米,重 34.7 公斤,腹内有铭文 32 行,共 499 字,为现存铭文最长的一件青铜器,是周代作品,具有重要的史料价值。铭文气势雄伟,笔法端严,是一篇金文书法的典范。此器现存台北故宫博物院。燕侯盂为西周成王时代的作品,于 1955 年出土于辽宁喀左小转山的青铜器窖藏坑内。该盉青铜制造,精工瑰丽,庄重稳定,是盉类中罕见的大器。可贵的是器内壁上铸有一行清楚、秀雅的铭文"匽(燕)侯作饙盉",意思是说"燕侯作了这件蒸饭用的大碗"。1982年国家邮电部出版的以青铜器精品为内容的邮票一套共8枚,该文物为其中之一。宴乐射猎攻战纹铜壶于1965年在四川成都出土,是战国时期青铜艺术的典型代表。此器造型简练,表面有精细的嵌错图案,分上中下三层,分别勾画出射箭、采桑、宴饮、舞蹈、奏乐、战斗等场面,内容丰富,层次分明,以平面展开的形式构图,人物结构准确、动感强烈。长信宫灯产于西汉时期,于1968年在河北满城出土。这件铜器不仅有着很好的实用价值,而且有很高的艺术欣赏价值,把人物造型与灯具完美地结合成一体,是一级文物中的精品。马踏飞燕于1969年在甘肃武威东汉古墓出土,马作飞驰状,昂首翘尾,四蹄飞腾,其右后足踏一飞鸟,鸟顾首惊视。此马造型设计充分体现了东汉青铜制造工艺发展的水平,现已被选为中国旅游业的标志。

我国青铜文化蕴涵着深刻的历史内容,是记录奴隶社会的形象史册。首先,从青铜器上反映出了祖先崇拜和宗教崇拜的心理。在商代,统治者把大量的青铜器放置在宗庙里,供他们祭祀和礼拜。死后,他们还把这些青铜器用来陪葬,幻想在另一个世界继续使用。西周时期,对在什么地方祭什么神,用什么样的青铜器,都有严格的规定。但到了西周末期,随着疑天崇德思想的滋生,主要用于祭祖敬神的青铜器皿,日益失去了神秘的色彩和威慑的力量。其次,从青铜器上体现出了青铜时代的礼制特征。在商代,统治者主要用酒器的多少来表示自己的身份和地位。从西周中期起,礼器中食器的比重逐渐增加,鼎成为身份和地位的主要标志,并逐渐形成了一套严格的用鼎制度。同时,鼎还与一定数目的簋相配,还有一些青铜礼器被视为国家政权的象征。最后,青铜器具有很高的历史价值和艺术价值。青铜器的造型气魄宏伟,构成细腻,各组成部分都处理得精到、匀称和规范。青铜器的纹样装饰奇特生动,特别是饕餮纹给人一种威严而又原始、拙朴的狞厉美。饕餮纹是奴隶主阶级为其统治利益的需要而想象编造出来的"祯祥"或标志,它暗示着某种超世间的权威力量,给人一种神秘、恐怖、威吓、残酷和凶狠的感觉。但是,饕餮纹结构严谨,外貌凶猛而庄重,气氛神秘,充满神话般的幻觉,带有宗教的色彩,因而在今天又成为人们的审美对象。青铜器上的各种铭文是研究我国商周历史的重要资料,也是研究汉字发展和书法艺术的珍贵资料。

三、高古典雅的陶瓷制品

古老的中华大地,是陶瓷器的故乡。陶器改变了原来物质(黏土)的性质,是人类最早的一项发明。瓷器更是中国对世界文明的一项伟大贡献,故有"瓷国"之称。

1. 陶器制品

我国制作陶器的历史十分悠久,至迟在8000年以前制陶工艺就已为人们所掌握。此后制陶工艺不断发展,到6000多年前仰韶文化以及4000多年前的大汶口文化,先民们已经能够烧制出实用美观的彩陶。彩陶是在红褐色陶器或棕黄色陶器上加绘紫灰或暗黑色装饰花纹的陶器,装饰有动植物、人物和几何图案等纹样,纹样变化生动活泼,或粗犷朴实,或柔和细腻,布局严谨,统一协调。我国有很多世界级的彩陶精品,如马家窑文化遗址出土的"舞蹈纹彩陶盆"。此器于1973年在青海大通出土,器形敞口收腹,口径

29厘米,造型美观。盆内壁用黑彩绘出一排舞蹈人物,每组5人,分为3组,手拉手,踏着整齐的舞步。舞蹈人物形象概括,动感强烈,其装束也很有特点,为中国舞蹈的早期形态研究提供了实物资料。此外,还有在西安半坡遗址中出土的人面鱼纹彩陶盆,以及在河南出土的鹳鱼石斧陶罐等。

商周时期,出现了刻纹白陶,这是制陶工艺上的一个重要里程碑。在福建闽侯黄土岗出土的一批晚商至西周时期的陶蚕,造型极为优美,而且还刻有精美的夔龙纹和几何纹。春秋战国时期,陶器主要朝建筑用陶和冥用陶两个方向发展。1959年在燕下都遗址中出土的一段陶水管,前半部塑成虎头型,造型生动逼真,代表着当时建筑用陶的工艺水平。秦汉时期,"秦砖汉瓦"更是制陶艺术上的佳话。另外,冥用陶器制作也日益发展起来。秦始皇陵附近出土的兵马俑,形体巨大,数量众多,军阵威武雄壮,气势磅礴,反映出了秦代军人英姿勃勃的形象和秦的强盛国力。汉代冥用陶器的题材更加丰富,应有尽有。如汉墓立俑、汉墓骑马俑、拂袖舞姬俑、杂技俑和乐俑等,反映了汉代人间生活的千姿百态。其中1963年在四川郫县东汉墓出土的说唱俑,上身袒露,肌肉丰满,表情生动,是乐俑中的典型代表。陶俑的大量出现,是我国古代人物雕塑的高峰,使制陶技术和艺术达到了很高境地。

隋唐时期的三彩器、武士俑、文官俑、天王俑、骆驼载乐俑、高宝髻女士俑等,都是当时经济和文化发展的艺术结晶,是陶器中的艺术瑰宝。其中的唐三彩色彩斑斓,富丽堂皇。它是先将坯体烧至11 000度左右,施彩后再以9000度的温度烧制而成。釉色呈绿、蓝、白、赭、褐等多种颜色,但以绿、黄、褐等最为常见,故名。明清两代以紫砂器较为著名,其中又以紫砂壶为主要文物。造壶名手供春的作品为栗色,造型独特,艺术水平很高,至为名贵。时大彬初仿供春,后自成一路,喜作大壶,前后诸名家都不能与之相比。清代晚期至民国时期有许多高手争相为紫砂制作"仿生器",几可乱真,成为紫砂文物的一个特殊品种。陶器反映了人们对于自然和人类自身认识的深入,是我国人文文化的重要组成部分。

2. 瓷器制品

瓷器在中国文物中占有最为重要的位置,是中国古代劳动人民的一项伟大发明。早在商代,我国就烧制出了原始瓷器。原始瓷器是由陶器向瓷器过渡时期的产物,处于瓷器的低级阶段。由原始瓷器发展为瓷器,是中国陶瓷工艺发展史上又一大飞跃,大约发生于东汉时期。东汉时期制瓷艺术已臻成熟,烧制的成品质量稳定,无论胎、釉还是烧成温度都已达到了较高标准。1958年在南京清凉山的一座墓葬中出土了一件三国时期的青瓷羊,遍施青釉,匀净无暇,造型安详大方,纹饰流畅优美,与三国以前的瓷器制品有显著不同。1983年在南京雨花台的一座墓葬中出土了一件东吴时期的青瓷盘口壶,采用了当时先进的釉下彩工艺,是绘画技术装饰器物的最早实物,为后代青花瓷等真正釉下彩工艺的出现奠定了基础。

隋唐五代时期,瓷器质量进一步提高。南方以生产青釉瓷器为主,北方以生产白釉瓷器为主,形成了"南青北白"的制瓷局面。1971年在河南安阳的一座墓葬中出土了一件北朝时期的白瓷,标志着对青瓷独统天下局面的突破。1957年在西安的一座墓葬中出土了一件白瓷龙柄鸡首壶,制作十分精美,是隋代白瓷的代表。到了唐代,白瓷的发展达到极盛。北方的白瓷窑址有河北邢窑、曲阳窑，河南郏县窑、荥阳窑、安阳窑，山西的浑源窑、平定窑，陕西耀州窑，安徽萧窑，等等。其中以邢窑白瓷最为有名，有"类雪"之誉。青瓷以越窑为代表，并形成了一个庞大的瓷业体系，与邢窑形成抗衡之势。"密色瓷"是越窑的精品。1987年在陕西法门寺地宫发现的密色瓷器，再现了"九秋风露越窑开，夺得千峰翠色来"的真面貌。五代时期，柴窑的青瓷有"雨过天晴"的美誉，被誉为"青如天，明如镜，薄如纸，声如磬"。

　　宋元瓷器在工艺技术上达到了更高水平。这时瓷器的发展还是在青瓷和白瓷，它们体现了当时制瓷技术的纯熟程度。宋代瓷器生产达到高峰，龙泉窑、钧窑、汝窑、官窑、哥窑、定窑等名窑辈出。龙泉窑是南方青瓷的代表，汝窑是北方青瓷的代表，青瓷在当时已达到炉火纯青的地步。定窑以制作白瓷而著名，称为"北定"，色白而滋润。南宋则以景德镇为主，称为"南定"。南定以其白度和透光度而被推为宋瓷的代表作之一。景德镇的"影青"白瓷更是一种特殊的发展。元代制瓷工艺在我国陶瓷史上占有极为重要的地位，瓷器以青花、釉里红最为出色。元代在宋代白瓷发展基础上，更逐步向彩瓷过渡。

　　明清两代陶瓷工艺继续发展，并达到了制瓷业的顶峰。永乐年间烧制的白瓷，胎薄如纸，洁净如玉，几乎见釉不见胎，给人以甜美的感觉，故又称"甜白"。到宣德年间，青花瓷已经达到了完美无缺的地步。明朝还发明了斗彩、五彩、铜红、素三彩等彩瓷，这是中国陶瓷史上的一个重要里程碑。清代创烧了粉彩、珐琅彩、仿宋瓷和仿其他工艺品瓷，中国陶瓷生产进入了鼎盛时期。康熙时期烧制的青花瓷，俗称"佛头蓝"，纹饰上采用了西洋画技。雍正时期的彩釉瓷以清丽秀媚见长，乾隆时则以富丽堂皇为特点。这个时期烧制的仿古窑精品，达到了足以乱真的程度。

　　瓷器是中国人民的独特创造，表现了中国人民自古以来对人与自然和谐统一思想的追求，反映着中国人民对美好生活和美好事物的向往，也体现了中国人对历史的尊重，它不愧是中国文化的典型代表。

延伸阅读

景德镇瓷器

　　景德镇瓷器始于汉代，东汉约公元25—220年，此时的陶器"质甚粗，体甚厚，釉色淡而糙"，"只供迩俗粗用"，并不远销。因此，影响所及，极为有限。五代时的景德镇以南方最早烧造白瓷之地和其白瓷的较高成就而奠定了自己的地位，从而打破了青瓷在南方的垄断局面和"南青北白"的格局，对于宋代青白瓷的制作以及元、明、清瓷业的发展有着极为重要的作用，是汉族陶瓷烧造史上重要的历史时期，景德镇瓷器大多是艺术陶瓷、生活用瓷和陈设用瓷，以白瓷为著称，素有"白如玉，明如镜，薄如纸，声如磬"之称，品种齐全，曾达三千多种品名，瓷质优良，造型轻巧，装饰多样。在装饰方面有青花、釉里红、古彩、粉彩、斗彩、新彩、釉下五彩、青花玲珑等，其中尤以青花、粉彩产品为大宗，颜色釉为名产。釉色品种很多，有青、蓝、红、黄、黑等类。仅红釉系统，即有钧红、郎窑红、霁红和玫瑰紫等，均用"还原焰"烧成，产品驰名世界，是称誉世界的古代汉族陶瓷艺术杰出代表之一。

　　　　　　　　　　　　（资料来源：http://sns.qlddcc.com/b/28986）

四、雍容华美的金银古器

金银器是指用金、银制作的器物、饰件等。由于金银贵重，金银器在总体数量上较为稀少，传世的金银器文物就更为珍贵。但金银器都是精心制作的，因而具有较高的文化价值。

我国最早的金制品出现于距今 3000 多年前的商代，在我国河南、河北、山西、山东、甘肃、四川等地的商代遗址墓葬中，都有为数不少的小件金饰品出土，如金笄、金耳环等。银器在我国比金器出现得早，大约出现在新石器时代晚期，但冶铸则晚于金器，始于春秋战国时期。

春秋战国时期，随着铁制工具的使用，社会生产力有了很大发展，黄金、白银的产量有了明显增长，金银器制品和用金银装饰的制品也都明显增多。湖北随县曾侯乙墓出土的金盏，是现知我国最早的黄金器皿之一，重达 2156 克，采用了钮、盖、身、足分铸合范浇铸和焊接成器的方法。秦代的金银器目前发现较少。山东淄博出土的秦始皇三十三年造鎏金刻花银盘，盘内外錾刻龙凤纹，花纹活泼秀丽，线条流畅，布局疏密得宜，韵律性强，反映了秦代工艺水平。

两汉时代，金银的产量已相当可观。皇帝赏赐大臣的黄金动辄以千斤、万斤计。从出土的金银制品来看，汉代锤揲、掐丝、焊接、镶嵌等金钿工艺已十分成熟，鎏金工艺也很发达。如果说秦以前金银器工艺尚未脱离青铜器铸造工艺范畴的话，那么到了两汉特别是东汉以后，由于金钿工艺的发展，金银器制作已从青铜器制作传统工艺中分离出来，成为一种独立的工艺门类。当时，金银器的种类，除器皿外，还有动物造型和装饰品，金银印玺也有发现。

到唐代，金银器的制作在手工业中已成为一个较突出的部门，铸造和装饰上都具有独特的风采。錾花工艺有了新的发展，工匠师们精工细作，使錾出的点、线、面与金银表面的光泽相映增辉，以造成绚烂华丽装饰效果。造型优美的金银器皿，自然生动的纹饰，鲜花瑞草、珍禽异兽、劲枝柔蔓布满于闪闪发光的珍珠地（或称鱼子纹）上，更显得光彩夺目，表现了唐代金银工艺的高超水平。现收藏于陕西省博物馆的八棱金杯，是唐代比较有代表性的作品。此杯于 1970 年出土，为国家一级文物，高 6.4 厘米，侈口八角，圈足。八个面之间以连珠式图案相分割，分别装饰有拍板、吹箫、弹奏琵琶等人物浮雕图案，人物形象高鼻深目，明显是当时的西域胡人形象。此外，还有忍冬纹、卷草纹以及山石、飞鸟、蝴蝶等装饰图案。这件文物对研究唐代的金属工艺、造型艺术、文化交流、歌舞音乐以及服装穿戴等各方面社会现象都有极大帮助。

宋代的金银器制造业有了进一步的发展，而且更为商品化。不仅皇室宫廷、王公大臣、富商巨贾享用大量金银器品，甚至富裕的平民家庭和酒肆妓馆的饮食器皿都使用金银器。随着金银器的商品化和社会化，宋代金银器的风格也从唐代富丽繁华变得素雅和富有生活气息，充满诗情画意。"菱花银盘"于 1983 年出土于四川遂宁，为宋代作品，口径 17.2 厘米，是少有的优秀文物。此盘外沿呈六角菱花形，平底，沿口平折，折边上采用凸形装饰手法，使图案具有起伏的立体感。盘底为独立的盛开莲花，周边刻有姿态各异的花叶，使银盘的总体变化上有层次感，让人们联想到当时的一些陶瓷装饰。

元代金银器的风格与宋代大体相近，只是器物轮廓的棱角更为突兀，且常用圆雕和高浮雕技法。这个时期的金银器上经常可见制作者的铭文和款识，如安徽合肥出土的元代金银器上有"庐州丁铺"铭、"至顺癸酉"款、"章仲英"款等，还有的金银器上刻有诗词文章。这样的金银器提供了确切的文字材料，成为研究工作的标准器物。

明代金银器在工艺上没有多少创新，工艺精湛的精品多出在帝王陵墓之中。现藏定陵博物馆的明代金冠就出土于定陵，是 1958 年对明神宗的陵墓进行保护性发掘时发现的。此金冠高 24 厘米，为神宗皇帝的御用品，有着极高的历史价值。金冠外形承继了唐代幞头形式，是由包头巾发展变异而来的，明代较为流行。金冠主体以金丝编织网状帽身，顶部饰有二龙戏球图案，下部以一金圈固定。这种帽子后来被民间俗称为"乌纱帽"。

清代金银器工艺空前发展，皇家用金银器更是遍及典章、祭祀、冠饰、生活、鞍具、陈设和佛事等各个领域。现存精品多藏于北京故宫博物院。清代的"嵌珠金天球"，高 82 厘米，球径 30 厘米，它是清宫造办处制作的天球模型，反映了当时天地宇宙的雄伟气魄。它既是人们对宇宙认识的结晶，又是一件颇具特色的艺术品，文物价值极高。清代在金银器的制作上，还出现了点烧透明珐琅或以金掐丝填烧珐琅的新工艺。清代金银器的高度发展反映出统治阶级的穷奢极欲，也反映出社会经济的繁荣和科学技术水平的提高。至近现代，金银制品逐渐转向以首饰为主。

综观我国古代金银器的发展，其文化内涵十分丰富。首先在金银器中反映出古代人们的某种崇拜和信仰，如四川广汉三星堆出土的金面罩可能是当时人们在举行祭祀时使用的东西，而从北魏开始在佛塔地宫内以金银器供奉佛舍利的不少。同时金银器历来代表了占有者的社会地位，如东汉时期的"汉诸侯王金印"是身份和权力的象征，宋以后日益增多的民间金银器大多也是占有财富的体现。此外，金银器还反映出民风民俗，如匈奴、鲜卑族的金银器以各种动物纹饰为特征，汉族的金银器则以各种象征祥瑞的动、植物纹为主要装饰。

第三节　中国文物的旅游价值

一、旅游文物欣赏的意义

文物旅游是旅游产品的重要组成部分，是人们主要的出游选择目标之一。它对旅游者具有强烈的吸引力，是人们追溯历史、回首历史、了解历史的主要途径。在旅游参观过程中，文物欣赏对提高旅游者的文化体验具有重要意义。

文物欣赏可以增强旅游者的历史知识。文物是人类创造的物质文化遗存和精神文化的物化遗存，所以自地球上有了人类也就有了文物。一切文物都是一定历史时期的社会产物，生动地记载了人类社会不断发展的轨迹，它储存着社会政治、经济、军事、文化、艺术、宗教、医学、科学技术、工艺美术等各种知识和信息。一把旧石器时代的石斧，是人类开始学会制造工具和使用工具的象征，也是人类作为人的尊严的开始。造型厚重典雅、气势宏大的后母戊鼎，展示了殷商前期经济、政治、社会的状况，同时还展示出了当时的生产技术水平和审美观念。细洁净润的宋代瓷器是审美与技术的完美结合，是理学盛行时代里对平淡自然的追求达到透彻了悟的哲学高度的物质再现。清代瓷器,其工艺技术虽然无比卓越,然而已没有了深沉庄重的古雅之风,即便是对宋明瓷器的模仿也显得矫揉庸俗,使人感受到封建社会那浮华的没落气息。在中国,每一件文物都记录着我们民族的传统和精神,是中国历史文化知识的结晶。文物欣赏能给人们以历史、文化、经济和科学技术的多种知识,使人从感性与理性两个方面去认识相关的历史文化,认识先祖的才智、理想、欢乐或痛苦。

文物欣赏可以提高旅游者的审美能力。在不同时代美学观念的指导下,各种文物无不凝聚着浓厚而独特的美学思想,展示着不同年代美的画卷,给人以丰富、多彩而又深沉、隽永的审美感受。那龙飞凤舞的远古图腾,那朴实生动的彩陶纹饰,那流动畅达的书法线条,还有兵马俑、青铜器、古陶瓷、金银器等,诸如此类的文化创造物,无不表现出丰富的造型美、质地美、色彩美、意境美、环境美和文化美的美学内涵,具有极高的美学观赏价值,令人百看不厌,赞叹不已。如现存辽宁博物馆的《簪花仕女图》,描绘精细生动,敷色艳丽典雅,头发的勾染、肌肤的晕色、衣着的装饰都极尽工巧之能事,特别是透明松软的轻纱、细润光泽的肌肤的质感的表现都惟妙惟肖,给人一种妙不可言的极美的精神享受。文物欣赏就是一种高级而又高尚的精神活动,是一种向美的精神境界的追求,它有助于审美心理的成熟,提高对文物美的形态、形式、风格的辨识能力以及对文物美的感觉、知觉、想象、理解等的认知协调能力。

文物欣赏可以加深旅游者对中国历史文化的品味。文物一般密集着大量的历史文化信息。无论是材质的选择,形象的塑造,技术的处理以及装饰和色彩的应用,都受到当时生活环境、生产水平和社会习惯的制约,都是当时文化状况、文化特征和文化演进的忠实记录。这些历史文物是人类在不同地域、不同时代的生存方式的充分展示和深刻反映,是人们探寻古代文明、品味历史文化、理解文化特征的理想媒介物。如清代画家郑板桥的画,粗看是一枝竹、一块石、一丛兰,但表现的却是"四时不谢之兰,百节常青之竹,万古不败之石,千秋不变之人"。画中的景物已不是现实生活中景物的复现,而是客观物象和主观感情融会后的再生,是中国历史文化的反映。在人们日益追求旅游文化品位的今天,文物旅游资源越来越受到人们的重视,已成为旅游的一个热点。在旅游的过程中若能从这些历史的因素进行欣赏,必然能加深对历史文化的理解和认识,这也是旅游文物的独特魅力所在。

二、旅游文物的欣赏方法

美本身是复杂的,美的载体同样是复杂的。文物就是一个复杂的载体,其中既有艺术类文物,也有实用性文物,还有带有一定艺术性的实用性文物。因此,对文物的欣赏应该是多层次、多角度的。

首先,从造型艺术的角度去欣赏文物。任何一件文物都或多或少地体现出某一时代、某一地域的审美时尚。对它的欣赏,都可以从造型艺术的角度即形象塑造的审美角度来进行。例如,旧石器时代的石器工具是人类出于实用目的的最早的器形创造,具有内在效用与技艺的美和外在形式韵律的美;马家窑遗址出土的舞蹈彩纹陶盆,其纹饰显示了我们祖先的高超的工艺设计意趣,其纹样从模拟动物形象逐渐抽象化、符号化的过程,是由内容到形式的积淀过程,也是美作为"有意味的形式"的演化过程;陕西秦始皇陵出土的兵马俑,形体大小与真人、真马相似,造型准确,比例适宜,形神兼备、神态各异,栩栩如生,堪称中国乃至世界艺术宝库中的一颗璀璨明珠;明代家具具有简、厚、精、雅的艺术风格,即造型结构简练、形制敦厚庄重大方、做工精巧和气质典雅,是我国古代工艺品中"工有巧,材有美"的典型代表。在这些文物的欣赏过程中,远逝的时代审美风尚感染着我们,诱发着我们的思古幽情,这是我们欣赏当代艺术与物品所没有的情感。历经千年、百年,绝大多数文物都失去了往日的光泽或造成了某些破损,因而更充满了神秘感和奇特感,激发了我们追寻人类社会历史发展真谛的热情。

其次,从历史文化的角度去欣赏文物。许多文物可以视为历史事件以及历史阶段的典型标志,具有极其丰富的历史文化内涵。例如,西周初年的青铜器天亡簋的铭文为研究当年的祭祀制度提供了珍贵的史料;青铜器禹鼎的铭文记录了西周末年的重大战役,对研究当时西周与各诸侯国的关系和军事制度有着重要价值。湖北随县出土的战国时期曾国国王曾侯乙墓葬中的124件乐器,其中65件的巨型编钟在埋葬了2400年之后音乐性能依然完好,而且钟上铭文反映了公元前5世纪我国在音律上达到的高度。这套包括编钟在内的远古乐器文物,让我们透视到战国时期音乐文化的绚丽面貌。秦始皇陵兵马俑的发现,展示了实现古代中国统一伟业的秦帝国形象。五代顾闳中的《韩熙载夜宴图》,画卷共分五段,每段既互相联系又相互独立,把韩熙载听琵琶演奏、观舞、宴会间休息、听笛子演奏、宴会结束连缀成整体,反映出南唐重要政治家韩熙载的沉郁寡欢的心情。可见,从历史、文化的角度欣赏文物,我们就会对文物本身及其所标志的文化与历史时期产生更深刻的理解和认识。

最后,从科学技术的角度去欣赏文物。文物是古代劳动人民聪明才智的结晶,代表着不同时期先进的科学水平和高度发展的工艺技术。如陶瓷品艺术、雕塑艺术、青铜器艺术等,都是古代科学技术的高度浓缩,有的在历史上曾赫赫有名,有的在今天仍令人感叹其精巧,具有极高的历史科学价值,反映了我国古代科学技术的先进水平。还有一些重要文物究竟是如何制成的,现在仍是难解之谜。人们在观赏中不但能够得到美的享受,而且能够从中得到启迪和教益。

关键词:文物;玉器;青铜器

思考题

1. 简述中国文物的价值。
2. 简述文物与旅游的关系。

参考文献

1. 国家旅游局人教司. 导游基础知识[M]. 北京:旅游教育出版社,1999.
2. 宋采义,程遂营,宋若涛. 中国旅游文化[M]. 开封:河南大学出版社,2001.
3. 马向青. 旅游文化[M]. 上海:上海交大出版社,2011.
4. 尹华光. 旅游文化[M]. 北京:高等教育出版社,2008.

第 八 章

千姿百态:中国民俗旅游文化

本章导读

> "凡是遥远的地方,对我们都有一种诱惑,
> 不是诱惑于美丽,就是诱惑于传说,
> 即使远方的风景,并不尽人意,
> 我们也无需在乎,因为这实在是一个迷人的错。"
>
> ——汪国真《旅行》

"自从我大学毕业的那天起,我就努力地想象着那里的神奇和美丽。去年暑假,我终于到了凤凰,她的迷人至今还让我久久回味。

凤凰是一个很容易让人怀旧的地方,千年的青石板路历经细雨无数次的清洗,除去的是浮尘与污浊,积淀下来的是厚厚的风情画韵。行走于狭长幽深的小巷,眼前是裹着缠头、坠着银饰、身着蜡染的苗族妇女,千年不变地坐在家门口纳着那永远纳不完的鞋底;身后是翘着飞檐、白墙青瓦、高耸蔽日的民居老宅,百年沧桑依然伫立在那里。街头巷口的姜糖作坊里,飘荡着香甜中夹着微糊微辛辣的味道,泛黄亮银的大块糖浆在老师傅的手中不停地折回拉长,你的思绪也随之变得绵长……"

(资料来源:http://www.17u.com/blog/article/572538.html)

中国是一个多民族的国家,56 个民族都有自己独特的历史文化、民风习俗。许多民族以能歌善舞、习俗奇异、居室别致、服饰精美而著称。丰富多彩的传统节日、意境优美的民间传说、叹为观止的奇工巧技,这千姿百态的民俗精华,正舒展青春的美丽,吸引着八方游客,让人驻足于郁结于心的"乡愁"。

第一节　中国民俗文化概述

一、民俗文化的概念

民俗文化是在人类历史的发展过程中,一定的群体为适应生产实践和社会生活而逐渐形成的一种程式化的行为模式和生活惯制,是广大民众在人类历史发展过程中所创

造、享用和传承的不同类型和模式的生活文化。

民俗文化主要包括建筑、饮食、服饰、生活方式、传统节日、婚丧嫁娶、礼仪、节庆活动，以及需要细心观察、体会的心理特征、审美情趣、思维方式、价值观念和道德观念等。民俗具有群体性、地域性、民族性、传承性、变异性、模式性等特征。

民俗文化是民众的生活文化，是一种集体性的文化积淀，更是人类物质文化与精神文化的一个最基本的组成部分。民俗一旦形成，就成为规范人们的行为、语言和心理的一种基本力量，同时也是民众传承和积累文化创造成果的一种重要方式。由于集体遵从，反复演示，不断实行，民俗培育了社会的一致性，增强了民族的认同，强化了民族精神。

二、民俗文化的分类

按照民俗的具体内容，通常情况下可以把民俗划分为物质民俗、社会民俗、意识民俗和语言民俗四大种类。

1. 物质民俗

物质民俗是指民众在创造和消费物质财富过程中所形成的模式性的民俗事象。它主要包括生产商贸民俗、衣食住行民俗、医药保健民俗等。

2. 社会民俗

社会民俗是指在人类社会中，人与人之间通过生产、生活交往而形成的社会关系的惯制。社会民俗主要包括人生礼仪民俗（育儿礼、成年礼、婚礼、寿礼、葬礼等），岁时节令民俗（传统岁时节日、现代节日等），社会结构民俗（家庭、亲族、乡里、社团、帮会等），游艺民俗（游戏、竞技、歌舞、工艺、技艺等），以及民谣谚语、神话传说。

3. 意识民俗

意识民俗又称精神民俗，是指人们以信仰为核心的心理活动和操作行为，是一种精神层次的民俗事象。包括原始信仰民俗、民间宗教信仰民俗、禁忌民俗等。

4. 语言民俗

是指通过口语约定俗成、集体传承的信息交流系统。它主要包括两大部分：民俗语言与民间文学。民俗语言，是指在一个民族或地区中流行的那些具有特定含义，并且反复出现的套语，如民间俗语、谚语、谜语、歇后语、街头流行语、黑话、酒令等。民间文学是指由人们集体创作并流传的口头文学，主要有神话、民间传说、民间故事、民间歌谣、民间说唱等形式。

社会生活是一个整体，为社会生活服务的民俗文化也有其整体性与系统性。物质民俗、精神民俗、社会民俗、语言民俗之间，既相互关联，又相互制约与影响，并随着时代的发展而不断演化。

三、民俗文化的作用

民俗文化是人类在不同生态、不同文化环境和心理背景下创造出来的，并在特定的地域、特定的民族不断积累、传承和演变。民俗文化在社会发展过程中起着不可替代的作用。

1. 教化作用

民俗作为一种文化现象,在人的社会化过程中起着重要作用。人从出生的那天起,就自觉不自觉地开始接受民俗的影响,首先接受诞生礼的洗礼,然后从周围人群中习得自己的语言,下意识地模仿着成人生活,从称谓与交际礼节中逐渐了解人际关系,按特定的婚姻习俗成家立业,直到死去,特定的丧葬民俗送他离开这个世界。人生活在民俗中,就像鱼生活在水中一样,须臾不可离开。民俗在潜移默化中教会人们懂得并践行社会规范,也在无形中扮演着教化功能。

千百年来,正是通过不断地积累、淘汰,人们在人的自身,人与人之间,人与群体之间形成了十大传统美德,即仁爱孝悌的道德精神,谦和好礼的立身处世美德,诚信知报自主自立的品德,精忠爱国的民族气节,克己奉公的集体主义精神,修己慎独的道德修养,见利思义的道德取向,勤劳廉正的优秀品质,笃实宽厚的质朴品格,勇毅力行的道德意志。可以说这些美德从民俗中产生,在民俗中传播、完善,进而渗透到大家的血液中,成为人们处世立身的准则和奋发前进的动力。

2. 规范作用

民俗的规范作用,指民俗对社会群体中每个成员的行为方式所具有的约束作用。

社会规范有多种形式,包括法律、纪律、道德和民俗。民俗是起源最早而且约束面最广的行为规范。在社会生活中,成文法所规定的行为准则只不过是必须强制执行的一小部分,而民俗却像一只看不见的手,无形之中支配着人们的所有行为。从吃穿住行到婚丧嫁娶,从社会交际到精神信仰,人们都在不自觉地遵从着民俗的指引。

在日常生活中,人们很难意识到民俗的规范力量,因此也就不会对其加以反抗。民俗对人的控制,是一种"软控",但却是一种最有力的深层控制。民俗的作用,在于根据特定条件,将某种方式予以肯定和强化,使之成为一种群体或标准模式,从而使社会生活有规则地进行。在历史发展中形成的一些好的礼俗和规范,对群体乃至国家的民族凝聚力的形成,对社会稳定和社会发展起着无可替代的整合和促进的作用。

3. 维系作用

社会生活世代交替,保持着自身的连续性,民俗的维系作用功不可没。民俗文化的约定俗成,具有很强的遵从要求和价值规定性,同时又外化为一种行为规范,从思想上给人以某种制约和塑造,被人称为"不成文的习惯法"。即使是在大规模的急剧社会变革中,民俗也在无形中阻止了文化的断裂,维系社会生活的相对稳定。从这一意义上看,民俗文化可以有效排除干扰,保护文化特色,产生重要的社会维系和控制作用。比如春节是中国最隆重的传统节日,除汉族外,蒙古、壮、布依、朝鲜、侗、瑶等族都过此节,而五大洲华人圈的中国人也过此节。除夕之夜,家家团聚,吃团圆饭,唱守岁歌,尤其是近年来,中央台的春节晚会成了年夜饭中最有凝聚力的"饺子"。

4. 调节作用

民俗还具有娱乐、宣泄、补偿等调节作用。

人不可能日复一日、永无止境地劳作,必须在适当的时间进行适当的娱乐活动,放松身心,调节精神,进行求偶、社交等活动。传承于民间的大部分民俗文化活动,都是寓教于乐,寓教于趣,带有极其浓厚的娱乐性质,尤其是节日民俗文化和竞技民俗文化,娱乐作用更明显。

民俗也有宣泄作用。人类社会生活中，个体的生物本能必然受到一定程度的压抑。无论是肉体行为压抑，还是心理压抑，对人类来说都是一种破坏性的力量，如果不在某种程度上得到宣泄，一旦积郁起来集中爆发，其后果不堪设想。有的民俗就是应这种宣泄需要而产生的。人们在节日里饮酒欢歌，日常生活中的种种禁忌全被打破，人们尽情享受着畅快的美。

民俗还有补偿作用。人们在现实生活中难以得到满足的种种需求，往往在民俗中得到某种精神补偿。恩格斯在谈到德国的民间故事书时曾说："民间故事使一个农民作完艰苦的日间劳动，在晚上拖着疲乏的身子回来的时候，得到快乐、振奋和慰藉，使他忘却自己的劳累，把他的贫瘠的田地变为馥郁的花园。"这段文字说的就是民间故事这种民俗，对辛勤劳作的人们的一种心理补偿。

四、中国民俗文化的基本特征

我国千百年来都是以农耕生产为主的社会，因而围绕着农耕生活形成的中国民俗具有一种大农业的特点。中国还是一个多民族国家，民俗文化千姿百态，百花齐放。归纳起来，中国民俗文化主要有以下特征。

1. 多元性与复合性

中国自立国之始，就是一个多民族的国家，今天56个民族共处的局面就是各民族在政治经济文化方面不断融合的结果。在中华各民族的不断融合中，民族习俗被接纳到中华文化体系之中，从而造就了今天丰富多彩的中国民俗文化。

中国民俗文化的多元特性不仅表现在各民族不同习俗上，而且表现在同一类民俗事象在不同民族中有不同的表现形式。如人生礼仪方面，虽然这些民俗的主要目的是确定人的身份，完成人生角色的转变，但举行这些礼仪的活动和方法因民族不同而不同。我国民俗文化的多元特性还表现在不同历史阶段的民俗共存上。目前我国既有繁华的都市民俗，也有古朴的乡村民俗，还有部分地区不同程度地保持着原始的民俗生活形态。在中国统一的地域空间内共存着不同性质的民俗文化，展示着中国民俗的多元特性。

中国民俗多元性与复合性紧密相关。自古及今民族文化的融合，首先是民俗层面的接纳。中华文化一向以包容四方的气象著称于世，汉俗中复合了不少少数民族习俗，从来就没有纯粹意义的汉俗。同样，现存的各少数民族也程度不一地受到汉俗影响。

2. 阶层性与地方性

中国传统社会中，处于社会中下层的广大民众，是民俗文化的主要创造者和承载者，因此民俗文化主要体现了他们的认识与精神诉求，具有较强的民间性特点。但这不等于民俗的大一统，事实上，社会各阶层之间民俗的差异性取向是明显的。不仅中下层社会相较于上层社会有着层位的差别，就是中下层社会内部亦有着民俗差异。农民与手工业者是物质财富的直接创造者，因此形成了淳朴、节俭、勤劳的民俗本色。而属于中层社会的商人与城市平民，他们的民俗观念与民俗行为有着自己的铺张浮华、好新慕异的层位特色。而居于社会支配地位的达官贵人，他们有着明显区别于社会中下层的生活方式，因此也有着不同的生活习俗。

其次是地方性。民俗文化的产生、发展、演变是在一定地域空间下进行的，它受地理环境、人们谋生方式与历史传统的影响和制约，因此民俗文化显现出浓烈的地方特色。除了中华民族文化大传统之外，各个地方依自己的特殊生境形成了服务地方的文化小传统。所谓"十里不同风，百里不同俗"，"百里而异习，千里而殊俗"，以及饮食方面"南甜北咸，东辣西酸"即是民俗文化地方性的体现。

3. 神秘性与实用性

中国民俗的神秘性特点明显，民俗事象大多蒙上了神秘色彩，"万物有灵"的原始观念充斥其中。佛、道二教的传播与流行，尤其是道教对民俗生活的介入，使中国传统民俗的神秘色彩更为浓厚。

实用性是中国民俗最本质的特点，民俗信仰的直接功利性是它区别于一般宗教信仰的根本特征之一。民俗服务于人们的生产与生活，人们依据民俗开展生产，繁衍后代，寻求精神愉悦。当然，中国民俗文化的实用性，不仅仅表现在信仰心理方面，更体现在许多民俗活动中。

4. 稳定性与变异性

稳定性，是中国民俗性格突出表现之一。中国经历了几千年的农业社会，虽然发生了几十次大规模的王朝更迭的战争，但农业社会的基础并未动摇，几千年一以贯之的农业宗法社会性质没有发生大的改变，由此围绕着农耕社会所形成的大农业民俗得到相对稳定的传承。这种稳定性主要体现在家族观念的稳定性，节俗传统的稳定性，以及人生仪礼习俗的稳定性。比如岁时节令，周而复始，正月正过春节，二月二带女儿，三月三踏青，四月初五前后清明扫墓。这种循环模式世代相袭，民俗这只无形的手操纵着人们的生活。

但稳定是暂时的，变化是永恒的，民俗在时空传承、播布、演进过程中，必然受到社会的、政治的、生活的种种因素的影响而变形变异甚至消亡。比如傣族泼水节，原为"浴佛"节，但现在为了发展旅游业，人们淡化了其宗教色彩，加入娱乐内容，对境内外游人的吸引力显著增强。再比如蒙古族的那达慕，最初起于"祭敖包"，封建迷信色彩很浓。但现在已经逐步演变成了劳动人民的节日盛会，在活跃牧民文化生活，促进生产、增强民族团结等方面发挥着巨大作用。即使像春节这样影响很大的节日喜庆形式也在不断地发生着变化。传统的春节源于自给自足的小农经济，强调的是家族的力量。人丁兴旺，合家团聚，是春节的基本要求。现代的春节活动中，原有的农事意义已经谈化，一家一户团聚的"赶回来"，变成了寻求热闹，更多交往的"走出去"。小到到大饭店吃年夜饭，大到举家外出旅游，春节已经被赋予了崭新的内容。

五、绚丽多彩的中国民风民俗

中国是一个地域辽阔的多民族的国家，民风民俗资源丰富，绚丽多彩。其中人生礼仪、生产习俗占有重要位置。

1. 人生礼仪

人生仪礼是指人们在一生中几个重要环节上需要经历的，具有一定仪式的行为过程。主要包括诞生礼、成年礼、婚礼和葬礼。此外表明进入重要年龄阶段的祝寿仪式和一年一次的生日庆贺活动，也是人生仪礼的内容。

人生仪礼是对个人的地位规定和角色塑造，是将个体生命社会化的过程。比如一个小孩满月的时候，生育孩子的家庭要遍请宾客，不只是庆贺孩子的诞生，更是小孩子与家里的宾朋相见，让他被亲戚接纳而融入社会的契机。

1）诞生礼

第一，求子。求子风俗，自古已然。中国的传统观念里的"不孝有三，无后为大"，使得中国社会对求子极为重视。求子习俗，是指已婚夫妇为了达到孕育后代的目的而进行祈祷的民俗。按照对象不同，求子习俗可以分为向神灵祈子、由旁人送子、性生殖崇拜与性行为模拟三种。

向神灵祈子是最普遍的一种求子方式，民间虚造有主管生育的神灵、偶像，如碧霞元君、送子观音、金花夫人、子孙娘娘、张仙等，并为之立庙建祠。

由旁人送子，是指由亲人或特殊人物，向盼望得子的家庭及妇女本人作出象征性的"送子"举动。首先是送去某种事物，据说妇女吃了可以很快受孕，如贵州中秋节有偷瓜送子的风俗；其次是送去带有多子多孙意义的某些吉祥物，常见的有"孩儿灯"，"麒麟送子图"，用口袋装好的百谷、瓜果等。

性生殖崇拜与性行为模拟，即在某种特定时间、地点和场合对某种生殖象征物加以祭拜或进行交媾行为的模仿。例如，我国不少地方都有的投石求子的习俗，就是让求子的妇女往深山中的石洞丢石子，传说丢中即会受孕，把洞口看作是产生婴儿的阴门。

第二，婴儿贺喜。生儿育女是人生的一大喜事。新婚后头胎婴儿，其父要先将喜讯告诉孩子的姥姥（外祖母）家，此称"报喜"。古代人将生男孩看作是"弄璋"之喜，生女孩看作是"弄瓦"之喜。

延伸阅读

"贺喜"习俗和"坐月子"规矩

妇女生子，无论生的是男是女，都是一件喜事儿，都要将喜讯广为传告。那么，首先要告诉谁呢？要告诉孩子的姥姥（外祖母）家，这是规矩，民间称此为"报喜"。

古人将生男孩叫"弄璋"之喜，生女孩叫"弄瓦"之喜。洛阳民间则称生男孩为"大喜"，生女孩为"小喜"。报喜时要带上礼物，礼物是有区别的，表达的意思也不一样——不需报喜人说话，姥姥家人一看礼品，便知道生的是男孩还是女孩。偃师、巩义一带，报大喜送猪肉、白酒，报小喜送油条。

在洛阳民间，当了爸爸的小伙子，到岳父家里报喜时，见了岳父岳母要先行礼，如果是报大喜（生了男孩），就行磕头礼；如果是报小喜（生了女孩），仅行作揖礼。

洛阳老城规矩：姥姥家接到报喜之后，要将喜讯及时转告近亲和同宗好友，同时向产妇送礼祝贺。礼品有两盘米、面（每盘米面上放一个红枣），还有鸡蛋、红糖、蔬菜、花布、婴儿衣裳、鞋帽及长命百岁锁等各种儿童银首饰。

吉利区风俗：给婴儿送的衣服，讲究"姑姑裤子姨娘袄，妗子褂子穿到老"，这是让婴儿"沾气"，穿上自家亲戚的衣服，便是自家的人了，陌生人别想带走。

同时，因米面是贺礼中的主要礼品，因此把给产妇送礼叫作"送米面"。

157

"送米面"的时间，一般是在接到消息后就及时送。偃师的习俗是婴儿15天小满月时，姥姥家送小米、白面各一篮，婴儿衣服数件，称"送小米面"。其他亲友送米面的时间，一般在婴儿出生后第9天、12天、16天、19天、22天、24天、26天这些日子，也有在婴儿满月时送礼看望的。这样一来，产妇在一个月内都不"孤绪"（孤单的意思），送米面的时候，一般都扛着篮子来。也有特别讲究的，头顶着桌子前往，绝对隆重，成为一景。

产妇家自从有了新生儿便开始忙活：对送米面的客人必须设宴招待；客人走时，还要回送熟鸡蛋，个个都染红了皮，俗称"红鸡蛋"，这个风俗如今犹存。那为啥要送红鸡蛋呢？一是红色乃喜庆之色；二是红色可以避邪，可保佑婴儿健康成长。回送红鸡蛋的数量，要看客人送礼的厚薄，对方送的礼品少，就给6个红鸡蛋，或者给12个；若送的礼品多，就给二三十个。现在洛阳的规矩是不管别人来不来"送米面"，凡是生了孩子的，都主动给邻居和单位同事送红鸡蛋，旨在传达信息：我家生孩子了。

这边，一家人频频送着红鸡蛋；那边，产妇正待在屋里坐月子。

中国人与外国人不同，外国人生了孩子，次日就抱到阳光下；中国产妇分娩后一个月内不能出屋门，要在屋里坐卧一个月，俗称"坐月子"，此时的妇女叫"月子婆娘"。

民间最重视"坐月子"了，生孩子越多的妇女，在这方面越有发言权，她们最乐意此时出来当"老师"，坐在产妇的床沿上，啰啰唆唆，说个没完："我说大妹子，你可听好喽！这生下孩子的头三天可不能下床，一个月内不能干重活，不能遭（接触）凉水！"

这时候，产妇往往会问："为啥不能遭凉水？"

"哎呀大妹子！这你就不懂喽！遭了凉水，往后要遭罪呢！你哪里遭了凉水，哪里就会疼！一辈子都不会好！还有啊，你可得记住，一个月内不能拿针捏线，否则，就会落下手麻、腰酸的病根儿，一辈子都好不了！"

产妇往往不信，说："不会吧，这么厉害？""可不是嘛！老娘我原来也不信，月子里头，婆婆怕邪风吹着我，让人把门窗墙缝能进风的地方都用纸糊住，还让我用毛巾勒住脑门，裤腿口扎上带子。我嫌麻烦，婆婆离开后，我就把裤口敞开了，这不，应验了吧，现在落下个腿疼病，整天疼，我后悔死了！"

民间有无数这样的"编外老师"，她们是"生育英雄"，其中竟有生十个八个的，她们似乎有丰富的"坐月子"经验，当然教训也很深刻，可以现身说法。

民间无数新产妇，就是在这样的熏陶下，慢慢成了有经验的"老妇"，然后把经验传授给别人。更有甚者，地主百日之内都不让产妇做活儿，以免产妇劳累得病。至于穷人，没有这个条件，有的刚过满月就开始劳作了。

产妇分娩后头三天，只能喝小米煮的稀汤，俗称"喝米油"，三天后才开始喝面汤或汤面条，打荷包鸡蛋，放红糖。民间认为红糖补血，鸡蛋营养，易消化并下奶，而鸡鸭鱼肉及白菜等"硬食"不利于消化和下奶，都不能吃。

若三天后"没下奶"，或因生气等原因致使乳汁不通，俗称"岔奶"。民间对此也有偏方，洛阳人多用生猪蹄、活鲫鱼熬成清汤，不放盐，让产妇喝。喝后如果有乳汁，俗称"下奶"。如仍不见效，则要服用中草药。洛阳民间积累有丰富的下奶偏方，老百姓在"繁衍"事体上蛮有办法的。

如果不小心，坐月子期间因劳累、受凉得了病，民间认为，吃药治不好，必须再坐上一次月子才能消除,洛阳话叫"坐月子病得坐月子治",妇女们都懂得这些道理。

(河洛民间习俗5[N].洛阳晚报,2011-09-22)

第三,起名。民间在婴儿问世后,家里要给小孩取名,俗称"起名"。哺乳至上学以前这一阶段所起名字叫"小名",也叫乳名、奶名。到了入学年龄时要起大名,也叫学名、大号。有的只起一个名字,有的还有绰号。

民间小孩名字多数包含着父母及其他长辈对子女的美好愿望。盼望着孩子成人长生的,就起名铁拴、铁锁、百锁、拴保、锁柱、拴柱、绑柱、石头,寓意健壮;巴望多子多福的,给男孩起名成群、满堂、重来;希望报效祖国、光宗耀祖者,就起名荣宗、耀庭、国栋、安邦;也有期望子女英俊聪慧而反其义取名者,叫黑丑、疤耐、老昧、老憨等。

新中国成立后,民间旧的起名习俗也在发生变化,为小孩起名追求高雅好听,呼叫顺口响亮。狗、豹、石头、铁、锁、柱之类的名字也逐渐减少。其中以小孩出生年月所发生的历史事件和重大政治活动起名的较多,如建国、跃进、红旗、钢铁、公社、援朝、文革、卫东等。也有同胞兄弟(姐妹)起名用同一字开头的。80年代以后,由于国家实行计划生育,独生子女越来越多,所以以单字取名被推崇为时髦,称呼时以单字叠音。如男孩多用园、宝、鹏、磊、斌、涛、强、明、辉、超等字,女孩多用丽、芳、佳、楠、静、琳、兰、婧、姗、晶等字。因人口众多,重姓重名的多,给生活、学习带来许多不便。

2) 婚姻习俗

民间的婚姻成规,到周代"六礼之仪始备"。所谓"六礼",是指婚姻程式中的六个礼仪阶段,即说亲、合婚、定亲、下聘、送好儿、迎娶。

说亲,民间俗称提亲、议亲、说媒等,"六礼"称之为"纳采"。民间有男女在襁褓中订婚的,有指腹为婚的。结婚前男女互不见面,俗称"隔布袋买猫"。但多数要由媒人从中说合。因媒人大都是能说会道的中老年妇女,俗称"媒婆",新中国成立后又叫介绍人、红娘等。媒人介绍后,如双方基本满意,就通过各种关系深入了解对方真实情况。

合婚,民间俗称"合八字","六礼"称之为"问名"。所谓"八字",即一个人出生的年、月、日(农历)、时采用干支的八个字,也叫"生辰八字"。旧时,婚姻讲究八字相合,八字不合,不能成婚。提亲后要交换"八字",亦称"换庚帖"。换帖后要请算命先生合八字,八字相合,始可议亲。十二相克为:羊鼠相逢一旦休,兔子见龙不长久,金鸡不与犬相配,不叫白马见青牛,虎蛇相见必惹仇,猿猴见猪泪长流。另外还有金克木、木克土、土克水、水克火、火克金及"女大一,哭淅淅;女大三,抱金砖"等讲究。旧时相亲,男女双方不能亲自见面,要由双方父母或家中女性近亲长辈替看,俗称"相媳妇"或"相女婿"。除看相貌外,还通过谈话了解智力、性格等情况。民国以后,男女双方开始本人偷偷相亲,事先在不让一方知道的情况下,让男女一方相看另一方。20世纪60年代以后相亲,俗称"介绍对象"或"说朋友"。第一次多由介绍人约定时间地点,让男女双方直接见面互相了解情况。

定亲,亦称"订婚","六礼"称之为"纳吉"。相亲后,男女两家同意结亲,则择吉日通过媒人换"允帖",男帖曰:"不揣鄙陋,妄攀高门,倘蒙金诺,曷胜雀跃。"女帖曰:"敬接冰语,联姻高门,幸蒙俯允,曷胜忻舞。"女方要用面条招待传允帖的媒人,男方则招待以酒。男女两家还要互送压帖礼物,男方为绸缎、头绳、粉花、耳坠、戒指,女方为笔墨、折扇等

159

物。近代在中原地区,则有交换杯酒以示应允一方,俗称"换杯"。

下聘、定亲后,要选定日期"换龙凤帖",洛阳民间称此为换书、换启、通启。此即为"六礼"中的第四礼"纳徵"。换启时要用八面龙凤柬,为大红色,封面金字,上写"龙凤大启"。内文男女皆先书谦辞,继以籍贯,三代及年庚姓氏和媒人姓名。启书作为联姻的婚约凭证,对男女双方是准法律依据。交换启书时男方要向女方送衣料、首饰等物,谓之聘礼;也有送一定数量银钱的,谓之财礼(现代通称为彩礼)。20世纪50年代后,男女青年自由恋爱,双方同意订婚,即互相交换物品,作为信物。80年代始,多以照婚纱照,作为订婚的依据。

送好儿,男方确定结婚日期,称为"看好儿",请求女方同意,俗称"送好儿"。此俗类似"六礼"中的请期礼。民间婚期大多定在农历腊月下旬,而且选择三、六、九之日,俗称"三、六、九娶媳妇,嫁闺女"。女方收下男方送来的"好儿"。在回礼中要放一块发酵好的面团,企盼未来的女婿升官发财。结婚前一天,男方家里布置新房,新郎的嫂子(多是夫妻和谐、儿女双全者)等要到新房去铺床。铺床时要举行"撒床"的仪式,撒床大都是四样物品,即核桃、枣、花生、带籽棉花。铺完床要有人睡,大都由本家弟、侄压床,以兆祯祥。洛阳民间还认为当晚若被小男孩洒上尿更好,它预示将来会生男孩。

迎娶,俗称"娶媳妇""嫁闺女",是"六礼"的最后一礼。结婚这天男方门前张灯结彩,门贴大红婚庆对联,洞房窗贴大红喜字和各种图案的剪纸。近亲好友提前上门帮助料理事务。时近中午,新郎、新娘在天地桌前举行拜堂仪式,俗称"拜天地"。一拜天地,二拜高堂,夫妻对拜后,正式结为夫妻。新娘被扶入洞房,新郎用尺子挑去"新娘"的盖头。晚上闹洞房,俗称"耍新媳妇"。民间认为新婚"不闹不发,越闹越发",闹的人多看作是人缘好。闹房后还有"听房"或"听私房话"。如果没人"听房",新郎家人便把一把扫帚靠在新房窗下,扫帚上搭一件衣服,并对扫帚说:"扫帚扫帚尾巴长,没人听房你听房。"据说这样可以避邪。

婚后礼,主要有瞧闺女、回门等。婚后第二天,新娘的父母携礼物到新郎家看望闺女,新郎家设宴款待如昨。第三天,新娘早早起床,拜见先祖和公婆,然后再拜见宗亲和其他家人,俗称"认大小"。拜见完毕,等待娘家来接,谓之"回门"。回门,即新娘第一次回娘家看望。多在婚后第三天,也有在第二天的,新娘回门当日不能住娘家。回婆家住几天后再回娘家住。住的天数颇有讲究,"住九还九,越过越有"。

延伸阅读

娶 媳 妇

结婚,洛阳民间男方俗称"娶媳妇",女方称"嫁闺女"或"闺女出门"。古时有"洞房花烛夜,金榜题名时"之说,所以民间亦将完婚喻为"小登科"。从古到今,人们对婚礼都非常重视。成婚之日要举行一系列仪式,即"六礼"的最后一礼"亲迎"礼。

结婚这天男方门前张灯结彩,门贴大红婚庆对联,洞房窗贴大红喜字和各种图案的剪纸。近亲好友提前上门帮助料理事务。富裕之家则搭客棚,请厨师置办待客宴席。并设礼桌,专人登记受礼。

20世纪50年代以前,洛阳民间迎亲多用花轿。轿数则因家庭经济状况而异。富有之家还要请唢呐乐班，彩旗仪仗，跟随伴迎。迎亲一行出门时，鸣炮、放铳"驱邪"助兴。迎亲队伍中有"娶女客"，以"夹毡"者为全权代表。伊川迎亲时，以抬迎亲食摞（嵩县为担"鸡媒盒"）者为先导，唢呐花轿随其后，夹红毡的行于花轿两侧。偃师的迎亲队伍中还要有一少年挑个担子，一头的篮子里卧一只公鸡和一只母鸡（有的不用活鸡，而用木雕鸳鸯，是租赁花轿时随轿所带），一头是一个大酒壶，上挂两棵并根葱。

迎亲途中轿不落地，将至女方家时放炮放铳，以示迎亲队伍到来。女方派人接至门口，迎接男方宾客进家，并设便宴招待迎亲人。偃师县女方备有水饺，男方宾客每人7个。饭毕，男方迎亲者开始上路。新安县男方娶女客要向女方祖堂礼拜，谓之"道喜"。男方迎亲人初到时，女方送嫁妆者先行。新娘拜过祖先，辞别父母及家人，准备上轿。梳妆后的新娘身穿大红色衣裳，腰束铜镜，头上蒙红纱，从闺阁被扶上轿去。三声炮后，花轿启程。新娘的舅、伯、叔、兄、弟跟轿护送，俗称"送女客"。新娘在轿内哭泣不停，以示不舍亲人，否则被讥为"想女婿"。

一路上，穿街过村，均鸣炮奏乐。迎亲忌走回头路。途中有寺院，必须绕道而行。逢古树、巨石、桥、井等，皆用红毡遮掩，并贴红纸，以示逢凶化吉。在栾川县有摆贺桌拦轿的习俗，贺桌多在村头、街头的附近一里之内摆设。上摆四小碟素菜，有的则在桌上画四个菜碟，放核桃、花生、葱、蒜皮，压"贺"字喜帖。花轿遇贺桌则停轿吹奏，散喜烟、喜糖。由摆贺桌者给"驾毡人"和新郎开花脸，新郎开"状元脸"（一说开赵匡胤脸谱），额点梅花，取旧说"大登科状元及第，小登科洞房花烛"之意。驾毡人开赵匡胤脸谱，取赵匡胤千里"送京娘"故事之意（一说开丑角脸谱）。如遇前后双摆贺桌的，前边贺桌开半个脸，给后边贺桌留"余脸"。伊川、栾川等地，若有两家娶亲花轿相遇，双方新娘需互换手帕，夹毡人互换插花的小馍或火香。

花轿回到男方家门，洛阳老城新郎家人立即点燃万子头鞭炮，迎接新娘及女方宾客。一人端盆，内放烧红的秤锤，向上浇醋使之冒烟，俗称"打醋弹"。而郊县农村多是先由一人用点燃的谷草"燎轿"，再由一人用钳夹一烧红的犁铧，用醋浇之，围轿正、反各走三圈，其意皆为除秽避邪。偃师此时还要唱"吉利"歌，唱词都是吉祥诙谐之语。如"嘲嘲嘲，喳喳喳，我拿草把你夹铧。花轿到门前，四季保平安。花轿落下地，二人来吉利。说佳人，道佳人，佳人长得老俏皮，圆坨塔儿脸，双眼皮儿，樱桃小嘴俩笑坑儿，鼻子长的似悬胆，耳朵好像肉扁食儿。丈母娘包成的肉扁食，新女婿尝尝啥滋味儿……"念罢，则红毡铺地，请新娘下轿。男方要给把轿门的压轿孩送"红封儿"，新郎到轿前向新娘施礼。男方两名女傧扶新娘出轿，门前执事人向新娘撒碎谷草、麸子、花生、铜钱、糖果等，俗称"撒草料，撒盖头"。

新娘踩着红毡走进大门，门里放一织机木桱，桱上搁一马鞍，新娘要从马鞍和桱子上迈过去，俗称"骑鞍过桱"，意为生子平安。然后进入院内，院中摆有天地桌，桌上放斗（偃师为柳斗），内装五谷，斗四角置有钱、果。斗中插秤一杆，布杆一个，尺子一把，铜镜一面，小擀杖一根。称钩上挂有一块肉，以防天狗下来吃新娘。桌上放有三个盅，分别盛有盐（取缘分之意）、艾（表示爱情）、绿豆（禄寿双全）。用红纸包曲一包，取发家之意。时近中午，新郎、新娘在天地桌前举行拜堂仪式，俗称"拜天地"。洛阳民间"拜天地"忌讳在午后举行，否则便认为是娶寡妇。新人在候相的主持下，一拜天地，二拜高堂，夫妻对拜后，正式结为夫妻。新娘被扶入洞房，新郎用尺子挑去"新娘"的盖头。这时，新娘坐柏木桶上，由梳头人给新娘束发绾髻，俗称"上头"。上头时，小儿滚床，新娘须坐清水桶上以示清楚明白。上头时，一边梳，一边口中念念有词："媳妇衣，高搭起，不出三年见大喜。新媳妇裤儿，挂门鼻儿，不出三年添小侄儿，大娘抱侄我抱孙，全家乐得合不住嘴儿。一木梳，二篦子，生个孩子戴顶子。"梳妆毕，其婆母抱柳斗授新媳妇，新妇接而纳于桌上，称"传杼"（杼即织布的梭子），意为婆母把妇功传授于媳，使其主管家中衣食等事（偃师）。然后，由小姑或晚辈给端洗脸水，送面圪塔汤，汤内有大枣、花生、棉籽等，取"早生贵子"之意。新娘喝汤时，女傧念念有词："喝口面圪塔，生个胖娃娃。吃个大红枣，生个胖小子。吃个棉籽儿，生一对双生儿。叫你喝，你不喝，俺端着就往床下泼。"念罢，则将汤碗反扣于床下。新娘要给送洗脸水、送汤之人红封以示酬谢。然后新娘上床，面向喜神安坐。

拜天地后，男方设宴招待宾客。席间女方长辈来宾要给厨师送红封，名曰"谢厨"，以表谢意。洛阳老城要等娘家送饭席（即娘家送的两桌筵席）到后，新郎新娘并坐首位，男女两家女客相陪。罢席后，男方待客的宴席才正式开始。婚宴开始，新郎父母要到各桌向亲朋和来宾敬酒、劝菜，俗称"看菜"。宴毕，女方宾客进洞房向新娘叮嘱辞别，然后与亲家公婆告辞，谦称"小女无知，请亲家多包涵"。公婆则答以"穷家薄日，令爱受委屈"等客套话。午后，在伊川县新娘要穿刷子，俗称"要得发，先穿刷"（穿刷子以示针工）。

晚饭后，开始行"入洞房"礼。偃师邙岭一带，称作"送房"。一般由新郎的嫂子、弟弟等人送房。送房时一般都是用条盘端四样菜和酒壶酒盅、一盏灯（谓"长明灯"）。送房也唱送房歌："进去屋门黑冬冬，一端条盘，一端灯。四角搁着四盘菜，酒壶搁在正当中。叫弟妹，你听仔细，俺把兄弟交给你，冬天由你做袍子，夏天由你做夏衣。脱下衣袜你可记，热热冷冷你萦记，萦记不到俺不依。桃叶尖，杏叶圆，去年想你到今年。今儿也盼，明儿也盼，可算把你盼到家。你俩喝下这交杯酒，夫妻偕老到白头。你一壶，他一壶，今黑儿你俩住一屋。你一盅儿，他一盅儿，今黑儿你俩到一堆儿。这杯酒，是你的，要你生儿育女的。这杯酒，是你的，跟你遮风避雨的。你俩喝个和睦酒，小两口喝喝俺好走……"这时，让新郎新娘对饮，俗称"喝交杯酒"，乃古俗"合卺"礼在民间的演变。周代已有此俗，自北宋以后演变为饮交杯酒，明清两朝，仍袭此俗。

送房结束，开始闹洞房。民间有"新婚三天不论大小"之说，婚后三天，宾朋乡邻不论年龄大小和辈数高低，都可到新房去"闹"。其方式有"文闹"和"武闹"两种。所谓"文闹"，即以给新娘出谜语、说粗话的方式让新娘难堪而取乐。所谓"武闹"，即在口出秽语的同时，还动手动脚，近乎侮辱性的肆虐，期间时有非礼行为。但无论是"文闹"或"武闹"，新郎新娘及其家人都只能以烟茶糖果招待闹房者。近年，洛阳市区和县城"闹房"一般是请新郎新娘谈恋爱经过、唱歌，或共吃糖果，当众接吻。郊县农村地区，大多采用较文明的游戏方式闹房。但个别地方仍有"武闹"遗风。

（资料来源：http://www.lit.edu.cn/heluo/Article_Show.asp?ArticleID=2020）

3）祖先祭礼

祭祖之礼源于夏商之时，商代最盛，周代成俗。其时祭拜祖先的日子是不定期的，主要用意是向祖先祈福，形式是摆供品设酒食以祈求祖先享用。在汉代以后，随着历法的发展和一些节日的固定，祭祖之日也被固定下来。历代进行祭祖活动的时日有农历正月初一、寒食、清明、腊日（每年腊月初八）、七月十五和十月初一。祭祖时或在家中牌位前设供烧香或到坟上跪拜祭祀。

新中国成立后，除了民间祭祀之风尚存外，每逢清明节，中小学生到烈士陵园吊祭革命先烈。祭祀时，敬献花圈花篮以示悼念。

4）丧葬习俗

死亡是人生旅程的最后一站，但是在以往几千年的历史中，绝大部分人都不认为死是生命的终结，而把它看成是人生旅途的一种转换，即从"阳世"转到"阴世"（冥界）。

我国的丧葬习俗被视为将死者的灵魂送往另一个世界必经的手续，既要寄托对死者的哀思，又要让死者的灵魂安居于另一个世界，以防死者在家中作祟。按儒家文化要求，应该视死如视生。因此丧礼在中国历来是繁文缛节、诚惶诚恐。

周代新丧祭礼分为入葬前祭礼和入葬后祭礼。入葬前称为奠，入葬后称为祭。新丧祭礼也分为下葬前、下葬后两个阶段。下葬前有烧倒头纸、小殓奠、大殓奠、守灵奠、大遣奠，其形式是在尸前或灵前设酒食烧纸钱锡箔。殓后多种祭奠仪式就开始了，如朝奠、朔望奠以及俗称的"做七"。所谓"做七"是指死者临终之日算起，每过七日设奠一次，直至"七七"结束。最后是选择墓地及葬日，中国人很重视选择墓地及葬日，有专门的风水先生负责查看基地及选择葬日。下葬后有点汤礼、复三礼、做七、百日、周年祭、三周年祭等。

而葬俗包括土葬、水葬、天葬、树葬、墓葬、塔葬、悬棺葬、火葬、瓮葬（先用土葬，待尸体腐化之后拾骨如瓮，正式埋葬）。

2. 生产劳动民俗

生产劳动民俗是人们在物质生产活动中产生并遵循的民俗。这类民俗伴随着物质生产的进行，多方面地反映着人们的民俗观念，对保证农事活动的顺利进行具有重要作用。

我国的劳动生产民俗方面比较广泛，大体分为农业民俗、牧业民俗、渔业民俗、林业民俗、养殖民俗、手工业民俗、服务业民俗、江湖习俗等。由于篇幅所限，下面只就农业习俗做一介绍。

农业民俗是伴随着中国古代农耕文明而产生的文化现象。它具有农业生产的季节性和周期性特点，是农民在长期的观察和生产实践中逐步形成的文化产物，既是生产经验的总结，又是指导生产的手段，具有明显的传承性。因此这类民俗涵盖农业生产的全过程，具体包括：

（1）农业耕作时序、节令习俗。这部分习俗主要以农谚的形式存活在当今生活中，对农业生产起着指导和训诫的作用。虽然农业生产在不同地区各有差异，但它整个生产过程的各个环节与自然时序、节令是相适应的。也就是不违农时，因地制宜。

传统的二十四节气具有重要的指导作用和意义。人们通过节候、气象、雨雪、地温、湿度，各种生态、物象的变化，来掌握农时，进行耕、播、种、耘、管、收、藏、售、加工等活动。通过流传于江南一带的二十四节气歌谣我们看看当地农事耕作活动的生动情景：

163

立春阳气转,雨水落无断;惊蛰雷打声,春分雨水干;

清明吐麦穗,谷雨浸种忙;立夏鹅毛住,小满打麦子;

芒种万物播,夏至做黄梅;小暑耘收忙,大暑是伏天;

立秋收早秋,处暑雨似金;白露白茫茫,秋分秋秀齐;

寒露育青秋,霜降一齐倒;立冬下麦子,小雪农家闲;

大雪罱河泥,冬至河封严;大寒办年货,小寒过大年。

在我国历史上,有《岁时记》《风土记》《农家月令》等古籍记载了农民在一年内约定俗成的耕作习俗。从备耕、播种、防灾、田间管理到植树造林、收获、储藏,都有季节和周期规律可循,有"庄稼不等人""季节不饶人"的说法。农事一定要不违农时,否则就会遭到失败。

时令与收获:

江南:雨水甘蔗节节长,春分橄榄两头黄,谷雨青梅口中香,小满枇杷已发黄,夏至杨梅红似火,大暑莲蓬水中扬,处暑石榴正开口,秋分菱角舞刀枪,霜降上山采黄柿,小雪圆眼荔枝配成双。

(2)占天象、测农事习俗。中国古人在长期的生产实践当中,对天象进行了长时期的观察。在这一过程中,古人的天文学和气象学知识日渐丰富,尤其是广大农民,他们将这些知识应用到生产实践当中,并形成了较为固定的生产习俗。

虽然这些知识在一定程度上受地域的局限,但是它却有很强的可信性和可行性。农业生产要适应天象、气候的变化规律,这是保证农业增产的一个重要条件。一年之中的旱涝、风霜、雨雪及虫害等,都会对当年庄稼收成的好坏造成巨大的影响。由于农业是关系到国计民生的头等大事,因此,在很早以前,我国就普遍流行在除夕或大年初一的早上察看天象、风云,并据此来预测当年的旱涝、晴雨的习俗。河南就有这样的农谚:"立春晴一日,农夫不费力。"再如,陕西地区的农民在初一五更时测天气说:"元旦,宜晴不宜阴,是日宜雪,必兆旱。""元旦,甲乙丰,丙丁旱,戊己虫雨伤……壬癸潦。"江苏一带的农民对于"岁朝看风云,以卜田事"的习俗非常重视,他们说:"岁朝东北风,五禾大熟;岁朝西北风,大水害农功。"

可以看到,很多地方的农民对于立春、谷雨、清明、立夏、立秋、立冬等天气情况都有预先判断的习俗。这些习俗虽然并不一定可靠,但其中也包含着一定的科学道理。这些民俗作为农民世代经验的汇集,长期以来一直对农事活动起着重要的指导作用。

(3)卜农事丰歉、祈福、禳灾习俗。农业收成的好坏,直接影响人们的生活。我国自古以农立国,重视农业收成的观念,形成古代传统的小农经济意识。人们对臆想中的自然力怀着敬畏的感情,常常认为农业的丰歉与否与超自然力相关,因此,历代统治者和广大农民都在年关节令转换的时刻,逐渐形成占卜农事丰歉、祈求免除灾害、避祸德福的习俗。尽管这类习俗有不同程度的不科学成分,但它所反映的民俗心理,却是共同的。如棉农元宵节看灯芯;惊蛰响雷预知荒岁歉;春分刮东风下雪,小麦丰收;广东除夕碗盖盐米看聚散,占卜丰歉等。人们通过这类习俗,希望借助超自然的神灵的庇佑,获得幸福;对危害人类的自然灾害的恶神,予以禳解或消除。

（4）农业禁忌、祭祀习俗。这一方面是农民不能充分认识自然界规律的反映，另一方面也是农业生产经验的积累，例如，在有些地区，正月初十忌风，可以禳风除灾，惊蛰在墙角撒石灰，可以避虫蛇，等等。

（5）祭田神、先农和灶神习俗。农业是靠天吃饭的生产活动，祭田神、先农和灶神习俗是古代劳动人民在面对大自然与人类自身的利害关系时所采取的自然崇拜信仰和仪式活动。例如，秦国蜀郡太守李冰父子开凿都江堰，治理水患，使成都平原变成物产富饶的"天府之国"。后人将他们神化为祈雨祭祀的"川主之神"，立"二王庙"祭祀他们。

（6）农业生产过程习俗。这类习俗包括农业生产工具的制作和使用，以及具体的生产程序等，如古时候有一个揠苗助长的故事就是讽刺那些不尊重农业生产规律的人。

（7）农业娱乐习俗。紧张农事劳作的人们，也需要通过娱乐，放松身心。农业娱乐习俗是伴随生产活动自然形成的娱神娱人的具有文娱性质的民俗文化。这种民俗文化，有的是在农业生产过程中进行创作，有的是在丰收之后的表演，有的体现在业余娱乐活动中，丰富多彩。

延伸阅读

民间节日——七月七

在我国，农历七月初七是人们俗称的七夕节，也有人称之为"乞巧节"或"女儿节"，这是中国传统节日中最具浪漫色彩的一个节日，也是过去姑娘们最为重视的日子。

在晴朗的夏秋之夜，天上繁星闪耀，一道白茫茫的银河横贯南北，河的东西两岸，各有一颗闪亮的星星，隔河相望，遥遥相对，那就是牵牛星和织女星。

七夕坐看牵牛织女星，是民间的习俗，相传，在每年的这个夜晚，是天上织女与牛郎在鹊桥相会之时。织女是一个美丽聪明、心灵手巧的仙女，凡间的妇女便在这一天晚上向她乞求智慧和巧艺，也少不了向她求赐美满姻缘，所以七月初七也被称为"乞巧节"。

人们传说在七夕的夜晚，抬头可以看到牛郎织女的银河相会，或在瓜果架下可偷听到两人在天上相会时的脉脉情话。

女孩们在这个充满浪漫气息的晚上，对着天空的朗朗明月，摆上时令瓜果，朝天祭拜，乞求天上的女神能赋予她们聪慧的心灵和灵巧的双手，让自己的针织女红技法娴熟，更乞求爱情婚姻的姻缘巧配。过去婚姻对于女性来说是决定一生幸福与否的终身大事，所以，世间无数的有情男女都会在这个晚上，夜深人静时刻，对着星空祈祷自己的姻缘美满。

七夕节最普遍的习俗，就是妇女们在七月初七的夜晚进行的各种乞巧活动。

乞巧的方式大多是姑娘们穿针引线验巧，做些小物品赛巧，摆上些瓜果乞巧，各个地区的乞巧的方式不尽相同，各有趣味。

在山东济南、惠民、高青等地的乞巧活动很简单，只是陈列瓜果乞巧，如有喜蛛结网于瓜果之上，就意味着乞得巧了。而鄄城、曹县、平原等地吃巧巧饭乞巧的风俗却十分有趣：七个要好的姑娘集粮集菜包饺子，把一枚铜钱、一根针和一个红枣分别包到三个水饺里，乞巧活动以后，她们聚在一起吃水饺，传说吃到钱的有福，吃到针的手巧，吃到枣的早婚。

有些地方的乞巧节的活动,带有竞赛的性质,类似古代斗巧的风俗。近代有穿针引线、蒸巧悖悖、烙巧果子等。还有些地方有做巧芽汤的习俗。一般在七月初一将谷物浸泡水中发芽,七夕这天,剪芽做汤,该地的儿童特别重视吃巧芽。用面塑、剪纸、彩绣等形式做成的装饰品就是斗巧风俗的演变。而牧童则会在七夕之日采摘野花挂在牛角上,叫作"贺牛生日"(传说七夕是牛的生日)。

诸城、藤县、邹县一带把七夕下的雨叫作"相思雨"或"相思泪",因为是牛郎织女相会所致。胶东、鲁西南等地传说这天喜鹊极少,都到天上搭鹊桥去了。

在今日浙江各地仍有类似的乞巧习俗。如杭州、宁波、温州等地,在这一天用面粉制各种小型物状,用油煎炸后称"巧果",晚上在庭院内陈列巧果、莲蓬、白藕、红菱等。女孩对月穿针,以祈求织女能赐以巧技,或者捕蜘蛛一只,放在盒中,第二天开盒如已结网称为得巧。

而在绍兴农村,这一夜会有许多少女一个人偷偷躲在生长得茂盛的南瓜棚下,在夜深人静之时如能听到牛郎织女相会时的悄悄话,这待嫁的少女日后便能得到这千年不渝的爱情。

为了表达人们希望牛郎织女能天天过上美好幸福家庭生活的愿望,在浙江金华一带,七月七日家家都要杀一只鸡,意为这夜牛郎织女相会,若无公鸡报晓,他们便能永远不分开。

在广西西部,传说七月七日晨,仙女要下凡洗澡,喝其洗澡水可避邪治病延寿。此水名"双七水",人们在这天鸡鸣时,争先恐后地去河边取水,取回后用新瓮盛起来,待日后使用。

广州的乞巧节独具特色,节日到来之前,姑娘们就预先备好彩纸、通草、线绳等,编制成各种奇巧的小玩意儿,还将谷种和绿豆放入小盒里用水浸泡,使之发芽,待芽长到二寸多长时,用来拜神,称为"拜仙禾"和"拜神菜"。从初六晚开始至初七晚,一连两晚,姑娘们穿上新衣服,戴上新首饰,一切都安排好后,便焚香点烛,对星空跪拜,称为"迎仙",自三更至五更,要连拜七次。拜仙之后,姑娘们手执彩线对着灯影将线穿过针孔,如一口气能穿七枚针孔者叫得巧,被称为"巧手",穿不到七个针孔的叫"输巧"。七夕之后,姑娘们将所制作的小工艺品、玩具互相赠送,以示友情。

在福建,七夕节时要让织女欣赏、品尝瓜果,以求她保佑来年瓜果丰收。供品包括茶、酒、新鲜水果、五子(桂圆、红枣、榛子、花生、瓜子)、鲜花和妇女化妆用的花粉以及一个上香炉。一般是斋戒沐浴后,大家轮流在供桌前焚香祭拜,默祷心愿。女人们不仅乞巧,还有乞子、乞寿、乞美和乞爱情的。而后,大家一边吃水果,饮茶聊天,一边玩乞巧游戏,乞巧游戏有两种:一种是"卜巧",即用卜具问自己是巧是笨;另一种是赛巧,即谁穿针引线快,谁就得巧,慢的称"输巧","输巧"者要将事先准备好的小礼物送给得巧者。

有的地区还组织"七姐会",各地区的"七姐会"聚集在宗乡会馆摆下各式各样鲜艳的香案,遥祭牛郎织女,"香案"都是纸糊的,案上摆满鲜花、水果、胭脂粉、纸制小型花衣裳、鞋子、日用品和刺绣等,琳琅满目。不同地区的"七姐会"便在香案上下功夫,比高下,看谁的制作精巧。今天,这类活动已为人遗忘,只有极少数的宗乡会馆还在这个节日设香案,拜祭牛郎织女。香案一般在七月初七就备妥,傍晚时分开始向织女乞巧。

七夕乞巧的应节食品，以巧果最为出名。巧果又名"乞巧果子"，款式极多。主要的材料是油、面、糖、蜜。《东京梦华录》中称之为"笑厌儿""果食花样"，图样则有捺香、方胜等。宋朝时，街市上已有七夕巧果出售，巧果的做法是先将白糖放在锅中熔为糖浆，然后和入面粉、芝麻，拌匀后摊在案上擀薄，晾凉后用刀切为长方块，最后折为梭形巧果胚，入油炸至金黄即成。手巧的女子，还会捏塑出各种与七夕传说有关的花样。此外，乞巧时用的瓜果也有多种变化，或将瓜果雕成奇花异鸟，或在瓜皮表面浮雕图案，此种瓜果称为"花瓜"。直到今日，七夕仍是一个富有浪漫色彩传统节日。但不少习俗活动已弱化或消失，唯有象征忠贞爱情的牛郎织女的传说，一直流传民间。

（资料来源：http://www.lit.edu.cn/heluo/Article_Show.asp?ArticleID=2020）

第二节　中国民俗文化与旅游

民俗是一种活着的文化，是一定地域内民众社会生活的真实而直观的写照，由于它满足了游客"求新、求异、求乐、求知"的心理需求，因而成为旅游开发的重要内容，民俗旅游也因此成为了游客的新宠。从广义上来讲，旅游实际上就是民俗文化旅游。

民俗文化旅游日益成为旅游界的一大热点，是在城市化进程加速，现代生活方式趋同的大背景下产生的。国内一次抽样调查表明，来华美国游客中主要目标是欣赏名胜古迹的占26％，而对中国人的生活方式、风土人情最感兴趣的却达56.7％。目前，无论发达国家还是发展中国家，民俗旅游均已蓬勃发展，方兴未艾。

我国是一个多民族国家，56个民族共同创造了祖国悠久的历史和灿烂的文化。各民族的服饰饮食、婚丧嫁娶、待客礼仪、节庆游乐、民族工艺、建筑形式等千姿百态，形成了我国丰富多彩的民俗文化现象。这些民俗文化现象，以其丰富的内容、浓厚的地方色彩、鲜明的民族特点，吸引着大量的国内外游客，构成我国民俗旅游开发的丰厚资源，具有极高的旅游价值。

一、民俗文化的旅游价值

民俗文化作为一种旅游资源，在各地的经济社会发展中发挥着重要的作用。民俗旅游的开发不但可以带动饮食、住宿、购物、交通等第三产业的发展，产生良好的经济效益，而且还会给当地带来巨大的社会效益和文化效益，促进该地区经济、社会、文化的全面发展。

1. 精神文化价值

在生活节奏加快、生存压力增大的今天，民俗旅游业可以起到良好的精神慰藉、社会重构和人心凝聚作用。通过参与、体验民俗旅游活动，游客可以深入了解我国不同民族、地区所呈现出来的特色各异的民俗风情，感受到源远流长、丰富多彩的中华文化，在游览活动中潜移默化地受到生动的爱国主义教育。旅游者在浓浓的异乡情调中，经过精神的陶冶和心灵的洗礼，可以开启尘封的心灵，寻找到人与人之间的朴素、真诚。

民俗旅游还为不同地区、不同民族、不同种族人们提供了交流和了解的机会，有助于增强对异地、异族不同文化的认识和了解,消除相互之间的隔阂与偏见,促进取长补短,共同发展。

2. 审美娱乐价值

民俗旅游是一种高层次的文化旅游,能给人带来美的享受。民俗旅游大多选择那些经过数千年不断淘洗而流传下来的"良风美俗",如精湛巧妙的民间建筑、色彩斑斓的民间服饰、欢乐祥和的节庆、天人合一的环境等。所有这一切为旅游者提供了体验民俗审美文化的良好机会,满足了旅游者的审美需求,常能使旅游者获得终生难忘的审美感受。

3. 文化传承价值

民俗旅游跨文化交流,唤醒了终生与民俗为伴的旅游地民众的文化自觉和文化自尊,使他们意识到本地传统民俗文化的价值,促使他们自觉地去保护、传承和弘扬自己的民俗文化。随着民俗旅游的开展,民族地区一些原先几乎被人们遗忘了的传统习俗和文化活动重新得到开发和恢复;传统的手工艺品因市场需求的扩大而重新得到发展;传统的音乐、舞蹈、戏剧等又受到重视和发掘;长期濒临灭绝的历史遗产随着民俗旅游的开展而获得了重生,成为该地区独特的文化资源。民俗旅游既带给人们多方面的文化享受,又起到了宣扬文化、传播文化、发展文化的效果,促进了我国民俗文化的保护、开发和利用,使生态效益、经济效益、社会效益、文化效益得到高度统一。

4. 经济产业价值

旅游业是关联度高、市场扩张能力强,能够带动产业结构调整和升级的朝阳产业,发展民俗旅游有利于发挥当地资源优势,促进经济发展。很多少数民族居住地处于穷乡僻壤之中,与外界交流不畅,经济文化都很落后,发展民俗旅游,可以改善搞活当地经济,带动其他相关产业发展,解决当地人就业问题。近年来,山东潍坊、河北沧州、山西太谷等地,充分开发当地的风筝、杂技、皮影等传统民俗文化资源,举办了潍坊国际风筝节、吴桥国际杂技艺术节、太谷社火皮影艺术节等活动,这些活动吸引了大量游客,对当地的经济发展起到了明显的提升和推动作用。

二、民俗文化旅游的特点

民俗文化旅游作为文化旅游的一种,其特点主要体现在以下几个方面。

1. 民俗文化旅游主要以人为载体

民俗文化旅游资源是以人为载体的。虽然都是人类创造的,但文物古迹类的旅游资源多以物为载体,而民俗文化旅游资源却是以人的生产、生活及人际关系等方式表现出来。如果没有当地人的参与,再丰富的民俗文化旅游资源也表现不出来,因此这类旅游资源的开发必须突出旅游者与旅游目的地居民的交流,要提供各种机会、途径让游客与当地人接触。游客只有深入到当地居民中去,才可以体验到纯正的民俗文化风情。

2. 民俗文化旅游以动态活动为主

由于民俗文化旅游是以人为载体的,因此它的表现形式不仅是静态的展示,而且多是动态的活动。动态性的特征要求民俗文化旅游资源的开发必须设计各类的演出或游客参与性强的活动,这种参与性体现在食、住、行、游、购、娱旅游六大要素的每个环节中。通过演艺可以集中展现民俗文化,通过参与活动,游客可以仔细品味其中的文化韵味。

例如，无锡三国城推出"三英战吕布"的表演，马术员化妆成三国群英，打斗场面很吸引人。

3. 民俗文化旅游具有浓郁的民俗性和区域性

民俗文化旅游与 KTV 等现代娱乐形式截然不同的地方在于它的民俗性、区域性和古朴性特征。它特色鲜明，品味高雅，新颖多彩，是民风民情、民俗生活、民族传统的集中展示。

4. 民俗文化旅游具有较强的经济和社会功能

民俗旅游是民俗这一古老而独特的文化现象在旅游业中的运用发展，也是利用民俗为经济建设服务的具体表现。旅游区通过出售当地的民族文化产品和地方文化产品，能促进经济增长，增加就业机会。民俗旅游还有利于传播文化，增进民族间、地区间的了解，加强交流与合作。旅游者不仅可以耳闻目睹其他民族的传统风俗，还可以学习地方语言和文化，享受地方饮食，购买地方土特产、结交朋友等。

三、民俗旅游的分类

1. 与山水风光相结合的民俗风情游

（1）传说与自然风光的结合。自然山水本身就能够给人以美的享受，让人心旷神怡，但仅有自然景观容易让游客觉得不够厚重。一旦江河山岳与美丽的传说或历史典故相联系，这些景观顿时就有了灵气。如杭州的西湖，由于山湖相映、塔寺相连、风景秀美，同时又流传着许仙与白娘子、范蠡与西施的传说或故事，给美丽的西湖增添了一道神奇的色彩。今天到这里观光的游客，不仅被它那美丽的湖光山色所吸引，更会陶醉于那美丽的传说之中。对于中外旅游者来说，传说使风景有了生命，更加迷人，观风光和听传说已融为一体，难分轻重了。

（2）历史与自然风光的结合。中国许多自然风光都和重大的历史事件联系在一起，成为了极具吸引力的人文旅游资源。登临泰山的游客在被那五岳之首雄浑气魄震撼的同时，无不被它所展示的厚重史迹所折服。例如，那株举世闻名的"五大夫松"就和我国历史上第一个"皇帝"秦始皇有关。始皇帝封树为官，古今中外实为罕见，它成为封建皇权制度的一个真实写照。历史故事使这棵美丽的松树具有了独特的文化魅力。

（3）现存民俗与山水风光的结合。中国幅员辽阔，民族众多，生活在不同自然环境、社会文化背景中的人们有着差异很大的风俗习惯，这既是传统文化的延续，又是人们对环境适应的结果。而这些形形色色的民俗风情又成为了重要的旅游吸引物。

2. 与民居和其他各式建筑相结合的民俗风情游

我国幅员辽阔，民族众多，民居及其他建筑物千姿百态，汉族民居游，少数民族民居游，公共建筑游，寺院庙宇游各具特色。另外，由于居民所处地理位置及气候差异，不同区域的民居呈现出明显的区域特征。如周庄的江南水乡建筑和西南地区少数民族的竹楼等差异明显。而北京曾是封建皇帝居住地，红墙绿瓦和遍地的四合院是其民居特色，因此，北京旅游界一度推出了"胡同一日游"的民俗文化旅游项目。

3. 与饮食文化相关的民俗风情游

中国美食享誉世界，中华饮食文化源远流长，川菜、粤菜、鲁菜、湘菜各具特色。带有浓郁地方特色的美食不仅可饱口福,而且蕴含养生学、美学、文学等极其丰富的传统文化内容,成为吸引国内外游客的重要旅游资源。自中国旅游业初创时期起,中华美食就一直是整个活动中的重要节目,饮食创收在整个旅游业收入中举足轻重。近年来,在各有关部门的协同努力下,饮食旅游逐渐成为一个独具特色的民俗风情旅游类型。

4. 与礼仪活动相结合的民俗风情游

从西周的周公制定礼仪制度,到孔子恢复周礼,中国各种礼仪制度非常规范和严格。中国素以"礼仪之邦"闻名于世,各种礼仪活动源远流长、博大精深,从多侧面反映了中国各民族的精神风貌,成为吸引海外游客的一大因素。近年来,伴随着海外华人寻根热的升温,祭祖活动成为大规模的民俗展示活动。如河南新郑每年农历三月初三举行的黄帝故里拜祖大典,每年农历清明节在成都都江堰举行的"放水节"和祭祀"川主"李冰的仪式等,几乎都成为了旅游活动的重要内容。此外还有与宗教有关的风俗礼仪活动等。

5. 与节庆相结合的民俗风情游

节庆是民风民俗的集中展示,也是对游客吸引力最大的旅游项目之一。中国是一个节日众多的国度,56个民族都有自己独特的节日。节日期间,各族人民开展体现民族特色的各种活动,集中展示各民族自己的民风民俗,国内外游客趋之若鹜。如傣族的泼水节、蒙古族的那达慕大会、回族的开斋节等,都成为了我国民俗风情游开发的样板。

四、我国民俗文化旅游资源开发中存在的问题

民俗文化是传承文化,也是变异文化,它是认识和理解民族传统文化的基础,更是关注现实人生的核心所在。民俗文化内在的变化是缓慢的,而表层的变化是迅速的。在现代化的浪潮中,受时尚潮流及外来文化的影响,民俗文化生存环境逐渐缩小,它的可持续发展正面临着严峻的考验。

1. 民俗文化的蜕化

民俗文化的开发必将干扰民俗文化原有秩序和发展过程,使落后地区受到旅游者外来文化的冲击。当地居民从思想行为的混乱到盲目仿效,将淡化原有文化的特征,进而在长远角度上破坏了旅游资源特征,从而影响民俗文化旅游的可持续发展。

随着改革开放的日益深入,越来越多的人追求时尚的现代生活,大多数民俗文化形态逐渐淡出人们的生活,成了人们逐渐遗忘的角落。与西方圣诞节、愚人节、情人节、父亲节、母亲节进入我们的日常生活,受到很多年轻人的热捧相反,我国传统的节日如端午节、重阳节等由于缺少载体,社会参与度却日渐下降。另外,我们民俗文化的传统活动逐渐减少,有的甚至消失了。民俗的继承和发展后继无人,青黄不接,许多已经面临断线的危险。还有一些民俗旅游村落在外界的影响之下,日常生活已面目全非,与外界趋同。另外,掌握传统民俗技艺的人也逐渐减少。

2. 民俗文化的庸俗化

在民俗旅游资源开发中,有些旅游从业者不去尽力展现民俗的真、善、美,而是刻意追求原始、落后和愚昧,回避精华,偏爱糟粕,专门把一些已经被社会扬弃的封建迷信和陈规陋习展示给旅游者。例如,一部分民俗旅游区、旅游景点,打着民俗旅游的旗号,大建地狱、神宫、洞府等,而且设计低劣,工艺粗糙。有些导游信口雌黄,反科学、反理性,大

讲风水、星象、巫术、轮回、牛鬼蛇神、花妖树怪。有些民俗旅游商品如神水、神药、护身符、照妖镜等,从内容到形式,无不充斥封建迷信色彩,质朴、高尚的民俗被庸俗化,最终成了一些人圈钱的工具。

3. 民族文化的商品化

如今,在旅游市场上,以现代艺术形式包装民族文化并将其推向舞台,是目前民族旅游开发的重要手段。而其致命的弱点是使民族文化失去了原有的文化内涵,日益商品化。例如,一些景区将少数民族婚俗开发成旅游产品来推销,由于过分商业化,使该民族婚俗中本该体现的一些美好内容荡然无存,民族婚俗完全沦为赚钱的手段。如在桂林某风景区民族村中,一群漂亮的少数民族姑娘有选择地把手中的香袋挂在男性游客脖子上,然后邀请游客与之经历一次民族的婚礼仪式,实际是骗游客的钱。

4. 传统文化价值观的丧失

旅游活动是外来旅游者和当地居民之间一种相互的文化渗透过程,尤以游客价值观念、行为方式等对目的地社会的影响更大。在旅游活动过程中,游客普遍放松了对自身的道德约束,使平时过于紧张的身心得到松弛和调节。但这种松懈如果过度,就会在旅游区造成不良的社会影响,尤其是对娱乐生活的追求,滋生的色情消费和半色情消费,使旅游区居民的社会结构和价值观念发生着变化。价值观是民族文化的核心。虽然各少数民族文化价值观的差异很大,但各民族仍有共同的价值观,如热情好客、忠诚朴实、吃苦耐劳、重义轻利等,民风十分淳朴。但是,随着民俗旅游的开发,一些地区的传统文化价值观出现了裂痕,淳朴之风锐减,出现了不择手段追逐金钱,甚至敲诈勒索现象。

五、发展民俗文化旅游的出路

我国的民俗文化旅游势头强劲,总体上说发展是健康的,但民俗文化资源的旅游开发中出现的很多问题,严重影响了民俗旅游业的可持续发展。那么,民俗文化旅游出路在哪里?

1. 全面发掘民俗文化,提高民俗旅游产品的品位

民俗旅游开发要保证具有魅力的民族文化能真正得以弘扬和保护,就必须杜绝肆意亵渎、歪曲旅游地民俗风情资源的现象。扼制低格调,标新立异、生搬硬套而造成的民俗庸俗化。因此,高品位开发利用民俗资源是举棋之关键。高品位开发就要对当地民俗资源充分调查和研究,从宗教、社会、经济、游艺竞技等方面对民俗进行合理、综合的开发,赋予民俗旅游产品更深的内涵以提高其品位。要正确瞄准本地区的资源特色,结合本地区及周边地区旅游环境,把独特的风情民俗,如建筑、服饰、风味食品、民族歌舞等展示出来,保持古朴的民风、特有的风情,同时又要让现代生活中新的民俗脱颖而出。要办原汁原味的民俗旅游,并不是要把一些文化落后、思想愚昧的阴暗面暴露给来人,而是要在开发过程中扬长避短,把纯洁的、文明的、健康的方面提供给游客。

2. 重视当地居民的利益

民俗文化旅游的开发,是促使民俗文化蜕变的重要原因,但并不是根本原因。根本原因是民俗风情旅游目的地地区居民的物质利益驱使。在旅游开发和管理过程中,应当充分考虑当地居民的愿望,发展那些对当地居民有利的旅游类型。在利益分配中,要充

分考虑到社区居民的贡献,保证社区居民从旅游开发中享受到经济、社会、文化等公平的利益,加快脱贫步伐,以赢得社区居民的理解、支持和配合,促进民俗文化旅游的良性发展。

3. 采取有力措施,保护民俗文化的纯洁性

民俗风情反映的是本土性的民风民情、民族文化、民俗生活、民族历史传统等,如果不顾自身特点,照抄照搬,或追求所谓的"现代化"而背离乡土性、古朴性的,就会破坏原有民俗文化,导致民俗文化开发的失败。在开发民俗风情旅游资源时,不仅内容而且格调、造型、色彩都要有浓郁的古朴性,要亲切、真实、淳朴,要体现出浓浓的乡愁。

政府或有关部门要对一些逐渐消失的传统、风俗、习惯、庆典、节日、宗教仪式等进行挖掘和再现。用行政或经济手段来鼓励和扶持某些特色的传统民俗文化活动,使民俗文化得到完整保护和传承。要逐步使旅游地居民了解本地传统民俗文化的价值,激发他们对自己文化的自豪感和文化自觉意识,促使他们主动维护自己的民俗文化,而不是去盲目接受外来文化。还要提高旅游者素质,减少他们对民俗文化保护的负面影响。

思考题

1. 中国民俗文化有哪些基本特征?
2. 民俗文化的旅游价值体现在哪些方面?
3. 中国民俗文化旅游开发中存在哪些问题?解决的出路在哪里?

172

参考文献

1. 萧放. 中国民俗文化特征论[J]. 宝鸡文理学院学报(社会科学版),2003 年第2 期.

2. 河洛民俗 6:起名习俗[EB/OL]. 根在洛阳,洛阳站[EB/OL],http://ly. rootinhenan. com/rootinhenan/html/2011/11/18195. htm.

3. 物质生产民俗[EB/OL]. 道客巴巴,http://www. doc88. com/p-2972990971601. html.

4. 王书会,邱扶东. 反思民俗旅游资源的开发[J]. 探索与争鸣,2006 年第 11 期.

5. 邹卫. 浅论中国民俗与旅游[J]. 成都教育学院学报,2006 年第 4 期.

第九章

气象万千:中国曲艺歌舞旅游文化

本章导读

马街书会

2014年2月12日,农历正月十三,被誉为"中国曲艺之乡"和"中国魔术之乡"的河南宝丰县迎来说书艺人的又一次聚会。当日,2014年马街书会大幕开启,千余名艺人在宝丰县杨庄镇马街村冰天雪地里亮书会友、切磋技艺。

上午8点多,书会已人潮涌动,吹拉弹唱之声不绝于耳。在会西南边相隔不远搭着两个舞台,2014年中国·宝丰马街书会河南省青少年优秀曲艺节目展演活动和马街书会国家级非物质文化遗产曲艺展演活动正在热烈进行,精彩的演出不时博得观众的阵阵喝彩。在会的大部分区域,来自全国各地的艺人摆开桌凳,亮出各自的绝活儿吸引观众,观众围着艺摊听得如痴如醉。

记者在会上遇到了埃塞俄比亚大使馆参赞阿达姆·塔斯法耶,他用"震撼"二字表达了对马街书会的印象。"我是第一次来马街书会,感到很震撼,我们家乡也有类似的表演,我感到很亲切!"

马街书会迄今已有700多年的历史,是中国曲艺的传统节日和艺术盛会,是全国民间艺人心中的曲艺圣地和精神家园,享有"一日能看千台戏,三天胜读万卷书"的美誉。1996年,马街书会被评为"中国十大民俗之一";2006年,被国务院列入第一批国家级非物质文化遗产名录;2013年,被世界纪录协会认证为"世界最大规模的民间曲艺大会"。

我国曲艺歌舞文化是中国文化的重要组成部分,它气象万千,异彩纷呈,吸引着八方游客。

(资料来源:http://henan.china.com.cn/news/city/201402/171043mTEU.html)

第一节　中国曲艺旅游文化概述

曲艺是中华民族各种"说唱艺术"的统称,它是由民间口头文学和歌唱艺术经过长期发展演变形成的一种独特的艺术形式。

一、历史发展

曲艺发展的历史源远流长。早在文字发明之前，随着工具的使用和语言的产生，就孕育了曲艺。山西夏县东下冯文化遗址出土的石磬，最初可能是耕田用的石犁；河南舞阳县贾湖文化遗址出土的骨笛，浙江河姆渡文化遗址留存的骨哨，及西安半坡村出土的埙，则可能是狩猎时模仿动物鸣叫以便诱猎的工具。发音工具的长期使用，使人们逐渐掌握了发音的手段，审美听觉也得到了开发。

歌唱则起源于语言及共同劳动中协调的呼叫。《吕氏春秋·音初篇》记涂山氏女作歌"候人兮猗"，闻一多先生称之为"曲艺的萌芽""孕而未化的语言"，这首最古老的南方情歌体现了原始歌曲中曲调与语调的密切关系。虽然在曲艺产生的过程中，实用的功能先于审美的感情，但曲艺毕竟是人类思想情感最直接、最便捷的方式之一。作为人类情感表达的一种载体，随着社会的发展及生活的日益复杂，曲艺的内容和作用也随之扩大，美的因素逐渐增长，形式也更为丰富多样。

夏商两代的乐舞内容已渐渐由歌颂神转变为赞扬人。西周有所谓的"六代乐舞"，即黄帝时的《云门》、尧时的《咸池》、舜时的《大韶》、禹时的《大夏》、商时的《大蠖》和周时的《大武》。周代的采风制度保留了大量的民歌，并经春秋时孔子的删订，形成了我国第一部诗歌总集——《诗经》。秦时出现"乐府"，汉代主要的歌曲形式则是相和歌，并由此形成"相和大曲"，对隋唐时的歌舞大曲有着重要影响。

隋唐两代，政权统一，特别是唐代，统治者奉行开放政策，勇于吸收外域文化，并融合国内各族曲艺特点，萌发了以歌舞曲艺为主要标志的曲艺艺术发展高峰。风靡一时的唐代歌舞大曲，融会了九部乐中各族曲艺的精华，其中的《霓裳羽衣舞》更为世人所称道。

宋、金、元时期曲艺文化的发展以市民曲艺的勃兴为重要标志。随着都市商品经济的繁荣，适应市民阶层文化生活的游艺场"瓦舍""勾栏"应运而生，人们可以听到嘌唱、小唱和唱赚等艺术歌曲的演唱，也可以看到说唱类曲艺种类鼓子词、崖词、诸宫调，以及杂剧、院本的表演，词调曲艺更是获得了空前的发展。

明清时期说唱曲艺异彩纷呈，南方的弹词，北方的鼓词，以及牌子曲、琴书、道情等种类众多。歌舞曲艺在各族人民中有了较大的发展，如汉族的秧歌、维吾尔族的木卡姆、藏族的囊玛、壮族的铜鼓舞、傣族的孔雀舞、彝族的跳月和苗族的芦笙舞等。器乐的发展表现为出现了多种器乐合奏的形式，明代的《平沙落雁》、清代的《流水》等琴曲以及一批丰富的琴歌，如《阳关三叠》《胡笳十八拍》等广为流传。

近一百多年来，曲艺文化的发展以民主、科学为主要潮流，交织着传统曲艺和欧洲传入的西洋曲艺。传统曲艺以革命民歌的发展为热潮，戏曲曲艺中，京剧的影响遍及全国，各种地方小戏也获得了较快发展。民族器乐则以民间出现了各种器乐演奏的社团为特点，造就了许多卓越的民间艺人。在"五四"新文化运动的影响下，我国兴起了传播西洋曲艺、改进国乐的曲艺活动。

二、艺术特点

1. 多样性

任何一种曲艺都与所在国家或地区的语言有着最密切的关系，曲艺是语言在情感、音调和节奏方面的延伸和深化。中国是一个多民族大国,各地语言音调千差万别,也由此带来了各个地方曲艺风格的丰富多彩。

2. 融合性

中国传统曲艺是在中原曲艺的基础上,和四域曲艺、外国曲艺的交流融合中形成发展起来的。中原曲艺指的是以汉族为主体的黄河流域曲艺文化,四域曲艺指的是除了黄河流域曲艺文化以外的中华大地各民族的曲艺文化。中国曲艺与外国曲艺的交流,也是由来已久。在汉代,伴随着佛教的传入,印度佛教曲艺和天竺乐也进入中国;隋唐时期,大量外国曲艺的输入,不仅带来外国乐曲,而且引进了乐器、乐律和音阶。

3. 文学性

中国曲艺与中国文学有着密切的结构关系:文学中有对联,曲艺中就有上下旬;文学中有"起承转合"4句诗体绝句,曲艺中就有类似的4句结构小曲;文学中有8句结构的律诗,曲艺中就有与之结构原则极为相似,并大量存在于器乐曲的"六十八板体";文学中有章回体,曲艺中有套曲体;与曲艺联系最密切的诗词,其声调音韵的抑扬顿挫、平平仄仄对应着曲艺的旋律,长短句组合和各种格律的运用则显示了曲艺的节奏。

4. 礼教性

在中国传统文化中,曲艺不仅起着塑造人格的作用,还有安邦治世的功能,《吕氏春秋·适音》曰:"凡音乐通乎政,而移风平俗者也。"《礼记·乐记》曰:"致礼乐之道,举而措之,天下无难矣。"中国封建社会的巩固发展主要依赖于"礼乐"制度。乐是指宫廷雅乐,它的实质功能是对"礼"的辅佐,把最具震撼人心的曲艺形式与礼法结合在一起,其渗透力和凝聚力无疑是强大的。

三、审美特征

1. 崇"和"

中国传统曲艺中,对于"和"的追求与表现一直占据着主导的地位,视"和为五音之本"。儒家学派产生以后,更将其作为一种教化工具,注重发挥"乐以治世"的社会功能。在我国第一部曲艺理论著作《乐记》中,将曲艺界定为"天地之和也",说明了"和"之含义的深邃广阔,既包含人与自然的"和",也包含人与人的"和",当然也有曲艺内部诸要素的"和"。中国传统曲艺在音程配合、节拍以及曲式结构等方面都有自己的特色。如琴曲《梅花三弄》用清澈的泛音、舒缓的旋律,营造出风荡梅花的意境,用按音、散音,抒情的旋律,通过切分、大跳等手法,表现梅花的孤傲姿态。节拍上,常常运用散节拍,如"散—慢—中—快—散",使乐曲留有必要的空白,引人遐想,创造出此时无声胜有声的艺术境界。曲式结构上,中国传统曲艺具有多种变奏体系及曲式,统一中求变化,重在写意,追求神似,达到了极高的美学境界。

2. 尚"虚"

传统曲艺追求含蓄美,视虚实结合、阴阳相辅、意象共存为最高艺术境界,这种观念是道家思想的产物。道家创始人老子主张"淡兮其无味""大音希声"。这种见解发展了《乐记》的"音由心生"的观点,注重用心灵去体会自然、人生、社会,强调心的作用,是对儒家过分强调礼乐教化功能的校正。这种重视内心感悟的审美取向不仅影响了传统曲艺美学,也符合当今"欣赏即是再创作"的认识,给欣赏者留下了想象空间,至今仍有巨大的美学价值。

3. 求"韵"

"韵"是中国传统曲艺的灵魂,是中国传统曲艺独有的审美取向。"有韵则生,无韵则死;有韵则雅,无韵则俗。"(陆时雍《琴学丛书》)传统曲艺的乐音,本身会有或多或少的润音(即"音腔"),使乐音的音高、音色和力度发生一定的变化,增强了表现力,此种音腔,即是"韵"。这种"韵",在戏曲、民歌和民族器乐曲中普遍存在,并且由于艺术家个性、修养不同,由于润音方式的不同,形成了众多门派,各具特色。一位美国曲艺家感慨说:"世界上节奏最发达的是非洲,旋律最发达的是印度,音色最发达的是中国。"这种韵,使中国曲艺在演奏上,注重因时因地发挥创造,形成了弥足珍贵的即兴曲艺演奏传统。

四、曲艺歌舞艺术欣赏

曲艺是一种善于表现和激发感情的艺术,曲艺欣赏的过程就是感情体验的过程,要求欣赏者从各个方面去研究和了解乐曲感情的内在含义,在欣赏曲艺时注意技巧、技术手法及结构形式等方面,还要在感情上真正投入,才能完整地感受与领会曲艺的美。

首先,要对曲艺作品的作者和产生的时代背景有所认知。一首曲艺作品总是表现了作曲家对现实生活的感受,因此,要比较深刻地领会作品的思想内容,就必须了解作者所处的时代及作品产生的时代背景。这对于欣赏者把握曲艺脉动,体会曲艺的风格,以更好地理解曲艺作品所刻画的曲艺形象,有很好的辅助作用。

其次,把握曲艺作品的民族特征。一切曲艺作品都根植于民族民间曲艺,都有各自的民族特性。有些作品概括地体现了民族曲艺语言的某些特点,有些作品则和具体的民族民间音调有着密切的联系。贺绿汀创作的民族管弦乐曲《森吉德马》、肖邦创作的《波兰舞曲》《玛祖卡》,柴可夫斯基创作的器乐、舞剧和歌剧等无不是根植于本民族这一广袤的土地上,挖掘民族民间的音调加以整理完成的。所以,对各国各民族的曲艺特性有所了解,会对欣赏理解曲艺起到很大的帮助。

再次,理解曲艺作品的语言表现。作曲家创作乐曲也像文学家写作品一样有独特的表达体系,在曲艺上称为曲艺语言。曲艺语言包括很多要素:旋律、节奏、节拍、速度、力度、音色、和声、复调、调式和调性等。一首作品的思想内容和艺术美要通过各种要素才能表现出来。这其中,旋律是塑造曲艺形象最主要的手段,是曲艺的灵魂,节奏则是旋律的骨架。曲艺语言的各种要素间相互配合有着千变万化的表现力,曲艺也就变得更加多姿多彩。

最后,认识曲艺作品曲式和体裁。曲式也就是曲艺的结构布局,简单地说即曲艺的品种。不同的曲式各具不同的特点。对曲式和体裁的了解能帮助人们更好地欣赏曲艺。曲式有乐段、二段或三段式,复三段式,回旋曲式,变奏曲式,奏鸣曲式等。反映风俗生活的乐曲,一般用三段式或复三段式,如瞿维的《花鼓》等;而描绘一种戏剧性冲突的乐曲常用奏鸣曲式,如小提琴协奏曲《梁祝》等。各种不同的体裁,适合表现不同题材的内容,如舞曲的歌舞性较强,进行曲适合行进中的队列,叙事曲简言之就是讲故事等。

总之,对于一个欣赏者来说,无论是展开想象的翅膀,还是感情的共鸣或者概念上的把握，都不失为获得审美感受的一种途径。曲艺欣赏需要调动自己的全部激情和心智，使之变成一种发现美、感受美、获得美的心理历程。

五、旅游价值

曲艺与旅游有着天然的联系，对曲艺资源进行合理的旅游开发可以有效地营造旅游文化氛围，增强旅游地的吸引力，极大地提高旅游产品的文化品位和游客的旅游质量。在旅游研究和开发的过程中应充分认识到曲艺文化的旅游价值，并进行合理有效的利用。

1. 民族器乐与旅游

民族器乐演奏是传统文化的载体和传播媒介，彰显着地区或民族文化独特鲜明的风格。例如，马头琴声可以让人看到一望无垠的蒙古草原，冬不拉的弹拨会让人想到热情好客的维吾尔族人民，江南丝竹带来小桥流水，安塞腰鼓则显示了黄土高原的激情。曲艺可以让人消除隔膜和语言障碍，自由进行心灵交流和文化沟通，帮助游客快速感知旅游地的文化特征。

民族器乐可为旅游直接所用：一是与旅游景观的耦合，可以渲染气氛，衬托环境，加深游客的印象；二是作为一种文化资源进行旅游开发，如丽江古城的纳西古乐演奏会，便深受中外游客的欢迎和好评。民族曲艺还可以深入到旅游的每个环节，应用范围十分广阔。例如，在餐厅中，轻松的曲艺能营造良好的就餐环境，促进人的食欲和增加进餐情趣。在长长的旅途中，播放民族轻曲艺可以调动游客的情绪，大大减轻旅途的疲劳。在游览过程中，可将景观的背景资料制作成电视曲艺片进行播放，以加深游客对游览对象的理解认同，也可以开发与旅游者互动的民族器乐教授与演奏，增强旅游的参与性，让旅游活动变得"有声有色"。另外，许多民间乐器不但在演奏功能及音色方面有独特性，还具有很高的观赏性和装饰性，可以制作成为特色旅游商品出售，既弘扬了地方文化，又能产生经济效益。

2. 歌剧与旅游

歌剧是将曲艺、戏剧、文学、歌舞及舞台美术等融为一体的综合性艺术。西洋歌剧于"五四"时期传入中国，最早是以"话剧加唱"的形式存在。中华人民共和国成立之后，中国歌剧在创作思维上形成了五种不同的方式：第一种是继承戏曲传统，代表性剧目有《小二黑结婚》；第二种是以民间歌舞剧、小调剧或黎氏儿童歌舞剧作为参照系创作新型歌舞剧，其代表作为《刘三姐》；第三种是以话剧加唱作为自己的结构模式，其代表作为"文革"后出现的《星光啊星光》；第四种以传统的借鉴西洋大歌剧为参照系，代表作有《王贵与李香香》；第五种是以《白毛女》创作经验为参照系，在观念和手法上坚持以内容需要为一切艺术构思的出发点，这种创作模式有两部歌剧杰作——《洪湖赤卫队》和《江姐》。剧中的歌曲《洪湖水浪打浪》和《红梅赞》在当时已广为传唱，人人耳熟能详，时至今日，更是直接推动了洪湖和重庆红岩、渣滓洞等红色旅游区及旅游线路的开发。

脱胎于广西民间彩调剧的歌剧《刘三姐》成为了后来电影《刘三姐》的主要艺术来源。歌仙刘三姐的艺术形象和美丽的漓江山水、旖旎的壮族风情、动听的山歌一起成为了人们记忆中的永恒。从此，前来游览桂林山水、寻访刘三姐和广西山歌，便成了一代又一代人的梦想。刘三姐集团、刘三姐香烟、刘三姐景观园等有关刘三姐的企业、产品、项目不断出现,而张艺谋为总导演、梅帅元为总策划的桂林山水实景演出《印象·刘三姐》,无疑是刘三姐品牌利用的浓墨重彩的一笔。它成功地把广西举世闻名的两大旅游、文化资源——桂林山水和"刘三姐"的传说进行巧妙的嫁接和有机的融合,让自然风光与人文景观交相辉映。这种曲艺和旅游相结合的新形式一经推出便大获成功,观者如潮,既提升了当地的文化价值和经济效益,也为各地区的旅游开发提供了新思路和新方法。

3. 民歌与旅游

民歌是在民间世代广泛流传的歌曲,是最大众化的曲艺形式,是大众口头创作的,并在流传中不断丰富着的集体智慧的结晶,具有很鲜明的民族特色和地方色彩。

我国各民族的民间歌谣蕴藏极其丰富,可谓浩如烟海。汉族除了民谣、儿歌、四句头山歌和各种劳动号子之外,还有"信天游""爬山歌""赶五句"以及"四季歌""五更调""十二月""十枝花""盘歌"等各具特色的多种样式。其他还有藏族的"鲁""协",壮族的"欢",白族的"白曲",回族的"花儿",苗族的"飞歌",侗族的"大歌",布依族的"笔管歌",瑶族的"香哩歌"等。就风格而言,苗歌瑶歌古朴浑厚,藏歌傣歌光丽优美,蒙古族民歌健朗悠扬,鄂伦春族民歌则粗犷有力。同是"花儿",保安族和东安族的韵味不同,宁夏和青海的也各有差异。同是汉族民歌,北方的以豪放见长,南方的则比较委婉。

民歌一般较为短小,但情感含量很高,代表了一个民族或者地区的人们长期积累的对情感的体验和表达,有着集体性、民族性和即兴性的特点。例如,壮族的三月三歌节,西北撒拉族、保安族、土族、回族的花儿会,内蒙古那达慕大会中的民歌演唱等,都有即兴的编词,曲调也会随乐器和演奏者的不同而发生变化,产生不同的变体。

旅游与民歌的关系,最早可能要追溯到《诗经》时期的"采风"。发展至今,收集到的民歌已逾30万首。其中描写各地风光、民情的歌曲,例如,《草原牧歌》《我们新疆好地方》《蝴蝶泉边》等,已分别成为内蒙古、新疆、大理旅游风光的标志。民歌对于旅游产业来说,还具有旅游宣传的功能。因为曲艺比其他具象性的艺术有着更大的优越性,它给人的信息是模糊的,能够激起听者无限的想象。最明显的例子便是四川康定,可以说是一首《康定情歌》催生了康定的旅游业。著名的声乐艺术家喻宜萱教授把此歌推向了世界,三大男高音的竞相演唱使得《康定情歌》成为一首世界性的情歌,也让康定成为世界著名的地方。

民间曲艺的独特性,使得区域旅游资源的特色更为突出,同时它又兼具很强的"品牌"效应和经济效应。例如,蜚声中外的"南宁国际民歌艺术节",仅前三届的招商引资金额即达160亿元,为南宁吸引了大批国内外游客,一跃成为国内叫得响的民歌艺术和旅游节庆品牌。

中国民间曲艺具有很强的即兴性和参与性,它与西方曲艺厅曲艺、酒吧曲艺不同,有相当成分的自娱自乐性质,例如,民歌中的对歌总是应山应水、此起彼伏,你邀一帮、我约一伙,以吼为唱,反复较量。作为旅游产品进行开发,可增强游客的参与、提高旅游的娱乐性。

4. 流行音乐与旅游

所谓流行音乐,是指那些结构短小、内容通俗、形式活泼、情感真挚,并被广大群众所喜爱,广泛传唱或欣赏,流行一时甚至流传后世的器乐曲和歌曲。这些乐曲和歌曲,植根于大众生活的丰厚土壤之中，因此，又有"大众曲艺"之称。

流行音乐和旅游的牵手，衍发了"旅游歌曲"的产生。此词是在 1999 年举办的第一届全国旅游歌曲大赛上首次提出的，在那次比赛中产生了《神奇的九寨》《烟花三月》《大地飞歌》等精品旅游歌曲，成为有目的地创作旅游歌曲的成功范例。这些旅游歌曲，大大提高了地方的知名度，成为千万人心中珍藏的风景。

作为旅游六大要素中"娱"的重要组成部分，量身打造的旅游歌曲让流行音乐唱响旅游观光文化，对于各地旅游形象的宣传作用越来越突出。广东著名音乐人陈小奇曾说过："旅游歌曲是城市的一种听觉识别系统，就像一个国家有国旗、国徽，还要有国歌。音乐比文字传播的速度更快，范围更广，也更容易被人记住。在全球信息化的今天，旅游歌曲作为一种对内可加强景区员工的文化凝聚力，对外可扩大景区知名度的有力的文化载体，已成为旅游景区文化推广的极佳选择。"此外，旅游歌曲在经济发展中还起到牵动作用。广东音乐人从 2007 年开始了"唱响家乡"的计划，以著名音乐人、广东省流行音乐学会会长陈小奇为首的在国内享有较高知名度的一批音乐人组成创作班子，先后到梅州、阳春、虎门和深圳等地采风，创作了 4 组共 40 首旅游歌曲，深受欢迎并广为传唱。《阳春组歌》中的《甜甜的马水橘》一曲，使阳春的马水橘价格翻了两番，而阳春的旅游总收入则同比增加了 1 倍多。

旅游歌曲具有主创性、本土性、时尚性和通俗性，是发展文化经济的具体实践。一首好的旅游歌曲就是闪亮的旅游名片，曲艺与旅游结合起来可以形成有生命力的文化产业，流行音乐和旅游产品的携手，既是多种途径开发旅游的良好开端，也是文化多元化的全新尝试。

179

第二节　中国戏曲文化与旅游

戏曲是中国汉族特有的民族艺术，历史上也称戏剧。中国戏曲是文学、曲艺、歌舞、美术、武术、杂技以及表演艺术各种因素综合而成的一门传统艺术，是汉族传统文化中的瑰宝。

一、历史发展

学界普遍认为，"真正之戏曲"成型是在宋代，宋之前均是戏曲的发生与形成过程，先秦、两汉、魏晋南北朝、隋唐五代都是歌舞、表演等戏剧因子的活跃时期，这些不同时代的各种表演共同奠定了戏曲的基础。

辛亥革命前后和"五四"新文化运动中，传统戏曲受到激烈的批判，上海、北京、西安和成都等大都会掀起了声势浩荡的戏曲改良运动，极大地促进了京剧艺术的发展，优秀京剧演员和京剧流派层出不穷，京剧逐渐成为全国性的代表剧种。这一时期，各地民间戏曲蓬勃发展，进入了现代戏曲时代。

二、艺术特点

1. 虚拟性

西方戏剧追求写实，认为戏是对自然的摹仿；中国古代戏曲追求想象，认为戏是对生活的虚拟。这与西方艺术强调形似、东方艺术强调神韵有关。所谓虚拟，虽与"写意""象征""假定"等艺术手法有一定关系，却不等同。"写意"是一种属于精神领域的艺术思想，虚拟的目的却是借意显实。"象征"是用具体可感形象传达某一种意思，虚拟虽然含有象征因素，但却比"象征"内容更广泛。"假定"所表现的舞台形象已不同于生活中的自然面貌，在以实代虚等方面与虚拟有相同之处，但虚拟的主要特点还在于简，即把一切都减少到可以省略的最低限度，以少代多，如以龙套代替三军等。

2. 程式性

程式使中国戏曲极富魅力。西方戏剧的某些规范与中国戏曲的程式有相似之处，但中国的戏曲程式除具有规范外，还有集中、夸张及鲜明等特点。中国戏曲源于生活，但绝不是机械地模仿或照搬，它有一个去粗取精、加工提炼的过程，使之比生活中的原样更富表现力，更具形式美，也更能使人产生联想和生出美感。戏曲程式是无所不包的，但凡戏曲舞台上的一切，大到人物形象塑造，小到锣音鼓声等，无一不被程式化。而且，戏曲程式并不是一成不变的，导演或演员在学戏时如实地掌握它，同时也在实践中不断地发展、完善它。

3. 综合性

戏剧是一种综合艺术，而中国戏曲则是所有戏剧样式（如话剧、芭蕾和歌剧等）中综合度最高的艺术，与西方戏剧相比，它对各方面的综合，几乎达到了"无体不备""无所不包"的程度。中国戏曲的高度综合性是在长期发展的过程中形成的，虽然出现很晚，但武打、角抵、木偶和滑稽表演等早就有了；唐宋时出现的大量诗词、小说和说唱等，更是被戏曲吸收融化了其中的精华，共同形成了中国戏曲的独特魅力。

4. 抒情性

中国戏曲与西方戏剧一样，都注意戏剧中冲突的展开，但中国戏曲的重点不在于表现动作的冲突，而是以内心冲突的抒情为重点，侧重于人物灵魂深处的徘徊。凡感情充沛处就用歌唱，即使在双方的对白中，也常插入抒发内心的独白，因此具有较强的抒情性。西方戏剧则更多地表现人物面对面的冲突，具有较强的动作性。中国戏曲的抒情性是"渗透于题材的选择、情节的安排、性格的刻画、语言的锤炼，以及演员表演、唱腔伴奏、舞台美术等戏曲的一切构成因素、构成部分之中的"，是中国戏曲一种独有的美学特征。

三、审美意识及审美要素

（一）审美意识

审美意识指客观存在的诸审美对象在人们头脑中的反射和能动的反映，一般通称为"美感"。美感具有情感性，人们在审美活动中，总是伴随着好恶爱憎，充满了感情色彩。在传统戏曲中惯见"落难公子遇小姐，私订终身后花园，有朝一日中状元，夫妻相合大团圆"这一类老套的传统戏曲题材，虽自近代以来就曾无数次受到新派人士的猛烈攻击和批判，却仍因普通观众的喜闻乐见而流传不衰。究其原因，与能够满足观众善恶分明的道德情感密切相关。在观众的审美意识中，戏曲俗套里的"落难公子"代表着高贵者人生境遇的低落,而慧眼识才的小姐与之在后花园"私订终身",是一件虽不合礼法却合乎情理的美事,倘若进而"得中状元",最终在合乎礼法的范围内实现"大团圆",则称得上"尽善尽美"。正是在这种求善求美的心理基础之上,那些题材单一的"才子佳人"戏才会长演不衰。事实上,在其他流传广、表演多的传统剧目中,也总是蕴含着一种善恶分明的道德感。三国戏、水浒戏,乃至清宫戏、神怪戏等流传至今的传统戏中,无不具有一个惩恶扬善、大快人心的戏核。因此一出戏如果没有泾渭分明的道德评判,一般观众就无法对其展开正常的审美情感活动。

时至今日,"才子佳人"的题材虽显老套,但这些剧目在演出中却因舞台表演和观众期待的双向互动而趋向完美,成为一种"有意味的形式"。特别是经过梅兰芳等艺术大师的锤炼,一些戏曲传统剧目已成为民族文化精神和民族艺术形式高度契合的艺术珍品。善与美的双重追求遂成为"程式化"了的观众审美心理,而其对"善"的追求往往又融合在对"形式美"的玩味和追求中。

(二) 审美要素

1. 题材

戏曲取境贵"新"、贵"奇",忌"庸俗",尤忌"恶俗"。对新奇意境的追求,也即对新奇故事题材的追求,但对"新奇"的把握不准,则易造成以怪诞虚幻为奇、以扭捏巧造成奇的创作倾向。因而有人主张在现实人情世事中取材,因为"布帛菽粟之中,自有许多滋味咀嚼不尽。传之久远,愈久愈新,愈淡愈远"。

2. 情、景

在构成意境的情、景因素中,"情"居核心主导地位,"景"则指体现人物性格心理的特定环境,是人物形象的烘托。古代对戏曲人物塑造提出"说何人肖何人"的根本原则,但它并不以形肖为重点,而是把"肖"浓缩为神情举止之肖,情感之肖,以形传神,以貌取神,这就使中国戏曲在刻画鲜明的人物形象的同时,也营造了诗意浓郁的意境。

3. 语言

首先,戏曲意境要求戏曲语言必是以真情为内核的人物个性化语言。情与文(语言)的关系正如明代戏曲学家吕天成所说:"以真切之调,写真切之情,情文相生。"戏曲语言只有把握住传写真情这一原则,才不致成为非角色化的作者语言。其次,戏曲意境要求戏曲语言是一种介于"浅深,浓淡,雅俗之间"的富有诗味的语言。清代戏曲理论家李渔提出,戏曲语言应"词浅意深,全无一毫书生气"。"意深",则耐于咀嚼,深具意境;"词浅",则意境易于接受理解。

4. 结构

戏曲作为一种叙事文学,其写景抒情均在叙事中完成。戏曲的各个叙事段落都可以呈现相对独立的意境,而各个相对独立的意境又构成全剧的总体意境。这一总体意境的构成问题,即戏曲的结构布局问题。从意境的角度看,戏曲对结构布局的要求有二:一是意境的有机整体性;二是结构自身的意境化。戏曲结构布局"贵虚""求曲",强调题材的灵活驾驭与处理、人物情感的委曲婉转和戏曲关目的巧妙安排。描写宜简,太细太实,便缺乏意境的余味,无法留给观众品味和想象的空间。

181

总之，综合性的戏曲艺术，在创造"意境"时是以整体性面貌呈现给观众的。它要求各个组成要素发挥各自的能动性，创造出典型的人物形象，揭示出生活的内在本质，既使观众感到美的愉悦，又使观众品味到韵外之致。因此，任何一个好的戏曲剧目呈现在舞台上，往往不乏情景交融的场面和虚实相生的空灵感，而这二者正是戏曲艺术审美意境构成的两大支柱。

四、戏曲艺术欣赏

戏曲的表演，通常分为唱、念、做、打4部分。戏曲的唱工非常讲究，行腔转调，发音吐字都有一定的规矩，绝对不能荒腔走板。戏曲的念白，一般分为"韵白"和"口白"。"韵白"有比较明显的旋律和节奏，多用诗词或是文雅一些的语句，注重吐字准确，音节铿锵；"口白"比较接近日常生活的口语，注重清楚流利，活泼自然。戏曲做工历来有"五法"之说，即手、眼、身、法、步，讲求细腻而不烦琐、洗练而不粗率，每个动作，都必须和人物性格、情绪紧密结合，统一于所塑造的人物形象的要求。戏曲的武打，讲究干净利落，稳妥准确，纵、跳、翻、腾要显得轻捷灵便，看起来毫不吃力。

戏曲服装统称"行头"，约分为5类：蟒、靠、帔、官衣和褶子。蟒为帝王将相穿的官衣，女子穿的叫"女蟒"。靠，是将士穿的铠甲，背后插有四面小旗，称为"靠旗"，不插旗的叫"软靠"，女将穿的叫"女靠"。帔，达官显贵、有钱人家在家里穿的一种便服，对襟、长领子、宽袖。官衣，主要分红蓝二色，样子和蟒差不多，但不绣花，是官员穿的官服。褶子，用途很广，分硬、软、花、素4大类，又按颜色不同分10种，大领大襟，带水袖，主要是老百姓的便服，褶子加上杂色布叫作"富贵衣"，为乞丐所穿。戏曲中的冠帽，种类也很多。帝王戴王帽、平天冠等，将士戴帅盔、虎头盔等，官员戴纱帽，勇士戴罗帽、扎巾等，书生戴文生巾，员外戴员外巾，以上各种穿戴的样式、颜色，都是根据人物的身份、品级或性格来配备的，不能混淆。

戏曲脸谱是中国戏曲中颇有特色的一部分。宋元时期，主要是抹土搽灰，黑白二色。明代脸谱已趋繁杂，形成用多种颜色构成的图案。至清代，脸谱的类型已经有很精细的区分和各种勾画方法。若按颜色区分，有红、老红、紫、赭、粉红、黄、蓝、绿、蟹青、淡青、白、黑、灰、金、银诸色。脸谱颜色也有某种象征性格的意思，红色多为忠勇耿直的人物，如关羽；白多奸诈，如曹操；黑多憨直，如李逵；黄多勇猛，如典韦；金脸、银脸多为神怪仙佛，但都不是绝对的。颜色的不同，主要还是为使观众便于区分舞台人物，所以同场角色，总要使颜色浓淡相映，一望了然。

五、戏曲艺术的旅游价值

戏曲在我国历史悠久，发展至目前已有300多个剧种，其中影响较大、流传较广的有京剧、昆曲、越剧、豫剧、湘剧、粤剧、秦腔、川剧、评剧、晋剧、汉剧、潮剧、闽剧、祁剧、河北梆子、黄梅戏及湖南花鼓戏等50多个剧种，每个剧种都代表一方地域特色，有着深厚的文化积淀。人们进行旅游，"一方面为了欣赏风光，另一方面是为了解文化。而由戏曲传播给人们的文化影响，会更直接、更生动、更容易接受、更具有衍生力，也更易被人们收藏"。戏曲作为具有竞争力的旅游资源，充分反映地方文化特色，能逐步形成剧种所在地区旅游形象,形成新的旅游品牌。目前,到北京看京剧,几乎是每个中外游客必选的内容。在京文化环境中欣赏京剧,自然能感悟更丰富的京剧韵味、体验到更深刻的京剧文化内涵,也能加深对京文化圈内其他旅游文化产品的理解。同样,秦腔慷慨激昂,宽音大嗓,是我国最古老的剧种之一,"八百里秦川黄土飞扬,三千万人民吼叫秦腔"。它的形成和西北地区特殊的地理环境、气候条件以及语言和传统的审美情趣有着密切的关系,以一种比较特殊的戏曲文化现象吸引着异类文化区域游客的注意。优美抒情的越剧发源于越剧之乡嵊州,如雨如水,如诉如泣,所谓"刻溪蕴秀异,欲罢不能忘",和秀美山水相辉映的越剧无疑成为当地巨大的旅游资源宝库。

近年来,戏曲在旅游业中独当一面的事例屡见不鲜,如安庆市在安徽省"打好徽字牌,唱响黄梅戏"的政策指引下,在旅游资源相对贫乏的背景下,积极开拓戏曲旅游市场,使黄梅戏成为安庆市最具潜力的旅游代表产品。江苏省泰州市也充分利用戏曲资源,兴建梅兰芳大剧院、梅园、柳园和桃园等,积极培育自己的戏曲旅游新形象,戏曲旅游已日渐成为当地旅游业的旗帜和代表。

戏曲旅游具有市场潜力大,社会效益高,季节性不明显的特点,不像自然旅游资源一样具有明显的四季特征,可以有效弥补我国旅游行业的淡季市场空缺,促进旅游业的良性发展。

延伸阅读

挖掘非物质文化遗产的旅游价值

西方游客到了东京,很少有不去歌舞伎町看一出传统的歌舞伎表演的;在印尼城市秒椤游览皇宫时,看哇扬戏成为最受外国游客欢迎的晚间娱乐。有较多国际旅行经验的游客都深深懂得,了解其他民族的文化,领略其风情和习俗,无过于去用崇敬的心理浏览当地的非物质文化遗产。非物质文化遗产也成为吸引游客的重要元素。

在文化部"第一批国家非物质文化遗产名录推荐项目名单"当中,列出了90多种地方戏曲、30多种包括河曲民歌、河湟花儿在内的特色民歌,足可以让中外游客心驰神往。而物质类世界遗产与非物质类世界遗产的联动,对游客的吸引力也会大大增强。如果游客在游览世界遗产"苏州古典园林"的时候,听上一段古琴演奏及昆曲演唱;游览"曲阜的孔庙、孔林和孔府"时,看一看非物质文化遗产中的"祭孔大典",对整个的旅游行程,定会留下极为深刻的印象。

(资料来源:http://www.doc88.com/p-995956508462.html)

第三节 中国歌舞文化与旅游

歌舞是综合曲艺、歌舞、诗歌等艺术手段,边歌边舞的一种艺术形式。歌舞既能抒情又能叙事,声情并茂,通俗易懂,能表达比较细致复杂的思想感情和广泛的生活内容,具有较强的艺术表现力。

一、中国歌舞艺术的形成

中国的歌舞艺术诞生于原始社会,最早的歌舞以自娱为目的,反映的是人们的狩猎活动和农业劳动,表达了人们对丰收的企盼。进入阶级社会之后,专业化的舞者开始出现,"乐舞"供统治者欣赏娱乐,"巫舞"则用于祭祀活动。西周实行制礼作乐,音乐和歌舞都被当作重要的教育手段,是贵族子弟的必修课。春秋战国时期民间歌舞大为兴盛,《诗经》和《楚辞》都记载了大量的民间歌舞,这一时期出现了许多优秀的歌舞艺人。西施本是平民女子,勾践将她献给吴王之前,首先对她进行了严格的歌舞训练,使她舞艺超群,仪态万方。

汉代歌舞具有技艺结合、技艺并重的特点,舞者要准确而富于感情地完成许多高难动作。汉高祖的戚夫人、汉武帝的李夫人、汉成帝的皇后赵飞燕都是民间艺人,因能歌善舞而受宠。戚夫人著名的"翘袖折腰之舞"更是以柔软的腰功显示出她歌舞的魅力。魏晋南北朝是民族大融合的时代,北方游牧民族南下中原,北方歌舞随之而来。各族乐舞杂陈,各有其风格和特色,为隋唐歌舞艺术的高度发展奠定了基础。

唐代,歌舞已成为人们生活中不可缺少的组成部分。能歌善舞不仅是歌舞艺人的专长,上层社会也以善舞为荣。唐玄宗李隆基对歌舞艺术有较高的鉴赏能力,杨贵妃即因善舞《霓裳羽衣》和《胡旋舞》而受到宠幸。唐代歌舞的盛行还表现在节日的歌舞游乐和艺人在街头、酒肆的献舞风气。历史上著名的《踏舞》是群众性的自娱活动,人们手袖相连,踏地为节,边歌边舞。"李白乘舟将欲行,忽闻岸上踏歌声"描写了踏歌的普遍流行。杜甫的《观公孙大娘弟子舞剑器行》诗,描写他幼年在河南郾城观看著名舞伎公孙大娘在广场的一次惊心动魄的表演。那"观者如山"情景,说明这种表演形式如何受民间喜爱。常非月的《咏谈容娘》诗"马围行处匝,人压看场圆",也是表现这种表演风气之盛。宋代,民间歌舞再度兴盛,歌舞中戏剧因素增强,专业艺人往往在城镇的"瓦子"里表演,业余歌舞队伍则活跃在节目庆典中。

明清两代是中国传统乐舞文化集大成时期,从表面上看,中国传统乐舞文化失去了汉唐时期独领风骚的辉煌地位,尤其是作为独立的歌舞表演艺术已经不多见,只有群众性的歌舞活动还比较活跃。但作为中国传统乐舞文化的结晶体,它却凝固在戏曲艺术之中,往日的翩若惊鸿、婉若游龙等姿态,那种长袖翻飞、行去如风的动势,均以更完善的形象出现在戏曲艺术中。

二、中国歌舞艺术的特点

纵观中国歌舞艺术产生和发展的全过程,可以看出,中国歌舞艺术有以下几个特点。

1. 是劳动人民的创造

如前所述,原始社会模拟鸟兽情态的歌舞和反映农业劳动生活的歌舞都是早期人类劳动场面的再现。汉代的灵星舞也是表现农业劳动过程的,包括了耕种、耘锄、驱雀、收获和春簸等环节,今天流行全国的秧歌及少数民族地区的杵歌等都属此类。始于西周,到清代依然流行的傩舞,源于原始社会的图腾崇拜,更确切地说是源于先民的狩猎生活。傩舞在各个历史时期的形式并不一样,但都是驱除邪恶的仪式,而且流行在宫廷和民间。

随着社会的发展,人们的鬼神观念逐渐淡薄,傩舞逐渐演变成自娱节目。

2. 反映现实生活

原始歌舞无论表现狩猎、战争生活的,还是表现宗教祭祀、图腾信仰的,或者表现男女情爱的,都是原始人的实际活动,古朴质拙,颇具荒蛮之风。凡是源于现实生活的歌舞都有很强的震撼力,可以"清商乐"被定为雅乐的史实为证。"清商乐"在魏晋南朝时风靡,从南朝的晋、宋始,其中的许多歌舞就被获准作为前代"正声"进入庙堂,作雅乐祭祀用。至隋,又被文帝指为"华夏正声",唐代也定为宫廷燕乐。"清商乐"为始发于春秋战国时期的民间歌舞,当时被称为"郑卫之音"。魏晋南朝,士人对社会现实不满,尤其痛恨封建礼教,而渴望回归自然,对来自民间的"桑间濮上之乐"更加钟情。

3. 各民族歌舞艺术交融

自汉至晋,中原地区一直为汉人政权所统治,而汉民族歌舞文化对异域文化并不排斥,而且有很强的吸收和融合能力。如西汉时被用于宫廷宴享的巴俞舞,原是川东少数民族"寅人"的歌舞,猛锐粗犷。刘邦起兵反秦时,曾征集寅人作汉军先锋,他们在战斗中冲锋陷阵,跳起舞来也雄姿英发,刘邦非常欣赏。于是将巴俞舞作为宫廷乐舞,并长期传承。魏晋以后,"胡舞"更在中原地区流行开来。"胡舞"指天竺、龟兹、疏勒以及高丽、高昌的乐舞,其特点是充满激情、奔放不羁,不仅为魏晋时人所赞赏,也为唐代的"软舞"和"健舞"提供了丰富的养分。唐《十部乐》中的《西凉乐》就是中西文化撞击中诞生的一种令人耳目一新的乐舞。《西凉乐》是流行于甘肃武威一带的乐舞,舞者头饰遵照汉人习俗,衣着却用"胡舞"的白大口裤和乌皮靴。汉族歌舞脚下一般着"锦履",而且以上肢和身体的动作为主;《西凉乐》脚蹬皮靴,意味着歌舞的步伐是西域型的。然而,歌舞的整体基调仍带着浓厚的中原色彩。

三、中国歌舞艺术的审美特征

1. 崇尚自然美

中华大地的居民长期以来都要靠农牧业维持生存,对大自然的依赖性更强,崇尚自然美成为传统的审美意识,在歌舞艺术上的表现也是如此。

(1)歌舞动态模拟自然。中国古代歌舞中有很多模拟鸟兽动态的形式,如傩舞、鸲鹆舞、狮子舞和耍龙灯等。鸲鹆舞是模拟飞鸟动态的歌舞,魏晋时民间比较流行,东晋贵族谢尚表演得最为美妙。他细腻地模仿鸲鹆鸟引颈整羽、抖翅欲飞的动作,又随着观众所击节拍,撩起衣襟高腾低伏,一会儿像凤鸟安卧,一会儿又像苍鹏振翅。这种惟妙惟肖的表演体现的是魏晋士大夫所崇尚的那种如鹤之孤傲、如云之高洁的意绪。另一类歌舞,是通过舞者的衣饰、道具和高超的技艺使人体动态对应了某种自然物象,如行云流水、流风回雪、微风细柳、蜻蜓点水等。魏晋"清商乐"中的《白芝舞》《明君》《巾舞》和唐代"软舞"都有这样的艺术效果。

唐代软舞主要讲究舞袖、折腰,以求轻贵柔,表现出行云流水般的神韵。杨贵妃、谢阿蛮、梅妃都善跳"软舞",谢阿蛮善跳《凌波曲》,梅妃善跳《惊鸿舞》。唐代软舞的代表作是《绿腰》。诗人李群玉对它的描述是:"南国有佳人,轻盈绿腰舞⋯⋯低回莲破浪,凌乱雪萦风。坠珥时流盼,修裾欲溯空。唯愁捉不住,飞去逐惊鸿。"

（2）歌舞动态的曲线美。西方人认为宇宙是直线前行的，是分层面的、有秩序的，因而古典芭蕾动作多由一基点直线发展，并在各个层面上有秩序的变化中发展动作。中国人认为宇宙是圆流周转、周而复始的，因而古典歌舞的动作多取圆的运动。例如，京戏的全部歌舞动作无一不是圆的，昆曲也是这样。虽然古典戏曲中也有直的姿势，但在动作路线上都强调曲和圆。传统戏曲中的身段都要求圆起、圆行、圆止。"云手"走平圆线，"劈手"走立圆线，"拉山膀"（武将上场时亮相动作）要走弧线……再如，山东鼓子秧歌是流行在鲁北平原的汉族民俗舞，其突出的特点是重"跑"不重"扭"，强调舞者的手臂动作、小臂与手腕的动作都要沿弧线进行。从个别舞者来说，鼓子秧歌的特点是跑，从整体视觉来看，所跑的"场图"都是外圆内方，而且首尾相连，它象征的是古代中国"天圆地方"的宇宙观和宇宙万物周而复始、循环无穷的自然观。

2. 表现和谐美

（1）人与自然的和谐。在中国"天人合一"的宇宙结构里，包含着歌舞的"乐"是沟通天、地、人的重要手段。歌舞沟通天地的作用在于它以各种艺术手段演绎宇宙万物，包括自然现象和社会现象。为了构织"行云流水"等审美现象，还要对人体做文化限制，如束腰、隆髻、缠足等；为了演绎人间故事，要塑造各种不同的人物形象，掌握各种角色的动作要领。如旦角动作含蓄内向，温柔婀娜，属于阴的表现；生角属阳，动作刚武强劲，由内向外发展，多为开放的动作，双手抱元守一，属阳极的表现；而旦角中的武旦，生角中的小生，则为强弱的中和。

（2）人与人的和谐。中国无论是歌舞艺术还是戏曲艺术大都以"大团圆"为结局，如戏曲歌舞中的《昭君出塞》《宝莲灯》，民间歌舞中的秧歌小戏。秧歌舞队的表演在长期的实践中形成了一种模式，即"情、逗、丢、气"4个字。开场以抒情方式表现男女爱情，然后发生冲突或遇到挫折，最后矛盾解决，以喜剧形式结尾。这种在和谐中找不和谐并最终以和谐为旨归的戏剧情节，是农耕民族典型的爱情心态。在表演动作上是含而不露、落落大方、分寸适度、感情适度，诙谐而不轻薄，泼辣而不放荡，给人以和谐自然的美感。中国歌舞艺术的审美形态歌舞在古代中国既用于典礼祭祀，又用于伦理教化，还作为娱乐享受，这促成了祭祀礼仪和欣赏娱乐两种不同类型歌舞的产生，故而决定了古典歌舞的文、武两种形式。武舞发扬蹈厉，文舞谦恭揖让。于是，形成了中国歌舞的阴柔、阳刚的审美范式。

中国歌舞发展史上有3个集大成时期：汉代歌舞形成了天真古拙的中华本土的主旋律，魏晋南北朝歌舞将中华的主题旋律配上异域的色彩，而唐代歌舞奏出了中外融合的交响。中国古典歌舞的阴柔、阳刚的审美形态，就是在这个发展过程中形成的。汉代人心志高远，胸襟广阔，歌舞也呈现着积极向上的气质。因汉文化多继承楚文化，"翘袖折腰"之舞也很流行，但从汉画像砖石上所看到的长袖大多是奋力甩袖，飞卷空际，舒展矫健、节奏鲜明的舞姿，表现出的仍是汉代那种豪放粗犷的气质。

魏晋及南朝各代表性歌舞的审美形态基本是一致的，大多崇尚绮丽、纤巧、柔曼的风格，散发着田园牧歌似的气息。魏晋以后，西北游牧民族纷纷南下，"胡舞"也随之而来。"胡舞"是多纵情，少娴静，多妖娆，少清秀，与魏晋舞风有显著区别，但中原人士却非常赞赏。因为，"胡舞"的刚健、洒脱是人们追求思想解放和超然自得的时风的另一种体现。

唐代歌舞按艺术风格分为两类："健舞"和"软舞"。"健舞"矫捷洒脱，明快有力，充满了阳刚之气。《剑器》舞通过舞剑来展示奋发向上的豪壮之美，颇为唐人推崇。《胡腾》《胡旋》和《柘枝》都是从西域传来的歌舞，具有游牧民族文化的特色，舞姿矫健、变化丰富，以高难度的腾、旋动作特征体现出一种开朗向上的阳刚之美和豪壮之美。这种审美形态在《秦王破阵乐》中表现得更为充分，可以说是唐舞风格的主流。唐代"软舞"有名目记载的 13 个，具有代表性的是《绿腰》和《屈柘》。《屈柘》舞是在《柘枝》舞的基础上演变而成的，较多地展示着汉族传统的歌舞风格，但保持了《柘枝》的快速敏捷、鼓声连催的气势特点。唐代歌舞艺术的最高成就是《霓裳羽衣》舞，它将传统歌舞的柔媚典雅与西域舞风的绚丽明朗糅为一体，既不同于"健舞"，又有别于"软舞"，它兼具阴柔阳刚之美，为我国古代乐舞艺术的代表作。

四、中国歌舞艺术的审美意境

追求"意境"之美来自诗歌创作，诗的意境要靠诗人的笔锋和丰富的想象力，而歌舞的意境有赖于超常的人体动态作为艺术表现的物质媒介。舞者的人体较之普通人体具有更强的能力，如弹跳、旋转、滚翻和平衡能力等。这些能力有先天的差异，更多的是在后天的训练中获得。当舞者通过柔软的腰肢、轻捷的跳跃、急速的旋转和稳定的控制来创造超常的人体动态之时，观者就会在一种超现实的感觉中忘却了自我，似乎进入一种虚幻的意境。为了创造歌舞的意境之美，自西汉以来，舞人就形成了一支专业队伍，不仅经过严格挑选，还要进行系统训练。

歌舞的意境之美，除了人体的因素之外，还要靠服饰、道具和音乐烘托气氛。如杨贵妃表演的《霓裳羽衣》，是先通过悠扬自由的散曲给观众提供了一个含蓄朦胧的诗的意境，这由音乐延续形成的"舞台空白"唤起了观众的视野期待。接着，慢拍子舞序引出翩翩舞人，使观众由听觉引起的遐想转向视觉的审美——舞人时而急徐回转，时而婆娑轻舞；时而像细柳拂风，时而如蛟龙戏水。随着节奏的加快，歌舞激烈到"跳珠撼玉"，使观众目不暇接，审美情绪被推至高潮。可就在这时，音乐戛然而止，接着又"长引一声"，在人们仍若处"仙境"的忘我中结束了全舞。

五、中国歌舞艺术与旅游

旅游演艺项目在中国的出现始于 1982 年西安《仿唐乐舞》推出，主要是为了接待来访的国家首脑和政府要员。之后，一些旅游景区为了弥补旅游市场的空白，主动打造了一些演艺项目，一般都在知名景区和城市，而且都在傍晚至夜间时段上演。目前，旅游演艺项目已经成为一个独立的旅游吸引物，完全可以"独当一面"。旅游学界面临的课题是融合传统与现代、结合地域文化特征，进一步开发歌舞艺术的旅游价值。

关键词：艺术；曲艺；戏曲；歌舞

思考题

1. 简述曲艺文化发展史。

2. 京剧的特点是什么？

3. 简述民间歌舞。

参考文献

1. 王勇,吕迎春.中国旅游文化[M].大连:大连理工大学出版社,2009.

2. 管维良.中国历史与文化[M].重庆:重庆大学出版社,2009.

3. 谢元鲁.旅游文化学[M].北京:北京大学出版社,2007.

4. 王冬青,杨光.全国导游基础知识[M].大连:大连理工大学出版社,2004.

5. 潘宝明.中国旅游文化[M].北京:中国旅游出版社,2005.

第十章

异彩纷呈：中国书画雕刻旅游文化

本章导读

卢沟桥石狮

驿道　旧道　新道　并大道，
古渡千秋，雄狮五百尊，
承前启后八百年，
历经风霜雪雨，
多少悲欢离合在里头。
卢沟晓月芬芳，
如江南水乡，
证春华秋实，
我大好中华。

——饶浩成：《游卢沟桥公园雕塑》

　　卢沟桥上的石雕堪称一绝，其中最让人稀奇的是护栏板望柱头上的石狮子。这些狮子大小不一，大一些的足有50厘米，矮一些的不过20厘米，更多的是30厘米左右的中型石狮。石狮子下面雕有莲座，座下刻荷叶墩。自南北朝佛教在中国盛行以来，作为护法的狮子就成为了人们心目中的瑞兽，渐渐地取代了以前怪异猛兽的形象，成为建筑上的重要装饰构件。卢沟桥的石狮子是典型的"顾抱负赘式"造型，其特点是大狮子仰首怒吼，脚下或踩绣球或抚摸小狮子，而背负的小狮子伸颈助威。另外，大狮子怀中腹下的幼狮并不因其小而有胆怯之态，嬉戏玩耍，右顾欲出，更是神态机警妙趣横生。卢沟桥望柱上的石狮子都是数个狮子的群雕，大狮子背上趴着小狮子，怀里抱着小狮子，脚下也有小狮子。这些狮子千姿百态，若隐若现，没有任何规律，因而北京就有了"卢沟桥的狮子数不清"的说法。前些年有人全面系统地进行编号，数来数去比较准确的数字是492个，其中较大的石狮子有281个。卢沟桥的石狮子除了望柱上的石狮子外，桥头东端两侧还各有一只伏地而卧的大石狮子，它高近一米，长达7.73米，重有3吨。这头石狮子头抵着桥栏板最外侧的望柱，似用千钧之力稳定桥身之势。在桥两端入口处各有高达4.65米的华表一对，顶端也雕刻石狮子，这些狮子不大，但目光炯炯，同样是石雕中的精品。

著名古建筑学家罗哲文《名闻中外的卢沟桥》一文曾对这些雕刻精美、神态活现的石狮子有过极为生动的描绘:"有的昂首挺胸,仰望云天;有的双目凝神,注视桥面;有的侧身转首,两两相对,好像在交谈;有的在抚育狮儿,好像在轻轻呼唤;桥南边东部有一只石狮,高竖起一只耳朵,好似在倾听着桥下潺潺的流水和过往行人的说话——真是千姿百态,神情活现。"长久以来,卢沟桥石狮子在游客中享有盛名,是中国雕刻艺术中的佼佼者。

(资料来源:http://baidu.com/i?ct＝503316480xtn＝detail)

第一节 中国书法旅游文化

中国文字是世界上最古老的文字之一,其结构和书写方式与其他文字有着显著区别。中国的书法是随着中国文字的产生而产生的,它是中国传统艺术中很少受外来影响的生于斯、长于斯,地地道道的中国特色艺术。这种独特的艺术遍布全国各地,在旅游中便成了颇具中国特色的旅游资源。比如碑刻、摩崖、匾额、楹联,大凡我国旅游胜地无处不有,往往又以数量之多形成特色,几乎成了名胜古迹之地不可少的内容之一。

一、书法历史

中国的书法艺术开始于汉字的产生阶段,书法艺术的第一批作品不是文字,而是一些刻画符号——象形文字或图画文字。原始文字的起源,是一种模仿的本能,用于形象某个具体事物。它尽管简单而又混沌,但它已经具备了一定的审美情趣。这种简单的文字因此可以称为史前的书法。

春秋战国时期,各国文字差异很大,是发展经济文化的一大障碍。秦始皇统一国家后,丞相李斯主持统一全国文字,这在中国文化史上是一伟大功绩。秦统一后的文字称为秦篆,又叫小篆,是在金文和石鼓文的基础上删繁就简而来。著名书法家李斯主持整理出了小篆。《绎山石刻》《泰山石刻》《琅玡石刻》《会稽石刻》即为李斯所书,历代都有极高的评价。秦代是继承与创新的变革时期。秦代书法,在中国书法史上留下了辉煌灿烂的一页,气魄宏大,堪称开创先河。

两汉是书法史上继往开来,由不断变革而趋于定型的关键时期。隶书是汉代普遍使用的书体。汉代隶书又称分书或八分,笔法不但日臻纯熟,而且书体风格多样。东汉隶书进入了型体娴熟,流派纷呈的阶段,当今所留下的百余种汉碑中,表现出琳琅满目,辉煌竞秀的风貌。在隶书成熟的同时,又出现了破体的隶变,发展而成为章草,行书,真书也已萌芽。书法艺术的不断变化发展,为以后晋代流畅的行草及笔势飞动的狂草开辟了道路。

从汉字书法的发展上看,魏晋是完成书体演变的承上启下的重要历史阶段,是篆隶真行草诸体咸备俱臻完善的一代。汉隶定型化了迄今为止的方块汉字的基本形态。隶书产生、发展、成熟的过程就孕育着真书(楷书),而行草书几乎是在隶书产生的同时就已经萌芽了。真书、行书、草书的定型是在魏晋二百年间。它们的定型、美化无疑是汉字书法史上的又一巨大变革。这一书法史上了不起的时代，造就了两个承前启后，巍然卓立的大书法革新家——钟繇、王羲之。他们揭开了中国书法发展史新的一页，树立了真书、行书、草书美的典范，此后历朝历代，乃至东邻日本，学书者莫不宗法"钟王"。

南北朝书法，继承东晋的风气，上至帝王，下至士庶都非常喜好。南北朝书法家灿若群星，无名书家为其主流。他们继承了前代书法家的优良传统，创造了无愧于前人的优秀作品，也为形成唐代书法百花竞妍群星争辉的鼎盛局面创造了必要的条件。南北朝书法以魏碑最胜。魏碑，是北魏以及与北魏书风相近的南北朝碑志石刻书法的泛称，是汉代隶书向唐代楷书发展的过渡时期书法。

唐代文化博大精深、辉煌灿烂，达到了中国封建文化的最高峰，可谓"书至初唐而极盛"。唐代墨迹流传至今者也比前代为多，大量碑版留下了宝贵的书法作品。整个唐代书法，对前代既有继承又有革新。初唐书家有虞世南、欧阳询、褚遂良、薛稷、陆柬之等，此后有创造性的还有李邕、张旭、颜真卿、柳公权、释怀素、钟绍京、孙过庭。唐太宗李世民和诗人李白也是值得一提的大书法家。楷书、行书、草书发展到唐代都跨入了一个新的境地，时代特点十分突出，对后代的影响远远超过了以前任何一个时代。

宋朝书法尚意，无论是天资极高的蔡襄和自出新意的苏东坡，还是高视古人的黄庭坚和萧散奇险的米芾，都力图在表现自己的书法风貌的同时，凸现出一种标新立异的姿态，使学问之气郁郁芊芊发于笔墨之间，并给人以一种新的审美意境，这在南宋的吴说、陆游、范成大、朱熹、文天祥等书家中进一步得到延伸。宋代书法家代表人物是苏、黄、米、蔡。

元初经济文化发展不大，书法总的情况是崇尚复古，宗法晋、唐而少创新。虽然在政治上元朝是异族统治，然而在文化上却被汉文化所同化。元朝书坛的核心人物是赵孟頫，他所创立的楷书"赵体"与唐楷之欧体、颜体、柳体并称四体，成为后代规摹的主要书体。在元朝书坛也享有盛名的还有鲜于枢、邓文原，虽然成就不及赵孟頫，然在书法风格上也有自己独到之处。他们主张书画同法，注重结字的体态。

明代是帖学大盛的一代。法帖传刻十分活跃。其中著名的有董其昌刻的《戏鸿堂帖》、文徵明刻的《停云馆帖》、华东沙刻《真赏斋帖》等。其中《真赏斋帖》可谓明代法帖的代表。《停云馆帖》收有从晋至明历代名家的墨宝，可谓丛帖之大成。由于士大夫清玩风气和帖学的盛行，影响书法创作，所以，整个明代书体以行楷居多。代表书法家有：董其昌、文徵明、祝允明、唐伯虎、王宠、张瑞图、宋克等。

清代在中国书法史上是书道中兴的一代。清代初年，统治阶级采取了一系列稳定政治，发展经济文化的措施，故书法得以弘扬。古代的吉书、贞石、碑版大量出土，兴起了金石学。刘墉、邓石如开创了碑学之宗，咸丰后至清末，碑学尤为昌盛。前后有康有为、伊秉绶、吴熙载、何绍基、杨沂孙、张裕钊、赵之谦、吴昌硕等大师成功地完成了变革创新，至此碑学书派迅速发展，影响所及直至当代。纵观清代260余年，书法由继承、变革到创新，挽回了宋代以后江河日下的颓势，其成就可与汉唐并驾，各种字体都有一批造诣卓著的大家，可以说是书法的中兴时期。

二、艺术特征

中国的书法艺术主要有以下特征：

（1）书法是指以文房四宝为工具抒发情感的一门艺术。工具的特殊性是书法艺术特殊性的一个重要方面。借助文房四宝为工具，充分体现工具的性能，是书法技法的重要组成部分。离开文房四宝，书法艺术便无从谈起。

（2）书法艺术以汉字为载体。汉字的特殊性是书法特殊性的另一个重要方面。中国书法离不开汉字，汉字点画的形态、偏旁的搭配都是书写者较为关注的内容。与其他拼音文字不同，汉字是形、音、义的结合体，形式意味很强。古人所谓"六书"，是指象形、指事、会意、形声、转注、假借六种有关汉字造字和用字的方法，它对汉字形体结构的分析极具指导意义。

（3）书法艺术的背景是中国传统文化。书法植根于中国传统文化土壤，传统文化是书法赖以生存、发展的背景。我们今天能够看到的汉代以来的书法理论，具有自己的系统性、完整性与条理性。与其他文艺理论一样，书法理论既包括书法本身的技法理论，又包含其美学理论，而在这些理论中又无不闪耀着中国古代文人的智慧光芒。比如关于书法中如何表现"神、气、骨、肉、血"等范畴的理论，关于笔法、字法、章法等技法的理论以及创作论、品评论等，都是有着自身的体系的。

（4）书法艺术本体包括笔法、字法、章法、墨法、笔势等内容。书法笔法是其技法的核心内容。笔法也称"用笔"，指运笔用锋的方法。字法，也称"结字""结构"，指字内点画的搭配、穿插、呼应、避就等关系。章法，也称"布白"，指一幅字的整体布局，包括字间关系、行间关系的处理。墨法，是用墨之法，指墨的浓、淡、干、枯、湿的处理。

三、书法审美

1. 整体形态美

中国字的基本形态是方形的，但是通过点画的伸缩、轴线的扭动，也可以形成各种不同的动人形态，从而组合成优美的书法作品。结体形态，主要受两方面因素影响：一是书法意趣的表现需要；二是书法表现的形式因素。就后者而言，主要体现在三个方面：一为书体的影响，如篆体取竖长方形；二为字形的影响，有的字是扁方形，而有的字是长方形的；三为章法影响。因此，只有在上述两类因素的支配下，进行积极的形态创造，才能创作出美的结体形态。

2. 点画结构美

点画结构美的构建方式主要有两种：一是指各种点画按一定的组合方式，直接组合成各种美的独体字和偏旁部首。二是指通过将各种部首，再按一定的方式组合成各种字形。中国字的部首组合方式无非是左右式、左中右式，上下式、上中下式，包围式、半包围式等几种。这些原则主要是比例原则、均衡原则、韵律原则、节奏原则、简洁原则，等等。这里特别要提的就是比例原则，其中黄金分割比又是一个非常重要的比例，对点画结构美非常重要。

3. 墨色组合美

墨色组合的艺术性，主要是指其组合的秩序性。作为艺术的书法，它的各种色彩不能再是杂乱无章的，而应是非常有秩序的。这里也有些共同的美学原则，要求书者予以遵守。如重点原则、渐变原则、均衡原则，等等。书法结体的墨色组合，主要涉及两个方面：一是对背景底色的分割组合。人们常说的"计白当黑"，就是这方面的内容。二是点画结构的墨色组合。从作品的整体效果来看，不但要注意点画墨色的平面结构，还要注意点画墨色的分层效果，从而增强书法的表现深度。

四、书法名家

1. 王羲之

王羲之，字逸少，汉族，东晋时期著名书法家，有"书圣"之称。祖籍琅琊（今属山东临沂），后迁会稽山阴（今浙江绍兴），晚年隐居剡县金庭。历任秘书郎、宁远将军、江州刺史，后为会稽内史，领右将军。其书法兼善隶、草、楷、行各体，精研体势，心摹手追，广采众长，备精诸体，冶于一炉，摆脱了汉魏笔风，自成一家，影响深远。风格平和自然，笔势委婉含蓄，遒美健秀。代表作《兰亭序》被誉为"天下第一行书"。在书法史上，他与其子王献之合称为"二王"。

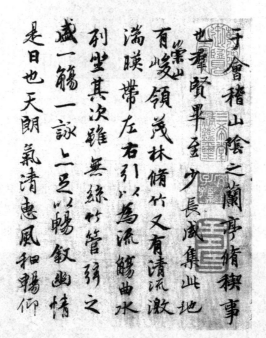

《兰亭序》

图片源自 http://image.baidu.com/5987521&p

2. 褚遂良

褚遂良，字登善，唐朝政治家、书法家，阳翟（今河南禹州）人；褚遂良博学多才，精通文史，隋末时跟随薛举为通事舍人，后在唐朝任谏议大夫，中书令等职，贞观二十三年（649 年）与长孙无忌同受太宗遗诏辅政。后坚决反对武则天为后，遭贬潭州（长沙）都督，武后即位后，转桂州（桂林）都督，再贬爱州（今越南北境清化）刺史，显庆三年（658 年）卒。褚遂良工书法，初学虞世南，后取法王羲之，与欧阳询、虞世南、薛稷并称"初唐四大家"，传世墨迹有《孟法师碑》《雁塔圣教序》等。

《孟法师碑》

图片源自 http：//image．baidu．com/6813790＆z

3. 张旭

张旭，字伯高，一字季明，汉族，唐朝吴县（今江苏苏州）人，是一位极有个性的草书大家，因他常喝得大醉，呼叫狂走，然后落笔成书，甚至以头发蘸墨书写，故又有"张颠"的雅称。后怀素继承和发展了其笔法，也以草书得名，并称"颠张醉素"。张旭以草书著名，与李白诗歌，裴旻剑舞，合称"三绝"。张旭代表作有《肚痛帖》《古诗四帖》等。

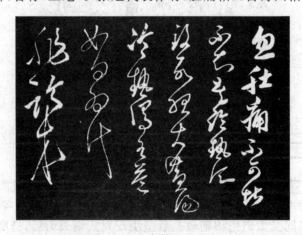

《肚痛帖》

图片源自 http：//image．baidu．com/i?tn＝baiduimage＆ct＝201326592＆lm

4. 苏轼

苏轼，眉州（今四川眉山，北宋时为眉山城）人，字子瞻，又字和仲，号"东坡居士"，世人称其为"苏东坡"。祖籍栾城。北宋著名文学家、书画家、词人、诗人、美食家，唐宋八大家之一，豪放派词人代表。其诗、词、赋、散文，均成就极高，且善书法和绘画，是中国文学艺术史上罕见的全才，也是中国数千年历史上被公认文学艺术造诣最杰出的大家之一。其散文与欧阳修并称欧苏；诗与黄庭坚并称苏黄；词与辛弃疾并称苏辛；书法名列北宋四大书法家"苏、黄、米、蔡"之一；其画则开创了湖州画派。苏轼书法代表作有《黄州寒食诗帖》《天际乌云帖》等。

《黄州寒食诗帖》

图片源自 http://www.baidu.com/s?ie=utf-8&wd

5. 赵孟頫

赵孟頫，字子昂，号松雪，松雪道人，又号水精宫道人、鸥波，中年曾作孟俯，汉族，吴兴（今浙江湖州）人。元代著名画家，楷书四大家（欧阳询、颜真卿、柳公权、赵孟頫）之一。赵孟頫博学多才，能诗善文，懂经济，工书法，精绘艺，擅金石，通律吕，解鉴赏。特别是书法和绘画成就最高，开创元代新画风，被称为"元人冠冕"。他也善篆、隶、真、行、草书，尤以楷、行书著称于世。其代表性书法作品有《洛神赋》《道德经》等。

《洛神赋》

图片源自 http://www.baidu.com/s?ie=utf-8&bs

195

五、中国书法的旅游价值

我国旅游和书法紧密相连,书法已成为重要的旅游资源,书法作品、书写工具、书法景观已成为旅游产品中引人注目的内容。

1. 观看书法展览

旅游区开展书法展览活动业已成为重要的旅游内容,如兰亭书会等。博物馆更不例外,无论是综合性博物馆还是专题博物馆都会凭借其收藏的珍贵的书法作品而组织综合和个人书画展览会,以吸引旅游者。如故宫书画馆中所藏历代书画达十万件以上,其中还不包括运去台湾的书画名迹。专题博物馆,如中国美术馆、荣宝斋、上海书画社、杭州西泠印社等都有数千或数万件书法珍品,这些书法作品,或是陵墓中出土的独一无二的,或是辗转他乡异国后不惜重金被寻回的,或历经战乱幸存者,或绢本纸本的保存困难者,能流传至今可谓价值连城,能一睹这些珍品的风采当然是旅游者的一大幸事。另外,听导游员讲解关于珍贵书法作品收藏与保存的经历也是旅游的重要内容。比如,为了使一些流失的书法作品重新回到故宫,像溥仪出宫时携带出的王献之的《中秋帖》、王珣的《伯远帖》流入香港,典当给外国银行,为避免被人买走,1951 年典当期满之前,尽管国库不盈,但周总理仍指示文化部门派人到香港,以重金将二帖赎回。有些是文物收藏家捐献出来的,如故宫所藏西晋陆机的《平复帖》、唐代诗人杜牧所书的《张好好诗卷》都是著名文物收藏家张伯驹捐献给故宫的。因此,我国的书法艺术珍品保全至今,并非易事。

2. 解读石刻文

石刻文是刻在石鼓、摩崖、碑碣等石器或石壁上的文字。石刻文字始于战国,曾是古人书写文字的重要手段之一,至西汉时,开始用纸写字,但人们每遇大事,仍镌刻于石,以求永存。我国现存的石刻浩如烟海,内容十分广泛,政治、经济、军事及文化等无所不有,骚人墨客和能工巧匠以山石为纸,以锤凿作笔,在自然赋予的天地间尽情显露他们的豪情壮志。这是中国特有的碑刻文化,也是研究我国历史和书法艺术的珍贵资料,是我国珍贵的旅游资源。我们现在常见的石刻文是摩崖石刻与碑碣,石鼓文相对较少。

(1)摩崖石刻。摩崖石刻是将文字刻于高山石壁之上的石刻。高山石壁成为历代书法家大显身手之地。著名的摩崖石刻有天津盘山石刻、山东泰山石刻、浙江普陀山石刻、河南嵩水石刻、湖南九嶷山石刻、浯溪露天诗海碑林石刻、广西桂林象鼻山还珠洞石刻、三峡夔门石刻、湖北黄冈赤壁石刻等。如泰山石刻是泰山一大奇观,在攀登泰山的旅途中,到处刻有古人的题字题诗,主要有魏晋时经石峪、唐摩崖、清摩崖等石刻。这里的石刻文字有的龙腾虎跃,有的苍劲古拙,有的潇洒飘逸,有的端正秀雅。真草隶篆各种书体,颜柳欧赵不同流派,应有尽有,犹如一个"中国历代书法展览"。摩崖石刻既有人们触景生情的即兴之作,内容往往深蕴哲理,让人顿开茅塞,也有劝善戒恶之辞。前者如泰山摩崖石刻,从朝阳洞向上,渐渐接近十八盘,山路越来越险,似乎是在登天,猛抬头,忽见摩崖石刻一"从善如登",四个大字雄浑雅健,非大手笔而无此风。"登山"与"从善"相连,与"从善如流"相对,发人深省,耐人寻味,说明了"从善"像"登山"一样难的道理。"从善如登"正是作者面对攀登悬崖峭壁,触景生情,由情美领略哲理美。后者如杭州灵隐寺飞来峰山崖洞壁上的刻石,历代哲人,儒法释道荟萃于一山,细看内容,最多的是劝善戒恶之辞，"峰从天外飞来，见一线光明，万壑松涛开觉悟；泉自石边流出，悟三生因果，十方华藏证根源"。看来是佛门长老巧借飞来峰典故，苦心引导人们觉海渡航。

（2）碑碣。碑碣是古代人在石头上的一种特殊纪事形式，内容包括颂扬功德、寄托哀思、抒发情感、褒贬世事等。我国碑碣繁多，规模较大的根据其内容分三种情况：一是专题性碑林。如曲阜孔庙内存有两汉以来历代碑碣二千二百余块。二是非专题内容，以内容丰富多彩取胜。如西安碑林，历代碑碣二千三百余件，自汉迄清，荟萃各代名家手笔，可谓唐宋明清时代并容，篆隶草楷书体竞艳，颜柳欧赵风格媲美。三是园林中的诗条石碑刻。如苏州园林，厅堂鳞次栉比，游廊曲折蜿蜒，廊墙上嵌诗条石。这种恰到好处的碑刻，使原本精巧秀雅的园林满壁生辉，平添了无限风韵。

3. 追寻书法名人故地

我国许多景点专因书法名人而设，而后人到此凭吊多是围绕书法名人及其作品展开。如湖南祁阳浯溪因颜真卿等人的石刻而成为重要的旅游地，绍兴的兰亭因王羲之而为中外游人瞩目。

兰亭是为纪念东晋时著名书法家王羲之而建。永和九年（公元353年）三月上旬巳日，王羲之邀集宦游或寓居在绍兴的名流谢安、谢万、孙绰等41人，相聚于稽北丘陵的兰亭。时值风和日丽，山清水秀，众人饮酒赋诗。这就是著名的兰亭聚会。席间，名流们一共作了三十多首诗，王羲之有感而发，为这些诗写了一篇序文，即著名的《兰亭序》。相传王羲之一时兴来，用鼠须笔在乌丝茧纸上，把这篇325字的文章一气呵成，成为我国书法艺术上登峰造极的作品。为纪念这次盛会，当地官员纷纷在此建堂筑亭，历代有增添，使之跻身江南著名的园林行列。今天的兰亭，仍然以《兰亭序》中的意境定出全园的基调，即雅、秀、清，并以《兰亭序》文中内容构景，显现书法家人生的片段。王羲之在绍兴生活留下了许多逸闻佳话，被构景者撷取，巧妙地熔铸在景物中。

第二节　中国绘画旅游文化

中国绘画一般称之为丹青，主要是画在绢、纸上并加以装裱的卷轴画，简称"国画"。它是用中国所独有的毛笔、水墨和颜料，依照长期形成的表现形式及艺术法则而创作出的绘画。中国绘画是中国文化的重要组成部分，根植于民族文化土壤之中。它不单纯拘泥于外表形似，更强调神似。它建构了独特的透视理论，大胆而自由地打破时空限制，具有高度的概括力与想象力，这种出色的技巧与手段，不仅使中国传统绘画独具艺术魄力，而且日益为世界现代艺术所借鉴吸收。中国绘画是凝聚了几千年文明历史的艺术遗产，它同其他文物艺术一起，构成壮丽的文化艺术景观，为中外游客所观赏、所玩味，从中领略到山水之情。

一、绘画历史

中国绘画的历史最早可追溯到原始社会新石器时代的彩陶纹饰和岩画，原始绘画技巧虽幼稚，但已掌握了初步的造型能力，对动物、植物等动静形态亦能抓住主要特征，用以表达先民的信仰、愿望以及对于生活的美化装饰。先秦绘画已在一些古籍中有了记

197

载,如周代宫、明堂、庙祠中的历史人物,战国漆器、青铜器纹饰,楚国出土帛画等,都已经达到较高的水平。

秦汉时期,是中国统一的多民族封建国家的建立与巩固时期,也是中国民族艺术风格确立与发展的极为重要的时期。公元前221年,秦始皇统一中国后在政治、文化、经济领域的一系列改革使得社会产生了巨大的变化。为了宣扬功业,显示王权而进行的艺术活动,在事实上促进了绘画的发展。西汉统治者也同样重视可以为其政治宣传和道德说教服务的绘画,在西汉的武帝、昭帝、宣帝时期,绘画变成了褒奖功臣的有效方式,宫殿壁画建树非凡。东汉的皇帝们同样为了巩固天下,控制人心,鼓吹"天人感应"论及"符瑞"说,祥瑞图像及标榜忠、孝、节、义的历史故事成为画家的普遍创作题材。

魏晋南北朝时期绘画进一步变得繁复起来。曹不兴创立了佛画,他的弟子卫协在他的基础上又有所发展。作为绘画走向成熟的标志之一,南方出现了顾恺之、戴逵、陆探微、张僧繇等著名的画家,北方也出现了杨子华、曹仲达、田僧亮诸多大家,画家这一身份逐渐地进入了历史书籍的撰写之中,开始在社会生活中扮演越来越重要的角色。

隋代的绘画风格,承前启后,有"细密精致而臻丽"的特点。来自各地,集中于京畿的画家,大多擅长宗教题材,也善于描写贵族生活。作为人物活动环境的山水,由于重视了比例,较好地表现出"远近山川,咫尺千里"的空间效果,山水画开始独立出来。

唐代的绘画在隋的基础上有了全面的发展,人物鞍马画取得了非凡的成就,青绿山水与水墨山水先后成熟,花鸟与走兽也作为一个独立画科引起人们注意,可谓异彩纷呈。盛唐时期是中国绘画发展史上一个空前繁盛的时代,也是一个出现了巨人与全新风格的时代。宗教绘画更趋世俗化,经变绘画又有发展。不同地区的画法交融为一,产生了颇受欢迎的新样式,以"丰肥"为时尚的现实妇女进入画面。以吴道子、张萱为代表的人物仕女画,从初唐的政治事件描绘转为描写日常生活,造型更加准确生动,在心理刻画与细节的描写上超过了前代的画家。而山水画则在此时已经获得了独立的地位,代表的画家有李昭道、吴道子和张璪,分工细和粗放两种。泼墨山水也开始出现。花鸟画的发展虽不像人物画和山水画那样成熟,但在牛马画方面却名家辈出,曹霸、韩干、陈闳、韩滉与韦偃等都是个中好手。此外,著名的画家王维、卢稜伽、梁令瓒等也名重于时,时至今日还能看到他们的传世作品或者后世的摹本。

五代十国的书画,在唐代和宋代之间形成了一个承前启后的时期。无论是人物、山水,还是花鸟,都在前代的基础上有了新的变化和面貌。北宋在宫廷中设立了"翰林书画院",对宋代绘画的发展起到了一定的推动作用,也培养和教育了大批的绘画人才。徽宗赵佶时的画院日趋完备,"画学"也被正式列入科举之中,天下的画家可以通过应试而入宫为官。这是中国历史上宫廷绘画最为兴盛的时期。北宋画坛上,突出的成就是山水画的创作。画家们继承前代传统,在深入自然,观察体验的过程中,创造了以不同的笔法去表现不同的山石树木的方法,使得名家辈出,风格多姿多彩。李成和范宽为其代表。花鸟画在北宋时期的宫廷绘画中占有了主要地位,风格是黄筌的富贵之风,直到崔白等画家的出现才改变这个局面。北宋人物画的主要成就表现在宗教绘画和人物肖像画及人物故事画、风俗画的创作上。武宗元、张择端都是人物画家中的卓越人物。

在北宋时,除了宫廷和民间各自存在有数量可观的职业画家之外,还有一支业余的画家队伍存在于有一定身份和官职的文人学士之中。他们虽然不以此为业，但是在绘画的创作实践和理论探讨方面，都有显著的特点和突出的成就，并且已经自成系统，这就是当时被称作"士人画"，后来被叫作"文人画"的一类。以官僚贵族和文人身份参与绘画的创作活动，古已有之，但是那些人的作品和职业画家的作品没有分别，也没有自己的理论体系。但从北宋中期以后，苏轼、文同、黄庭坚、李公麟、米芾等人在画坛上活跃起来，文人画声势渐起。苏轼明确提出了"士人画"的概念，并且认为士人画高出画工的创作。他们还为士人画寻找到了一条发展脉络，唐朝的王维甚至东晋的顾恺之都变成了这一体系的创始人，强调绘画要追求"萧散简淡"的诗境，即所谓"诗中有画，画中有诗"。主张即兴创作，不拘泥于物象的外形刻画，要求达到"得意忘形"的境界。采用的手法主要是水墨，内容从山水扩展为花鸟，这一时期文人贵戚出身的山水花鸟画家增多与此有关。这股潮流的兴起，是中国绘画史上的一件大事，不但对后代的中国绘画发展产生了深远的影响，甚至在一个时期内，左右了中国画坛。

南宋的山水画的代表人物主要是号称"南宋四家"的李唐、刘松年、马远、夏圭，他们各自在继承前代的基础上有所创造。文人画在南宋时期除了在理论上进一步展开讨论以外，在实践中也有令人瞩目的成就。米友仁的"云山墨戏"，扬补之的墨梅，赵孟坚的水仙兰花都为世所重。被称为"四君子"，时至今日仍被画家看重的梅、兰、竹、菊，在南宋时已基本成为文人画的固定题材。南宋的著名人物画家有李唐、萧照、苏汉臣等。他们的人物画创作，很多都与当时政治斗争形势有关，多选择历史故事及现实题材，擅长减笔人物画的梁楷的出现，则为中国人物画的创作开辟了一条新的道路。

元代取消了五代、宋代的画院制度，除少数专家画家服务于宫廷外，还有一部分身居高位的士大夫画家，但更多的是隐居不仕的文人画家。元代绘画在继承唐、五代、宋绘画传统的基础之上进一步发展，标志就是"文人画"的盛行，绘画的文学性和对于笔墨的强调超过了以前的所有朝代，书法趣味被进一步引申到绘画的表现和鉴赏之中，诗、书、画进一步结合起来，体现了中国绘画的又一次创造性的发展。人物画相对减少了，山水、竹石、梅兰等成为绘画的主要题材。此外，由于社会的急剧变化也促使了社会审美趣味的转变，在绘画上强调要有"古意"和"士气"，反对"作家气"，摒弃南宋院体即所谓的"近体"，转而主张师法唐、五代和北宋。绘画理论上进一步强调神的重要作用，把形似放在了次要的地位，以简逸为上，重视绘画创作中主观意兴的抒发，把对自然景物的描写当作画家抒发主观思想情趣的一种手段，与宋代绘画的刻意求工求似形成了鲜明对照。元代虽然时间不长，但是在绘画上却是名家辈出，成就可观。其最重要的画家有赵孟頫、元四家等。

明代是中国古代书画艺术史上的一个重要阶段。这一时期的绘画，是在沿着宋元传统的基础上继续演变发展。特别是随着社会政治经济的逐渐稳定，文化艺术变得发达起来，出现了一些以地区为中心的名家与流派。绘画方面，如以戴进为代表的浙派，以沈周、文徵明为首的吴门画派，以张宏为首的晚明吴派，蓝瑛称为武林派等，流派纷繁，各成体系，各个画科全面发展，题材广泛，山水、花鸟的成就最为显著，表现手法有所创新。总的说来，元四家的影响在初期犹存，前期以仿宋"院体"为主；中期以后，以吴门各家为代表，回到继承元代水墨画法的文人画派，占据画坛主流。整个明代绘画大体可以分为前期、中期、晚期三个阶段,这三阶段相互有所区别,但也不能截然分开,而应该说是相互交替衔接的。

清代的绘画艺术,继续着元、明以来的趋势,文人画日益占据画坛主流,山水画的创作以及水墨写意画盛行。在文人画思想的影响下,更多的画家把精力花在追求笔墨情趣方面,造成了形式面貌的更加多样,愈加派系林立。在董其昌"南北宗论"的影响下,清代画坛流派之多,竞争之烈,是前所未有的。清代绘画的发展,大致也可以分为早、中、晚三个时期。早期,"四王"画派占据画坛的主体地位,江南则有以"四僧"和"金陵八家"为代表的创新派;清代中期,宫廷绘画由于社会经济的繁盛和皇帝对于书画的爱好而得到很好的发展,但在扬州,却出现了以扬州八怪为代表的文人画派,力主创新;晚清时期,上海的海派和广州的岭南画派逐渐成为影响最大的画派,涌现出大批的画家和作品,影响了近现代的绘画创作。

二、艺术特征

1. 写意

中国绘画的艺术特征,总括起来说就是"写意"二字。写意是中国绘画的艺术精神,是中国绘画自成体系的基本特征。中国绘画的写意与西方的写实主义绘画是两个截然不同的绘画体系。其艺术精神、审美取向、造形观念、时空观念、表现手段等诸多方面都是不相同的。

"写"字来自书法,书法是由独特的中国文字所形成的一门艺术,它不是造形艺术而是表现艺术,它没有造形的任务,但一笔一画都是感情的载体,"写"字用之于画,就在于强调作为造形手段的一笔一墨都应是感情的载体,从而具有相对独立的审美价值。中国绘画之主要以线造形,也是以书入画的结果。"意"是什么呢?"意"字上面是一个"音"字,下面是一个"心"字,可说是心灵的声音。所以"写意"二字,也就是用有情的笔墨来传达自己心灵的声音。"意"泛指思想、感情、个性、气质、人品、学养等精神层面的各种素质,同时也是指主体对客观事物的某种特定的感受感悟。可以说某种特定的感受,是和其人的主观素质不可分割的。因此便有"画如其人""人品即画品"之说。

2. 意境的追求

意境是艺术形象升华到精神层面的一种理想境界,是诗的境界,是没有任何功利杂质的、纯粹的审美境界。只有在这样的境界中才能净化人的心灵,提高人的精神品格。也就是所谓的陶冶性情。中国绘画中的题诗,是以文学辅助绘画,使其升华到诗的境界的一种手段。它可以使文学与绘画融为一体、相得益彰,但并非所有的中国绘画都可以题诗,在不同的画幅中,诗有可题可不题者,有必须题者,有必不能题者。在画面不容题诗的情况下,也可以"诗堂"的形式使诗与画各自相对独立而又共同创造某种意境。意境属于形而上的部分,但却是中国绘画中最精妙的部分。它是以道家的虚妙和佛家的禅悟为其美学哲学基础的,是从参悟中得来。艺术与宗教在其最高的层面上是可以互通的。

3. 生命意蕴

顾恺之提出的"传神论"和谢赫提出的"气韵生动说",开启了近世的生命美学。神,也就是精神,是生命现象中的一种高级形态。"气韵生动"是指画中的那种活生生的生命意蕴。宇宙万物和人都是存在于一种有节律的运动中,这种节律反映在艺术中就是韵,韵就是艺术的节奏,也就是运动中的生命状态。中国绘画中的气韵是由虚实的变化产生的,虚虚实实也就是节奏。在画中如形体的大小、方圆、重轻、厚薄,线的粗细、长短、曲直、刚柔、疏密,墨的浓淡干湿,点的聚散错落等都是构成节奏韵律的条件,也就是使一件作品成为有机的生命体的基础。生命与气韵乃是属于整体的,是整体各个局部、各种因素的和谐。

4. 意象造形

中国绘画的造形观念是意象造形,既不同于西方写实绘画的具象,也不同于西方现代绘画的抽象,他所画的乃是被自己所感受的对象,也就是意中之象,是经由主观的选择、改造、变形、夸张,并加以想象、联想,就是顾恺之说的"迁想妙得"。中国绘画家在面对对象时,首先找感觉、找灵感,是用心灵去感受它,然后开始一系列加工改造的过程,使其变为意中之象,付诸笔墨。在主客体关系上是强调主体的能动性,所谓借物抒情,物(对象)只是被借来利用,而抒发主观的情意才是目的。中国绘画从不摹仿自然,不做自然的奴隶,而是基于强烈的创造意识去驾驭自然、改造自然、利用自然,以实现自我的价值。由于中国绘画是以意成象,而作者的性情学养又各不相同,所以面对同一对象的不同作者才能创造出千差万别、丰富多彩的艺术形象。就以画梅为例,王冕、金农、虚谷、吴昌硕、齐白石,无一类同。这是因为意象造形观念带来了表现方法的多样性,所谓以意生法,就是由不同的意产生不同的法。我无定法,因时因地因人而异,使绘画的形式语言不断变化,不断丰富,不断发展。

5. 自由空间

绘画作为空间艺术,在西方的写实绘画中,是严格遵守着透视学、光学的科学法则的,连天空都是充满着物质性的空气和光的照射,需要无所遗漏地用色彩画出,而不允许有空白的画布。而中国绘画中的空白,可以是天空,可以是水面,可以是白色的墙壁,也可以什么都不是。但却关乎气韵,是一种气场,是虚实变化的需要,而且虚中有实,实中有虚,虚实相生。西方写实绘画是以光造形的,物体的明暗调子、体积、色彩、空间位置等都是借光来表现的。中国绘画则是以气造形,画的是感觉,是意中之象,因此在日月灯光照射下也没有影子,黑夜也如同白昼,所以中国绘画中的空间是自由空间或叫心理空间,色彩也不是光照下的本色而是感情色彩,有时干脆就用一种墨色来代替一切颜色,叫作墨分五彩。正因为中国绘画中的空间是虚的、自由的,所以才能包容书法诗词和印章,成为融诗书画印为一体的独特的艺术形式。

6. 笔墨语言

中国绘画的笔墨不仅是造形的手段,而且是感情的载体,是一种形式语言。因此笔墨本身就有其相对独立的审美价值。所以前人总结了各种笔法墨法、皴法描法,成为各人个性化的笔墨语言。如元四家的黄王倪吴、石涛八大、扬州八家、龚半千、赵之谦、虚谷、吴昌硕、齐白石、林风眠、李可染,可以说历代大家都是有自己独特的笔墨语言的。

笔墨是中国绘画的细胞,一笔一墨都包含着各自艺术的生命基因,包含着作者个性的特征。可以说都是作者生命的轨迹。石涛的"一笔说"揭示一笔与千笔万笔的关系,也就是细胞与整体生命的关系。成熟的画家是不容许有一笔败笔的,败笔就是死亡的细

201

胞,有时会影响全局。由于笔墨本身的个性化,在以笔墨造形时,就不能如实地描写对象,而是创造出各种符号,如山石的各种皴法,树叶、苔藓的各种点法,以及云、水的表现,用线的各种描法,都是符号化了的。程式、符号是艺术地把握对象的必要手段,笔墨是细胞,各种符号是骨肉筋络及各种组织,最后才能有机地构成人体,即完整的艺术形象。

三、绘画分类

1. 人物画

人物画是以人物形象为主体的绘画之通称,是中国画中的一大画科,大体分为道释画、仕女画、肖像画、风俗画、历史故事画等。人物画力求人物个性刻画得逼真传神,气韵生动、形神兼备。其传神之法,常把对人物性格的表现,寓于环境、气氛、身段和动态的渲染之中。故中国画论上又称人物画为"传神"。历代著名人物画有东晋顾恺之的《洛神赋图》卷,五代南唐顾闳中的《韩熙载夜宴图》,北宋李公麟的《维摩诘像》,南宋李唐的《采薇图》等。

《采薇图》

图片源自 http://baike.baidu.com/link?url=n-1svxyn

这是一幅历史题材的绘画作品,是以殷末伯夷、叔齐"不食周粟"的故事为题而画的。李唐所画的《采薇图》,即着力刻画了古代这两个宁死不愿失去气节的人物。图中描绘伯夷、叔齐对坐在悬崖峭壁间的一块坡地上,伯夷双手抱膝,目光炯然,显得坚定沉着;叔齐则上身前倾,表示愿意相随。伯夷、叔齐均面容清癯,身体瘦弱,肉体上由于生活在野外和以野菜充饥而受到极大的折磨,但是在精神上却丝毫没有被困苦压倒。李唐采用这个历史故事来表彰保持气节的人,谴责投降变节的行为,在当时南宋与金国对峙的时候,可谓是"借古讽今",用心良苦。

2. 山水画

山水画是以山川自然景观为主要描写对象的中国画。形成于魏晋南北朝时期,但尚未从人物画中完全分离。隋唐时始独立,五代、北宋时趋于成熟,成为中国画的重要画科。传统上按画法风格分为青绿山水、金碧山水、水墨山水、浅绛山水、小青绿山水、没骨山水等。

《落霞孤鹜图》是明人唐寅山水画的代表作。画高岭耸峙,几株茂密的柳树掩映着水阁台榭,下临大江。阁中一人独坐眺望,童子侍立,远处落霞孤鹜,烟水微茫,景物十分辽阔。画法工整，山石用干笔皴擦点染，线条变幻流畅，风格潇洒苍秀，构图不落俗套。画上自题诗曰："画栋珠帘烟水中，落霞孤鹜渺无踪。千年想见王南海，曾借龙王一阵风。"唐寅显然是借《滕王阁序》作者王勃的少年得志，为自己坎坷的遭遇吐不平。此画近于南宋院体，和他借鉴北宋、元代的作品风格不同，是他盛年时的得意之作。

《落霞孤鹜图》
图片源自 http://www.baidu.com/s?ie&rsv_sug3＝3&rsv_sug

3. 花鸟画

在中国绘画中，凡以花卉、花鸟、鱼虫等为描绘对象的画，称为花鸟画。花鸟画中的画法中有"工笔""写意""兼工带写"三种。工笔花鸟画即用浓、淡墨勾勒动象，再深浅分层次着色；写意花鸟画即用简练概括的手法绘写对象；介于工笔和写意之间的就称为兼工带写。

203

《芙蓉锦鸡图》
图片源自 http://image.baidu.com/i?tn=1&cl=2&fr=ala1&word

　　《芙蓉锦鸡图》是宋徽宗赵佶的作品，现藏北京故宫博物院。全图设色艳丽，绘芙蓉及菊花，芙蓉枝头微微下垂，枝上立一五彩锦鸡，扭首顾望花丛上的双蝶，比较生动地描绘了锦鸡的动态。这种表现形式，在宋代花鸟画中很是流行。五彩锦鸡、芙蓉、蝴蝶虽然均为华丽的题材，但如此构图便不同于一般装饰，而充满了活趣。加以双勾笔力挺拔，色调秀雅，线条工细沉着；渲染填色薄艳娇嫩，细致入微。锦鸡、花鸟、飞蝶，皆精工而不板滞，实达到了工笔画中难以企及的形神兼备、富有逸韵的境界。画上有赵佶瘦金书题诗一首，并有落款。

4. 界画

　　界画，中国绘画很有特色的一个门类，指用界笔直尺画线的绘画方法。界画适于画建筑物。做界画时，将一片长度约为一支笔的三分之二的竹片，一头削成半圆磨光，另一头按笔杆粗细刻一个凹槽，作为辅助工具作画时把界尺放在所需部位，将竹片凹槽抵住笔管，手握画笔与竹片，使竹片紧贴尺沿，按界尺方向运笔，能画出均匀笔直的线条。

　　《水殿招凉图》为南宋李嵩所作。此图为重檐十字脊歇山顶，屋檐两头微微上翘，几条高起屋脊端头有兽头的收束构件，垂脊前端则有仙人、蹲兽装饰。屋顶瓦陇与瓦当、飞椽、套兽绘法皆极细腻，屋顶山花面搏风板相当宽阔，正中安置垂鱼，沿边又有惹草装饰。屋檐下方阑额上安补间铺作，当心间用两朵，次间各用一朵，完全符合宋代木匠建屋的技术规则，临水殿建在水边或花丛之旁，构造灵活多样。画上有闸引湖水入渠道，流至宫苑内。建在池沼上的盝顶廊桥，下用地，上有排叉柱，柱上架额，额间架梁，是研究宋代桥梁、水闸的宝贵资料。

《水殿招凉图》

图片源自 http://image.baidu.com/i?ct=13759028&d

四、绘画的旅游价值

中国古代名画作为文物，是旅游产品的重要组成部分，是人们主要的出游选择目标之一。它对旅游者具有强烈的吸引力，是人们追溯历史、回首历史、了解历史的主要途径。在旅游参观过程中，古代名画对提高旅游者的文化体验具有重要意义。古代名画欣赏可以增强旅游者的历史知识。古代名画储存着社会政治、经济、军事、文化、艺术、宗教、医学、科学技术、工艺美术等各种知识和信息，是中国历史文化知识的结晶。古代名画欣赏能给人们以历史、文化、经济和科学技术的多种知识，使人从感性与理性两个方面去认识相关的历史文化，认识先祖的才智、理想、欢乐或痛苦。古代名画欣赏可以提高旅游者的审美能力。在不同时代美学观念的指导下，古代名画无不凝聚着浓厚而独特的美学思想，展示着不同年代美的画卷，给人以丰富、多彩而又深沉、隽永的审美感受，令人百看不厌，赞叹不已。如现存辽宁博物馆的唐代画家周昉的《簪花仕女图》，描绘精细生动，敷色艳丽典雅，头发的勾染、肌肤的晕色、衣着的装饰都极尽工巧之能事，特别是透明松软的轻纱、细润光泽的肌肤的质感的表现都惟妙惟肖，给人一种妙不可言的极美的精神享受。古代名画欣赏是一种高级而又高尚的精神活动，是一种向美的精神境界的追求，它有助于审美心理的成熟，提高对名画美的形态、形式、风格的辨识能力以及对名画美的感觉、知觉、想象、理解等的认知协调能力。

古代名画欣赏可以加深旅游者对中国历史文化的品味。古代名画一般密集着大量的历史文化信息。无论是绘画材质的选择，形象的塑造，技术的处理以及装饰和色彩的应用，都受到当时生活环境、生产水平和社会习惯的制约，都是当时文化状况、文化特征和文化演进的忠实记录。这些历史文物是人类在不同地域、不同时代的生存方式的充分展示和深刻反映，是人们探寻古代文明、品味历史文化、理解文化特征的理想媒介物。如清代画家郑板桥的画，粗看是一枝竹、一块石、一丛兰，但表现的却是"四时不谢之兰，百节常青之竹,万古不败之石,千秋不变之人"。画中的景物已不是现实生活中景物的复现,而是客观物象和主观感情融会后的再生,是中国历史文化的反映。在人们日益追求旅游文化品位的今天,古代绘画旅游资源越来越受到人们的重视,已成为旅游的一个热点。在旅游的过程中若能从这些历史的因素进行欣赏,必然加深对历史文化的理解和认识,这也是古代绘画旅游的独特魅力所在。

许多古代绘画可以视为历史事件以及历史阶段的典型标志,具有极其丰富的历史文化内涵。例如,五代顾闳中的《韩熙载夜宴图》,画卷共分五段。每段既互相联系又相互独立,把韩熙载听琵琶演奏、观舞、宴会间休息、听笛子演奏、宴会结束连缀成整体,反映出南唐重要政治家韩熙载的沉郁寡欢的心情。可见,从历史、文化的角度欣赏古代绘画,我们就会对文物本身及其所标志的文化与历史时期产生更深刻的理解和认识。总之,对古代绘画的欣赏,更多的是从审美、历史、文化与科学技术等角度进行综合欣赏。古代绘画所蕴含的历史文化、科学技术和审美价值,是全人类可以共享的精神财富。

第三节　中国雕刻旅游文化

雕刻是雕、刻、塑三种创制方法的总称。指用各种可塑材料(如石膏、树脂、黏土等)或可雕、可刻的硬质材料(如木材、石头、金属、玉块、玛瑙等),创造出具有一定空间的可视、可触的艺术形象,借以反映社会生活,表达艺术家的审美感受、审美情感、审美理想的艺术。

随着国家经济发展水平的提高,越来越多的旅游爱好者喜欢游览各地的大好河山。而更多的人会发现,我国的雕刻艺术从 20 世纪 80 年代开始到现在,已慢慢从收藏性质转换为大众艺术,悄悄地出现在城市的环境里。既作为一件艺术品存在,也同时以旅游风景的身份展现在大众的视线里。雕刻本身已经和旅游融为一体,成为旅游中不可分割的一部分。

一、雕刻的形式和类型

(一)雕刻的形式

雕刻形式较多,通常分为圆雕、浮雕和透雕三种形式。

1. 圆雕

又称立体雕,是指非压缩的,可以多方位、多角度欣赏的三维立体雕刻。圆雕是艺术在雕件上的整体表现,观赏者可以从不同角度看到物体的各个侧面。它要求雕刻者从前、后、左、右、上、中、下全方位进行雕刻。圆雕的手法与形式也多种多样,有写实性的与装饰性的,也有具体的与抽象的,户内与户外的,架上的与大型城雕,着色的与非着色的等;雕刻内容与题材也是丰富多彩,可以是人物,也可以是动物,甚至于静物;材质上更是多彩多姿,有石质、木质、金属、泥塑、纺织物、纸张、植物、橡胶等。

2. 浮雕

是雕刻与绘画结合的产物,用压缩的办法来处理对象,靠透视等因素来表现三维空间,并只供一面或两面观看。浮雕一般是附属在另一平面上的,因此在建筑上使用更多,用具器物上也经常可以看到。由于其压缩的特性,所占空间较小,所以适用于多种环境的装饰。近年来,它在城市美化环境中占了越来越重要的地位。浮雕在内容、形式和材质上与圆雕一样丰富多彩。浮雕的材料有石头、木头、象牙和金属等。

3. 透雕

是在浮雕的基础上,镂空其背景部分,大体有两种:一是在浮雕的基础上,一般镂空其背景部分,有的为单面雕,有的为双面雕。一般有边框的称"镂空花板"。二是介于圆雕和浮雕之间的一种雕刻形式,也称凹雕或镂空雕。镂空核雕也属于透雕的一种。

(二) 雕刻的类型

我国的雕刻从题材分有宗教雕刻、建筑雕刻、工艺雕刻和陵墓雕刻等。至今遗留在地上、地下以及收藏在全国各地博物馆中的雕刻艺术宝藏为旅游业的发展增添了丰富的内涵,促进了旅游业的迅速发展。

1. 宗教雕刻

宗教雕刻是以宗教教义、故事、人物和传说为题材的雕刻。中国古代宗教雕刻以佛教雕刻艺术成就最高。现存佛教雕刻以石窟雕刻为代表,分布于新疆、甘肃、河南、河北、四川等地百余处。其中敦煌石窟、麦积山石窟、云冈石窟、龙门石窟享誉世界。

2. 陵墓雕刻

陵墓雕刻是指陵墓建筑中的雕刻部分。陵墓建筑分为地上和地下两部分,地面上有坟和祭祀建筑群,地下为墓室建筑。配合地面建筑陈设在不同位置的各种石雕和雕刻,为地面上的雕刻;地下雕刻,则是地下墓壁面上的石刻,砖雕的浮雕以及画像石、画像砖等。其中以地面上的陵墓雕刻最为常见、规模宏大、成就突出。

3. 建筑雕刻

中国的建筑发展过程中,逐渐形成了丰富多彩的建筑雕刻。在中国古建筑的窗门隔扇、梁柱斗拱、门前门上、屋脊殿角、碑座桥梁和厢楼山墙等地方,处处可见精美的木雕、砖雕和石雕作品。这些作品表现出了极高的工艺水平。

二、雕刻的形成与发展

中国雕刻艺术最初起源于对石器的雕削磨制和陶器的捏塑烧制。在陶器上附加人物或动物的形象作装饰,从而使以实用为目的的陶器具有了雕刻性质。商周时代,古代雕刻的塑造、翻铸技术,随着青铜器的产生和发展而大大提高,出现了题材广泛、形式多样的人物和动物的玉、石、陶、骨器雕刻作品。战国时期发明了焊接技术,制作了许多青铜器及其他工艺品,丰富了古代的雕刻艺术。

秦代由于中央集权国家的建立,雕刻艺术迎来了前所未有的发展时期。统治阶级大建宫室、陵墓,大型鎏金铜像、巨型石雕及陶塑大量出现,如秦咸阳宫铸十二金人,是宫殿前放置乐器的支柱,属大型装饰性圆雕,后被董卓等毁灭。汉代雕刻以陵墓石刻为主,咸阳霍去病墓前的石刻为其代表作品,这些卧马、跃马、猛虎吃羊等石刻已有 2000 多年的历史,其中以"马踏匈奴"最为著名。此雕刻用寓意手法,以一匹气宇轩昂、傲然挺立的战马来象征这位将军的英勇,以战马把匈奴踏翻在地的情节,来赞颂这位将军的战功,堪称西汉雕刻的经典之作。

魏晋南北朝是一个佛教思想与儒学思想碰撞、交融的时期。此时,统治者大建寺院,凿窟造像,利用直观的造型艺术宣传统治者的思想。代表性的石窟为:敦煌石窟、云冈石窟、龙门石窟和麦积山石窟等。石窟内雕刻大量的佛像,有石雕、木雕、泥塑和铸铜等,佛像雕刻遂成为当时中国雕刻的主体。这些石窟在发展中不断增加新的雕刻作品,历代都对石窟进行重修、扩建、新增和补充。这个时期的雕刻特点为较注重细部的刻画,技术更圆转、纯熟,雕刻形象和题材大都为宗教题材,因而雕刻形象具有神化倾向和夸张的特征。宗教使雕刻艺术的题材单一化,但宗教精神的内在动力却也促进了大量精品的诞生。

隋唐是中国封建社会的鼎盛期,也是文学艺术发展的鼎盛期。宗教造像艺术、陵墓的装饰雕刻艺术、陪葬的陶瓷雕刻艺术及肖像造型艺术等都进入一个空前繁荣时期。宗教造像艺术在唐代有长足发展,敦煌石窟成为我国建造规模最大、开凿时间最长的石窟。历代的开凿使雕刻造像数量达到2000余尊。其造型或丰腴华丽,或稳重慈祥,具有和谐美的特征。除敦煌石窟外,还有龙门石窟、天龙山石窟等,其造像表现出妍丽优雅的风格,体现出盛唐的雄壮恢宏,热烈奔放,自强奋发,昂扬向上的时代精神。五代雕刻以山西平遥镇国寺万佛殿的彩塑为代表。佛像和菩萨雍容清秀、神态端庄,讲究形体比例和整体效果。隋唐另有陶俑、墓雕传世。隋代陶俑以乐舞俑、女侍俑为优,姿态变化多样,反映了贵族们奢侈豪华的生活;唐代陶俑技艺精湛,出现了在形体表面施加橙、黄、绿3种彩釉的人物、动物陶俑,简称唐三彩。唐代的陵墓雕刻规模宏大,胜过六朝,石刻群气魄雄伟,苍劲有力。纪念性雕刻有"昭陵六骏"。

宋代雕刻艺术承唐之余绪,宗教造像活动仍很兴盛,但已转向了南方,广元、大足、巴中、杭州和赣州等地是当时造像较集中的地方,保留下来的雕刻作品主要有两大类:一是石窟,如四川大足、通江,南京栖霞山,浙江杭州等地,都有两宋石窟遗迹;二是泥塑,存于各寺庙建筑物中,如山东长清县灵岩寺中保存有40尊罗汉塑像。辽、西夏、金等少数民族的雕刻作品主流风格仍多受宋影响,但在不同程度上呈现出了其民族的特色。

元代统治者对汉民族持不信任态度,但对宗教文化却很尊重,元代统治者信奉喇嘛教,对传统的佛教、道教和伊斯兰教能采取兼容的态度。因此元代的佛教造像出现"汉式"和"梵式"并立的局面。杭州飞来峰造像是元代佛教造像的代表之一。共有68龛,第36龛是最惹人喜欢的弥勒佛像,弥勒佛像高约2米,斜依布袋,肥头大耳,表情悠然自得,头部已被游客摸得锃亮。明清时代的雕刻产生了两种倾向,一是仿古,二是追求精巧、细致。宗教雕刻到明清已走向没落,除在寺院中少数造像颇具特色外,一般的水平都不高。

明清陵墓雕刻、建筑装饰雕刻比宗教雕刻有生气。如南京明孝陵墓前的石刻群很有名,造型简洁明快,气势威武不凡,而北京天安门华表上的雕刻、故宫宫殿石阶上的浮雕,以及九龙壁浮雕,想象丰富,造型生动,工艺精湛。这一时期民间雕刻小品风靡一时,材料有所扩大,泥、石、木、象牙、水晶和树根等,都被用来制作小型雕刻品,如广东潮州的木雕,大至屏风、衣柜,小至床头摆设,形式丰富多样。但总体而言,中国雕刻艺术到明清时代,已经处于衰落时期,已经无法再见到雄伟博大的汉唐风格。

三、美学特征

1. 纪念性

综观中国古代雕刻艺术，不论是陶俑、陵墓雕刻，还是佛教造像，都不是单纯为了观赏需要而创作的。它首先是为统治阶级特定的政治需要，常被用来作为政治统治的工具。它总是体现特定的时代一定阶级的信仰、崇拜，或是为纪念某一历史人物和事件，纪念某种功绩和勋业的产物。所以说，中国古代雕刻常常是以内容和形式富有政治性和纪念性，成为具有独立鉴赏价值的艺术品。如著名的唐代雕刻"昭陵六骏"，唐太宗在昭陵刻六骏作为纪念，实际上是赞美唐代武功勋业。即使像龙门奉先寺大佛像"方额广颐"，也带有明显的纪念性雕刻特点，此像酷似武后，学者认为它可能是"武则天的摹拟像"。

纪念性雕刻的情节，要求言简意赅、启人深思，要求一眼就看到，鲜明而有意境。这个情节是作品与观众思想交流的桥梁，是形式与内容汇合的焦点。应该是最能代表一个时代，象征一个国家、一个事件的，如汉霍去病墓前的石雕。

古代雕刻匠在他们的创作中，虽然不可避免地要体现一定的统治阶级的审美理想和审美情趣，但是在作品的艺术处理中，却总要表现自己在审美上的独特感受和对生活的理解，力图创作出不拘一格、内涵丰富的雕刻艺术作品。

2. 象征性

如同我国民间艺术所常用的"托物言志""寓意于物"的表现手法一样，中国古代雕刻艺术继承了这一美学风格和传统。中国雕刻艺术中反复出现的那些庄严威武的石狮、辟邪、天禄以及矫健骏逸的石马等，都不是仅仅为了表现这些神兽的形态和步姿，而是为了表现人的一定的意念，烘托一定的意境气氛。象征性可以说是中国古代雕刻艺术又一美学特征。西汉霍去病墓前群雕，为了纪念青年将军霍去病英勇奋战，率师深入祁连山远征匈奴六战六捷的勋绩，艺术家不是表现英雄本身，而是表现英雄的乘骑，表现英雄威名远震的祁连山。从战马使你想到英勇善战的将军，想到浴血沙场的战士。祁连山永远使你铭记着将士们的功勋。艺术家不是用巨大数字表现千军万马，而是以一当十、以少胜多，仅以3种不同姿态的战马象征青年英雄生前的仪仗甲兵，寓意了远征劲旅的艰辛与战绩，歌颂墓主人的赫赫战功。

3. 装饰性

自然主义历来是被中国绘画和雕刻匠师所鄙弃的，这是很高的审美风格。中国古代雕刻，往往无意于复制人物或动物的自然形态，不以如实模仿自然形态为满足，而是采取装饰手法，把自己在生活实践中所形成的某种情感、趣味和审美理想，寄托在创造性的形象中。

为了表现石狮作为动物凶猛的本能，又是作为镇墓神兽的特征，我国古代雕刻匠师把狮子的外形加以装饰性的处理。狮头上那阔大的嘴巴，鼓出来的眼睛，昂首、挺胸、张口，表现了既可怕又可爱的统一特征。它的视象特征既是令人震惊的雄伟，又给人以沉着稳定的形式美感。艺术家从客观对象的固有特征出发，经过变形、夸张，目的是强化作品的主题，美化作品的艺术形象。

为了表现"从西极，陟流沙"而来的"天马"，唐代乾陵的设计者，有意把马刻成有翅膀的翼马形象。唐代雕刻家对于菩萨的形象表现,是成功地运用了装饰手法的范例。那美丽圆熟的身躯,圆润丰满的胸背部和四肢,为飘逸精美的衣裙所覆盖,围绕着闪光的璎珞,仪容端丽,气度华贵。敦煌第158窟(中唐)的涅槃卧佛像,释迦以僧伽黎(大衣)为枕,右侧身而卧,安静地死去。这是一个悲剧性题材,但天才的雕刻家并没有过多渲染死的恐怖色彩,不像意大利文艺复兴时期大雕刻家米开朗基罗表现的耶稣殉难作品"哀悼基督"那样悲痛欲绝的神态,而是在这尊佛像上,创造了一个丰腴端庄、聪慧慈蔼、安详入睡的形象,把死亡表现得如此富有美感,在世界雕刻艺术中是罕见的。

和中国绘画一样,雕刻艺术同样强调对象精神和气韵的表现,要求形神兼备,脱形写神。著名的唐代雕刻龙门石窟中的"力士"和"天王"的形象,总是充满着力的表现,表面看来有些不合乎人体结构比例,但是夸张了的肌肉的紧张与壮健,恰好给人以强烈的力量感和咄咄逼人的气势,刻画了"天王""力士"勇猛神武的精神气质,表达了一定的意境和气氛。

成都天回镇出土的汉俑"说书俑",若单从人物的比例和解剖关系去要求,四肢比例是不正确的,但是艺术家抓住了"说书人"的特点,那击鼓的姿态,眉飞色舞的特有神气,十分传神地表现了古代民间艺人的精神风貌。

4. 类型化

如果说希腊雕刻是以"艺术模仿自然",追求理想化的人体美,古罗马雕刻是以鲜明的人物个性的肖像为特征的话,中国古代雕刻艺术则以类型化为自己的美学特征。中国古代绘画与雕刻艺术,都不主张面对自然实物写生,而是凭视觉记忆,调动想象力进行创作。我国元代人物画家王绎往往在人们"叫啸谈话之间,默记情貌,然后落笔"。他自己总结一条经验:"默记于心,闭目如在目前,下笔如在笔底。"中国画家和雕刻家的创作,依靠平日的观察积累丰富的记忆表象,经过强化提炼为艺术形象。中国的造型艺术,具有凭记忆造形的特征。具体地说,就是类型化。往往不是拘泥于对象的某一形体比例和性格的真实刻画,而是综合了同类型对象的基本特征(形体和性格),创造出具有共性美的艺术形象。众所周知,中国古代雕刻艺术,一开始就是为一定的政治或宗教目的服务,表现一定的思想和理想的。雕刻家只能按照一定阶级的审美规范进行创作,在一定的审美理想制约下,把各种表现对象加以规范化和类型化。但也并非千人一面,缺乏个性的美。中国雕刻是通过类型来表现个性的,如佛的森严超脱、菩萨的温和妩媚、迦叶的老成持重、阿难的聪慧潇洒和天王力士的雄健威武等。罗汉是一种类型,既体现它法力广大,但还未修炼成佛的僧众的共性,又可以看出各自具有的鲜明的形象特征与个性特征,寓个性于共性之中。

5. 与建筑、环境融为一体

我国古代雕刻,与建筑和环境的关系极为密切。雕刻作为美化建筑,烘托环境气氛的手段,是为一定的精神目的服务的。

中国古代宫殿、寺庙和陵墓等高级建筑,常用雕刻艺术来衬托建筑的艺术形象。如宫殿正门前的阙、华表、牌坊、照壁和石狮等,都有精美的雕刻作为装饰。如北京故宫天安门前布置着由白色大理石建成的七座拱桥,上面有装饰雕刻;两旁还有石狮和华表,在华表上刻着精彩的云龙浮雕;太和殿、中和殿及保和殿前,两侧都布置铜狮等动物雕刻;

重檐屋顶上也有龙、凤、鱼和神等装饰雕刻。这些雕刻非常协调地与建筑融为一体，加强了故宫庄严富丽、神圣不可侵犯的气氛。

著名的唐代乾陵雕刻群，是建筑、雕刻与环境结合的杰作。设计者有意把石雕尺度、体量放大，当谒陵人在御道两侧庞大的雕刻群俯视下行进时，自然会感到自己的渺小，整个陵区的神圣、庄严和崇高，给人以精神上的震撼。这是古代环境艺术的典范。中国古代雕刻艺术与建筑及环境之关系，常常表现出惊人的和谐与默契，体现了"天人合一"的古典美学思想。

第四节　中国工艺品艺术旅游文化

中国工艺品艺术有明显的地域性特征，对旅游者来说比较有纪念意义。旅游者的购物动机，大多是为了纪念其难忘的旅游活动。旅游者往往在踏入异国他乡，每到一地时，心里总希望能买到带有纪念性质的商品，而直接导致了购物行为，为自己留念保存，以便今后睹物思情，唤起旅游生活美好的回忆，或者用作馈赠亲友，唤起亲友对旅游地的向往、联想、纪念或欣赏等。

一、中国工艺品艺术的发展历程

艺术远比宗教、政治制度等文明成果产生得早，工艺品艺术则是原始艺术中最重要的形式之一。中国的工艺品艺术从产生到发展经历了漫长的历史过程。

中国工艺品是伴随着石器生产而产生的，旧石器时代的山顶洞人将磨光、钻孔的小石球，以赤铁矿染成红色，作为串饰。旧石器时代晚期已出现用兽骨、兽角和蚌壳等制成的工具和生活用具。在原始工艺品中，最令人瞩目的是陶器，以彩陶和黑陶为代表。彩陶文化多分布于黄河中上游各地，仰韶文化和马家窑文化遗址出土的彩陶令人惊艳；黑陶最早在山东章丘龙山镇发现，成为龙山文化的代表。

殷商、西周时期，社会的文明和发展拓展了工艺造物的实用内涵，宗教和礼制的出现则丰富了其精神内涵，中国工艺品艺术有了划时代的进步，表现为瓷器、青铜器、玉器工艺水平的提高。这一时期出现的原始青瓷为后世中国瓷器的辉煌艺术成就奠定了基础，青铜器以品种多、数量大、地区分布广、工艺水平高而著称，玉石加工则广泛用于制作礼器、实用器物和饰品。

春秋战国至秦汉时代的工艺品艺术显示了中国封建社会早期经济实力和意识形态的发展。越王勾践剑在历经两千多年的岁月后重见天日，依然寒光熠熠，通身没有一个锈点，显示出技术进步所创造的奇迹。战国时期的金属铸造工艺取得突出成就，代表作品有湖北随县出土的曾侯乙编钟，陕西临潼秦始皇陵园遗址出土的铜车马，河北满城出土的汉代鎏金长信宫灯，甘肃武威出土的"马踏飞燕"等。秦陵浩大的兵马俑表现出当时制陶工艺的高超和写实作风，各地秦、汉墓相继出土的生活陶俑则通过夸张、简化、变形等艺术手法，显示出活跃、自然、有趣的特点，更富于装饰色彩。

中国工艺品艺术在唐代获得全面的发展，织锦、印染、陶瓷、金银器、漆器和木工等的技艺水平和生产规模都超越了前代。经济的发达，中外文化的交流以及思想意识的解放,使隋唐工艺品艺术表现出舒展博大的气势、精巧圆润的装饰意味和富丽丰满的形态特征。宋代是中国陶瓷史的黄金时代,全国各地有许多各具特色的名窑,如汝窑、官窑、哥窑、定窑、钧窑和景德镇窑等,生产的瓷器远销世界各地。

明清商品经济和城市经济的繁荣,市民阶层的出现,以及新的文化和科学的产生,促使工艺品艺术跨入一个新阶段,其品种之繁多、技艺之精湛、手法之丰富都远远超过前代,呈现出集各历史时期之大成的局面。明清工艺品仍以传统陶瓷的创新发展最为突出,当时的景德镇已成为全国最大的瓷业中心,新的陶瓷品种也相继出现,如宜兴紫砂陶、德化白瓷、石湾瓷等,还有琉璃器、法华器和珐琅彩等。明清时期的民间工艺也呈异彩纷呈之势,如剪纸、彩灯、风筝、泥塑和各种装饰工艺画等。

中国工艺品艺术的历史呈现着两条清晰的发展脉络:以实用为主体的民间工艺品艺术和以观赏为主体的宫廷及文人士大夫工艺品艺术。民间工艺品主要源自自然经济的家庭手工业,生产的目的主要是满足生产者自身的需要,生产与消费的统一,使其完满地体现了实用、审美一体的基本原则,具有质朴、刚健、明快的品质。宫廷及文人士大夫工艺品产生于官营或私营手工业作坊之中,迎合贵族和文人阶层的需要和趣味,因而侧重于显示观念意蕴和追求观赏把玩价值,推崇精雕细刻、矫饰奇巧。

二、中国工艺品艺术的特点

中国工艺品是中华民族的文化精神和审美意识的结晶,是千百年来无数工匠、艺人辛勤创造的产物,体现了中国人民的勤劳和智慧。它以独到的境界、高雅的风范、永恒的魅力展示出鲜明的美学特征。

1. 和谐精神

中国古典艺术是古代天人观的反映,天人合一的思想认为宇宙和人类是统一的,是相互依存、和谐相处的,人与宇宙、人与自然、人与人、灵与肉是和谐的统一体。因此,中国艺术的基调是平静、和谐和乐观的。中国传统的艺术思想非常重视人与物、用与美、形与神、材与艺等因素相互间的关系,追求"和"与"宜"的理想境界,这使中国工艺品呈现出高度的和谐性。具体表现为外观的物质形态与内涵的精神意蕴的和谐统一,实用性与审美性的和谐统一,感性关系与理性规范的和谐统一,材质工艺与意匠营构的和谐统一。

2. 象征意味

象征是艺术创作的基本艺术手法之一,它指以具体事物的外在特征寄寓深邃的思想,使抽象的概念具体化、形象化,并延伸描写的内蕴,创造一种艺术意境,以引起人们的联想,增强作品的表现力和艺术效果。中国的工艺品艺术非常重视表达人的内心世界,中国的传统观念和民间习俗中,有许多自然物都具有人们熟知的象征意义,如喜鹊象征吉祥,鸽子象征和平,鸳鸯象征爱情等,这成为工匠、艺人艺术创造的丰富素材,用来表达特定的意蕴。中国工艺思想还非常重视造物在伦理道德上的感化作用,既强调感官愉快与情感满足的联系,同时也要求这种联系符合伦理道德规范。因此,中国传统的工艺品往往含有特定的寓意,它借助造型、体量、尺度、色彩或纹饰来象征性地喻示伦理道德观念。

3. 线条灵动

相对于西方艺术对造型的面和体的重视,中国艺术更重视的是线,突出造物的曲线美。早在仰韶文化时期，描画着各种水纹、云纹的陶器就大量出现，这些曲线饱含着神秘的意蕴和勃勃的生机。中国艺术重视曲线的传统来源于中国古代思想，古代思想家认为，天地之间充塞着阴阳，阴阳流动回旋构成万物，因此曲线是富有生命力的构造。道家认为柔软曲折战无不胜，老子称"上善若水"，而水的流动是呈曲线的。这种观点渗透到艺术中，引导艺术家崇拜曲线和空灵。由曲线构成的结构范式富有生命的韵律和循环不息的运动感，使中国工艺造物在规范严整中又显变化活跃、疏朗空灵。

4. 因材施艺

孔子说"文质彬彬，然后君子"，他的教育理念中十分重视因材施教，这种思想传统在中国的工艺品艺术中也体现得很明显。中国工艺思想重视工艺材料的自然品质，主张"理材""因材施艺"，在创作中总是尊重材料的规定性，充分利用或显露材料的天生丽质，使人为顺应天然，达到自然与人文的完美结合。这种卓越的意匠使中国工艺造物具有自然、天真、恬淡、优雅的趣味和情致。

三、中国工艺品艺术的审美

人的审美意识取决于其社会实践活动，并在社会实践中不断发展变化。不同民族、不同历史时期、不同阶层的人的实践活动是有差异的，因而，审美意识有民族、时代、阶级乃至个人的独特性、差异性。审美意识为客观存在的美所决定，同时又反作用于人们创造美的实践。中国由于其独特的历史文化背景，因而形成了独特的审美意识追求。

1. 和谐统一的形式美

中国传统的文化观念重视和谐，包括人与自然的和谐、人与人的和谐相处，中国人的思维方式也是注重整体的思维方式，因而对和谐统一的整体美的追求是中国工艺品艺术的一大特色。为实现这一艺术追求，中国工艺品往往强调重复手法的运用，重视作品的对称与均衡，关注点、线、面、色的对比与调和，注重形体、色彩的节奏与韵律。

2. 作为骨架的造型美

我国古代的工艺理论认为，器物的造型犹如人体的骨架，是形象的根本。在工艺品艺术的领域中，陶瓷、青铜器、漆器、家具及编织等，无不以造型作为工艺形象的基本因素。工艺品的造型是建立在实用的基础上的，是在充分发挥材质美的前提下，最大限度地满足人们的审美要求。中国工艺品的造型大致可以分为两类：一类是自然形，如葫芦、佛手、莲花及各种动物和人物，这些形象是工艺品造型的客观根据和基本形态；另一类是人造型，是根据空间的需要和人的审美趣味来进行的自由创造。

3. 愉悦视觉的色彩美

色彩是一般审美感觉中最普遍、最大众化的形式。如孟子所说，人类对于色彩美的感受似乎是一种天性，五彩缤纷的气球、玩具，可以引起婴儿的微笑；鲜红的苹果、橙黄的柑橘、彩色的糖果能够引起幼儿的食欲。很显然，色彩在艺术作品中地位显著。工艺品的色彩包括天然本色和装饰色彩两种。天然本色是材料固有的色彩，它自有美的韵味和诱人的魅力，人们在塑造工艺形象时应尽可能充分地表现出它的美，如玉石、木料的天然色。装饰色彩是人为的色彩，是追求理想效果和象征意义的色彩，它是在客观色彩的基础上，进行大胆的归纳、夸张，使之更有条理、更带有人的主观愿望。中国工艺品的色彩

213

运用既体现了对自然的向往,也表达了人的思想感情,体现出色彩在中国文化观念中独特的象征意义,如红色象征喜庆、黄色象征高贵、紫色象征吉祥等。

4. 构图美与纹样美

构图是指对器物表面的图案进行描绘和表现,它以装饰为目的,借助各种手段突出表现图案的形式美。在中国传统工艺品的构图设计中,最为突出的是想象手法的运用。中国的工匠艺人往往以自然物为素材,以传统的文化观念和民间习俗为基点,用丰富的想象力创造出精美别致的构图,表现和寄托中国人内心的理想和愿望。如用佛手、桃子和石榴 3 种植物构成的图案表现"多福多寿多子",以喜鹊和梅枝的图案表示"喜上眉梢",以柿子和如意构成的图案表示"事事如意"。中国的工艺品艺术有着一个绚丽而引人入胜的纹样世界。纹样最早出现于原始社会的彩陶,它一经出现便一直活跃于工艺品艺术领域。中国传统纹样在各个不同的历史时期,有着不同的风格特征。如魏晋南北朝时期,天下分裂、战乱不息,对乱世的失望与对和平的向往使象征佛教的莲花的图案取代了汉代的朱雀玄武、青龙白虎;盛唐时代,政治开明、社会安定、经济繁荣、文化兴盛,于是纹样的风格变得雍容、丰满,透露出博大的气势和旺盛的生命力;北宋时期,世风朴实,人的心境和意绪成了艺术和美学的主题,这一时期的纹样则变得精巧。中国的传统纹样有其自身的内容与形式,一向为中国人民所喜闻乐见。

四、中国工艺品艺术与旅游

中国幅员辽阔,不同地区不同的自然环境、气候条件和文化氛围造就了不同特色的工艺品,如江西景德镇的瓷器、江苏宜兴的紫砂陶、山东潍坊的风筝、北京的景泰蓝、河南淮阳的泥泥狗等。同一种工艺品也会因产地不同而具有不同的风格,如我国的四大名绣等。富于地方特色和民族风情的工艺品对游客有着很强的吸引力,这是一份独特的旅游资源,值得深入发掘。

(一)中国主要工艺品

1. 玉器

中国玉器以其优良的质地、巧妙的造型而令人羡慕和惊异。玉器起源于石器制作,早在新石器时代,人类就开始把与石混同的"美石"识别出来,作为美化性装饰品。仰韶文化中已有玉佩出现,商周时期,琢玉技艺已相当成熟,发展到西汉时期,玉器开始渗入人们的日常生活,出现了玉环、玉钩、玉灯和玉盘等。宋代是我国玉器工艺的重要时期,琢玉艺人运用玉料的自然色彩,巧妙地构思,名为"俏色"。明清时期,民间作坊制作玉器颇为繁盛,技法上除浮雕、半立体雕刻、圆雕和镂空外,还创造了镶嵌、加金等新工艺。明代玉器的制作中心有北京、苏州等地,清代又出现了南京、杭州、扬州、天津等新的创作玉器的中心。

我国古代的玉器从作工上看,有"时作玉"和"仿古玉"两种。时作玉是应时之作,造型丰富,图案精美。仿古玉是仿效古代之作,它始于宋代,盛于明、清。现代玉器风格有二:一种是空灵、细巧、飘逸;另一种为古朴、浑厚、端庄。玉器制作以北京、上海和广州等地较为著名。

2．瓷器

中国是瓷器的故乡，瓷器是中华民族对世界文明的伟大贡献。自"原始青瓷"问世之后，中国瓷器历经两千多年，在宋代发展到巅峰，烧造技术达到完全成熟的程度。宋代闻名中外的名窑很多，而在众多名窑当中，历时千余年仍长盛不衰的则是景德镇窑。

3．景泰蓝

景泰蓝，又名"铜胎掐丝珐琅"，是一种瓷铜结合的独特工艺品。制作景泰蓝先要用紫铜制胎，接着工艺师在上面作画，再用铜丝在铜胎上根据所画的图案粘出相应的花纹，然后用色彩不同的珐琅釉料镶嵌在图案中，最后再经反复烧结，磨光镀金而成。景泰蓝的制作既运用了青铜和瓷器工艺，又溶入了传统手工绘画和雕刻技艺，堪称中国传统工艺的集大成者。这种铜的珐琅器创始于明代景泰年间，因初创时只有蓝色，故名景泰蓝。

现在的景泰蓝工艺大有提高，造型多样，纹饰品种繁多，深受海内外游客喜爱。2006年5月20日，景泰蓝制作技艺经国务院批准列入第一批国家级非物质文化遗产名录。2007年6月5日，经国家文化部确定，北京市崇文区的钱美华、张同禄为该文化遗产项目代表性传承人，并被列入第一批国家级非物质文化遗产项目226名代表性传承人名单。

4．刺绣

刺绣起源很早，东周已设官专司其职，至汉已有宫廷刺绣。历数千年的发展，刺绣已成为中国工艺品艺术最具代表性的成果之一，它与地方文化的特色相结合，形成今天的四大名绣。

苏州刺绣素以精细、雅洁著称，图案秀丽、色泽文静、绣工细致、形象传神，双面绣《金鱼》《小猫》是苏绣的代表作。湘绣常以中国画为蓝本，色彩丰富鲜艳，强调颜色的阴阳浓淡，形态生动逼真，风格豪放，有"绣花能生香，绣鸟能听声，绣虎能奔跑，绣人能传神"的美誉。粤绣构图繁而不乱，色彩富丽夺目。一般多作写生花鸟，富于装饰味，常以凤凰、牡丹、松鹤、猿、鹿以及鸡、鹅等为题材，混合组成画面。配色选用反差强烈的色线，常用红绿相间，炫耀人眼，宜于渲染欢乐热闹气氛。蜀绣以软缎和彩丝为主要原料，题材内容有山水、人物及花鸟虫鱼等，以龙凤软缎被面和传统产品《芙蓉鲤鱼》最为著名。

5．年画

年画是中国画的一种，是我国特有的绘画体裁，也是独具特色的民间工艺品，大都用于新年时张贴以装饰环境，含有祝福新年吉祥喜庆之意。年画画面线条单纯、色彩鲜明、气氛热烈愉快，常以神仙、历史故事、戏剧人物作题材。年画艺术是中国民间艺术的先河，也是中国社会的历史、生活、信仰和风俗的反映。千百年来，年画不仅是年节的点缀，还是文化流通、道德教育、审美传播、信仰传承的载体。同时，它又是一部地域文化的辞典，反映各个地域鲜明的文化个性。传统民间年画多用木版水印制作，主要产地有天津杨柳青、苏州桃花坞、山东潍坊、四川绵竹及河南朱仙镇等。

（二）工艺品旅游商品

我国各具地方特色的工艺品艺术则为旅游商品的开发提供了丰富的资源。旅游商品一般来说包括旅游纪念品、工艺品饰品和收藏品。

1．旅游纪念品

旅游纪念品是游客在旅游过程中购买的精巧便携、富有地域特色的纪念品。真正的旅游纪念品具有浓厚的地方色彩和鲜明的地域特征,是区域性文化的杰出代表,具有自己的独立性和不可替代性,具有永久的纪念价值和收藏价值。旅游纪念品是一个地区、一座城市的名片,世界上许多著名旅游胜地都有精美的旅游纪念品,如法国巴黎的埃菲尔铁塔耳坠,美国纽约的自由女神钥匙扣,荷兰阿姆斯特丹的小瓷鞋、小风车,日本东京的和服娃娃,韩国首尔的小腰鼓等。我国也有歙砚、湖笔、徽墨、宣纸,以及杭州王星记扇子、苏州双面绣、福州寿山石、洛阳唐三彩和西安铜车马等。

旅游纪念品作为一种地域信息性和纪念性很强的商品,是一个地区的传统文化、民族民俗风情的浓缩,游客带走的是一个地区、一座城市文化品位的缩影,通过旅游纪念品能够起到游客与当地的文化艺术进行交流的作用,对于旅游地也是一种侧面的宣传。因此,旅游纪念品的开发不仅体现着经济效益,更承载着社会效益。以工艺品为主体的特色旅游纪念品仍然是,也将长期是旅游购物市场中的重要组成部分,对其进行开发的关键在于如何在产品设计上不仅反映优秀的传统文化,也能体现当代人的文化需求,在生产上摆脱落后的手工艺的束缚,运用现代科学技术,使产品具有适应旅游者新的需求的新面貌。

2. 工艺饰品

饰品是用来美化人自身的装饰物,包括身体携带的装饰物,如钗、簪、头花、耳环、耳坠、项链、手镯和戒指等;也包括衣服上的装饰物,如领花、胸花、领带夹和袖扣等;还包括人随身携带或经常使用的物品、器械上的装饰物,如扇坠、钥匙坠、背包上的挂件和汽车内的饰物等。以其工艺美术价值而非材质的高贵见长的饰品即工艺品饰品。工艺品饰品是旅游纪念品的主要形式,因为它体积小、分量轻、便于携带,价格也比较低廉,所以,不仅可自己留作纪念,还可用来馈赠亲友,能完美地体现"礼轻情意重"的含义。

3. 收藏品

人们为着各种目的所进行的收藏,其对象是极为广泛的,对数量巨大、种类繁多的收藏品进行科学分类也是比较困难的。有人曾将各种私人收藏分为自然历史、艺术历史、人文历史和科普历史 4 类。自然历史类包括昆虫标本、海洋生物及标本、雨花石、奇石等,即以自然界的各种物品为主;艺术历史类包括烟标、烟具、火花、微雕、茶具、瓷刻和书画等;人文历史以图书、报刊、资料和民俗等类物品为主;科普历史类包括算具、钟表、钥匙和藏酒等类。作为工艺品的收藏,强调的是藏品的艺术价值,而作为旅游工艺品的收藏则还要体现历史文化和地域文化的特征。如果说饰品以价廉物美取胜的话,收藏体现的则是货真价实,并因此而具有升值的空间。这是收藏品区别于一般旅游纪念品的重要特征。

关键词:书法;绘画;雕刻;工艺

思考题

1. 如何鉴赏中国书法?

2. 中国绘画的艺术特征表现在哪些方面?

3. 简述中国雕刻艺术的美学特征。

参考文献

1. 陈锋仪.中国旅游文化[M].西安:陕西人民出版社,2005.

2. 王勇,吕迎春.中国旅游文化[M].大连:大连理工大学出版社,2009.

3. 喻学才.旅游文化[M].北京:中国林业出版社,2004.

4. 管维良.中国历史与文化[M].重庆:重庆大学出版社,2009.

5. 谢元鲁.旅游文化学[M].北京:北京大学出版社,2007.

第十一章

推陈出新：中国旅游文化的创意开发及保护

本章导读

印象·刘三姐

也许，你没有到过广西，但是你一定知道"桂林山水甲天下"，一定知道刘三姐。这个被尊为壮族"歌仙"的神奇女子，寄托了壮族人民对美好生活的向往，对圣洁爱情的憧憬。如今，漓江仍在，三姐难觅。传说已成过去，时光难以倒流。

然而，一场大型实景演出《印象·刘三姐》却让我们穿越了时空隧道，在奇秀的漓江上，相逢了刘三姐。整场演出恣肆汪洋、黄钟大吕、形式绮丽、场面恢宏，凸显了导演张艺谋一贯的大气派、大制作、大场面风格。世界旅游组织官员看过《印象·刘三姐》演出后如是评价："这是全世界都看不到的演出，从地球上任何地方买张机票飞来看再飞回去都值得。"

《印象·刘三姐》大型山水实景演出，使当地旅游业空前火爆，人和美丽的山水结合所蕴含的文化底蕴带给观众以震撼，使来自世界各地的旅游者大饱眼福，流连忘返。

"上车睡觉，停车撒尿，下车拍照，晕头看庙，回去一问，什么都不知道！"这幅中国游客形神皆备的速写图，无时不在提醒着我们，中国旅游需要创意开发。

近些年来，随着生活水平的提高，人们已经不再满足于单纯游历性的游山玩水，精神文化追求成为大众旅游的内在需求，旅游实际上变成了一种文化消费。

我国是当之无愧的旅游文化资源大国，但开发旅游资源如果仅停留在简单的"文化展示"层面，就会一步步失去游客，旅游业大发展更无从谈起，人文资源的保护也失去了意义。如何变资源优势为旅游优势，《印象·刘三姐》大型山水实景演出的成功提醒我们：欲改变这种局面，必须提升旅游的文化品位，必须注重对中国旅游文化的创意开发。

（资料来源：http://www.likefar.com/scene/53981）

第一节　旅游文化的创意开发概述

随着国民素质的全面提升，人们对旅游产品的文化需求也在不断升级，仅停留在观光层面的传统的旅游产品，面临着向文化深度体验和休闲度假全面升级的挑战。

文化旅游可分为有形的物质类旅游和无形的非物质类旅游两大类。有形的物质类旅游是指依托有形的文化旅游资源进行开发的文化旅游项目，这类文化旅游项目的特征是，所依托资源看得见、摸得着，通常以遗址的形态存在，旅游者很容易通过遗址对文化产生直观印象，因此称为显性文化旅游项目。其资源包括具有历史价值、艺术价值、观赏价值、文化价值、纪念价值的建筑、景观、设施等。根据中国遗址的特点和性质，显性文化旅游资源可分为六种类型，详见图11-1。

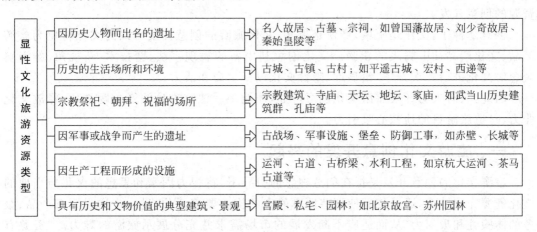

图 11-1　显性文化旅游资源

无形的非物质类文化旅游项目即依托无形的文化旅游资源进行开发的文化旅游项目。这类文化旅游资源没有可凭借的物质外壳，很难直观感受，文化通常以人物、事件、民族和民俗、文学艺术、事物、故事等隐藏在历史和生活背后，必须经过深入挖掘才能凸显出其价值。隐性文化旅游资源分为八种类型，详见图11-2。

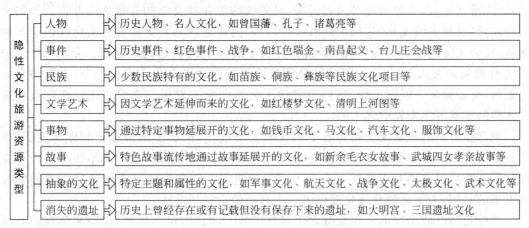

图 11-2　隐性文化旅游资源

显性和隐性文化旅游项目在开发中有各自的优势和劣势。显性文化旅游资源历史感强，但由于历史原因，数量有限，且目前具有垄断价值的大遗址、遗迹等资源已被开发。另外，因其具有不可移动和不可改变的特性，开发中，会受到一些诸如区位、可塑性等的限制。而隐性文化旅游资源数量无限，与显性文化相比，与文化的关联性相对较弱，因此旅游开发的选择性和可塑性较强,但开发的随意性甚至破坏性也较大。

文化是旅游业的灵魂,缺乏灵魂,旅游业便无生命力可言;而文化又是一种潜在的旅游产品,要发挥文化在旅游业中的灵魂作用,必须有一个转化过程。即挖掘文化精华,全方位地展示弘扬文化精品,将文化的潜在价值转化为现实的旅游产品,赋予旅游产品丰富的文化内涵,使旅游目的地洋溢饱满的人文精神和浓郁的文化氛围。转化成功的关键在于以文化为统络的、科学的、前瞻的、富有创造性的手段来规划开发旅游资源,即旅游资源的创意开发。

创意是种子,文化是土壤,产业是果实,文化旅游的创意开发可以为文化转化为旅游产品、文化产品插上腾飞的翅膀。文化创意利用新的表现手法、新技术、新视角、新消费观念对文化进行二次升华,给显性、隐性文化以新生命和活力。

因此,只有大力开发旅游文化创意产业,才能多手法全方位演绎主题文化,释放文化张力,打造旅游目的地核心吸引力。

一、旅游文化创意开发的兴起

旅游文化的创意开发是指在创意理念的引导下,将智力因素和思想的火花与当地的文化资源完美结合,通过创新使那些原本静态的旅游要素活化,进一步增强原有产品、服务的体验性和吸引力,从而适应不断发展的市场需求并充分展示旅游的魅力。"资源有限,创意无限",旅游创意能够给旅游活动注入无限的活力,旅游创意就是旅游业的生命。

创意产业首先在欧美国家出现有其深刻的历史背景。首先,欧美发达国家完成了工业化,开始向服务业、高附加值的制造业转变。它们一方面把一些粗加工工业、重工业生产向低成本的发展中国家转移;另一方面它们很多老的产业、城市出现了衰落,这时候就出现了经济转型的实际需要。其次,20世纪60年代,欧美出现了大规模的社会运动,亚文化、流行文化、社会思潮等都风起云涌,对传统的工业社会结构有很大的冲击。人们更重视差异,反对主流文化,张扬个性的解放,对以前普遍认为怪异的多元文化都逐渐开始承认,社会文化更加多样和多元,形成了有利于发挥个人创造力的氛围。最后,20世纪80年代撒切尔夫人、里根上台以后的经济政策更加鼓励私有化和自由竞争,企业和个人要创新,有差异化才能有市场,这样也刺激了创意产业的发展。旅游文化创意产业就是在这样的背景下逐步发展起来的。

创意旅游的出现实现了旅游者更深度的参与过程,扩展了旅游资源的涵盖范围,也为旅游资源的深度开发提供了新路径,一些原不具备旅游资源特征的或不便于进行开发的旅游资源均可借创意旅游进一步扩大其发展空间。创意旅游可有效解决非物质资源开发难的问题,为文化的载体化提供了一个有效的途径和方法。

目前我国已成功推出一些旅游文化创意产品。如云南民俗体验,使原来静观的心动转变为现在身心全动的活动,表演者与观光者融为一体、打成一片、汗水同流、其乐融融。深圳华侨城所创办的锦绣中华、民俗文化村、世界之窗、欢乐谷四个主题公园,成为深圳旅游业的龙头,产生了良好的经济效益和社会效益,带动了深圳第三产业的整体增长。再如北京的"798"艺术区、上海的田子坊文化创意园区以及河南新郑黄帝故里拜祖大典等都取得了很大成功。尤其是我国著名导演张艺谋出任总导演,国家一级编剧梅帅元任总策划、制作人推出的《印象·刘三姐》，更是开创了世界实景演出的先河，在我国创意旅游史上写下了浓墨重彩的一笔。

二、旅游文化创意开发的功能

（1）旅游文化创意开发，可以有效延长旅游文化产品生命周期。旅游资源有其不可再生性，文化也有一定的生命周期。那些最基本的旅游文化开发产品，多数会经历从引入期到成长期、成熟期，再到最后被市场淘汰的过程。然而，不是所有的文化都会随着社会的发展而消亡，有些甚至像醇酒一般越久越浓。只有在其发展过程中不断进行新的创意，才能保证旅游产品的持久生命力。

（2）旅游文化创意开发是旅游文化产品改颜换貌、吸引新客源的重要方式。有些旅游文化产品进行了创意开发后，就会以一种全新的面貌出现在旅游者面前，吸引一批新的旅游者，开辟新的客源市场。而且，旅游文化创意开发可以实现时间和空间上的转移，使游客们跨越时空来进行旅游，从而增加新的客源。

（3）旅游文化创意开发会成为新的投资领域以及新的经济增长点。进行一项新的建设和开发必然要引入新的投资，也必产生新的经济效益，成为新的经济增长点，这是衡量某一新的旅游文化创意开发方案是否可行的最基本的条件。所以，一项成功周密的旅游文化的创意开发，将会吸引大批投资者纷纷进入，并极有可能成为开发热点，带来新的旅游经济增长点。

（4）文化创意产业可以推动旅游产业结构的整合与优化升级，增强传统旅游产品的丰富度和吸引力，弥补传统旅游文化乏于发展和创造的不足。文化创意产业与旅游产业融合过程中产生的新景点、新服务、新文化，在客观上提高了消费者的需求层次，弥补了传统旅游产业中传统景区(点)资源禀赋性的不足。产业融合后，与之前的传统旅游产业相比，创意旅游产业不仅具有更高的文化创意附加值与更大的利润空间，而且还为旅游者创造了源源不断的时尚新品和文化潮流，可以极大地提高产业竞争力。

三、旅游文化创意开发的路径

旅游文化创意开发大致有三种路径：

（1）文化的再开发，是指这种文化现象或它的某些载体已经存在，并为旅游业所利用，曾经过传统的旅游文化开发，但由于旅游发展的需要，要在原来开发的基础上进行创新，开发包装成为全新的旅游产品。这种旅游文化资源的再开发，可以通过文化的组合、整体文化形象的塑造等手段来完成。一些著名旅游景点所举办的旅游文化节就属于这种类型的文化创意开发。

（2）文化的引入，是指一个地区并不存在某种文化的印记，但别的地区却有这种文化，在本地区进行旅游文化开发时，为开创出新的旅游文化产品而从别的地区引入这种文化，并加入本地区特色，进行重新开发、重新设计，赋予它新的内涵，成为本地区新的旅游文化项目。深圳的世界之窗、锦绣中华就是这种开发类型。

（3）文化的创造，是指在进行旅游文化开发时，创造出一种全新的文化内涵，或者将原本虚拟存在的文化或并没有被旅游业所利用的文化现实化、旅游化。随着社会的进步、科学的发展、文化的逐步更新,人们对旅游文化的要求也在逐步提高。高科技运用于旅游业已经成为一种不可阻挡的潮流,越来越受人瞩目。一些原本只是虚拟存在的文化内涵,也可以运用科学技术将它们展现在游客面前,成为新的旅游热点。郑州的方特欢乐世界就属于这种类型。

四、旅游文化创意开发特点

1. 无限性

文化资源的开发具有无限性的优势,可以作无限开发,这是由文化的继承性和创造性特点所决定的。资源有限,创意无限。

2. 再生性和积累性

文化资源有很强的再生性和积累性。从某种意义上说,开发就是再生,也是积累。旅游企业对文化资源的开发过程,就是对文化价值的再识、再挖掘、再把握,从而就是其文化价值创造再生和积累增殖的过程。

3. 多向性

同一种文化资源可以从多个角度,向多个方向进行开发。例如,儒家文化就可以作为政治资源、经济资源、军事资源、管理资源、科技资源、历史资源、教育资源、文学资源、礼仪资源、民俗资源、旅游资源等,从不同角度开发。

4. 环保性

旅游企业对文化资源的开发一般不需要耗费大量的自然资源,有利于维护生态平衡,实现永续消费。

5. 观赏性、独创性和参与性

传统的旅游文化开发因为受到技术和观念的制约,以观光文化为主要形式。而随着旅游者们精神文化需求的提高,新的旅游业态,不仅要使旅游者在简单的观光中领略文化的内涵,更要让他们在丰富多彩的参与、体验中感受文化,满足他们求新、求知、求奇、求趣、愉悦身心的旅游目的。

五、旅游文化创意开发应遵循的原则

1. 立足本土文化,借鉴外来文化

文化具有的地域性、民族性越强,对求新、求奇、求知的旅游者来说感召力也越大,所以,充分重视对本国、本土文化的发掘、利用,应是旅游地区文化创意的首要原则。但是,旅游业者不能仅仅局限于本土文化,而应该放眼于他地、他国文化,注重研究并移植外来文化。立足本土文化,借鉴外来文化,两者协调融汇,旅游地才能树立起自尊、自豪、热情、包容、开放的良好形象,这也是一种更有价值的旅游资源。

2. 特色原则

在旅游文化创意开发中,必须树立精品意识,坚持唯一、最佳的特色原则。特色因差异而形成,我们应注意两类差异,一是地域差异,二是实质内容的差异,前者是暂时性的,后者却是永恒的。在旅游开发中,务必要认真调查研究,力避产品雷同,丧失特色。

3. 市场导向原则

旅游开发中的文化创意,必须立足于当地现有的区位优势、资源禀赋、经济环境,必

须遵循市场经济规律,对资源进行比较、筛选、加工和再创造,将资源导向市场的切实需要。只有这样,才能减少或避免投资的盲目性,因而才具有可操作性。

4. 经济效益和社会效益兼顾原则

旅游业既是经济产业,也是文化产业,只有充分体现文化属性才能达到其经济的目的。因此,在文化创意过程中,必须牢牢把握旅游业弘扬民族优秀文化、普及科学知识、加强爱国主义教育、促进国际文化交流这一旋律,使旅游业达到经济、社会效益双赢的目的。

5. 可持续发展原则

旅游文化创意开发的过程,就是人的行为作用于旅游资源的过程,在这一过程中务必把握好尺度,避免对资源造成人为破坏。旅游资源大多数是不可再生的,一旦遭到破坏就失去了观赏价值和人文科学价值,旅游业发展也就成了无源之水。因此,旅游地开发应注意与生态环境,与当地居民生活、生产的协调,力争做到保护、适度开发、永续利用。特别是在开发利用文化这一无形资源时,切忌低级化、庸俗化和扭曲化的短视行为。

六、自然及人文旅游资源的文化蕴意及创意开发点

1. 自然旅游资源的文化蕴意及创意开发点

自然界作为一种物质存在,同人类社会一样,有其固有的形态、结构和运动变化规律,相对于人类文化而言可以名其为自然科学或自然美学,也可称之为自然文化。自然旅游资源种类繁多,在对其进行文化创意开发时,要重视其自然文化导向,深挖其科学、美学内涵,以科普教育、原始风光观光、探险、生态考察为主题,避免过多的人为冲击,保持其自然属性的本质特色。

（1）地貌。地貌不仅对人类的生活产生着非常重要的影响,而且是自然风景的主要组成部分,它决定了风景的骨架、气势和纹理的主要特征,也影响着动植物的生长。地貌在很大程度上决定着旅游项目的兴建和选择,规划者应根据不同的地貌资源,找准各异的文化创意诉求点,以规划开发适宜的旅游项目。

其一,审美、观光。中国南北地貌差异大,从宏观观赏感受来看可概括为"北雄南秀",从各地局部地貌来说又可给人们"雄、奇、险、幽、旷、秀、古、野"等诸多审美感受。如对中、低山中的花岗岩地貌、丹霞地貌、熔岩、岩溶地貌、海岸地貌等进行审美、观光创意规划开发,以满足不同游客对各种美的需求。

其二,科考探险及科普教育。对海拔 3500～5000 米的高山和 5000 米以上的极高山上发育的冰川地貌、著名地震带中的地震遗迹等可规划为登山探险和科学考察、科普教育的旅游胜地。

其三,健身医疗休闲。植被覆盖率高、海拔较高、空气清新、紫外线和负氧离子较多的山地,空气中尘埃微粒、有害微生物极少,富含负离子和人体必需微量元素的岩溶溶洞等,可规划开发为疗养胜地。

（2）水景。水以海洋、湖泊、河流、涌泉、瀑布、冰川、积雪、云雾等形式呈现于大自然之中。水是大自然的雕刻师、美容师和空调器。自然风景中"山无云则不秀,无水则不媚",水是其血脉。水景的创意规划诉求点主要表现在以下几方面。

223

其一,审美。水是大自然的活跃因素,随地形地势,千姿百态,变化万千。水的形态不同,环境条件不同,其美感的表现形式也不同,大体而言水的美感形式有对比美、气势美、声音美、色彩美、明暗美、空间美、韵律美等。规划者应据不同的水体,抓住其美的物质进行创意规划。如对泉水,就应围绕其纯洁美、味觉美、触感美、声色美来策划开发旅游项目。

其二,饮食。江河湖泊中的水产品可依法开发成供游客享用品尝的美食。中国是茶的故乡,名茶需好水,如杭州"龙井茶叶虎跑泉"并称"西湖双绝",故可以水质清醇之泉水品茗,发扬光大中国之茶文化。

其三,医疗保健运动。对现代旅游业中的"三 S"(Sun、Sea、Sand)旅游资源、矿泉旅游资源等都可进行医疗保健旅游项目规划开发。但是应注意"对症下药",不可误导,以免影响疗效和损害旅客及旅游企业的利益。在各种旅游资源中,相比而言,水可开展的动态旅游项目最为丰富多彩,如游泳、冲浪、滑水、冰球等运动能激发游人参与热情,起到强身健体之作用。

(3) 动植物。古人云,风景以山为骨骼,以水为血脉,以草木为毛发,以云岫为服饰;山得水而活,得草木而华,得烟云而秀媚,得众兽禽而灵动。所以植物如大地之彩衣,动物是大地之生灵,成为自然风景和园林中不可或缺的要素,并对人类生存环境具有极其重大的影响。动植物运用于旅游,在规划的诉求点上应以观赏审美和情愫的寄托为重。如发掘体现植物的奇特的形态美、特殊的风韵美,动物的动态美、形象美、色彩美和与环境相结合的动静对比美。在中国传统审美中,许多动植物已成为人们情感意志的化身,如"岁寒三友""四君子""园中三杰",又如"虎——王者之象","鸳鸯——夫妻和谐","鹤——长命百岁"等,规划者应据资源状况,或专题性或点缀性地规划开发。

(4) 气象与气候。作为一种旅游资源的气象气候,主要是指具有满足人们正常的生理需求和特殊的心理需要功能的气象景观和气候条件。从旅游角度来讲,除冰雪雕塑、冰雪运动等少数可为人操作建设的项目外,大多数气象资源的"人化"程度是极低的,保持纯自然的状态,所以规划时应以适时引导观赏为切入点,如利用奇特的云、雾、雨、冰、雪、雾凇、佛光、蜃景等来吸引旅游者,满足他们的求奇、求异的审美需求。

2. 人文旅游资源的文化蕴意及创意开发点

凡是能吸引人们旅游兴趣的古今人类所创造的物质文化和精神文化,我们都可称之为人文旅游资源。人文旅游资源被打上了深深的人类烙印,具有丰富深刻的文化内涵。在规划开发人文旅游资源时,应以历史文化为导向,以民族性、艺术性、神秘性、地域性和传统性为特色,以历史胜迹、文物艺术、宗教文化、民俗风情、文学艺术等为主题来创意设计具有文化品位和艺术氛围的旅游项目。下面我们以中国古代建筑和民俗风情为例来作一探讨。

(1) 古代建筑。我国建筑艺术迥异于欧美各国风格,是世界建筑中的灿烂奇葩。中国古代建筑以中国社会生活方式、民族文化传统、自然地理环境和审美为背景,形成了完整的木构架体系、整齐而又灵活的整体布局、优美的艺术形象、深厚的传统文化气息等典型特征。在我国的古建筑中,除了宫殿、陵墓、寺庙、园林、水利、道桥等浩大的建筑外,还有大量的施工巧妙、结构严整、情趣独具、造型美观的建筑,如名楼、书院、戒台、铜亭、藏书阁等。

古建筑作为人文旅游资源的主要组成部分,在对其进行文化开发时应以如下几方面为切入点或诉求点。

其一,建筑审美鉴赏。中国古建筑对于旅游者来说,已成为重要的审美对象。古建筑独特的民族结构形式,完整、统一和谐及园林式的组群布局引起中外旅游者的极大兴趣,给旅游者以或雄伟宏大、或浑厚质朴、或挺拔刚健、或雍容华贵、或柔和纤秀、或端庄大方的美感。在开发利用古建筑美学价值时,一是要注意因地域、种类、风格的不同,古建筑存在极大的美感差异,如北方园林建筑风格粗犷,野趣横溢;南方则曲折多致、小巧秀丽、委婉隽永。二是要注意发掘有助于审美的要素并予以审美引导。

其二,对历史知识的欲求与满足。求知是旅游者出游的一大心理动机,是人类高级心理需求之一。中国古建筑融合了古代哲学观念、文化传统、民族性格、气质、审美心理等,是中国历史发展的里程碑,是重大历史事件的见证者,是"历史的载体"。如与古代社会最高统治者命运息息相关的宫廷建筑,是王朝建立与倾覆、重大政策出台、历代宫廷政变等重大历史事件的发生地。如承德避暑山庄不仅风景独具特色,而且还是清初特别是康乾时期军事、政治、民族团结、文化发展等方面的活动中心,蕴含丰富的历史文化内容。再如,以庙坛为代表的礼制建筑,反映了封建社会中的天人关系、阶级与等级关系、人伦关系、行为准则等"礼"的内容。因此,对古建筑所承载的历史知识的发掘与利用,既可满足游人的知识欲求,又能提升旅游地层次,促进旅游业发展。

其三,优秀的民族精神的激发与继承。如长城,它既是我国古代伟大的军事工程,同时也是我国古代劳动人民勤劳、勇敢、智慧的集中体现,成为中华民族的象征。而都江堰、灵渠、大运河、坎儿井等举世闻名的伟大的水利工程,则是我国古代人民改造自然、征服自然的非凡创举,令后世叹为观止。发掘、体现古建筑所蕴藏的民族精神,对增强华夏子孙的民族凝聚力和认同感有着特别的意义。

其四,休闲、怡情、养生。游览、观赏某些古建筑,可达到修身养性这一人们出游的目的。如属于写情自然山水型的中国古典园林,将天地移缩在有限的范围内,将水光山色、四时景象、贵贱僧俗、诗书画碑、名人轶事荟萃一处,托景言志,借景生情,情景交融,使游人在潜移默化中受到大自然的陶冶和艺术熏染,达到休闲、怡情、养生之目的。

(2)民俗风情。作为旅游资源的民俗风情,是指那些突出表现了每个民族特点和他们所居住地区地方性特征的因素,从显而易见的建筑、服饰、饮食、礼仪、节庆活动、婚丧嫁娶、文体娱乐、乡土工艺,到需要细心观察、深入体会的思维方式、心理特征、道德观念、审美情趣等。

民风民俗旅游资源是人文资源中最绚丽多彩的部分,而且它以深刻的文化内涵而具有深入人的肺腑、震撼人的心灵的力量,能最大限度地满足旅客寻求差异,开阔眼界,扩大知识面,猎奇和获得美感的心理需求。所以,对民俗风情旅游资源可从多视角、多切入点和诉求点进行创意规划和开发。

其一,观览。指以游客静观或踏看为主的游览方式,以民俗设施、民俗陈列为主要对象,包括民居、民器、衣饰、民间工艺或以此为陈列内容的民俗博物馆、博览园等。

其二,参与体验。对许多动态的民俗风情旅游资源,可创造性地设计开发成能让游客积极参与体验的项目。如舞蹈表演、多种节气、节令活动、登山、拔河、划船、打拳等体育娱乐活动,还可让旅游者穿上当地居民的服装,下榻于当地民居,食用风味饮食,参加当地民众的活动,甚至劳动。如此会给旅游者留下深刻的印象。

其三,知识教化。民情风俗旅游资源的主要吸引力来自与旅游者所属民族文化的差异性。这种差异是一个民族一个地区区别于其他民族和区地的主要文化内容,构成了民情风俗旅游资源的主要部分,也是民族文化的组成部分。中国早在汉代便有"千里不同风,百里不同俗"的说法。旅游者通过贴近民众生活,深入民风,可使其领略各民族绚丽多彩的文化活动和民情风俗,了解各民族、各地区的历史现状和风俗习惯,由此感知中华民族的悠久文化和光辉历史,增强民族自豪感,珍视自己的文化传统,提高民族自强意识。

对民俗风情旅游资源的规划开发还有诸如审美情趣、猎奇探险、科学考察、风味饮食、民族特种工艺品、购物等切入点。在规划开发时,应重视其文化内涵,表现形式要富创造性,应因地制宜,突出地域民族特点,应忠实于民族历史文化,尊重各民族传统。

第二节　中国旅游文化创意开发的四类主要模式

中国旅游文化的创意开发大致可以概括为四类主要模式。第一类是文化主题公园开发模式,第二类是文化演艺类实景演出开发模式。第三类是文化创意产业园开发模式,第四类是旅游事件开发类文化节庆模式。

一、主题公园

主题公园是现代旅游业孕育产生的新的旅游吸引物。它是根据特定的主题创意,主要以文化复制、文化移植、文化陈列以及高新技术手段,集诸多娱乐内容、休闲要素和服务接待设施于一体、使游客获得旅游体验的现代人工景点或景区。

1. 主题公园发展历史

一般认为主题公园起源于荷兰,后来兴盛于美国。荷兰的一对马都拉家族夫妇,为纪念在二次世界大战中牺牲的独生子,而兴建了一个微缩了荷兰12处风景名胜的公园。此公园开创了世界微缩景区的先河。1952年,开业时即轰动欧洲,成为主题公园的鼻祖。

世界上第一个现代大型主题公园——迪士尼乐园,是由华特·迪士尼在美国加利福尼亚州兴建,于1955年7月17日正式开幕的。迪士尼乐园将迪士尼电影场景和动画技巧结合,将主题贯穿各个游戏项目。由于游客在迪士尼乐园获得了前所未有的体验,立即风靡了美国,再传到世界各地。

我国第一个真正意义的大型主题公园是深圳华侨城投资创建的1989年开业的深圳锦绣中华微缩景区。得益于荷兰"马都洛丹"小人国的启示,锦绣中华将中国的名山大川和人文古迹以微缩模型的方式展现出来,取得了轰动性的成功,开业一年就接待了超过3万的游客,1亿元的投资仅用一年的时间就全部收回。之后的"中国民俗文化村""世界之窗""欢乐谷"一期等大型文化主题公园,都相继取得成功。

主题公园良好的经济效益和社会效益起到了强烈的示范作用,随后主题公园在中国遍地开花。北京的"世界公园"、江苏苏州的"苏州乐园"、浙江杭州的"宋城"和"杭州乐园"、安徽芜湖的方特欢乐世界、云南昆明的"云南民族村"和"世界园艺博览园"、海南三亚的"南山旅游文化区"、广西桂林的"乐满地"等大型主题公园，都已达到较高水平，再到2009年上海迪士尼项目获批，使得中国的主题公园发展到一个全盛时期。另外，黑龙江省哈尔滨市在这几年冰雪节期间创建的"松花江冰雪大世界"，也可称为特定时间段内的大型主题公园，其策划和经营管理水平也已大体与国际接轨。中国主题公园分布情况参见图11-3。

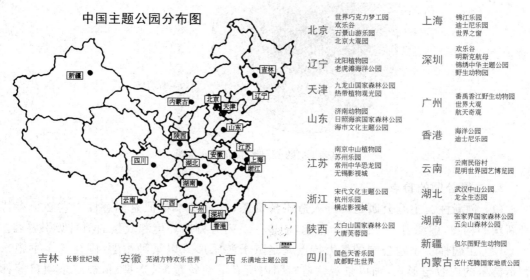

图 11-3 中国主题公园分布图

2. 主题公园建设要素

（1）文化内涵。现代游客所追求的，不仅要有身体的感官体验，还要有心灵的精神体验，从这个层面上看，独特的文化内涵也是吸引游客的核心内涵。一个主题公园有没有发展潜力，有没有生命力，其蕴含的文化质感起着非常重要的作用。因此，必须将旅游业和文化紧密地糅合在一起，将文化作为旅游资源来经营，通过发掘和宣扬文化来发展旅游，以经营旅游的方式多方位地展示文化，赋予主题公园以丰富的文化内涵，从而创造出具有鲜明特色的旅游文化。因此，在构思建设一个主题公园之前，必须对选址进行充分的考察，对该地的历史、原有的旅游资源进行分析，力求主题和其文化相吻合。只有不断地挖掘文化内涵，旅游产品才能得到完善、充实和更新，才能吸引顾客，才能创造良好的经济效益和社会效益。

（2）主题选择。主题公园是依靠创意来推动的旅游产品，主题公园的主题选择需要创新思维。在进行主题创意与策划时，要紧紧围绕"旅游者的需求"，突出休闲娱乐的特性，表现"旅游新形态"。主题必须个性鲜明，能给人留下难忘的印象，切忌照搬照抄、为造景观而造景观。只有这样，主题公园才能永远保持对游客的新鲜感，生命周期得以延长。

（3）区位选择。适宜的区位是大型主题公园成功与否的关键因素。一般而言，主题公园高投入、高消费的特点使其深受所在地社会经济的影响。因此,在主题公园宏观区位选址时,应首先考虑经济发达、流动人口多的地区,还要综合衡量当地的经济发展水平、收入及消费能力、气候条件等因素。从微观区位来讲,主题公园一般选址在大城市边缘,有比较健全的立体交通系统。主题公园客源市场公布图情况参见图11-4。

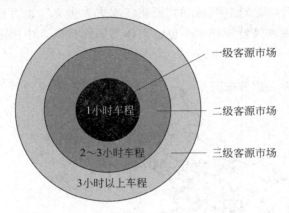

图 11-4 主题公园客源市场分布图

3. 主题公园的特点

（1）创新性。主题公园是一种人造旅游资源,其最基本特征是创意性。它必须有特别新颖的构想,围绕着一个或几个主题,创造一系列有特殊环境和气氛的项目吸引游客。

（2）主题性。主题公园的最大特点就是赋予游乐形式以某种主题,围绕既定主题来营造游乐的内容与形式,辅以景观营造。园内所有的建筑色彩、造型、植被游乐项目等都为主题服务,共同构成游客容易辨认的游园的线索。

（3）周期性。主题公园的生命周期性是指主题公园的年游客人数在开业头几年达到某一峰值后就很难再次超越,并逐渐走上下坡路。我国有相当数量主题公园是由纯观光性的静态人造景观组成的,园内参与性娱乐项目少,游客看过一次后大多不愿重复游览,因此主题公园重游率较低,公园的旺盛期较短,随竞争的加剧,主题公园的旺盛期还有逐渐缩短之势。如何提高重游率,有效延长我国主题公园的生命周期是一个需要发展商下大力气来解决的问题。

（4）带动性。许多商家将儿童熟悉的玩具重新包装,作为游戏元素编入电脑游戏从而进入多媒体,并将它变成故事性的影视节目播放,然后再在建设主题公园的时候汲取其元素,形成一种互动效应,促进主题公园、影视的互动交融发展。主题公园发展商通过与影视媒体企业、玩具商、服装商等合作而开发出来的拥有固定主题的系列产品,包括主题卡通人物、主题玩具、主题服饰等。主题产品开发是扩大主题公园市场影响、缓解主题公园投资风险的有效方法,不仅可以帮助提高主题公园的重游率,而且可以给发展商带来丰厚的利润回报。

4. 世界主题公园的发展趋势

世界主题公园经营策略的变化是对市场需求的适应性反应。人们对主题公园的期望除能享受景观外,更多地强调活动体验、参与及学习。近年来,主题公园的经营者根据市场的这些变化,在经营策略上作了如下调整:

（1）重视房地产开发、商贸和短期度假市场。主题公园能够带来大量的人流，能够有效地改善周边环境，能够营造独特的文化氛围，有利于房地产的开发与价值提升。反过来说，房地产的开发也可以在社区功能上为主题公园提供相应的补充，它们有一种天然的互补关系。美国的迪士尼世界的 21 世纪庆典城，日本的豪斯登堡、荷兰村，以及我国深圳华侨城"波托菲诺"，都是成功的"旅游＋地产"的典范。

（2）普遍应用高科技，增强游客参与性。应用电子高科技是近年主题公园发展的普遍趋势。梦幻现实（Virtual Reality）在欧美地区产生了重大影响，它是一种电子仿真技术。通过音像设备（顾客戴耳机、穿特制的服装、坐在视屏前的机动椅上），机动椅的运动及其他传感技术，模仿人们深海探险、丛林狩猎、都市观光的经历。许多人认为这种技术将对旅游业产生革命性影响。法国普瓦蒂埃的"看未来"游乐园、加拿大的"文明博物馆"都采用了电子仿真技术，模仿大自然的各种现象，如狂风、暴雨、波涛、云雾、飞禽走兽等。

没有顾客参与的主题公园是没有生命的，主题公园的娱乐活动由原来的被动参观转为游客主动参与。一些以动物、植物为主题的公园纷纷引进儿童、成人能参与的娱乐设施与活动。如过山车、海盗船、水滑梯、拖曳跳伞、摩托艇，亲子同乐的娱乐设施呈增长趋势。

（3）通过滚动开发，延长生命周期。在主题公园发展过程中，长期困扰开发者的一个难题就是它极短的生命周期。许多主题公园都在经历了初期的短暂辉煌后迅速进入停滞期甚至转入衰退期。经过多年的探索，许多延长主题公园生命周期的新办法被提出，如选择可重复性的项目、增强选题的新颖性等。其中最有效的办法，就是通过滚动开发新项目和对现有项目的更新改造来带动客流的持续增长。许多主题公园都开始扩大投资，增加主题公园的项目并扩大规模，以提高其客源吸引半径，同时提高门票价格，从而增加营业收入。

（4）通过资本经营和品牌经营进行商业扩张，向集团化发展。主题公园企业的经营理念由传统的靠产品经营获得效益提升，转变为通过资本经营来实现企业资本的增值，通过上市、兼并与资产重组、资本输出等方式，获得了比直接的产品经营更为丰厚的利润。许多主题公园致力于营造有影响力的世界品牌，以品牌带动主题公园的全面发展，以品牌和资本的输出进行商业扩张，使企业向规模化、大型化、集团化方向发展。迪士尼公司继加州迪士尼乐园成功后，每隔 1 年左右便要开办一家新乐园。

二、文化演艺·实景演出

"吃、住、行、游、购、娱"是公认的旅游六要素，"娱"的开发也是旅游开发的重要内容。目前，我国旅游目的地的发展已经跨越了资源导向、产品导向、产业导向阶段，正在向整体发展导向阶段迈进。在这种形势下，旅游演艺的诞生和发展，不仅极大地丰富了游客的旅游生活，延长了游客在景区的逗留时间，更为旅游业发展增添了动力和活力。

旅游演艺是从旅游者的角度出发，体现地域文化背景，注重体验性和参与性的形式多样的主题商业表演活动。在旅游景区现场进行的各种表演活动，以及在旅游地其他演出场所内进行的，以表现该地区历史文化或民俗风情为主要内容，且以旅游者为主要欣赏对象的表演或演出活动，统称为旅游演艺。如桂林阳朔的大型山水实景演出《印象·刘三姐》，以"印象刘三姐"为总题，大写意地将刘三姐的经典山歌、广西少数民族风情、漓江渔火等元素创新组合,不着痕迹地融入山水,还原于自然,成功地诠释了人与自然的和谐关系,创造出天人合一的境界,被誉为"与上帝合作的杰作"。演出以真实的山水景观为舞台,以大自然为剧场,强化色彩与光完美配合,四季景色,晴雨变化次第出现,带给观众更加真实的感受。

演艺拓展了旅游,旅游助推了演艺,旅游和演艺携手带来的旅游演艺市场的蓬勃发展,已经成为国内旅游文化产业引人瞩目的新景观。

1. 旅游演艺的发展历程

(1)无意识阶段。旅游演艺项目最早的雏形是古已有之的集市杂耍,即通过音乐、舞蹈、魔术及博彩游戏等手段来营造气氛、吸引顾客。旅游演艺项目在中国出现可以说是"无意而为之"。1982年,西安推出国内首个旅游演艺项目《仿唐乐舞》,主要是为了接待来访的国家首脑和政府要员,还没有真正实现从行政"接待型"向旅游"市场型"的转变,并没有完全真正地从旅游者的角度出发,不是完全针对旅游市场的商业行为。

(2)依附阶段。一些旅游景区、旅游城市意识到了旅游者"白天观光,晚上睡觉",夜里无处可玩、无处可看的状况必须改变,从旅游市场出发,主动打造了一系列的旅游演艺项目,形成了"白天观光,晚上赏秀"的全新旅游生活方式,"娱"在旅游中的重要作用日渐凸显。此时,旅游演艺项目只是依附于其他旅游吸引物而存在的,只是为了弥补旅游市场的空白才出现的。因此,这些旅游演艺项目一般都出现在知名的景区(点)和旅游城市,并且都于傍晚至夜间时段上演。

(3)独立阶段。旅游演艺项目成为一个独立的旅游吸引物,完全可以"独当一面",不仅旅游演艺项目本身变成一景、一旅游点,还衍生出无数的主题活动与产品,更变成地域名片,成为旅游者趋之若鹜的"旅游目的地"。实景演出是旅游演艺项目独立化的标志,是中国人的独创。一些人甚至纯粹为了欣赏实景演出而来。

实景演出,是以真山真水为演出舞台,以当地文化、民俗为主要内容,融合演艺界、商业界大师为创作团队的独特的文化模式。是中国旅游业向人文旅游、文化旅游转型下的特殊产物。实景演出的创新之处,在于打破了传统的舞台限制,将自然山水的美丽与文艺演出的魅力结合起来,并巧妙地融入当地的民风民俗、文化传统。从实际效果来看,成功的实景演出丰富了旅游景区的看点,特别是填补了夜间旅游市场的空白,成为众多景区提升吸引力和知名度的重要手段。成功的实景演出充分发挥了文化产业附加值高的特点,有效提升了旅游的文化内涵和品质,也有效带动了当地居民的就业与收入增加。在实景演出开山鼻祖《印象·刘三姐》的带动下,国内形成了一股文化大型实景演出的热潮,杭州西湖的大型山水实景演出《印象·西湖》、丽江的大型山水实景演出《印象·丽江》、登封的大型实景演出《禅宗少林·音乐大典》等,极大地激活了文化和旅游市场。

2. 旅游演艺的作用

(1)增加了旅游产品的精神内涵和生动的文化魅力,提升旅游产品的档次。挖掘、整理、开发文化资源,并使之进行产业化组合,建立大旅游产业结构体系,既可形成其独特的文化个性和具有垄断性的吸引力,又可增强旅游产品的竞争能力,为旅游增添新的活力,展现出文化旅游的巨大魅力。旅游与文化的交融提升了旅游产品的品位,带动了旅游产品的创新。

（2）丰富了旅游的内容，拉长了旅游产业链。传统旅游"白天看庙，下车撒尿，晚上睡觉""走马观花"的旅游方式，备受人们诟病。而今，旅游演艺的开发，不仅改变了传统的游览方式，而且丰富了旅游的内容，增加了旅游的文化附加值，提升了旅游者审美愉悦体验。同时，游客停留的天数也增加了，带动了周围餐饮、住宿、旅游房地产开发等，旅游产业链得到了迅速扩张。

（3）提升了城市及景区的形象和知名度。研究表明，景区形象确实能够影响旅游者行为，在旅游决策过程中，旅游者一般会选择和考虑具有强烈鲜明形象的旅游景区。由于旅游演艺产品能够以现代科技手段和精巧的构思策划，鲜明地展现景区和旅游地文化，生动地演绎景区主题，从而成为展示景区和旅游地形象的立体名片。如张艺谋执导的《印象·刘三姐》不仅使山水甲天下的桂林旅游形象中，增添了浪漫的人文气息，也使阳朔的知名度有了更大提升；登封嵩山景区推出的由梅帅元策划的《禅宗少林·音乐大典》，以禅宗音乐丰富了嵩山景区的文化底蕴，也改变了许多人只知少林寺不知登封的情形，登封终于引起世人关注，知名度迅速提高。

3. 旅游演艺项目开发原则

（1）文化化原则。文化是旅游的灵魂，是演艺与旅游的联结点和根基。与演艺的结合不仅增强了旅游的文化内涵，也增强了旅游目的地的魅力和吸引力，成为其文化名片。国际旅游发展的经验也证明，旅游与文化结合程度越高，旅游文化因素越多，旅游经济越发达。演艺、旅游相结合创造的并不仅仅是文化消费本身，还有旅游目的地的文化形象和文化品位，创造的是一个旅游目的地的品牌、魅力和恒久的吸引力。

（2）主题化原则。树立鲜明的主题、深入挖掘主题、创造独特主题，是旅游演艺追求的目标。其中，深入挖掘主题，主要是挖掘民族文化，在此基础上，努力形成新的旅游吸引物。

（3）多元化原则。文化的多元化。真正的旅游一定是要看文化的，这种文化不仅包括景观文化、历史文化和传统文化，还有时尚的、鲜活的、活力四射的现代文化。民族文化和地域文化的结合将更加突出优势，注重兼顾满足旅游者对于同质文化和异质文化的同时追求，这些文化的融合就形成了一个旅游目的地的独特文化。手段的多样化。文化的多元化决定了实现手段的多样化。而且在实践过程中，实现手段本身，甚至也能成为一种吸引物。一是科技手段。普遍运用机械、建筑、声、光、电、计算机等现代高科技手段，特别是数字化手段成为现今最新的实现手段。二是文化手段。从硬件到软件全方位应用丰富的文化手段，由此形成总体的文化氛围和各个方面的文化细节，表现深厚的文化内涵。三是商业手段。商业手段作为主要的经济手段被广泛应用，在经营过程中，从广告到具体销售的各种商业手段的运用，体现了现代商业技巧的成熟和按照市场导向发展的吸引力。

（4）品牌化原则。旅游演艺要走品牌发展的道路，旅游演艺项目成不了品牌就不会有长久的生命力。旅游演艺的品牌化是指通过制定与实施演艺的品牌化策略，形成在旅游者中广为流传的演艺品牌，以获得良好的演艺品牌口碑和溢出效益。品牌化首先是内容为王，质量第一。比起票价，观众更为关注质量，有了中外咸宜美誉四海的高质量演出，观众才会源源不断。据知名资产评估公司的评估，规模宏大的上海《ERA—时空之

231

旅》其品牌价值已达 1.2 亿元。

（5）市场化原则。旅游演艺项目作为精神产品是特殊的商品,必须强调演艺项目的生产应追求社会效益和经济效益的统一。不仅要关注演艺项目的"娱乐性",更要找到艺术规律与市场规律的联结点。在市场经济条件下,如何运用市场机制筹措经费,又面向市场取得良好的经济效益和社会效益,是旅游演艺发展的根本途径。要紧紧把握现代旅游的理念和规律,完全靠市场化机制进行成功操作和运行。

4. 旅游目的地演艺项目开发模式

旅游演艺项目在逐渐改变旅游目的地旅游业态、形成新的吸引亮点的同时,也在积极探索各种新的发展模式。

（1）从"知名旅游地的实景山水背景"到"荒凉的峡谷变剧场"。从《印象·刘三姐》开始,到之后的《印象·西湖》《印象·丽江》,都是以知名的旅游地山水实景为依托打造的实景类演艺项目。阳朔、西湖、丽江本身就已经是知名的旅游地了,旅游演艺项目的出现,更多的是"锦上添花"。及至《禅宗少林·音乐大典》问世,其演出场地设在了距嵩山少林寺 7 公里的少室山待仙沟,这原本只是一个荒凉、险峻的峡谷,但随着《禅宗少林·音乐大典》的出现,它变成了禅乐回荡、中国山水画般的天然剧场。

（2）从"去景区"到"去看表演"。以著名的旅游中心区为依托打造旅游"特色演出"精品的模式已成功运行多年,资本雄厚的旅游集团通过延揽"高、精、尖"艺术人才组建自己的特色演艺团队,创排自己的旅游演艺品牌节目,使之成为旅游消费者完成日间游览后的另一种精神享受和文化观摩,以增加旅游产品的人文内涵和吸引力,是多年来演艺业与旅游业有效合作的典型模式。但现在,主题公园也开始定位于"表演公司",首先是景区内的各种演艺项目层出不穷,所占比例越来越大,越发受旅游者的青睐;二是景区员工不仅是服务人员,更是"演员"(actor),提供服务的过程也是表演的过程。

（3）从"旅游演艺产品"到"演艺产业链"。从一个演艺项目到项目演出和项目延伸的有机结合,在产业开发上,以表演项目为龙头,建设文化休闲娱乐景观设施,完善餐饮、住宿、购物等配套服务,积极开发衍生产品,拓展经营范围,延伸产业链条,引领产业发展。

延伸阅读

实景舞剧《印象·刘三姐》简介

刘三姐是中国壮族民间传说中一个美丽的歌仙,围绕她有许多优美动人、富有传奇色彩的故事。1961 年,电影《刘三姐》诞生了,影片中美丽的桂林山水,美丽的刘三姐、美丽的山歌迅速风靡了全国及整个东南亚。从此,前来游览桂林山水,寻访刘三姐和广西山歌,便成了一代又一代人的梦想。《印象·刘三姐》是一次与真相无关的艺术呈现,以山水圣地桂林山水美丽的阳朔风光实景作为舞台和观众席,以经典传说《刘三姐》为素材,文化英雄张艺谋为总导演,国家一级编剧梅帅元任总策划、制作人,并有两位年轻导演——王潮歌、樊跃的加盟,数易其稿,历时三年半,努力制作而成。集漓江山水风情、广西少数民族文化及中国精英艺术家创作之大成,是全世界第一部全新概念的"山水实景演出",集唯一性、艺术性、震撼性、民族性、视觉性于一身,是一次演出的革命,一次视觉的革命,是桂林山水的美再一次的与艺术相结合的升华表现。

在方圆两公里的阳朔风光美丽的漓江水域上以十二座山峰为背景，广袤无际的天穹，构成了迄今为止世界上最大的山水剧场。传统演出是在剧院有限的空间里进行。这场演出则以自然造化为实景舞台，放眼望去，漓江的水，桂林的山，化为中心的舞台，给人宽广的视野和超人的感受，让您完全沉浸在这美丽的阳朔风光里。传统的舞台演出，是人的创作，而"山水实景演出"是人与上帝的共同的创作。山峰的隐现、水镜的倒影，烟雨的点缀、竹林的轻吟、月光的披洒随时都会加入演出，成为最美妙的插曲。晴天的漓江，清风倒影特别迷人；烟雨漓江赐给人们的是另一种美的享受，细雨如纱，飘飘沥沥，云雾缭绕，似在仙宫，如入梦境——演出正是利用晴、烟、雨、雾、春、夏、秋、冬不同的自然气候，创造出无穷的神奇魅力，使那里的演出每场都是新的。尤其是洗浴一场，身着白色纱巾的少女翩然起舞，水镜晨妆，风解罗衫。山水与袒露中的少女彼此呼应，似乎在告诉每一位注视者，灵性就在大自然的深邃处，少女所有的美丽来自山水的赐予。演出把广西举世闻名的两个旅游文化资源——桂林山水和"刘三姐"的传说进行巧妙的嫁接和有机的融合，让阳朔风光与人文景观交相辉映。演出立足于广西，与广西的音乐资源、自然风光、民俗风情完美地结合，看演出的同时，也看漓江人的生活。

由于是山水实景演出，支撑这个超级实景舞台的最直观的是灯光。《印象·刘三姐》同样体现了一种淋漓尽致的豪华气派，利用目前国内最大规模的环境艺术灯光工程及独特的烟雾效果工程，创造出如诗如梦的视觉效果。自古以来，桂林山水头一回让人领略到华灯之下的优美、柔和、娇美、艳美和神秘的美。《印象·刘三姐》很大程度上说是一次真正豪华的灯会，构建了一个空前壮观的舞台灯光艺术圣堂，从一个新的角度升华了桂林山水。

刘三姐歌圩坐落在漓江与田家河交汇处，与闻名遐迩的书童山隔水相望。歌圩几乎全部被绿色覆盖，种植有茶树、凤尾竹、草皮等，绿化率达到90%以上。其中灯光、音响系统均采用隐蔽式设计，与环境融为一体。水上舞台全部采用竹排而建，不演出时可以全部拆散、隐蔽，对漓江水体及河床不造成影响。100多亩建设用地上，鼓楼、风雨桥及贵宾观众等建筑散发出浓郁的民族特色，整个工程不用一颗铁钉，令人叹为观止。观众席由绿色梯田造型构成，180度全景视觉，可观赏江上两公里范围的景物及演出，同时也考虑到了泄洪的安全。共设座位2200个，其中普通座位2000个，贵宾座180个，总统席20个。演员阵营强大，由600多名经过特殊训练的演员组成；演出服装多姿多彩，根据不同的场景选用了壮族、瑶族、苗族等不同的少数民族服装。

景点特色：全世界最大的山水实景演出，民族与现代的结合，一场饕餮的视觉盛宴。

（资料来源：http://www.longjihw.com/ShowArticle.asp?ArticleID=340）

三、节庆旅游

节庆旅游活动被称作"有主题的公众庆典""平民参与的节日"，它是一种特殊的旅游产品，是人们创造出来的旅游吸引物。

我国节庆旅游大体上开始于20世纪80年代中期，至今已有20多年的历史，虽起步晚但发展势头迅猛。据不完全统计，从1983年河南省洛阳市创办的中国最早的旅游节庆——牡丹花会算起,目前全国每年大约举办 6000 多个旅游节庆活动,吸引着海内外的广大旅游者,节庆经济也得到了发展。

1. 中国节庆活动分类

我国的节庆大体可分为传统节庆、现代节庆两大类。

(1) 传统节庆。传统节庆又称节俗,它是一个民族和国家在长期的历史发展中伴随其独特的生产和生活方式,为满足人们某种心理需求而逐步形成的,在特定的时间,以类似的方式进行的类似内容的,具有鲜明民族特色的分散式的集体活动。

传统节庆是展现一个民族文化的窗口,它从各个不同的角度和侧面反映着民族的历史风貌和社会生活,是外部世界认识了解传统文化的一个重要通道。根据传统节庆的性质或目的,我们将其分为生产类节庆、宗教祭祀类节庆、驱邪祛病类节庆、纪念类节庆、喜庆类节庆和社交娱乐类节庆六个大类。

第一类为生产类节庆。产生于农业社会背景下的中华传统民俗,自然也对反映生产活动的节庆内容青睐有加。一年中最早出现的农事生产类节庆活动,是立春节的鞭打春牛和张贴春牛图。立春原本是二十四节气中的一个节气,后演变成为一个重要的节日。

第二类是宗教祭祀类节庆。宗教与传统节庆文化之间,有着千丝万缕的联系。从传统节庆文化起源与演变的历史轨迹来看,无论是本土产生的宗教还是由异域传入的佛教、伊斯兰教,都曾在其中发挥过巨大的作用。在中国各民族民俗节日中,以宗教祭祀为主要内容的节日最多。在汉族节日中,以年节、清明节和中元节的宗教祭祀类节庆民俗活动的规模最大,同时也最为集中。

第三类是驱邪祛病类节庆。珍惜生命、健康向上乃是中华民族的一个优良传统。为了达此目的,人们很早已开始了同疾病和邪恶进行艰苦卓绝的斗争。这些在众多的传统节日民俗中,也得到了相应的体现,并形成了一系列驱邪祛病的节庆民俗内容。如清明戴柳、端午节插艾、戴五彩线、喝雄黄酒,重阳节插茱萸、饮菊花酒,还有各节洒扫庭院,等等。这些民俗活动,或以心理暗示为旨归,或以药物预防为要义,或以健身强体为目的,或以讲究卫生为关键,都祈求达到驱邪祛病的功效。

第四类为纪念类节庆。传统节庆民俗中,有许多是为了纪念某个历史人物或英雄人物以及历史事件而设,如为纪念屈原投江而形成的端午节;还有一些,虽然并非因纪念人物或事件而设,但在后来的演变过程中,也拥有了纪念节庆的性质。

第五类为喜庆类节庆。喜庆类节庆以庆贺丰收,欢庆人畜两旺、吉祥幸福为主题,如在各族中都是规模最大、影响最广的年节,即主要是由这类节庆民俗连缀而成的。

第六类为社交娱乐类节庆。社交娱乐类节庆民俗,大都具有联欢游乐的性质,其主要内容是歌舞娱乐及游艺竞技活动。这类节庆中的娱乐民俗,与前述年节中的文娱活动,虽然有形式上的叠合而无法加以严格区分,但年节文娱活动以喜庆丰收、迎接新岁为宗旨,这里所说的社交娱乐类民俗则是以加强人与人以及人与社会的社交和友好往来为目的。在社交娱乐类节庆中,最有代表性的是在中国少数民族中流行的一些节日歌会、歌舞等民俗活动。如大理白族每年农历四月二十三至二十五的"绕山林"活动,即属此类。

(2) 现代节庆。现代节庆是指在特定时间和特定地点内举办,通过特定的活动、仪式或典礼吸引参与者,从而达到塑造城市形象,拉动消费和投资等目的的非日常发生的系列活动，即广义上的节庆。现代节庆如青岛啤酒节、大连国际服装节、洛阳牡丹花会、潍坊国际风筝节等。

现代节庆活动按主题可分为以下四大类：

一是以商品和物产为主题的节庆活动。如大连国际服装节、青岛啤酒节、潍坊国际风筝节等。

二是以文化为主题的节庆活动。如新郑黄帝故里拜祖大典、曲阜国际孔子文化节、杭州运河文化节、福建湄州妈祖文化旅游节等。

三是以自然景观为主题。如洛阳牡丹花会、青岛海洋节、北京香山红叶节、张家界国际森林节等。

四是综合性节庆。这种节庆活动一般持续时间较长、内容丰富、规模较大、投入较多，取得的效益也比较好。如中国旅游艺术节暨广东狂欢节等活动。

2. 节庆旅游活动的特点

（1）周期性和时间性。一些节庆活动是周期性举办的活动，通常都是一年举办一次，也有的是两年或者四年举办一次，因此节庆旅游活动也就具有了明显的周期性。有些节庆的周期性和时间性是由节庆活动的性质所决定的，一些节庆依托了季节性的资源（如冰雪节等），还有的是考虑到在特定时间安排节日活动（如桃花节、葡萄节等）效果最好。

（2）综合性。节庆活动包含许多活动项目，涵盖了经济、社会、文化、科技等各个领域，包括各种形式的展览、论坛、音乐会、文艺演出、游乐性活动等，所涉及的参与者也来自不同的领域，节庆的多重目的决定了活动的综合性。由于具有综合性，节庆往往需要各个领域的人员参与，在组织和管理过程中也涉及很多部门。

（3）参与性。节事活动的参与性表现在两个方面。一方面，节事活动的举办需要众多力量的参与，包括社区居民、各部门工作人员、参节企业等，否则这些活动就无法开展；另一方面，需要游客的参与，众多的游客参与给节庆活动带来了活力，也给目的地带来了经济收入。参与性是节庆吸引游客的原因之一，也是节庆旅游开发的手段之一。比如在西双版纳，每年泼水节到来之际，国内外游客蜂拥而来，其主要的目的就是参与盛大的泼水活动，那三天里，所有的人提着桶、端着盆，见水就舀，见人就泼，极尽欢乐之致。游客通过亲身参与活动，可以感受活动氛围，获得亲身体验，留下深刻印象。

（4）地域性。有些地方节庆活动是以地方特色文化为基础的，因而它的存在有赖于其他资源与环境要素的陪衬和协调。不同的地方节庆分布在与各自相适应的环境中，带有强烈的地方色彩，脱离了必要的环境条件，其个性化的特殊吸引力就消失了。可以说，地域特色是节庆活动的魅力所在，能否最大限度地展现地方文化的独特性是关系到节庆旅游活动成败的关键。

（5）文化性。节庆旅游的成功与否与文化发掘程度的深浅有很大程度的关系，纵观国内成功的节事活动大都极力体现了地区的文化特色，节事活动的主题一定要充分体现本地区、本民族独特的文化魅力，只有把独特的、有吸引力的文化元素渗透到节事活动中，才能塑造出充满生机和活力的节庆旅游活动。反过来成功的节庆活动所带来的经济、社会效益优惠促进地区、民族文化的保护，形成良性循环。潍坊风筝节的成功与潍坊市古老浓郁的风筝文化是紧密相连的。

235

3. 节庆活动旅游价值

随着旅游业的深入发展,旅游地越来越需要节庆活动来支撑。以往许多城市将节庆活动只作为"文化搭台,经贸唱戏"的一个手段,或以此来实现招商引资的目的。但近年来,各地已开始将节庆活动作为专项旅游产品来开发、培育,甚至将它与地区形象、城市形象的塑造连成一体。因而,节庆旅游越来越重要。

(1)节庆活动可迅速塑造旅游目的地的形象。节庆活动作为特殊的旅游产品与其他旅游产品迥然不同的是,它能在较长时间内引起公众的关注,甚至可以在一段时间内成为公众注目的焦点。这会使旅游地的形象得以迅速提升。如"大连国际服装节"经过多年的举办,在公众心目中将"服装节"与大连的城市形象等同起来,使大连市在公众中的形象成为美丽、浪漫、精彩纷呈的象征。

同时,通过举办节庆旅游活动,可促使旅游地的环境不断改善,使旅游地在游客心中的形象不断提升。如城市绿化面积的增大,档次的提高,市政管理的加强,城市的形象标志逐步形成,景区的软、硬件环境得到改善等。

(2)节庆活动有助于文化的传承。节庆活动不仅会成为旅游地的特殊吸引物,更重要的是,长此以往,节庆活动会使当地居民具有文化使命感,他们会自觉地保护、传承民族文化或地方文化以及民间工艺。从根本意义上看,节庆活动非但不会破坏当地的传统文化,反而使当地传统文化得以流传下去。

(3)节庆活动促进了旅游业的发展。改革开放30多年来,中国现代节庆一直以"文化搭台、经济唱戏"为主导,政府更重视经济和地方招商引资。到现代出现了新的转机,就是把促进旅游作为节庆活动的重头戏。城市,形成了"名城名节"现象,一个节兴了一个城市,青岛、南宁、潍坊等都是代表。在乡村,也形成了"以节促旅、以旅促农"的现象,节庆活动带动了乡村旅游的发展。

节庆活动不仅是旅游的促销品,在一定程度上,还是一个新的旅游产品,新的旅游吸引物,在旅游淡季形成了新的旅游产品。许多人们就是冲着节庆来的。山东推出的"好客山东贺年会"就是在旅游淡季推出的春节旅游节庆产品,效果很好。

延伸阅读

中国洛阳牡丹文化节 33 年历程

全国四大名会之一的洛阳牡丹花会,始于 1983 年,每年一届,至 2015 年洛阳牡丹花会成功举办 33 届,现已入选国家非物质文化遗产名录。2010 年 11 月,经文化部正式批准,洛阳牡丹花会升格为国家级节会,更名为"中国洛阳牡丹文化节"。在洛阳中国国花园,牡丹绵延数公里,或怒放、或含苞,喜迎四方宾朋。节会持续一个多月。

发展历程

1982 年 9 月 21 日,洛阳市人大常委会通过决议,将牡丹花作为洛阳市"市花",每年根据牡丹开放情况于 4 月某日至 5 月某日举办洛阳牡丹花会。从 1983 年至今(2015年),洛阳已连续成功地举办了 33 届牡丹花会。33 年来,洛阳市委、市政府坚持贯彻"以花为媒,广交朋友,宣传洛阳,扩大开放"的指导思想,"洛阳搭台,全省唱戏",将牡丹花会办成一个融赏花观灯、旅游观光、经贸合作与交流为一体的大型综合性经济文化活动。

洛阳牡丹花会已经成为洛阳市人民政治、经济、文化生活中的一件大事,已经成为洛阳人民不可或缺的盛大节日,已经成为洛阳发展经济的平台和展示城市形象的窗口,洛阳走向世界的桥梁和世界了解洛阳的名片。同时,也已成为企业展示实力、树立形象、宣传扬名的极佳平台和舞台。

社会评价

2010年7月11日至12日,文化部文化产业司来洛阳,调研洛阳牡丹花会和文化产业发展状况。产业司提出,要力争通过5年至10年努力,将洛阳牡丹花会提升为国内最具国际影响力的文化节会和文化品牌之一,使之成为展示当代中国人精神风貌的平台、中国与世界进行文化交流的平台,成为具有持续国际影响力的盛大文化节庆活动。

2010年12月29日,河南省文化厅和洛阳市人民政府在郑州召开第29届中国洛阳牡丹文化节专家论证会。

2011年,由中国人类学民族学研究会、国际节庆协会主办的"2011优秀民族节庆"推选活动中,中国洛阳牡丹文化节被评为"最具国际影响力节庆"。评比参考国际节庆协会的权威评价体系,以节庆的民族性、国际性、创新性为重要评选指数,打造和扶持优秀民族节庆品牌活动。

品牌升级

自2011年起,河南省洛阳牡丹花会正式升格为中国洛阳牡丹文化节,由文化部和河南省人民政府共同主办,河南省文化厅和洛阳市人民政府承办。

(资料来源:http://news.yuanlin.com/detail/2012511/106286.htm)

237

四、艺术街区型旅游开发

1. 艺术街区型旅游开发概况

艺术街区开发,是指艺术家和商业文化机构,成规模地租用和改造因历史原因留存下来的城市工业空置厂房,或集中在租金相对廉价区域租用场地,使其发展成为集画廊、艺术家工作室、设计公司、餐饮酒吧等于一体的具有一定规模的融入了旅游活动的艺术创意集聚区。如798艺术区、北京宋庄画家村、上海8号桥艺术园区、M50艺术基地、杭州LOFT49等。这些作为文化传承的老建筑、老街区不是被习惯性地拆除,而是以全新的"IN"生活体验("流行前卫""潮流健康")为旅游创意,使其成为新的街区,焕发活力,进而成为吸引游客的新亮点。这可能是中国旅游由点线旅游向板块旅游过渡的集中表现。

2. 艺术街区开发典型案例

(1)上海新天地。上海新天地是一个具有上海历史文化风貌的都市旅游景点,它是以上海独特的石库门建筑旧区为基础,改造成的集餐饮、商业、娱乐、文化为一体的休闲步行街。中西融合、新旧结合,将上海传统的石库门里弄与充满现代感的新建筑融为一体,是领略上海历史文化和现代生活形态的最佳场所。

这片石库门建筑群保留了当年的砖墙、屋瓦、石库门,仿佛时光倒流,置身于20世纪20年代。但是,每座建筑内部,则按照21世纪现代都市人的生活方式、生活节奏、情感世界度身定做,成为国际画廊、时装店、主题餐馆、咖啡酒吧等。谭咏麟、成龙等百位香港明星经营的"东方魅力餐饮娱乐中心",是明星文化结合餐饮的创意,那里是追星族经常可以与心中偶像交流的场所;台湾著名电影演员杨慧珊经营的琉璃工房主题餐厅,使游客置身于七彩水晶宫中用餐;法国餐厅的巴黎歌舞表演和地下酒窖餐室令人神往;日本音乐餐厅夜夜摇滚乐绕梁不绝;巴西烤肉餐厅带来了南美风情表演……

(2)北京798艺术区。798艺术区位于北京朝阳区酒仙桥街道大山子地区,又称大山子艺术区(Dashanzi Art District,DAD),原为国营798厂等电子工业的老厂区所在地。798艺术区是一个将历史与时尚充分融合的地方。如果说新京味是京味文化、皇城文化、现代之都、奥运之城的融合,那么,作为艺术区的798彰显的则是作为时尚现代之都的文化特征。

从2001年开始,来自北京周边和北京以外的艺术家开始集聚798厂,他们以艺术家独有的眼光发现了此处对从事艺术工作的独特优势。艺术家和文化机构进驻后,成规模地租用和改造空置厂房,充分利用原有厂房的风格(德国包豪斯建筑风格),稍作装修和修饰,一变而成为富有特色的艺术展示和创作空间,逐渐发展成为画廊、艺术中心、艺术家工作室、设计公司、餐饮酒吧等各种空间的聚合,形成了具有国际化色彩的"SOHO式艺术聚落"和"LOFT生活方式",引起了相当程度的关注。现今798已经引起了国内外媒体和大众的广泛关注,并已成为了北京都市文化的新地标。据管委会统计,艺术区每年举办的各类展览、演出、时尚发布以及文化艺术活动的总数超过2000场次,到访的中外宾客超过200万人次,其中境外人士超过30%。

延伸阅读

上海"新天地",魅力长久在哪里

城市是一本打开的书,从中可以看到它的抱负。让我看看你的城市,我就能说出这个城市居民在文化上追求什么。

——美国建筑大师沙里宁

一座城市的昨天、今天和明天,都涵盖在一本书里,给人们看什么,拿什么吸引人,是这座城市的建设者亟待考虑的问题。

随着城市摧枯拉朽般地发展,一座座高楼拔地而起,一片片新区蜂拥建成,古老的城市,却给人一种寒心的陌生。我们要在哪里找寻原来的山清水秀?找寻历史的地标佐证?老街坊、老弄堂、老宅子……难道都要在城市的版图中抹去,成为人们的记忆?一座没有昨天的城市,是无根的、可悲的。

于是,城市的建设者,绕不过一个课题,那就是历史文化街区的保护。

作为一座国际化大都市,上海海纳百川、标新立异,但真正拨动我心弦的,是它一脉相承的海派文化。

是怀旧的也是时尚的

漂泊在上海,恋恋上海的霓虹闪烁,恋恋上海的美食餐饮。有朋友来,我会带他们徜徉在上海的街头:新华路、衡山路、永嘉路、绍兴路——那里有名人住过的别墅、老上海的弄堂。最后,我绝不会落下的项目是,奔赴上海一个时尚文化地标——上海新天地。在这里,跳动的味蕾能得到最大的满足,贪恋的目光能得到最大的安抚,而我怀旧的情绪,更能得到最大的舒展。

上海新天地,地处上海最繁华的商业购物区,位于淮海中路南侧,黄陂南路和马当路之间,属于"市中心的中心",是一个具有上海历史文化风貌的城市旅游景点。她占地近3万平方米,建筑面积约6万平方米,于1999年年初开工建设。第一期新天地广场2000年6月全部建成,2001年9月对外营业。

十余年来,她一直吸引着当地人和外地游客纷至沓来,本地居民更是将之视为招待友人的最佳场所。她持久不衰的魅力在于,将传统石库门旧里弄与充满现代感的新建筑群融为一体,创建了既具有传统风貌,又具有现代化功能设施的大都会商业旅游景点。

高端大气上档次的,并非只有摩天大楼。上海人俗称"屋里厢"的石库门建筑,经过建设者的神来之笔,也可以成为人们恋恋不舍的场所。

徘徊在昨天的影子里,享受着今天的潇洒,怀揣着明天的梦想,这是上海新天地给予我们的文化感觉。

传奇是如何缔造的

在和上海新天地负责宣传的张女士访谈前,我对它的创建者——香港瑞安集团充满敬意。这是个懂得历史、敬重历史、保护历史的开发商。

"我以为,对历史文化街区的建设,地方政府必须考量开发商是否有能力、有实力对这个街区进行保护性建设。"

1999年前,香港瑞安集团接过上海市政府的橄榄枝后,面对的是一片杂乱的石库门建筑群。当时,旧房改造在全国也少有成功的先例。为了真实体现上海历史文化,保留石库门建筑的砖墙、屋瓦和石库门,瑞安集团煞费苦心:聘请了美国著名的建筑大师及他的团队;从建筑档案馆陈年的图纸中找出了当年有法国建筑师签名的图纸,作为整旧如旧的依据;为保持清水砖墙的建筑风格,从国外进口价格昂贵的防潮胶水……

在居民搬离腾空后,建筑群如何找到生命力?开发商提出建设时尚文化地标的概念:建筑内部,按21世纪现代都市人的生活方式、生活节奏度身定做,成为国际画廊、时装店、主题餐厅、咖啡酒吧等。

铺设现代化的内部设施,引入知名品牌、优秀主题店面,是上海新天地经营的有效手段。

上海新天地的租户,有严格的准入制度,而上海新天地的成功,也让更多的商家将旗舰店、形象店入驻于此,相扶相持,共生同赢。有一家叫LIND的咖啡馆,男主人是德国人,女主人是中国人。在男主人爱上女主人之后,他们将事业落户到女主人的家乡,并选择了新天地。这里不免有开张关闭的商户,但更多的是一直相伴走到今天的拥趸。租户的支持,也是上海新天地今天具有旺盛生命力的保证。

"很多人,都将新天地作为一个怀旧旅游景点,但我们一直秉持着时尚文化地标的初衷。"

古老的,未必是落后的、陈旧的,既然历史是永远也翻不过去的一页,那么我们就要让它焕发出新彩。瑞安集团利用现有基础,注重小环境与大环境相契合,善用外界因素追求自身目的,并采用现代手段加强自身形象的推广。他成功的举措,为自己赢得了荣

239

誉,受多地政府相邀,瑞安集团将自己的建设理念带到武汉、大连、重庆等地。

"开发商可以有多种持有商铺的形式,对上海新天地的商铺,我们只租不售。"

作为宣传口的发言人,张女士比较低调,对我在网上查到的租金信息,她缄口不言。她说,上海新天地商铺租金的确较高。一铺一价,看地段、业态进行调节,餐饮和零售的价格考量不同。

在讨论只租不售、统一管理的优劣时,张女士笑说自己不能就开发商采取的方式而妄言。但她表示,上海新天地将管理者与经营者分离的经营模式,使瑞安集团保有对经营者的选择权、对业态的把控权。一直以来,这种经营模式都进行得比较顺利,所以从最初维持到今天。

一个城市,让人们读什么? 当我们回到原来的问题时,就有了答案。历史文化是其中非常重要的章节,在它面前,我们唯有尊重和慎重。对于历史文化街区,要予以坚决的保护,但保护不等于单纯的保留和保存,要做到修旧如旧,让老树发新枝,这需要建设者的良知和水平。充满了生活气息的历史文化街区的保护,只有用动态的、发展的眼光去看待、整治,才能防止其衰败,促进其发展。而且,这个保护工作必须要上档次,低端的建设,无异于破坏。

(资料来源:http://www.wzrb.com.cn/article510948show.html)

第三节　中国旅游文化资源的保护

旅游文化资源保护是指维护旅游文化资源的固有价值,保持其原有特色,使之不受破坏和污染,并对已遭损坏的旅游资源进行治理。

一、旅游文化资源保护与开发的关系

(1) 保护是开发和发展的前提。旅游资源是旅游者进行旅游活动的基础和前提条件,一旦破坏殆尽,旅游业将失去依存的条件,也就无开发可言。因此,保护是开发的前提,是当前的迫切任务。中国旅游资源非常丰富,其中不少是国家级乃至世界级的。这些资源,就目前的技术条件,要很好地全部进行开发可能还存在一定的难度。因此,先进行保护是上策。而有些资源,还存在如何开发的争议,并涉及开发后的环境、社会、经济及可持续发展问题,可以先予以保护而后开发。

(2) 开发是保护的必要体现,是旅游业发展的基础。发展旅游不仅是文化资源有效保护和利用的途径,而且可以为文化发展提供强有力的物质基础。另外,发展旅游可以深层次挖掘文化资源的内涵,进一步提升文化资源的社会影响力和市场价值。旅游资源必须经过开发利用,才能招徕游客,发挥其功能和效益,也才具有现实的经济意义和社会意义。

文化是一个民族独特气质的体现和历史的见证,是全世界人类文明的重要组成部分,也是一个民族生存发展的基础。我们应该以保护为原则,以合理的适度的开发为手段,实现旅游文化资源的可持续发展。

二、旅游文化资源保护的内容

1. 保护旅游文化资源的真实性

所谓真实性，就是指旅游资源的"原汁原味"。从认识层面上讲，对旅游资源的保护最高级的应该是"原封不动的保护"，其次是"可以利用的保护"。从实践层面上讲，前者实现起来难度较大，后者较为可行。

2. 保护旅游文化资源的完整性

所谓完整性，是指旅游资源范围上的完整性和内容上的完整性。例如，北京的明十三陵作为中国陵墓文化的一组典型代表，它们具有文化概念上的完整性，以及相应地体现在地理位置上的相互关联性。如泰山，其文化价值体现在佛教、道教、封禅及世代歌咏、吟诵文化的"同为一体"。泰山索道缩短了游客登山的时间，却破坏了泰山文化的完整性。

三、旅游文化资源保护的原则

保护旅游文化资源不仅要保护好旅游资源本身，而且还要保护好旅游文化资源所依托的生态环境。旅游文化资源保护应该遵循以下原则。

1. 开发与保护"双赢"原则

旅游资源保护与开发是矛盾的统一体。旅游资源开发绝对不对环境造成影响是困难的，但可以把这种影响降低到最低程度。应该本着开发与保护"双赢"的原则，实现旅游业的可持续发展。

2. 经济、社会与环境效益相统一原则

经济需求的无限性和生态供给的有限性的矛盾，要求最有效地利用旅游资源，获得最大化的经济利益。但这种最有效的利用超过了资源的承载力，就会使旅游资源生态系统的功能下降，其运行与维持的能力减弱。据调查，我国 22％的自然保护区由于开展旅游而造成保护对象受损害，11％出现旅游资源退化。因此，旅游资源开发过程中不能只片面地追求经济效益，必须从人类社会长远发展的角度出发，协调好社会经济发展和生态环境之间的关系，力争做到经济效益、社会效益和生态效益的三兼顾、三统一。

3. 合理规划，综合决策，协调发展的原则

在发展旅游，开发利用旅游资源的过程中，应统筹考虑旅游地人口、社会、经济、环境和资源的现状和发展趋势，充分考虑环境与资源对旅游业发展的承载能力，严格限制旅游景区（点）的游客容量，科学合理地制订旅游可持续发展规划，使旅游设施的布局和游客流量的设计建立在环境和资源可承受的能力之内；加强旅游景点建设的环境论证，促进人工设施与自然环境、区内环境与周边环境的和谐统一。与此同时，在制订区域环境保护规划时，应考虑旅游区的特殊功能，保证旅游区的环境质量；应采取法律、行政和经济等强有力手段，消除外部因素对旅游区环境与资源的污染和破坏，从而保障旅游与环境的协调发展。

四、旅游文化资源保护的措施

旅游资源的保护是相对于旅游资源的开发提出来的，它不仅包括旅游资源本身的保

护,还涉及周围环境的保护。因此,旅游资源保护的措施主要有以下几个方面。

（1）要完善执法管理体制,建立健全旅游资源保护的法律、法规,及时纠正旅游活动中破坏旅游资源的种种不正当行为,杜绝"有法不依、执法不严、违法难究"的现象,真正将旅游资源保护工作落到实处。

（2）要认真做好旅游资源的修复和养护工作,对于某些自然旅游资源,由于生态环境有较强的依赖性,必须搞好生态建设;对于一些文物古迹和历史建筑,可以采用整修复原、仿古重修的方法使其重新"复活";对于那些出露于地表的历史文物古迹,应采用科技手段减缓其风化过程。

（3）活化旅游资源,以活化促传承。将无形文化通过物化、场景化等手段实现有形化。利用建筑、艺术文化符号、道具、容器、材料等方方面面的辅助载体,采用放大、缩小、变异、嫁接、组合、卡通化等手法,固化某些文化特征,使无形的文化有形化、场景化。通过营造氛围、制造环境、设计场景等来实现,使主体、客体或载体之间在各种游乐中实现互动,情因景生,景因情人,最终达到情景交融的境界,形成旅游体验的氛围、场景和情境空间。

（4）制定本土文化保护区,避免外来文化的冲击。如通过划清外来文化和本土文化之间的界限,从而把旅游对本土文化的冲击降到最低。

关键词：旅游；文化；创意开发；保护

思考题

1. 旅游文化创意开发应遵循的原则有哪些?
2. 中国旅游文化创意开发主要有哪几种模式?试分别举例说明。
3. 如何理解旅游文化资源的开发与保护的关系?

参考文献

1. 绿维创景.文化旅游开发的十种类型及两大基本范式——显、隐性文化旅游开发模式探讨[EB/OL]. http://www.lwcj.com/StudyResut00242_1.htm.

2. 刘建.论旅游资源规划开发中的文化创意[J].桂林旅游高等专科学校学报,2012年第2期.

3. 贾雅慧、刘乔、林峰.主题公园成功开发的六大要素[N].北京绿维创景规划设计院主题公园规划设计中心.中国旅游报,2013年12月3日.

4. 张蕾.旅游目的地演艺项目开发模式探讨(上)[N].北京绿维创景规划设计院.中国旅游报,2008年4月18日.

5. 刘艳兰.旅游演艺的发展历程及其对旅游业的影响[J].科技广场,2009年08期.

6. 张宏丽.节庆——旅游节庆和节庆旅游概念辨析[J].信阳师范学院学报(哲学社会科学版),2013年第6期.

7. 盛新娣.论中国旅游文化资源的开发[J].经济与社会发展,2013年第1期.

8. 王菲.旅游文化创意开发初探[J].产业与科技论坛,2008年第5期.